现代远程教育系列教材

税　法

（第二版）

王春雷　编著

经 济 科 学 出 版 社

图书在版编目（CIP）数据

税法/王春雷编者．—2 版．—北京：经济科学出版社，
2009.3（2018.8 重印）
（现代远程教育系列教材）
ISBN 978－7－5058－7949－2

Ⅰ.①税…　Ⅱ.①王…　Ⅲ.①税法—中国—远距离教育—教材
Ⅳ.①D922.22

中国版本图书馆 CIP 数据核字（2009）第 019852 号

责任编辑：范　莹
责任校对：徐领弟
责任印制：李　鹏

税法（第二版）
王春雷　编著
经济科学出版社出版、发行　新华书店经销
社址：北京市海淀区阜成路甲 28 号　邮编：100142
教材分社电话：88191217　发行部电话：88191540
网址：www.esp.com.cn
电子邮件：esp@esp.com.cn
北京季蜂印刷有限公司印装
787×1092　16 开　26 印张　500000 字
2009 年 3 月第 2 版　2018 年 8 月第 9 次印刷
印数：56001－59000 册
ISBN 978－7－5058－7949－2　定价：（含《操作与习题手册》）60.00 元
（图书出现印装问题，本社负责调换）

现代远程教育系列教材
编审委员会

总序

随着知识经济和信息化时代的到来，终身学习成为社会大趋势，网络教育作为现代远程教育的一种先进模式正在成为人们终身学习的首选形式。

网络教育突破了时间和空间的限制，使高等学校的优秀教育资源冲破校园围墙的限制，让更多的学习者共享，具有开放性、交互性、共享性、协作性、自主性等特点。通过构造现代远程教育的“学习环境”，提供学生自主建构知识的空间，帮助人们随时随地学习，实现学生个体与群体的融合，从而满足人们在校园外接受高等教育的愿望。

经历了近十年的光阴，现代远程教育由萌芽到蓬勃发展。迄今为止已经发展到67所远程教育试点院校，学生近百万人。各高校网络教育学院结合财经、管理学科专业适合网络教育的特点，近年来推出了远程教育高等学历课程体系，最大限度地满足学生个性化自主学习的需要和社会对财经、管理人才的需要。为了确保网络教育质量，本着“我们的产品是教育服务”的宗旨，各高校网络教育学院正在努力建立标准化的网络教育管理系统，为学生提供全面周到的服务，建设有中国特色的一流网络大学。

网络教育的不断发展对网络学习教材建设提出新的挑战。如何在尊重传统教育系统性的同时，在教材的内容上更能满足人们继续学习的需要，增强教材的实用性和适用性；在教材的表现形式上更直观，更易理解，更便于自学，是我们正在努力解决的一个重大课题。为此，我们结合网络教学和课件的特点，组织具有丰富教学经验的老师编写了这套现代远程教育系列教材，尽力做到知识点明确，突出重点要点，使之便于学生自学。同时，在教材内容上也更强调实用性和适用性。意在使这套教材既适用于现代远程教育学习者使用，同时也适合财经管理专业在校生和在职人员学习和自学。

教材的改革是教育理念转变的结果，而教育理念的转变是一个长期而艰巨的过程。它不仅需要教师的努力，更需要广大学生和读者的积极参与。我们热切地希望读者对这套教材提出自己的意见和建议，使这套教材不断得以完善。

这套丛书的编写得到了经济科学出版社的大力支持，对此套丛书的选题策划到整体设计都提出了中肯的、有建设性的建议，为其能够及时的出版与广大读者见面付出了大量的、艰辛的努力，在此表示衷心地感谢。

现代远程教育系列教材编委会

杨　青

2003年9月

前　言

《税法》是高等院校财经类、管理类和法学类专业的核心课程和财政学、税务专业的主干专业课程。

为适应现代远程教育和有效利用计算机和网络教学方式的需要，体现“以人为本”的教育理念，满足学员自主学习的需要，我们编写了本教材。

本教材是东北财经大学现代远程教育系列教材之一。在编写过程中，以我国最新发布的税收法规为依据，吸收近年来国内优秀税法教材的精华，体现了现代化远程教育的特点。本教材有以下特色：

第一，简明扼要，重点突出。考虑到现代远程教育大部分学员为在职工作者，在保证知识体系完整、内容准确无误的前提下，文字表述尽量做到简明扼要，重点突出，以便于自学。

第二，学以致用，活学活用。税法是一门实务性、操作性极强的课程。在教材编写过程中，尽量采用案例方式，突出教材的实用性和适用性，以提高学员独立思考和分析问题、解决问题的能力。

第三，图文并茂，通俗易懂。在教材编写过程中，尽量采用灵活、多样的表现形式，力求用图示法表述有关的知识点内容，以便于学员记忆掌握。

本教材共十六章，第一章为税法概述，主要阐述税收与税法的基础理论；第二章至第八章为商品劳务课税，第九章至第十一章为所得课税；第十二章至第十五章为财产及其他课税；第十六章为税收征收管理法。

在编写本教材过程中，参阅并借鉴了国内外大量图书和文献，在此深表谢意。本教材的出版，得到了东北财经大学网络学院许多老师的支持和帮助，在此一并表示衷心的感谢。

限于作者的理论水平和实践经验，本教材难免存在疏漏和不足之处，恳请各位专家和读者不吝赐教，以便于我们今后不断改进和完善。

编者

2006年6月

第二版说明

2006年以来我国税制改革不断深入，为及时反应我国税收制度的变化情况，特对《税法》教材进行修订。修订主要内容如下：

1．按照2008年11月修订后的增值税、消费税、营业税暂行条例对第二、三、四章的部分内容进行了修订。

2．为更加全面、系统地介绍我国的税收制度，在第六章增加烟叶税一节内容；在第七章增加了保税制度、船舶吨税两节内容。

3．我国已建立统一的内外资企业所得税制度。自2008年1月1日起，实施新的企业所得税法。按照颁布实施的新企业所得税法，对第九章企业所得税进行重新编写，删除原第十章外商投资企业和外国企业所得税。

4．按照调整后的最新法规，对第十二章城镇土地使用税和耕地占用税两节内容作了修改。

5．按照新颁发的车船税暂行条例内容，对第十三章进行重新编写。

此外，本次修订还对个人所得税等其他一些税种的部分内容进行了修改。

修订后教材共十五章：第一章为税法概述，主要阐述税收与税法的基础理论；第二至第八章为商品劳务课税，第九至第十章为所得课税；第十一至十四章为财产及其他课税；第十五章为税收征收管理法。

编者

2009年1月

目录

第一章 税法概述

学习目标

1. 了解政府征税的必要性。理解公共产品与税收之间的关系、税收在调节收入分配、促进资源有效配置和经济稳定与增长中的作用。

2. 了解税法与税收法律的关系。理解税法与宪法、民法和刑法之间的关系；掌握税收法律关系的主体、客体与内容；税收的要素与税法分类方法。

3. 掌握累进税率的基本原理并能熟练应用。

4. 掌握税收立法的机关、立法程序，税法适用原则。

5. 了解我国现行税法体系和税务机构的设置。

6. 熟悉我国税种征管范围在国地税之间的划分情况。

7. 了解税收收入在中央与地方政府之间的划分情况。

关键名词

公共需要　税收　税收主体　税收客体　征税主体　纳税人　负税人　代征人　征税对象　税基　税目　税源　起征点　免征额　计税依据　税率　定额税率　比例税率　累进税率　纳税环节　纳税期限　偷税　欠税　抗税　骗税　税收基本法　税收普通法　税收实体法　税收程序法　税法效力

1.1 税收的必要性

1.1.1 税收是政府提供公共产品的费用补偿

税收是一个经济范畴。税收存在的必要性，必然有其经济的原由。在现代市场经济条件下，政府不仅是行政权力机构，同时政府也是一个重要的公共经济部门，发挥着经济部门的作用。社会经济活动主要由家庭、企业和政府三个部门进行。家庭和企业部门作为私人经济部门，主要的职能是提供私人产品。家庭部门的职能是消费私人产品，向企业部门提供劳动力。企业部门的职能是向家庭部门提供私人产品。无论是家庭部门的消费还是企业部门生产经营活动，都需要依赖政府部门提供的公共产品。见图1－1、图1－2、图1－3。

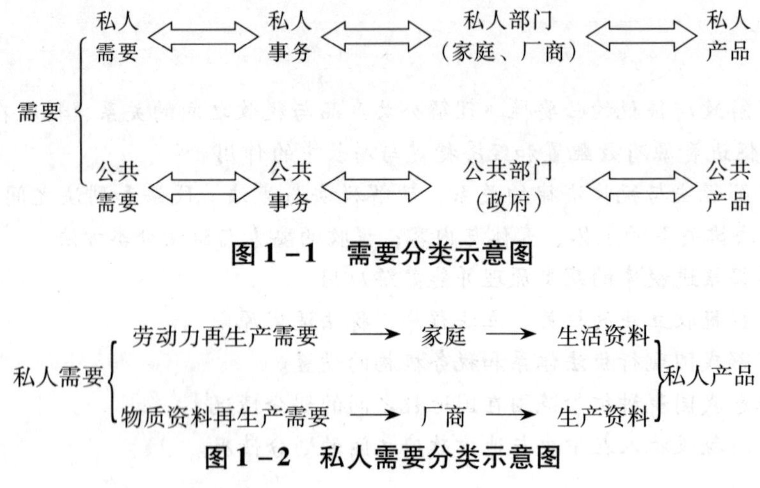

图1－1　需要分类示意图

图1－2　私人需要分类示意图

公共需要：家庭、厂商共同的需要（生活、生产共同的外部条件，如：和平的环境、便捷的交通、良好的公共服务设施等）→ 政府（中央、地方）→ 公共产品

图1－3　公共需要分类示意图

政府部门作为公共经济部门，提供各种公共产品和服务是基本职能之一。由于公共产品具有与私人产品不同的特征，决定了公共产品的提供主要依靠政府来进行。西方公共产品理论表明：一些公共产品，如国防、外交、司法、公安、行政管理以及基础义务教育、卫生保健、基础科学研究和生态环境保护等，是纯公共产品，必须由政府提供，是政府最基本的职能。另一些公共产品，如高等教育等，是介于私人产品和公共产品之间，在性质上更接近于公共产品的产品，属于准公共产品，政府可以通过向受益者收费解决。还有一些大型的社会公共设施，甚至包括基础产业如铁路、航空、公路、电力等，由于投资额巨大，私人部门无力承担，大多需要政府来投资兴办。这类产品可采取国有民营方式提供，即这些企业、事业由国家投资，但产品可采

取市场化的方式提供。政府部门作为公共经济部门，提供各种公共产品和服务，投资兴办一些大型的社会公共设施需要一定资金，需要进行成本费用的补偿。税收就是政府提供公共产品的费用补偿的有效形式。从这个角度理解，纳税人纳税就像消费者购买商品需要付费一样，是理所当然的。从法律角度讲，纳税人包括家庭、企业具有享受政府部门供应各种公共产品和服务的权利，同时也负有向公共部门——政府纳税的义务。这种权利与义务应该是对等的。

由此我们可以得到结论之一：税收是公共部门满足公共需要执行公共事务的社会必要费用。是政府提供公共产品的费用补偿。

由市场经济运行中的政府与税收的关系，如图 1－4 所示，可以得出结论之二：

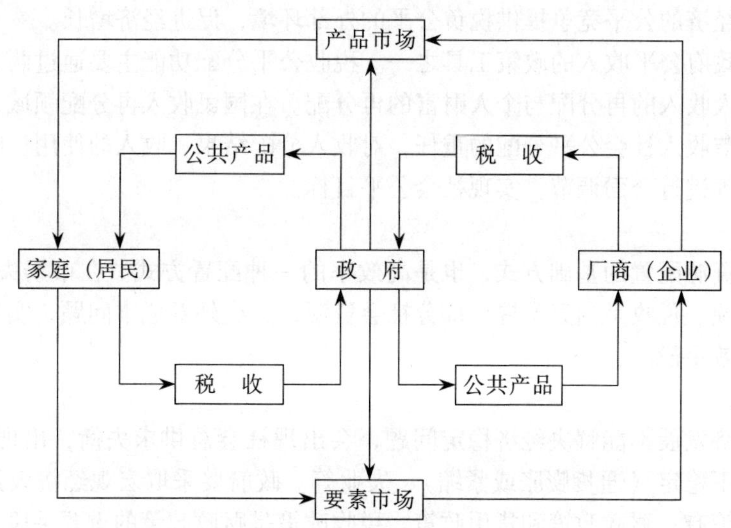

图 1－4　市场经济运行中的政府与税收示意图

（1）税收是政府财政收入的基本来源和主要方式。税收是一种财富转移。政府取自企业的税收，是财富由企业到政府的转移。政府取自居民的税收，是财富由居民到政府的转移。

（2）税收以政府为中心。财富由居民和企业到政府的转移，体现着数以万计的居民、企业与政府之间的经济关系。在这种经济关系中，政府始终处于中心地位，发挥着能动作用。

（3）税收与公共产品有本质联系。公共物品是由社会的所有成员共同享用的物品。为生产公共物品，就必须由政府执行相应的职能，为此就必须将一部分财富以税收形式交由政府支配使用。如果没有公共物品的生产，就没有必要存在政府，同时也没有必要存在税收。

1.1.2 税收是政府宏观调控的重要手段

市场经济条件下，个人收入的调节机制包括三个不同的层次：一是市场调节机制；二是政府调节机制；三是社会调节机制。税收属于政府调节收入分配层次的一种重要的调节工具。

在国民收入初次分配领域，市场机制是分配的主要手段，按照效率原则，主要按生产要素的贡献进行分配。税收分配必须尊重市场效率原则，顺应市场经济的内在要求，为市场经济的公平竞争提供税负公平的外部环境，促进经济增长。

税收是政府公平收入的政策工具之一。税收公平分配功能主要通过两方面的分配来实现：个人收入的再分配与个人财富的再分配。在国民收入再分配领域，政府承担起干预、调节收入社会公平分配的重任，对收入分配结果、收入的使用、收入的财富积累与转让等进行全面调节，实现社会公平目标。

市场是资源配置的基础方式，也是高效率的一种配置方式。在市场失灵的区域，需要政府干预。税收是国家掌握一部分社会资源，解决外部成本问题，实现社会收益最大化的有效手段。

市场经济发展不能解决经济稳定问题，会出现社会总供求失衡，出现经济波动。表现为物价不稳定（通货膨胀或紧缩）、失业等。政府要采取宏观经济政策，调控经济。主要政策有：财政政策和货币政策。税收政策是财政政策的重要手段之一。是实现经济稳定增长的重要经济杠杆。

1.2 税收的要素与分类

1.2.1 税收的要素

纳税人与负税人、代征人的联系与区别。见图 1－5 所示。

• 纳税人：税法规定直接负有纳税义务的单位和个人。包括法人和自然人。

• 负税人：税收负担的最终承担者。

• 代征人：又称扣缴义务人。税法规定负有代缴税款义务的单位和个人。包括代扣代缴、代收代缴两种。

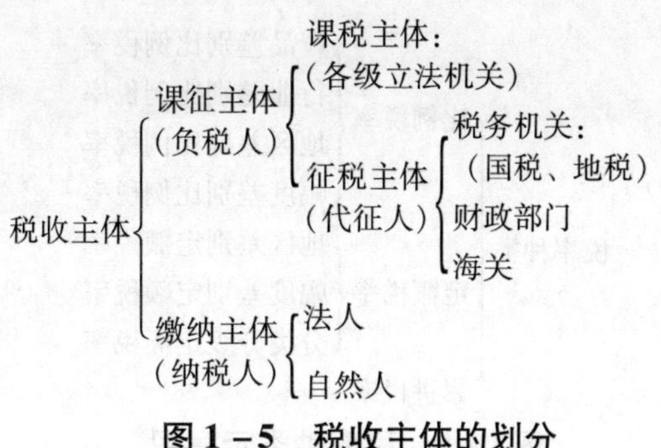

图 1－5　税收主体的划分

征税对象与税源、税目的联系与区别。见图 1－6 所示。

• 税源：税收收入的最终经济来源。一般认为是物质生产部门创造的国民收入。有的税种征税对象与税源是一致的，如各种所得税；有的税种征税对象与税源是不一致的，如房产税。

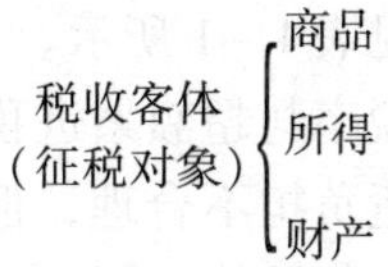

税收客体（征税对象）
- 商品
- 所得
- 财产

图 1－6　税收客体示意图

• 税目：是征税对象的具体化，体现一个税种的征税范围。按确定方式不同，税目分为概括税目和列举税目。

（1）征税对象与税基的关系。见图 1－7 所示。

• 税基：又称计税依据，是计算应纳税额的基数。

• 税基的计量单位有实物量单位、价值或价格量单位两种形式。

• 起征点：征税对象数量达到规定标准应当征税的界限。

• 免征额：征税对象数量免予征税的数额。

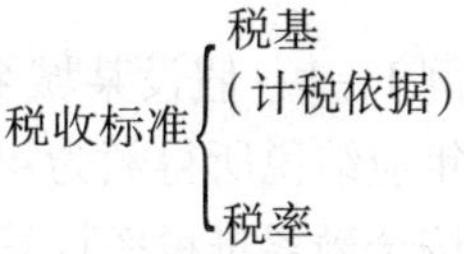

税收标准
- 税基（计税依据）
- 税率

图 1－7　税收标准示意图

（2）征税对象与税率的关系。

• 税率：是应纳税额占征税对象数额的比率。

• 我国现行税种使用的税率形式主要有三种：比例税率、定额税率、累进税率。见图 1－8。

• 按照累进税率的累进依据不同，可分为总量累进和增量累进两种。见图 1－9 所示。

- 税率种类
  - 比例税率
    - 产品差别比例税率
    - 行业差别比例税率
    - 地区差别比例税率
    - 幅度差别比例税率
  - 定额税率
    - 地区差别定额税率
    - 幅度差别定额税率
    - 分类分级定额税率
  - 累进税率

图 1－8 税率种类示意图

- 累进税率的种类
  - 总量
    - 按额 → 全额累进税率
    - 按倍 → 全倍累进税率
    - 按率 → 全率累进税率
  - 增量
    - 按额 → 超额累进税率
    - 按倍 → 超倍累进税率
    - 按率 → 超率累进税率

图 1－9 累进税率的种类示意图

我国现行个人所得税对城乡个体工商业户生产经营所得征税适用的税率为五级超额累进税率，见表 1－1 所示。

全额累进税率与超额累进税率的区别：①全额累进税率的特点是累进程度较急剧，临界点附近负担不合理，但计算简便。②超额累进税率的特点是累进程度较平缓，负担合理，但计算麻烦。

表 1－1 五级超额累进税率（个体工商业户生产经营所得适用）

级数	全年应纳税所得额	税率（%）	速算扣除数（元）
1	不超过 5 000 元的	5	0
2	超过 5 000～10 000 元的部分	10	250
3	超过 10 000～30 000 元的部分	20	1 250
4	超过 30 000～50 000 元的部分	30	4 250
5	超过 50 000 元的部分	35	6 750

例 1－1：假设某城乡个体工商业户 2005 年度全年应纳税所得额为 40 000 元。

按全额累进税率计算：

应纳税额 $=40\,000\times30\%=12\,000$（元）

按超额累进税率计算：

应纳税额 $=5\,000\times5\%+(10\,000-5\,000)\times10\%+(30\,000-10\,000)\times20\%+(40\,000-30\,000)\times30\%$

$=7\,750$（元）

特别提示

你知道速算扣除数是如何计算出来的吗？

本级速算扣除数＝上一级最高所得额×（本级税率－上一级税率）＋上一级速算扣除数

如：第二级速算扣除数为：

$5\,000\times(10\%-5\%)+0=250$

第三级速算扣除数为：

$10\,000\times(20\%-10\%)+250=1\,250$

采用速算法计算：40 000×30% -4 250 =7 750（元）

比按全额累进税率计算少纳税：12 000 -7 750 =4 250（元）

税法规定商品在生产流通过程中应为缴纳税款的环节。按纳税环节多少可分为：一次课征制；两次课征制；多次课征制。

纳税期限是税法规定纳税人缴纳税款的限期。是税收强制性、固定性的体现。一般根据纳税人生产经营特点和税额大小来确定。

(1) 减税：是对应纳税额少征一部分税款。

(2) 免税：是对应纳税额全部予以免征。

减税免税体现了税法的严肃性和制度的灵活性。

小思考

某商场2006年5月销售卷烟取得200万元收入。该商场需要缴纳消费税吗？

(1) 是对纳税人发生违反税法的行为采取的惩罚措施。是税收强制性的体现。

(2) 违反税法的行为主要有：偷税、欠税、抗税、骗税。一般违反税法行为与涉税犯罪行为的区别。

案例1 该行为构成“偷税罪”吗?

案情：个体户万某2000年11月以账外经营方式偷税4 050元，被税务机关处以3 000元的罚款。2003年1月万某又被查出因虚假申报收入少缴税款2 930元，被税务机关处以2 000元的罚款。2003年8月，万某再次被税务机关查出偷税3 000元。万某如此偷税，能否以偷税罪论处呢?

分析：根据《刑法》第201条第1款规定：“因偷税被税务机关给予二次行政处罚又偷税的，处三年以下有期徒刑或者拘役，并处偷税数额以一倍以上五倍以下罚金。”但是对于两次偷税的间隔时间多长、再次偷税的金额等，《刑法》第201条并没有加以明确。

2002年11月4日最高人民法院审判委员会第1 254次会议通过的《最高人民法院关于审理偷税抗税刑事案件具体应用法律若干问题的解

小资料

偷税与偷税罪的联系与区别?

《中华人民共和国税收征收管理法》（2001年4月28日第九届全国人民代表大会常务委员会第二十一次会议通过）

第六十三条 纳税人伪造、变造、隐匿、擅自销毁账簿、记账凭证，或者在账簿上多列支出或者不列、少列收入，或者经税务机关通知申报而拒不申报或者进行虚假的纳税申报，不缴或者少缴应纳税款的，是偷税。对纳税人偷税的，由税务机关追缴其不缴或者少缴的税款、滞纳金，并处不缴或者少缴的税款50%以上5倍以下的罚款；构成犯罪的，依法追究刑事责任。

释》（法释［2002］33 号）第 4 条则对这一问题作了明确规定："两年内因偷税受过二次行政处罚，又偷税且数额在一万元以上的，应当以偷税罪定罪处罚。"

> 扣缴义务人采取前款所列手段，不缴或者少缴已扣、已收税款，由税务机关追缴其不缴或者少缴的税款、滞纳金，并处不缴或者少缴的税款50%以上5倍以下的罚款；构成犯罪的，依法追究刑事责任。

本案中，万某因两次偷税被税务机关给予二次行政处罚，时间分别在 2000 年 11 月、2003 年 1 月，间隔时间超过两年；且再次偷税的金额为 3 000 元，低于一万元，根据《刑法》第 201 条第 1 款与《解释》第 4 条规定，不应以偷税罪论处。

思考：从上述案例可以看出，对纳税人的偷税处罚记录直接影响到其能否定罪的问题。除此之外，根据《刑法》第 201 条第 3 款和《解释》第 2 条第 4 款规定，纳税人或者扣缴义务人在五年内多次实施偷税行为，但每次偷税数额均未达到《刑法》第 201 条规定的构成犯罪的数额标准，且未受行政处罚的，其偷税数额按照累计数额计算。对此，有税法专家提出，完善偷税行政处罚登记备案制度、建立完整的偷税处罚记录已迫在眉睫。

1.2.2 税法及其分类

（1）税法是国家制定的用以调整国家与纳税人之间在征纳税方面的权利与义务关系的法律规范的总称。

税法与税收的关系：税法与税收密不可分，税法是税收的法律表现形式，税收则是税法所确定的具体内容。

（2）税收法律关系的构成。①权利主体。即税收法律关系中享有权利和承担义务的当事人。在我国税收法律关系中，权利主体一方是代表国家行使征税职责的国家税务机关，包括国家各级税务机关、海关和财政机关；另一方是履行纳税义务的人，包括法人、自然人和其他组织。在我国税收法律关系中，权利主体双方法律地位平等，但税法作为一种义务性法规，其规定的权利和义务是不对等的。国家与纳税人之间权利与义务的不对等，只能存在于税收法律关系中。②权利客体。即税收法律关系主体的权利、义务所共同指向的对象，也就是征税对象。税收法律关系的内容。即权利主体所享有的权利和所应承担的义务。这是税收法律关系中最实质的东西，也是税法的灵魂。

关于"纳税人的权利与义务"、"税务机关的权利与义务"参见附录 1。

（3）税法与其他法律的关系。①《税法》与《宪法》。《宪法》是我国的根本大法，它是制定所有法律、法规的依据和章程。税法是国家法律的组成部分，是依据宪法的原则制定的。《宪法》第56条规定："中华人民共和国公民有依照法律纳税的义务"。《宪法》的这一条规定是立法机关制定税法并据以向公民征税以及公民必须依照税法纳税的最直接的法律依据。《宪法》第33条规定："中华人民共和国公民在法律面前人人平等"，即凡是中国公民都应在法律面前处于平等的地位。我们在制定税法时应遵循这一原则，对所有的纳税人要平等对待，不能因为纳税人的种族、性别、出身、年龄等不同而在税收上给予不平等的待遇。《宪法》还规定，国家要保护公民的合法收入、财产所有权，保护公民的人身自由不受侵犯等。因此，在制定税法时，就要规定公民应享受的各项权利以及国家税务机关行使征税权的约束条件，同时要求税务机关在行使征税权时，不能侵犯公民的合法权益等。②税法与民法。税法与民法有本质区别：税法与民法的调整对象、调整方法不同。税法与民法又有联系：当税法的某些规范同民法的规范基本相同时，税法一般援引民法条款。③税法与刑法的关系。税法与刑法有本质区别。其调整的范围不同。两者也有着密切的联系。违反了税法但未构成犯罪的，按税法规定处罚；违反了税法构成犯罪的，按刑法规定处罚。

（1）按税法的基本内容和效力划分，见图1－10所示。

（2）按税法的职能和作用划分，见图1－11所示。

税法
- 税收基本法（税法通则）→ 税法体系的主体和核心，起着税收母法的作用
- 税收普通法（单行税法）→ 根据税收基本法原则，分别制定的税收法律

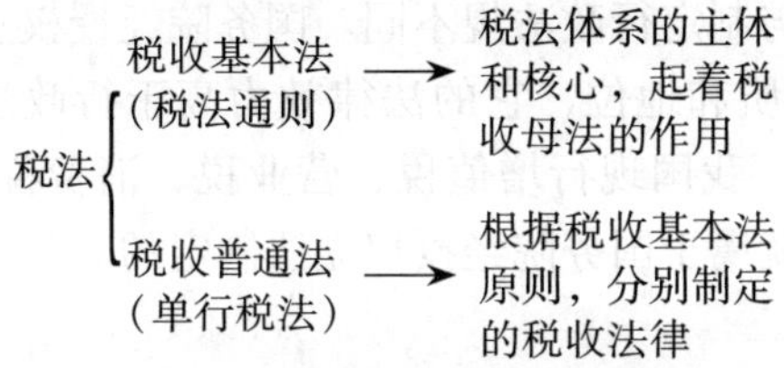

图1－10　按税法的基本内容和效力划分税法示意图

税法
- 税收实体法 → 具体规定各税种的征税对象、纳税人、税率、等纳税义务实质性内容的法律
- 税收程序法 → 规定税务管理权利与义务程序性方面的法律

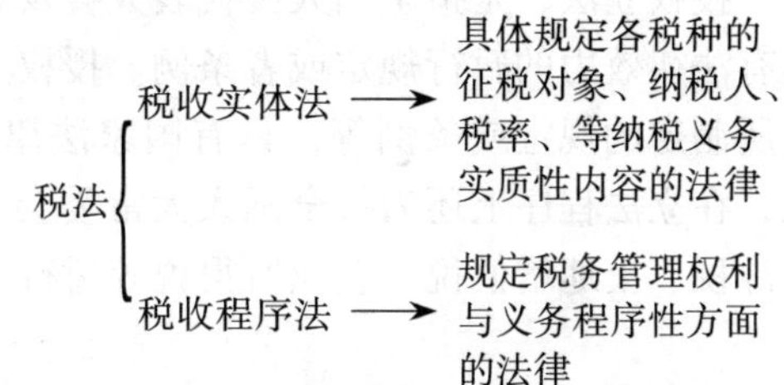

图1－11　按税法的职能和作用划分税法示意图

（3）按征税对象性质划分，见图1－12所示。

（4）按税收征管权限和收入归属划分，见图1－13所示。

税法
- 商品税法
- 所得税法
- 财产税法

图1－12　按征税对象性质划分税法示意图

税法
- 中央税
- 地方税
- 共享税

图1－13　按税收征管权限和收入归属划分税法示意图

1.3 税收立法与实施

1.3.1 税收立法机关

我国税收法律的立法权由全国人大及其常委会行使，其他任何机关都没有制定税收法律的权力。在现行税法中，如《外商投资企业和外国企业所得税法》、《个人所得税法》、《税收征收管理法》以及1993年12月全国人大常委会通过的《关于外商投资企业和外国企业适用增值税、消费税、营业税等税收暂行条例的决定》都是税收法律。除宪法外，在税收法律体系中，税收法律具有最高的法律效力，是其他机关制定税收法规、规章的法律依据。其他各级机关制定的税收法规、规章，都不得与宪法和税收法律相抵触。

授权立法，是指全国人民代表大会及其常务委员会根据需要授权国务院制定某些具有法律效力的暂行规定或者条例。授权立法与制定行政法规不同。国务院经授权立法所制定的规定或条例等，具有国家法律的性质和地位，它的法律效力高于行政法规，在立法程序上还需报全国人大常委会备案。我国现行增值税、营业税、消费税、资源税、土地增值税、企业所得税等暂行条例就属于国务院经授权立法制定的。

行政法规作为一种法律形式，在中国法律形式中处于低于宪法、法律和高于地方法规、部门规章、地方规章的地位，在全国范围内是普遍适用的。行政法规的立法目的在于保证宪法和法律的实施。行政法规不得与宪法、法律相抵触，否则无效。国务院发布的《外商投资企业和外国企业所得税法实施细则》、《税收征收管理法实施细则》等，都是税收行政法规。

我国在税收立法上坚持“统一税法”的原则，地方权力机关制定税收地方法规是有限制的，即必须严格按照税收法律的授权行事。目前，除了海南省、民族自治地区按照全国人大授权立法规定，在遵循宪法、法律和行政法规的原则基础上，可以制定有关税收的地方性法规外，其他省、市一般都无权自定税收地方性法规。

有权制定税收部门规章的税务主管机关是财政部和国家税务总局。其制定规章的范围包括：对有关税收法律、法规的具体解释、税收征收管理的具体规定、办法等，税收部门规章在全国范围内具有普遍适用效力，但不得与税收法律、行政法规相抵触。例如，财政部颁发的《增值税暂行条例实施细则》等属于税收部门规章。

《中华人民共和国地方各级人民代表大会和地方各级人民政府组织法》规定："省、自治区、直辖市以及省、自治区的人民政府所在地的市和国务院批准的较大的市的人民政府，可以根据法律和国务院的行政法规，制定规章。"按照"统一税法"的原则，上述地方政府制定税收规章，都必须在税收法律、法规明确授权的前提下进行，并且不得与税收法律、行政法规相抵触。没有税收法律、法规的授权，地方政府是无权自定税收规章的，凡越权自定的税收规章没有法律效力。例如，国务院发布实施的城市维护建设税、车船使用税、房产税等地方性税种暂行条例，都规定省、自治区、直辖市人民政府可根据条例制定实施细则。税收立法机关及制定的税收法规如图1－14所示。

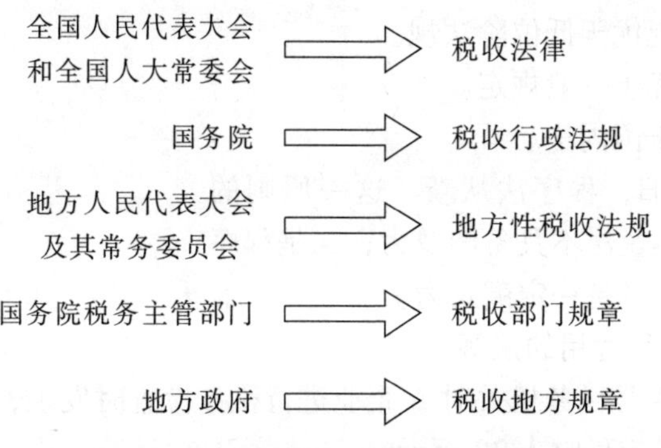

图1－14 税收立法机关示意图

1.3.2 税收立法程序

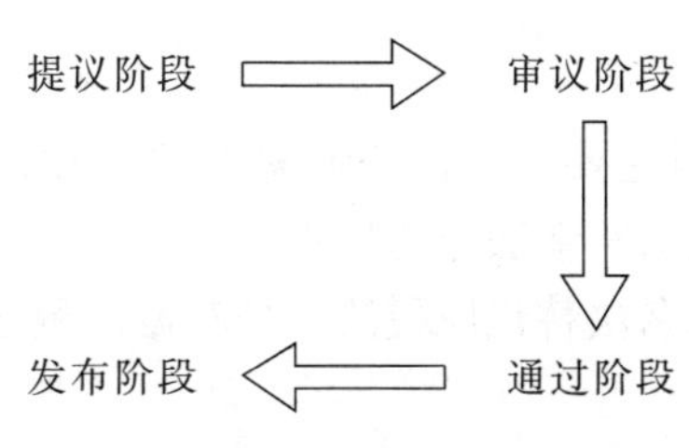

图1－15 税收立法程序示意图

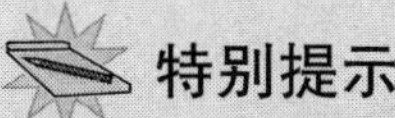

中国税收立法程序

（1）提议阶段（财政部、国家税务总局提出方案）；

（2）提交国务院审议；

（3）提请全国人大表决通过；

（4）发布实施。

1.3.3 税法实施

税法效力是指税法在什么地方、什么时间、对什么人具有法律约束力。税法的效力范围表现为空间效力、时间效力和对人的效力。

（1）时间效力。①生效：税法实施生效时间有三种情况，实施时间滞后于公布时间；实施时间与公布时间同步；特殊情况是实施在先，公布在后。②失效：税法实施失效同样有三种情况，客观失效；规定废止；抵触失效。

（2）地域效力。地域效力分为国家、地方和特别行政区。

（3）对人的效力。分为属人主义、属地主义、属人主义与属地主义相结合原则。

小思考

《中华人民共和国增值税暂行条例》在香港特别行政区有效力吗？

（1）高位阶法规优于低位阶法规。

（2）特别规定优于一般规定。

（3）国际法优于国内法。

（4）实体法从旧，程序法从新。这一原则的含义包括：一是实体税法不具备溯及力；二是程序性税法在特定条件下具备一定溯及力。

案例2　企业补税适用的法规

案情：2003年4月税务机关对A企业进行税务检查时发现，A企业在1999年生产卷烟少计算消费税应税收入20万元。

分析：在进行查补税款时适用2001年6月1日前规定的从价征收的办法，而不是2001年6月1日后的复合计税办法。而在征收管理中计算滞纳金和罚款则适用2001年5月1日颁布的新税收征管法而不是2001年5月1日以前的旧税收征管法。

（1）税法的修改补充。税法修改的原因主要有：税法调整对象变化；立法时考虑不周存在漏洞；由暂时试行过渡到正式立法；新法律的出现。

修改后税法公布的形式主要有：以新同名法替代原税法；公布修改税法决定；公布补充税法规定。

（2）税法的废止。税法废止的形式有：新法废止旧法；税法规定终止生效日期；发布专门法规废止税法。

1.4 税种的划分

1.4.1 我国现行税法体系

我国现行税法体系由税收实体法和税收程序法所构成。就实体法而言，是建国后经过几次重大改革逐步发展演变而形成的，参见图 1－16、图 1－17 所示。

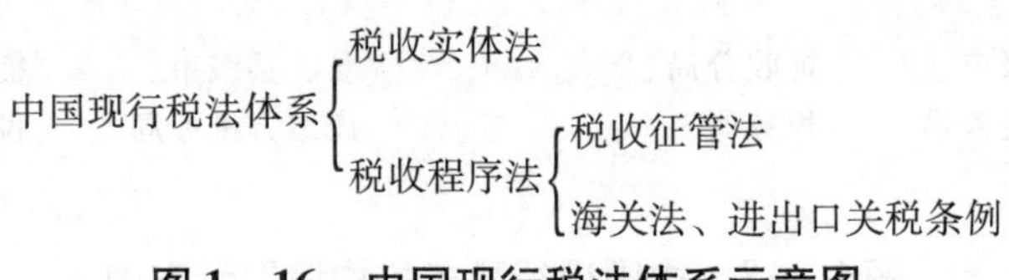

图 1－16　中国现行税法体系示意图

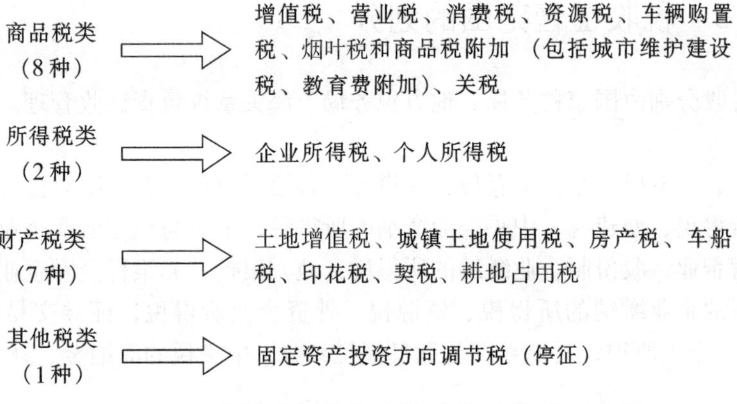

图 1－17　中国现行税收实体法体系构成示意图

1.4.2 我国现行税务机构的设置

我国现行税务机构的设置情况是：中央政府设立国家税务总局（正部级），省及省以下税务机构分设国家税务局和地方税务局。详见图 1－18 所示。

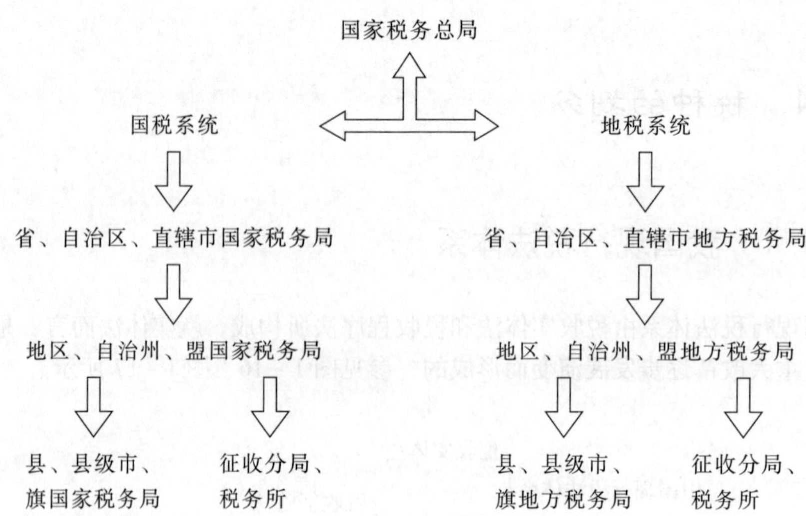

图1－18 中国现行税务机构设置示意图

1.4.3 税收征管范围的划分

我国税收分别由国家税务局、地方税务局、海关系统负责征收管理。

增值税、消费税、车辆购置税，铁道部、各银行总行、各保险总公司集中缴纳的营业税、所得税、城建税，中央企业缴纳的所得税，中央与地方所属企业、事业单位组成的联营企业、股份制企业缴纳的所得税，地方银行、非银行金融企业缴纳的所得税，海洋石油企业缴纳的所得税、资源税，外资企业所得税，证券交易税（证券交易印花税），个人所得税对储蓄存款利息征税部分，中央税的滞纳金、补税、罚款。

营业税、城建税（不包括有国税征管部分），地方国有企业、集体企业、私营企业缴纳的所得税，个人所得税（不包括对储蓄存款利息征税部分），资源税、城镇土地使用税、耕地占用税、土地增值税、房产税、车船税、印花税、契税、地方税的滞纳金、补税、罚款。

进出口关税，进口环节增值税、消费税。

根据国家税务总局《关于所得税收入分享体制改革后税收征管范围的通知》规

定①，企业所得税、个人所得税在国家税务局、地方税务局的征收管理范围划分如下：

（1）2001 年 12 月 31 日前国家税务局、地方税务局征收管理的企业所得税、个人所得税（包括储蓄存款利息所得个人所得税），以及按现行规定征收管理的外商投资企业和外国企业所得税，仍由原征管机关征收管理，不作变动。

（2）自 2002 年 1 月 1 日起，按国家工商行政管理总局的有关规定，在各级工商行政管理部门办理设立（开业）登记的企业，其企业所得税由国家税务局负责征收管理。但下列办理设立（开业）登记的企业仍由地方税务局负责征收管理：①两个以上企业合并设立一个新的企业，合并各方解散，但合并各方原均为地方税务局征收管理的；②因分立而新设立的企业，但原企业由地方税务局负责征收管理的；③原缴纳企业所得税的事业单位改制为企业办理设立登记，但原事业单位由地方税务局负责征收管理的。在工商行政管理部门办理变更登记的企业，其企业所得税仍由原征收机关负责征收管理。

（3）自 2002 年 1 月 1 日起，在其他行政管理部门新登记注册、领取许可证的事业单位、社会团体、律师事务所、医院、学校等缴纳企业所得税的其他组织，其企业所得税由国家税务局负责征收管理。

（4）2001 年 12 月 31 日前已在工商行政管理部门和其他行政管理部门登记注册，但未进行税务登记的企事业单位及其他组织，在 2002 年 1 月 1 日后进行税务登记的，其企业所得税按原规定的征管范围，由国家税务局、地方税务局分别征收管理。

（5）2001 年底前的债转股企业、中央企事业单位参股的股份制企业和联营企业，仍由原征管机关征收管理，不再调整。

（6）不实行所得税分享的铁路运输（包括广铁集团）、国家邮政、中国工商银行、中国农业银行、中国银行、中国建设银行、国家开发银行、中国农业发展银行、中国进出口银行以及海洋石油天然气企业，由国家税务局负责征收管理。

（7）除储蓄存款利息所得以外的个人所得税（包括个人独资、合伙企业的个人所得税），仍由地方税务局负责征收管理。

根据《国家税务总局关于调整新增企业所得税征管范围问题的通知》（国税发〔2008〕120 号），对 2009 年以后新增企业的所得税征管范围作如下调整：

以 2008 年为基年，2008 年底之前国家税务局、地方税务局各自管理的企业所得税纳税人不作调整。2009 年起新增企业所得税纳税人中，应缴纳增值税的企业，其企业所得税由国家税务局管理；应缴纳营业税的企业，其企业所得税由地方税务局管理。

（1）企业所得税全额为中央收入的企业和在国家税务局缴纳营业税的企业，其

① 国家税务总局：《关于所得税收入分享体制改革后税收征管范围的通知》，国税发［2002］8 号。

企业所得税由国家税务局管理。

（2）银行（信用社）、保险公司的企业所得税由国家税务局管理，除上述规定外的其他各类金融企业的企业所得税由地方税务局管理。

（3）外商投资企业和外国企业常驻代表机构的企业所得税仍由国家税务局管理。

（4）对若干具体问题的规定：①境内单位和个人向非居民企业支付《中华人民共和国企业所得税法》第三条第三款规定的所得，该项所得应扣缴的企业所得税的征管，分别由支付该项所得的境内单位和个人的所得税主管国家税务局或地方税务局负责。②2008 年底之前已成立跨区经营汇总纳税企业，2009 年起新设立的分支机构，其企业所得税的征管部门应与总机构企业所得税征管部门相一致；2009 年起新增跨区经营汇总纳税企业，总机构按基本规定确定的原则划分征管归属，其分支机构企业所得税的管理部门也应与总机构企业所得税管理部门相一致。③按税法规定免缴流转税的企业，按其免缴的流转税税种确定企业所得税征管归属；既不缴纳增值税也不缴纳营业税的企业，其企业所得税暂由地方税务局管理。④既缴纳增值税又缴纳营业税的企业，原则上按照其税务登记时自行申报的主营业务应缴纳的流转税税种确定征管归属；企业税务登记时无法确定主营业务的，一般以工商登记注明的第一项业务为准；一经确定，原则上不再调整。

1.4.4 税种收入划分

国内消费税、车辆购置税、关税、海关代征增值税、消费税。

城镇土地使用税、耕地占用税、土地增值税、房产税、车船税、烟叶税、印花税、契税。

（1）增值税：中央 75%；地方 25%。

（2）营业税：铁道部、银行总行、保险总公司集中缴纳部分。

（3）企业所得税：铁道部、银行总行、海洋石油企业缴纳部分归中央，其余共享，2002 年各 50%；2003 年以后，中央 60%，地方 40%。

（4）个人所得税：分享比例同企业所得税。

（5）资源税：海洋石油企业归中央，其余归地方。

（6）城建税：铁道部、银行总行、保险总公司集中缴纳部分归中央，其余归地方。

（7）印花税：中央 97%，地方 3%。

本章小结

1. 税收是满足公共需要执行公共事物的经济基础。是公共部门满足公共需要执行公共事物的社会必要费用。税收是国家调节社会经济的经济杠杆。

2. 税收的要素。包括税收主体、税收客体、税收标准（税基和税率）、纳税期限、纳税环节、税收优惠和罚则等。

3. 税法是国家制定的用以调整国家与纳税人之间在征纳税方面的权利与义务关系的法律规范的总称。税法与税收的关系：税法与税收密不可分，税法是税收的法律表现形式，税收则是税法所确定的具体内容。

4. 按税法的基本内容和效力划分，税法分为税收基本法（税法通则）和税收普通法（单行税法）。按税法的职能和作用划分，分为税收实体法和税收程序法。按征税对象性质划分，分为商品税法、所得税法和财产税法。按税收征管权限和收入归属划分，分为中央税、地方税和共享税。

5. 全国人民代表大会和全国人大常委会制定税收法律；国务院制定税收行政法规；地方人民代表大会及其常务委员会制定地方性税收法规；国务院税务主管部门制定税收部门规章；地方政府制定税收地方规章。

6. 税收立法程序，一般经过提议阶段、审议阶段、表决通过和发布阶段。

7. 税法适用原则。高位阶法规优于低位阶法规；特别规定优于一般规定；国际法优于国内法；实体法从旧，程序法从新。

8. 我国现行税法体系。中国现行税法体系由税收实体法和税收征管法及海关法、进出口关税条例组成的税收程序法所构成。

思 考 题

1. 为什么说税收是国家调节社会经济的经济杠杆？
2. 税收的构成要素有哪些？
3. 税率一般有哪些形式？
4. 全额累进税率与超额累进税率有何不同？
5. 按税法的基本内容和效力划分，税收分哪几类？
6. 按税法的职能和作用划分，税收分哪几类？
7. 按征税对象性质划分，税收分哪几类？
8. 按税收征管权限和收入归属划分，税收分哪几类？
9. 税法适用的原则有哪些？

10. 我国现行税法体系是如何构成的?

11. 我国现行税务机构是如何设置的?

12. 我国现行税种的征管范围是如何划分的?

13. 我国现行税种的收入是如何划分的?

第二章　增 值 税

学习目标

1. 了解增值税的含义及税种设置。理解增值税的特殊作用。

2. 掌握增值税的基本类型。理解生产型、收入型和消费型增值税的含义。

3. 掌握增值税的征税范围的一般规定，税率设置以及小规模纳税人和一般纳税人的划分标准。

4. 熟悉增值税的计算方法。理解销项税额与进项税额的含义。掌握一般纳税人增值税应纳税额的计算方法。

5. 了解增值税出口退税政策的基本内容，熟悉免、抵、退税的方法。

6. 了解增值税专用发票管理的内容。

关键名词

增值额　增值税　生产型增值税　收入型增值税　消费型增值税　一般纳税人　小规模纳税人　混合销售行为　兼营非应税劳务行为　视同货物销售行为　销项税额　进项税额　增值税专用发票　零税率　出口退税　免、抵、退税

2.1　税种设置

2.1.1　增值税的概念

一般而言，增值税是对商品或劳务按增值额征收的一种商品税。我国现行增值税的基本规范是1993年12月3日国务院颁布的《中华人民共和国增值税暂行条例》（以下简称《增值税暂行条例》）。2008年11月5日国务院第34次常务会议修订通过

《增值税暂行条例》。依据《增值税暂行条例》规定，增值税是对在我国境内销售货物或者提供加工、修理修配劳务以及进口货物的单位和个人征收的一种税。

增值额的含义可以从两个方面来理解：

（1）从微观方面理解。增值额是商品的某一生产经营者在商品生产和经营过程中新增加的价值。

（2）从宏观方面理解。增值额是商品在生产流通全过程中新增加的价值，它等于商品各个生产者和经营者新增加价值的总和，同时等于该商品进入最终消费时的销售价格。

2.1.2　增值税的产生与发展

20 世纪 50 年代，法国首先创立了增值税制度。它是法国为了适应第二次世界大战后商品经济发展的要求和稳定财政收入的需要，对原来阶梯式全额征收的营业税进行改进而创立的。法国在实行增值税以前，是按流转全额对经营者征收营业税。这种营业税一个突出特征就是多环节阶梯式课税。所谓多环节，即应税商品从生产到消费每经过一个流转环节就征一次税；所谓阶梯式，即一种商品的税收负担随着生产经营环节增加而呈阶梯式递增。这种多环节阶梯式课征的税收，导致同一商品税负随生产和流通环节多少而不同。生产和流通环节越多，商品的税收负担就越重，反之税收负担则越轻，存在税负不平和重叠征税的弊端。它有利于小而全的生产方式，与社会化大生产发展要求不相适应。

法国增值税创立经历了两个阶段。第一阶段，首先从解决多环节课税方面入手，在 1936 年，把原来在工业生产领域多环节课税制度改为就生产产成品的最后环节一次征税。这样改进基本消除了重叠征税的因素，但又产生了新的矛盾。同样属于生产和创造价值的企业，零部件企业创造的价值不用交任何税款；产成品生产企业只创造了一部分价值，却承担产成品应交的全部税款，税负仍然不公平；只对产成品企业征税，大量企业排除在征税范围之外，失去了征税的普遍性；由于最终产品与中间产品的界限难以划清，对税收征管造成很大困难；另外税收收入的均衡性也因只对一个环节征税而被破坏。第二阶段，法国改革的目标集中到解决道道征税和全额征税两个方面。把原来的一次课征制改为分阶段征税，道道扣税。即不论是产成品还是原材料和零部件，均按流转全额课税，同时允许扣除购进生产用原材料在前一环节已缴纳的税。1954 年，对购入的固定资产也纳入了扣除范围，同时将征税范围由工业生产领域扩大到商品流通领域，逐渐形成了一套完整的增值税制度。

法国创立实施增值税后很快引起国际上的广泛注意和效仿。首先在欧共体各成员国，从 1963～1973 年，所有成员国先后推行了增值税。到目前，世界上已经有一百多个国家和地区实行了增值税制度。

中华人民共和国成立后，曾在消除多环节、阶梯式商品税重复征税方面进行了一些有益的探索。例如，货物税规定对某些产品可以办理转厂手续，对应税产品的半成品不征税，由应税产品的产成品生产企业在销售时纳税；同一税目的产品加工改制按 5% 的税率征税。对部分产品征税时可以扣除外购原料或半成品的已纳税款，等等。1979 年，借鉴各国实行增值税的成功经验，中国开始在部分行业和地区进行增值税试点。1983 年，开始对部分行业和产品在全国范围内统一试行增值税。1984 年，正式设置了增值税，同时将增值税的征税范围扩大到整个工业生产领域。1994 年，改进了增值税的计税办法，并将增值税的征税范围由工业生产领域扩大到商业批发和零售。

2.1.3 增值税的类型

世界各国实行的增值税，依法定扣除项目的范围大小为标准，分为生产型、收入型和消费型三种类型。见图 2－1。

生产型增值税是指征收增值税时，凡生产应税产品耗用的外购物质消耗除固定资产外均可列入扣除项目范围。就整个社会而言，增值税征税对象大体上相当于国民生产总值，故称之为生产型增值税。

收入型增值税是指征收增值税时，凡生产应税产品耗用的外购物质消耗除未提取折旧的固定资产外，均可列入扣除项目范围。就整个社会而言，增值税征税对象大体上相当于国民收入，故称之为收入型增值税。

消费型增值税是指在征收增值税时，凡生产应税产品耗用的全部物质消耗包括购入的固定资产和流动资产价值均列入扣除项目范围。就整个社会而言，全部生产资料都排除在征税范围之外，该类型增值税的征税对象大体上相当于社会消费资料的价值，故称之为消费型增值税。

一个国家选择哪一种类型的增值税，受这个国家原来的商品税模式、不同的投资

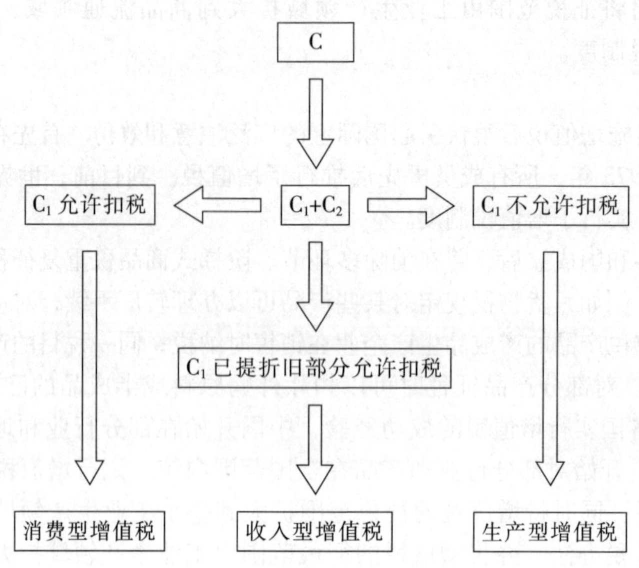

说明：C 为资产；C_1 为固定资产；C_2 为流动资产，
包括原材料、燃料、动力等存货。

图 2－1　增值税类型划分示意图

政策、财政收入状况等诸多因素影响。不同类型的增值税对经济产生的影响也不尽相同。生产型和收入型增值税虽然在避免和彻底解决重叠征税方面不够理想，但有利于抑制固定资产投资规模和保障财政收入的稳定；消费型增值税则可以彻底解决重叠征税问题，对投资起鼓励作用，也有利于简化征收管理。

2004 年 7 月 1 日起，中国开始进行增值税转型改革试点。首先在东北地区的部分行业（装备制造业、石油化工业、冶金业、船舶制造业、汽车制造业、农产品加工业、军工、高新技术产业），试行扩大增值税抵扣范围的改革。2007 年 7 月 1 日起，又将试点范围扩大到中部 6 省 26 个老工业基地城市①的装备制造业、石油化工业、冶金业、汽车制造业、农产品加工业、电力业、采掘业、高新技术产业。2008 年 7 月 1 日，又将试点范围扩大到内蒙古自治区东部五个盟市和四川汶川地震受灾严重地区。东北、中部等部分地区先后进行改革试点，取得了成功经验。为进一步消除重复征税因素，降低企业设备投资税收负担，鼓励企业技术进步和促进产业结构调整，应对国际金融危机对我国

① 中部 6 省 26 个老工业基地城市是指：山西省的太原、大同、阳泉、长治；安徽省的合肥、马鞍山、蚌埠、芜湖、淮南；江西省的南昌、萍乡、景德镇、九江；河南省的郑州、洛阳、焦作、平顶山、开封；湖北省的武汉、黄石、襄樊、十堰；湖南省的长沙、株洲、湘潭、衡阳。

经济发展带来的不利影响，努力扩大需求，保持我国经济平稳较快增长，自2009年1月1日起，在全国推开增值税转型改革，实行消费型增值税。

2.1.4 增值税的作用

实行专业化生产是社会化大生产发展的客观要求。在过去对商品征税实行的是按商品价值全额课税，存在多环节阶梯式的课税特征，重叠征税严重，使全能厂与专业厂之间税负不合理，客观上鼓励了“大而全”、“小而全”的低效能生产方式，不利于专业化协作生产。实行增值税后，由于按增值额征税，排除了按商品价值全额课税造成的重叠征税因素，对一种商品的税，无论是协作生产还是连续生产，其总体税负一致；对一个企业来说，无论是全能厂还是专业化协作厂，只要商品最终销售价格相同，其增值税负担就完全一致。因此实行增值税后，无论是实行专业化生产增加生产和协作环节还是实行横向经济联合，减少生产和协作环节，都不会增加或减少纳税人的税负，符合社会化大生产发展的客观要求，有利于专业化协作生产。

按商品价值全额课税，税收收入会随着生产结构和组织结构的调整而发生变化。当纳税人减少生产流通环节时会导致税收收入的减少。实行增值税后，由于一种商品无论生产过程如何和经过多少生产流通环节，在商品价格不变的条件下，其增值额是不变的，相应的增值税收入也不会变化，因此实行增值税既可以适应生产结构和组织结构的调整，又有利于财政收入的稳定。特别是在增值税实行税款抵扣制度之后，由于购销单位之间因扣税而形成的相互制约、交叉审计机制，使偷税的可能性受到极大的限制，从而更有利于保证财政收入。

表2-1　　1994~2007年中国增值税收入情况　　单位：亿元

项　目	1994年	1995年	1996年	1997年	1998年	1999年	2000年
增值税收入	2 661.3	3 038.6	3 516.6	3 910.0	4 301.9	5 032.1	6 149.3
国内增值税	2 338.6	2 653.7	3 024.1	3 343.8	3 729.0	4 000.9	4 667.5
进口货物增值税	322.8	385.0	492.5	566.2	572.9	1 031.3	1 481.8
项　目	2001年	2002年	2003年	2004年	2005年	2006年	2007年
增值税收入	7 090.8	8 141.2	10 096.3	12 588.9	14 866.9	17 755.8	21 595.3
国内增值税	5 452.5	6 275.4	7 341.4	8 930.1	10 698.3	12 894.6	15 609.9
进口货物增值税	1 638.2	1 865.8	2754.9	3658.8	4 168.6	4861.2	5 985.4

资料来源：国家税务总局网站，http://www.chinatax.gov.cn/，税收收入统计。

为鼓励产品出口世界各国普遍对出口商品和劳务实行出口退税优惠政策。在按商品价值全额课税条件下，一种商品在出口前经历了多少个环节，每个环节征收了多少税款无法准确计算和确定，在出口退税时可能出现两种情况：一是征税多退税少，出口退税不彻底，这使得出口产品的价值中仍然含有本国商品课税，影响本国产品在国际市场上的竞争能力。二是征税少而退税多，这会引起相关国家对本国出口产品采取反倾销报复，引发贸易争端。同样不利于贯彻国家的扩大出口的贸易政策。实行增值税，一种商品在国内已征多少税能够准确计算出来，即等于按商品最后销售价格乘以适用税率计算的税款。实行增值税国家，一般都对出口商品和劳务普遍实行“零税率”优惠，可以将出口商品在国内已缴纳的商品和劳务税在出口环节一次全部退清，实现准确而彻底的退税。

2.2 征税对象、纳税义务人

2.2.1 征税对象

在理论上，增值税的征税对象应该包括所有的货物和劳务，对生产、流通领域中全部产品和商品及服务业中的劳务全部课征增值税。但是，在实践中，由于国情不同，各国增值税征税对象范围的确定存在较大差异。

中国在 1979 年试点增值税时，只在部分城市选择了机器机械和农业机具两个行业及部分日用机械产品试行。1984 年增值税在中国正式确立时，将征税对象范围扩大到机动船舶、轴承、西药等 12 类产品。之后，增值税征税对象范围进一步扩大。《增值税暂行条例》将增值税征税对象范围扩大到工业生产、商业批发、零售和进口货物以及服务业中的加工与修理修配劳务。

《增值税暂行条例》是通过对纳税人的限定来体现增值税征税对象的。《增值税暂行条例》第一条规定：“在中华人民共和国境内销售货物或者提供加工、修理修配劳务以及进口货物的单位和个人，为增值税的纳税义务人。”根据《增值税暂行条例》规定，增值税征税范围包括以下几类。

（1）销售货物的一般规定。中华人民共和国境内有偿销售货物的一般规定：货物是指有偿动产，包括电力、热力和气体在内。所谓有偿，是指从购买方取得货币、货物或者其他经济利益。境内销售货物是指货物的起运地或者所在地在中国境内。

（2）销售货物的特殊规定。①属于征税范围的特殊项目：货物期货，包括商品和贵金属期货，应当征收增值税，在货物期货的实物交割环节纳税；银行销售金银的业务，应当征收增值税；典当业的死当销售业务和寄售业代委托人销售物品的业务应当征收增值税；集邮商品（如邮票、首日封、邮折等）生产、调拨以及邮政部门以外的其他单位和个人销售的，征收增值税，邮政部门销售集邮商品征收营业税；邮政部门以外单位和个人发行报刊，邮政部门发行报刊，征收营业税，其他单位和个人发行报刊征收增值税。②属于征税范围的视同销售货物特殊行为：将货物交付其他单位或者个人代销，如例2－1；销售代销货物，如例2－2；设有两个以上机构并实行统一核算的纳税人，将货物从一个机构移送至其他机构用于销售，但相关机构设在同一县（市）的除外。在一般情况下，总分支机构间的货物调拨只是货物的内部转移，没有发生货物所有权的转移，不应看做销售。但是，我国增值税条例规定，如果总机构和分支机构不在同一县（市），而将货物从一个机构移送到另一个机构并用于销售的内部调拨，应视同销售货物征收增值税。将自产或者委托加工的货物用于非增值税应税项目、集体福利或者个人消费，如例2－3；将自产、委托加工或者购买的货物作为投资，提供给其他单位或者个体工商户；分配给股东或者投资者；无偿赠送其他单位或者个人，见例2－4，均视同销售货物征收增值税。

某服装厂委托某商场代销一批服装，月末收到该商场代销清单，取得零售收入金额为117万元，支付代销手续费5万元。对此应如何征税？

分析：应视同销售货物，计算销项税额。

销项税额＝117÷（1＋17%）×17%＝17（万元）

某服装厂委托某商场代销服装，每件117元，支付手续费5元。对此应如何征税？

分析：若商场不加价出售时，增值税销项税额为17－17＝0（元）

- 以手续费形式代销。

若代销商擅自加价到234元销售时。

增值税为34－17＝17（元）

营业税为（100＋5）×5%＝5.25（元）

- 以非手续费形式代销。

假定代销商以234元将服装销售，收到销项税额34元，返回服装厂117元，服装厂收到代销清单后开具了增值税专用发票，销项税额为17元。

代销商应纳增值税为34－17＝17（元）

营业税为100×5%＝5（元）

某企业（一般纳税人）将自产的一批钢材用于在建工程，同类产品的不含税销售价格为100万元，销售成本80万元，对此应如何征税？

分析：应视同销售货物，计算这笔业务的销项税额。

销项税额＝100×17%＝17（万元）

昌隆公司（一般纳税人，下同）8 月 20 日将自产的价值为 80 000 元（不含税）的产品投资于兴隆公司；将自产的价值为 20 000 元（不含税）产品无偿赠送给某希望小学。对此应如何征税？

分析：应视同销售货物，计算这两笔业务的销项税额。

销项税额＝（80 000＋20 000）×17%＝17 000（元）

（3）混合销售行为。一项销售行为如果既涉及货物又涉及非增值税应税劳务，即为混合销售行为。非增值税应税劳务是指属于应缴营业税的交通运输业、建筑业、金融保险业、邮电通信业、文化体育业、娱乐业、服务业税目征收范围的劳务。

从事货物的生产、批发或者零售的企业、企业性单位和个体工商户的混合销售行为，视为销售货物，应当缴纳增值税；其他单位和个人的混合销售行为，视为销售非增值税应税劳务，不缴纳增值税。对纳税人销售自产货物并同时提供建筑业劳务的混合销售行为，应当分别核算货物的销售额和非增值税应税劳务的营业额。根据其销售货物的销售额计算缴纳增值税；非增值税应税劳务的营业额不缴纳增值税；未作核算的部分，由主管税务机关核定其货物的销售额。

昌隆公司 5 月 30 日销售 C 产品一批，用本公司车辆运送。开具的增值税专用发票上注明货款 48 500 元，运费 500 元。货物已运到，款项尚未收到。对此应如何确定征税？

分析：该项业务属于混合销售行为，昌隆公司属于从事货物的生产、批发和零售的企业，所以其运输业务收入征收增值税。

销项税额＝（48 500＋500）×17%＝8 330（元）

（4）兼营（非应税劳务）行为。是指纳税人既经营货物销售和增值税应税劳务行为，又经营非增值税应税劳务的行为。纳税人兼营非增值税应税项目的，应分别核算货物或者应税劳务的销售额和非增值税应税项目的营业额；未分别核算的，由主管税务机关核定货物或者应税劳务的销售额。

餐饮业销售货物是否征收增值税？

饮食店、餐馆、酒店、宾馆、饭店等单位发生属于营业税“饮食业”应税行为的同时，销售货物给顾客的，无论顾客是否当场消费，其货物部分的收入均并入营业税应税收入计征营业税。对上述单位附设门市部、外卖点等对外销售货物的，按兼营行为的征税规定征收增值税。

（1）提供加工、修理修配劳务（以下称应税劳务）。是指境内有偿提供加工、修理修配劳务。单位或者个体工商户聘用的员工为本单位或者雇主提供的加工、修理修配劳务不包括在内。所称有偿，是指从购买方取得货币、货物或者其他经济利益。所称境内，是指提供的应税劳务发生在本国内。

（2）加工。是指受托加工货物，即委托方提供原料及主要材料，受托方按照委托方的要求，制造货物并收取加工费的业务。

（3）修理修配。指受托对损伤或者丧失功能的货物进行修复，使其恢复原状和功能的业务。

进口货物是指从国外进口的有形动产，包括电力、热力和气体在内。

（1）农业生产者销售的自产农产品。所称农业，是指种植业、养殖业、林业、牧业、水产业。农业生产者，包括从事农业生产的单位和个人。农产品，是指初级农产品。

（2）避孕药品和用具。

（3）古旧图书，是指向社会收购的古书和旧书。

（4）直接用于科学研究、科学试验和教学的进口仪器、设备。

（5）外国政府、国际组织无偿援助的进口物资和设备。

（6）由残疾人组织直接进口供残疾人专用的物品。

（7）销售自己使用过的物品，是指其他个人自己使用过的物品。

纳税人销售货物或者应税劳务适用免税规定的，可以放弃免税，依照条例的规定缴纳增值税。放弃免税后，36个月内不得再申请免税。

（1）自2008年7月1日起，对销售下列自产货物实行增值税即征即退的政策：①以工业废气为原料生产的高纯度二氧化碳产品。高纯度二氧化碳产品，应当符合GB10621－2006的有关规定。②以垃圾为燃料生产的电力或者热力。垃圾用量占发电燃料的比重不低于80%，并且生产排放达到GB1323－2003第1时段标准或者GB18485－2001的有关规定。所称垃圾，是指城市生活垃圾、农作物秸杆、树皮废渣、污泥、医疗垃圾。③以煤炭开采过程中伴生的舍弃物油母页岩为原料生产的页岩油。④以废旧沥青混凝土为原料生产的再生沥青混凝土。废旧沥青混凝土用量占生产原料的比重不低于30%。⑤采用旋窑法工艺生产并且生产原料中掺兑废渣比例不低于30%的水泥（包括水泥熟料）。

（2）自2008年7月1日起，销售下列自产货物实现的增值税实行即征即退50%的政策：①以退役军用发射药为原料生产的涂料硝化棉粉。退役军用发射药在生产原料中的比重不低于90%。②对燃煤发电厂及各类工业企业产生的烟气、高硫天然气进行脱硫生产的副产品。副产品是指石膏（其二水硫酸钙含量不低于85%）、硫酸

（其浓度不低于15%）、硫酸铵（其总氮含量不低于18%）和硫磺。③以废弃酒糟和酿酒底锅水为原料生产的蒸汽、活性炭、白碳黑、乳酸、乳酸钙、沼气。废弃酒糟和酿酒底锅水在生产原料中所占的比重不低于80%。④以煤矸石、煤泥、石煤、油母页岩为燃料生产的电力和热力。煤矸石、煤泥、石煤、油母页岩用量占发电燃料的比重不低于60%。⑤利用风力生产的电力。⑥部分新型墙体材料产品。

（3）自2008年7月1日起，对销售自产的综合利用生物柴油实行增值税先征后退政策。综合利用生物柴油，是指以废弃的动物油和植物油为原料生产的柴油。废弃的动物油和植物油用量占生产原料的比重不低于70%。

（4）自2009年1月1日起，对销售下列自产货物实行免征增值税政策：①再生水。再生水是指对污水处理厂出水、工业排水（矿井水）、生活污水、垃圾处理厂渗透（滤）液等水源进行回收，经适当处理后达到一定水质标准，并在一定范围内重复利用的水资源。再生水应当符合水利部《再生水水质标准》（SL368－2006）的有关规定。②以废旧轮胎为全部生产原料生产的胶粉。胶粉应当符合GB/T19208－2008规定的性能指标。③翻新轮胎。翻新轮胎应当符合GB7037－2007、GB14646－2007或者HG/T3979－2007规定的性能指标，并且翻新轮胎的胎体100%来自废旧轮胎。④生产原料中掺兑废渣比例不低于30%的特定建材产品。特定建材产品是指砖（不含烧结普通砖）、砌块、陶粒、墙板、管材、混凝土、砂浆、道路井盖、道路护栏、防火材料、耐火材料、保温材料、矿（岩）棉。

（5）自2009年1月1日起，对污水处理劳务免征增值税。污水处理是指将污水加工处理后符合GB18918－2002有关规定的水质标准的业务。

（6）对增值税一般纳税人生产的粘土实心砖、瓦，一律按适用税率征收增值税，不得采取简易办法征收增值税。2008年7月1日起，以立窑法工艺生产的水泥（包括水泥熟料），一律不得享受增值税即征即退政策。

（7）转让企业全部产权涉及的应税货物的转让，不属于增值税的征税范围，不征收增值税。

（8）黄金生产和经营单位销售黄金（不包括以下品种：成色AU9999、AU9995、AU999、AU995；规格为50克、100克、1公斤、3公斤、12.5公斤的黄金，以下简称标准黄金）和黄金矿砂（含伴生金），免征增值税；进口黄金（含标准黄金）和黄金矿砂免征进口环节增值税。①

黄金交易会员单位通过黄金交易所销售标准黄金（持有黄金交易所开具的《黄金交易结算凭证》），未发生实物交割的，免征增值税；发生实物交割的，由税务机关按照实际成交价格代开增值税专用发票，并实行增值税即征即退的政策，同时免征

① 财政部、国家税务总局：《关于黄金税收政策问题的通知》，财税［2002］142号。

城市维护建设税、教育费附加。纳税人不通过黄金交易所销售的标准黄金不享受增值税即征即退政策。增值税专用发票中的单价、金额和税额的计算公式分别为：

单价=实际成交单价÷(1+增值税税率)

金额=数量×单价

税额=金额×税率

实际成交单价是指不含黄金交易所收取的手续费的单位价格。纳税人不通过黄金交易所销售的标准黄金不享受增值税，即征即退政策。

（9）自2009年1月1日起，单位和个人销售再生资源，应当依照规定缴纳增值税。在2010年底以前，对符合条件的增值税一般纳税人销售再生资源缴纳的增值税实行先征后退政策。对符合退税条件的纳税人2009年销售再生资源实现的增值税，按70%的比例退回给纳税人；对其2010年销售再生资源实现的增值税，按50%的比例退回给纳税人。报废船舶拆解和报废机动车拆解企业适用此规定。

适用退税政策的增值税一般纳税人应当同时满足以下条件：按照《再生资源回收管理办法》规定应当向有关部门备案的，已经按照有关规定备案；有固定的再生资源仓储、整理、加工场地；通过金融机构结算的再生资源销售额占全部再生资源销售额的比重不低于80%；自2007年1月1日起，未因违反《中华人民共和国反洗钱法》、《中华人民共和国环境保护法》、《中华人民共和国税收征收管理法》、《中华人民共和国发票管理办法》或者《再生资源回收管理办法》受到刑事处罚，或者县级以上工商、商务、环保、税务、公安机关相应的行政处罚（警告和罚款除外）。

（10）对从事热力、电力、燃气、自来水等公用事业的增值税纳税人收取的一次性费用，凡与货物的销售数量有直接关系的，征收增值税；凡与货物的销售数量无直接关系的，不征收增值税。①

（11）纳税人销售软件产品并随同销售一并收取的软件安装费、维护费、培训费等收入，应按照增值税混合销售的有关规定征收增值税，并可享受软件产品增值税即征即退政策。对软件产品交付使用后，按期或按次收取的维护、技术服务费、培训费等不征收增值税。纳税人受托开发软件产品，著作权属于受托方的征收增值税，著作权属于委托方或属于双方共同拥有的不征收增值税。

（12）印刷企业接受出版单位委托，自行购买纸张，印刷有统一刊号（CN）以及采用国际标准书号编序的图书、报纸和杂志，按货物销售征收增值税。

（13）对增值税纳税人收取的会员费收入不征收增值税。

（14）按债转股企业与金融资产管理公司签订的债转股协议，债转股原企业将货

① 财政部、国家税务总局关于增值税若干政策的通知，财税［2005］165号。

物资产作为投资提供给债转股新公司的，免征增值税。[1]

纳税人销售额未达到规定增值税起征点的，免征增值税。适用范围仅限于个人纳税人。现行增值税规定起征点的幅度为：

（1）销售货物的，起征点为月销售额2 000～5 000元；

（2）销售应税劳务的，起征点为月销售额1 500～3 000元；

（3）按次纳税的，起征点为每次（日）销售额150～200元。

省、自治区、直辖市财政厅（局）和国家税务局应在规定的幅度内，根据实际情况确定本地区适用的起征点，并报财政部、国家税务总局备案。

2.2.2 纳税义务人

在中国境内销售货物或者提供加工、修理修配劳务以及进口货物的单位和个人。所称单位是指企业、行政单位、事业单位、军事单位、社会团体及其他单位。所称个人是指个体工商户及其他个人。单位租赁或者承包给其他单位或者个人经营的，以承租人或者承包人为纳税人。

中华人民共和国境外的单位或者个人在境内提供应税劳务，在境内未设有经营机构的，以其境内代理人为扣缴义务人；在境内没有代理人的，以购买方为扣缴义务人。

（1）小规模纳税人。是指年销售额在规定标准以下，并且会计核算不健全，不能按规定报送有关税务资料的增值税纳税人。小规模纳税人的销售额标准是：①从事货物生产或提供应税劳务的纳税人，以及以从事货物生产或提供应税劳务为主（年货物生产或者提供应税劳务的销售额占年应税销售额的比重在50%以上），并兼营货物批发或零售的纳税人，年应税销售额在50万元以下的；②上述范围以外的增值税纳税人，年应税销售额在80万元以下的。年应税销售额超过小规模纳税人标准的其他个人按小规模纳税人纳税；非企业性单位、不经常发生应税行为的企业可选择按小规模纳税人纳税。

（2）一般纳税人认定与管理。一般纳税人是指年销售额超过小规模纳税人规定标准的增值税纳税人。小规模纳税人以外的纳税人应当向主管税务机关申请资格认定。具体认定办法由国务院税务主管部门制定。除国家税务总局另有规定外，纳税人

① 财政部、国家税务总局：《关于债转股企业有关税收政策的通知》，财税［2005］29号。

一经认定为一般纳税人后，不得转为小规模纳税人。

小规模纳税人会计核算健全，能够提供准确税务资料的，可以向主管税务机关申请资格认定，不作为小规模纳税人，依照有关规定计算应纳税额。所称会计核算健全，是指能够按照国家统一的会计制度规定设置账簿，根据合法、有效凭证核算。

有下列情形之一者，应按销售额依照增值税税率计算应纳税额，不得抵扣进项税额，也不得使用增值税专用发票：一般纳税人会计核算不健全，或者不能够提供准确税务资料的；除了非企业性单位、不经常发生应税行为的企业可选择按小规模纳税人纳税外，纳税人销售额超过小规模纳税人标准，未申请办理一般纳税人认定手续的。

一般纳税人总分支机构不在同一县（市）的，应分别向其机构所在地主管税务机关申请办理一般纳税人认定手续。一般纳税人认定的审批权限，在县级以上国家税务局。对于企业填报的《增值税一般纳税人申请认定表》，负责审批的税务机关应在收到之日起30日内审核完毕。

新开业的符合一般纳税人条件的企业，应在办理税务登记的同时申请办理一般纳税人认定手续。税务机关对其预计年应税销售额超过小规模企业标准的，暂认定为一般纳税人；其开业后的实际年应税销售额未超过小规模纳税人标准的，应重新申请办理一般纳税人认定手续：工业企业会计核算健全，能准确核算并提供销项税额、进项税额的，可继续认定为一般纳税人；会计核算不健全的，取消一般纳税人资格。商业企业实际年应税销售额未超过小规模纳税人标准的，取消一般纳税人资格。已开业的小规模企业，其年应税销售额超过小规模纳税人标准的，应在次年一月底以前申请办理一般纳税人认定手续。

纳税人总分支机构实行统一核算，其总机构年应税销售额超过小规模企业标准，但分支机构年应税销售额未超过小规模企业标准的，其分支机构可申请办理一般纳税人认定手续。在办理认定手续时，须提供总机构所在地主管税务机关批准其总机构为一般纳税人的证明（总机构申请认定表的影印件）。

由于销售免税货物不得开具增值税专用发票，因此全部销售免税货物的企业不办理一般纳税人认定手续。对从事成品油销售的加油站，自2002年1月1日起，无论其年应税销售额是否超过180万元，一律按增值税一般纳税人征税。

为了打击和防范虚开发票和骗抵税款的犯罪活动，进一步完善对新办商贸企业一般纳税人的认定管理办法，规范对商贸企业增值税的征收管理，自2004年8月1日起，对新办商贸企业一般纳税人实行认定及分类管理办法。

（1）新办商贸企业一般纳税人认定及分类管理。①对新办小型商贸企业改变目前按照预计年销售额认定增值税一般纳税人的办法。新办小型商贸企业必须自税务登记之日起，一年内实际销售额达到180万元，方可申请一般纳税人资格认定。新办小型商贸企业在认定为一般纳税人之前一律按照小规模纳税人管理。一年内销售额达到180万元以后，税务机关对企业申报材料以及实际经营、申报缴税情况进行审核评估，确认无误后方可认定为一般纳税人，并相继实行纳税辅导期管理制度（以下简称辅导期一般纳税人管理）。辅导期结束后，经主管税务机关审核同意，可转为正式一般纳税人，按照正常的一般纳税人管理。②对设有固定经营场所和拥有货物实物的新办商贸零售企业以及注册资金在500万元以上、人员在50人以上的新办大中型商贸企业在进行税务登记时，即提出一般纳税人资格认定申请的，可认定为一般纳税人，直接进入辅导期，实行辅导期一般纳税人管理。辅导期结束后，经主管税务机关审核同意，可转为正式一般纳税人，按照正常的一般纳税人管理。对经营规模较大、拥有固定的经营场所、固定的货物购销渠道、完善的管理和核算体系的大中型商贸企业，可不实行辅导期一般纳税人管理，而直接按照正常的一般纳税人管理。

（2）对新办商贸企业一般纳税人资格认定的审批管理。对申请一般纳税人资格认定的新办商贸企业，主管税务机关应严格按照一般纳税人认定标准、程序对申请资料进行审核。要与有关人员进行约谈并且派专人（两人以上）实地查验。未经实地查验或查验情况与申请资料不符的，不得认定为一般纳税人。①案头审核。对商贸企业一般纳税人资格认定申请全部资料进行认真审核，审核其资料是否齐全准确。②约谈。约谈的根本目的是通过与约谈对象的直接交流，了解印证纳税人的相关情况，以确认其是否为正常经营户。与企业法定代表人约谈，应着重了解企业登记注册情况、企业章程、组织结构、决策的程序、管理层的情况、经营范围及经营状况等企业的整体情况。与企业出资人约谈，应着重了解出资人与企业经营管理方面的关系。与主管财务人员约谈，应着重了解企业的银行账户情况、企业注册资金及经营资金情况、销售收入情况、财务会计核算情况、纳税申报和实际缴税情况。与销售、采购、仓储运输等相关业务主管人员约谈，了解企业购销业务的真实度。对于约谈的内容，要做好记录，并有参与约谈的人员签字。③实地查验。实地查验是印证评估疑点和约谈内容的重要过程。实地查验时需两名（或两名以上）税务人员同时到场。查验内容包括营业执照和税务登记证、企业经营场所的所有权或租赁证明、原材料和商品的出入库单据、运费凭据、水电等费用凭据、法定代表人和主要管理人员身份证明、财务人员的资格证明、银行存款证明、有关机构的验资报告、购销合同原件及公证资料、资金往来账等。在实地查验中，要认真核实区分商业零售企业、大中型商贸企业、小型商贸企业和生产企业，除按照上述查验内容全面核查外，对生产企业要特别检查有无生产厂房、设备等必备的生产条件；对商贸零售企业要特别检查有无固定经营场所和拥有货物实物；对大中型商贸企业要特别核实注册资金、银行存款证明、银行账户及企业人数。

（3）辅导期的一般纳税人管理。一般纳税人纳税辅导期一般应不少于6个月。

在辅导期内，主管税务机关应积极做好增值税税收政策和征管制度的宣传辅导工作，同时按以下办法对其进行增值税征收管理：①对小型商贸企业，主管税务机关应根据约谈和实地核查的情况对其限量限额发售专用发票，其增值税防伪税控开票系统最高开票限额不得超过1万元。专用发票的领购实行按次限量控制，主管税务机关可根据企业的实际年销售额和经营情况确定每次的专用发票供应数量，但每次发售专用发票数量不得超过25份。②对商贸零售企业和大中型商贸企业，主管税务机关也应根据企业实际经营情况对其限量限额发售专用发票，其增值税防伪税控开票系统最高开票限额由相关税务机关按照现行规定审批。专用发票的领购也实行按次限量控制，主管税务机关可根据企业的实际经营情况确定每次的供应数量，但每次发售专用发票数量不得超过25份。③企业按次领购数量不能满足当月经营需要的，可以再次领购，但每次增购前必须依据上一次已领购并开具的专用发票销售额的4%向主管税务机关预缴增值税，未预缴增值税税款的企业，主管税务机关不得向其增售专用发票。④对每月第一次领陶的专用发票在月末尚未使用的，主管税务机关在次月发售专用发票时，应当按照上月未使用专用发票份数相应核减其次月专用发票供应数量。⑤对每月最后一次领购的专用发票在月末尚未使用的，主管税务机关在次月首次发售专用发票时，应当按照每次核定的数量与上月未使用专用发票份数相减后发售差额部分。⑥在辅导期内，商贸企业取得的专用发票抵扣联、海关进口增值税专用缴款书和废旧物资普通发票以及货物运输发票要在交叉稽核比对无误后，方可予以抵扣。⑦企业在次月进行纳税申报时，按照一般纳税人计算应纳税额方法计算申报增值税。如预缴增值税税额超过应纳税额的，经主管税务机关评估核实无误，多缴税款可在下期应纳税额中抵减。

（4）对转为正常一般纳税人的审批及管理。①转为正常一般纳税人的审批。纳税辅导期达到6个月后，主管税务机关应对商贸企业进行全面审查，对同时符合以下条件的，可认定为正式一般纳税人：纳税评估的结论正常；约谈、实地查验的结果正常；企业申报、缴纳税款正常；企业能够准确核算进项、销项税额，并正确取得和开具专用发票和其他合法的进项税额抵扣凭证。凡不符合这四个条件之一的商贸企业，主管税务机关可延长其纳税辅导期或者取消其一般纳税人资格。②转为正常一般纳税人的管理。商贸企业结束辅导期转为正式一般纳税人后，原则上其增值税防伪税控开票系统最高限额不得超过1万元，对辅导期内实际销售额在300万元以上，并且足额缴纳了税款的，经审核批准，可开具金额在10万元以下的专用发票。对于只开具金额在1万元以下专用发票的小型商贸企业，如有大宗货物交易，可凭国家公证部门公证的货物交易合同，经主管税务机关审核同意，适量开具金额在10万元以下专用发票，以满足该宗交易的需要。大中型商贸企业结束辅导期转为正式一般纳税人后，其增值税防伪税控开票系统最高限额由相关税务机关根据企业实际经营情况按照现行规定审核批准。

（5）各地税务机关应对2004年8月1日前已认定为一般纳税人的小型商贸企业（尤其是办理税务登记时间在1年以内的小型商贸企业）进行一次全面检查，对在会计人员配备、会计账簿设置和会计核算方法中有不符合要求的；有虚开增值税专用发票行为的；不按规定保管增值税专用发票造成严重后果的；无固定经营场所等问题的，要取消其一般纳税人资格。各地要高度重视对小型商贸企业增值税管理工作，加强对小型商贸企业增值税的监控。

2.3　税率、计税方法与税额的计算

2.3.1 税率

目前我国增值税税率可分三类：一般纳税人税率、小规模纳税人税率和零税率，参见图2－2。

增值税税率
- 一般纳税人税率
  - 基本税率17%
  - 低税率13%
- 小规模纳税人税率（征收率6%、4%）
- 零税率（出口货物）

图2－2　中国现行增值税税率示意图

增值税的零税率与免税有何区别？

零税率与免税都是税收优惠的内容，但又是两种不同的优惠形式。零税率是指该商品和劳务属于应税的商品和劳务，但税率为零，即不承担增值税负担，如果该商品或劳务在生产流通环节缴纳了税款就应退还给纳税人，不难看出，零税率包含有退税的含义。而免税仅指免征在某一个生产流通环节的税款，不包含退税的内容。

（1）纳税人销售或者进口货物（适用13%税率的除外）、提供加工、修理修配劳务，适用17%的税率。

（2）纳税人销售或者进口货物，适用13%低税率的有：粮食、食用植物油；自来水、暖气、冷气、热水、煤气、石油液化气、天然气、沼气、居民用煤炭制品；图书、报纸、杂志；饲料、化肥、农药、农机、农膜；国务院规定的其他货物。根据国务院的决定，食盐增值税税率由17%调整为13%。

根据《关于部分货物适用增值税低税率和简易办法

征收增值税政策的通知》（财税［2009］9 号），下列货物适用 13% 的增值税税率：①农产品。指种植业、养殖业、林业、牧业、水产业生产的各种植物、动物的初级产品。具体征税范围暂继续按照《财政部国家税务总局关于印发〈农业产品征税范围注释〉的通知》（财税字［1995］52 号）及现行相关规定执行。②音像制品。指正式出版的录有内容的录音带、录像带、唱片、激光唱盘和激光视盘。③电子出版物。指以数字代码方式，使用计算机应用程序，将图文声像等内容信息编辑加工后存储在具有确定的物理形态的磁、光、电等介质上，通过内嵌在计算机、手机、电子阅读设备、电子显示设备、数字音/视频播放设备、电子游戏机、导航仪以及其他具有类似功能的设备上读取使用，具有交互功能，用以表达思想、普及知识和积累文化的大众传播媒体。载体形态和格式主要包括只读光盘（CD 只读光盘 CD-ROM、交互式光盘 CD-I、照片光盘 Photo-CD、高密度只读光盘 DVD-ROM、蓝光只读光盘 HD-DVD ROM 和 BD ROM）、一次写入式光盘（一次写入 CD 光盘 CD-R、一次写入高密度光盘 DVD-R、一次写入蓝光光盘 HD-DVD/R，BD-R）、可擦写光盘（可擦写 CD 光盘 CD-RW、可擦写高密度光盘 DVD-RW、可擦写蓝光光盘 HDDVD-RW 和 BD-RW、磁光盘 M0）、软磁盘（FD）、硬磁盘（HD）、集成电路卡（CF 卡、MD 卡、SM 卡、MMC 卡、RS－MMC 卡、MS 卡、SD 卡、XD 卡、T-Flash 卡、记忆棒）和各种存储芯片。④二甲醚。指化学分子式为 CH_3OCH_3，常温常压下为具有轻微醚香味，易燃、无毒、无腐蚀性的气体。

纳税人兼营不同税率的货物或者应税劳务，应当分别核算不同税率货物或者应税劳务的销售额。未分别核算销售额的，从高适用税率。

（3）小规模纳税人实行按销售额与征收率计算应纳税额的简易办法。从 2009 年 1 月 1 日起，小规模纳税人增值税征收率为 3%。

根据《关于部分货物适用增值税低税率和简易办法征收增值税政策的通知》（财税［2009］9 号），自 2009 年 1 月 1 日起，下列按简易办法征收增值税的优惠政策继续执行，不得抵扣进项税额。

（1）一般纳税人销售自己使用过的物品。①一般纳税人销售自己使用过的属于条例第十条规定不得抵扣且未抵扣进项税额的固定资产，按简易办法依 4% 征收率减半征收增值税。②一般纳税人销售自己使用过的其他固定资产，2009 年 1 月 1 日以后购进或者自制的固定资产，按照适用税率征收增值税；2008 年 12 月 31 日以前未纳入扩大增值税抵扣范围试点的纳税人，销售自己使用过的 2008 年 12 月 31 日以前购进或者自制的固定资产，按照 4% 征收率减半征收增值税；2008 年 12 月 31 日以前已纳入扩大增值税抵扣范围试点的纳税人，销售自己使用过的在本地区扩大增值税抵扣范围试点以前购进或者自制的固定资产，按照 4% 征收率减半征收增值税。销售自已使用过的在本地区扩大增值税抵扣范围试点以后购进或者自制的固定资产，按照适用税率征收增值税。一般纳税人销售自己使用过的除固定资产以外的物品，应当按照适用税率征收增值税。

（2）小规模纳税人（除其他个人外）销售自己使用过的物品固定资产，减按2%征收率征收增值税。小规模纳税人销售自己使用过的除固定资产以外的物品，应按3%的征收率征收增值税。

（3）纳税人销售旧货。纳税人销售旧货，按照简易办法依照4%征收率减半征收增值税。所称旧货，是指进入二次流通的具有部分使用价值的货物（含旧汽车、旧摩托车和旧游艇），但不包括自己使用过的物品。

（4）一般纳税人销售自产的下列货物，可选择按照简易办法依照6%征收率计算缴纳增值税：①县级及县级以下小型水力发电单位生产的电力。小型水力发电单位，是指各类投资主体建设的装机容量为5万千瓦以下（含5万千瓦）的小型水力发电单位。②建筑用和生产建筑材料所用的砂、土、石料。③以自己采掘的砂、土、石料或其他矿物连续生产的砖、瓦、石灰（不含粘土实心砖、瓦）。④用微生物、微生物代谢产物、动物毒素、人或动物的血液或组织制成的生物制品。⑤自来水。对属于一般纳税人的自来水公司销售自来水按简易办法依照6%征收率征收增值税，不得抵扣其购进自来水取得增值税扣税凭证上注明的增值税税款。⑥商品混凝土（仅限于以水泥为原料生产的水泥混凝土）。一般纳税人选择简易办法计算缴纳增值税后，36个月内不得变更。

（5）一般纳税人销售货物属于下列情形之一的，暂按简易办法依照4%征收率计算缴纳增值税：①寄售商店代销寄售物品（包括居民个人寄售的物品在内）；②典当业销售死当物品；③经国务院或国务院授权机关批准的免税商店零售的免税品。

关于增值税部分货物征税范围注释参见附录2。

2.3.2　计税方法

1. 直接相加法。也称税基相加法

应纳税额 =（工资 + 租金、利息利润等增值项目之和）× 税率

2. 间接相加法。也称税额相加法

应纳税额 = 工资 × 税率 + 租金、利息利润等增值项目之和 × 税率

3. 直接减除法。也称税基减除法

应纳税额 =（销售收入金额 − 购入商品支付金额）× 税率

4. 间接减除法。也称税额减除法

应纳税额 = 销售收入金额 × 税率 − 购入商品支付金额 × 税率

2.3.3 销项税额的计算

(1) 销售额的计算与确定。销售额是纳税人销售货物或者提供应税劳务向购买方收取的全部价款和价外费用，包括价款、价外费用和应征消费税的货物的消费税税金。但是不包括收取的销项税额。所称价外费用，包括价外向购买方收取的手续费、补贴、基金、集资费、返还利润、奖励费、违约金、滞纳金、延期付款利息、赔偿金、代收款项、代垫款项、包装费、包装物租金、储备费、优质费、运输装卸费以及其他各种性质的价外收费。但下列项目不包括在内：①受托加工应征消费税的消费品所代收代缴的消费税；②同时符合以下条件的代垫运输费用：承运部门的运输费用发票开具给购买方的；纳税人将该项发票转交给购买方的。③同时符合以下条件代为收取的政府性基金或者行政事业性收费：由国务院或者财政部批准设立的政府性基金，由国务院或者省级人民政府及其财政、价格主管部门批准设立的行政事业性收费；收取时开具省级以上财政部门印制的财政票据；所收款项全额上缴财政。④销售货物的同时代办保险等而向购买方收取的保险费，以及向购买方收取的代购买方缴纳的车辆购置税、车辆牌照费。

销项税额的计算公式为：销项税额 = 销售额 × 适用税率

(2) 几种特殊销售方式销售额的确定：

①折扣销售。是指销货方在销售货物或应税劳务时，因购货方购货数量较大等原因，而给予购货方的价格优惠。纳税人采取折扣方式销售货物，如果销售额和折扣额在同一张发票上分别注明的，可按折扣后的销售额征收增值税；如果将折扣额另开发票，不论在财务上如何处理，均不得从销售额中减除折扣额。

②以旧换新销售。指纳税人在销售自己的货物时，有偿收回旧货物的行为。根据税法规定，采取以旧换新方式销售货物的，应按新货物同期销售价格确定销售额，不得扣减旧货物的收购价格。

小知识

折扣销售、销售折扣与销售折让有什么不同？在征税时如何处理？

折扣销售不同于销售折扣。销售折扣（现金折扣）不得从销售额中减除。

销售折扣又不同于销售折让。对销售折让可以折让后的货款为销售额，但必须符合增值税专用发票使用规定。

折扣销售仅限于货物价格的折扣，如果销售者将自产、委托加工和购买的货物用于实物折扣的，则该实物款额不能从货物销售额中减除，且该实物应按增值税条例“视同销售货物”的“赠送他人”计算征收增值税。

例2-6：昌隆公司5月12日，采取以旧换新方式销售电视机，从消费者个人手中收购旧型号电视机20台，销售新型号电视机60台，不含税单价为3 000元。每台旧型号电视机折价为200元，已办理入库手续。对此应如何征税？

分析：这笔经济业务的销项税额 = 60 × 3 000 × 17% = 30 600（元）收购旧型号电视机折价 20 × 200 = 4 000（元）不得从销售额中扣除。

③还本销售。还本销售是指纳税人在销售货物后，到一定期限由销售方一次或分次退还给购货方全部或部分价款。这种方式实际上是一种筹集资金行为，是以货物换取资金使用价值，到期还本不付息的方法。税法规定采取还本销售方式销售货物，其销售额是货物的销售价格，不得从销售额中减除还本支出。

小思考

收购的旧电视机可以计算进项税额进行抵扣吗？为什么？

④以物易物销售。以物易物是一种特殊的购销活动，一般是指购销双方不是以货币结算，而是以同等价款的货物相互结算，实现相互购销的一种行为。根据税法规定，以物易物双方都应作购销处理，以各自发出货物核算销售额并计算销项税额，以各自收到的货物按规定核算购货额并计算进项税额。

⑤包装物押金。纳税人销售货物而出租出借包装物收取的押金，单独记账核算的，不并入销售额征税。但对逾期未收回包装物不再退还的押金，应按所包装货物适用的税率计算销项税额。需要强调几点：第一，所谓“逾期”是指按合同约定实际逾期或以一年为期限，对收取一年以上的押金，无论是否退还均并入销售额征税。第二，对收取的包装物押金并入销售额征税时，须先将该押金换算为不含税价格，再并入销售额征税。第三，包装物押金不同于包装物租金，对包装物租金，在销货时作为价外费用并入销售额计算销项税额。第四，对销售除啤酒、黄酒外的其他酒类产品而收取的包装物押金，无论是否返还以及会计上如何核算，均应并入当期销售额征税。

（3）混合销售行为和兼营行为销售额的确认。纳税人的混合销售行为依照规定应当缴纳增值税的，其销售额为货物的销售额与非增值税应税劳务营业额的合计。纳税人兼营非增值税应税项目的，应分别核算货物或者应税劳务的销售额和非增值税应税项目的营业额；未分别核算的，由主管税务机关核定货物或者应税劳务的销售额。

（4）含税销售额的换算。一般纳税人销售货物或者应税劳务采用销售额和销项税额合并定价方法的，按下列公式计算销售额：

销售额 = 含税销售额 ÷（1 + 税率）

（5）视同销售货物行为销售额的确认。销售货物或者应税劳务价格明显偏低并无正当理由或者发生视同销售货物行为而无销售额的，按顺序确定销售额：按纳税人最近时期同类货物的平均销售价格确定；按其他纳税人最近时期同类货物的平均销售价格确定；按组成计税价格确定。组成计税价格公式①为：

组成计税价格 = 成本 ×(1 + 成本利润率)

若属于应征消费税的货物，其组成计税价格中应加计消费税税额。组成计税价格公式②为： 组成计税价格 = 成本 ×(1 + 成本利润率) + 消费税税额

由于消费税为价内税，故增值税税基中应包括消费税。公式中的成本是指销售自产货物的为实际生产成本，销售外购货物的为实际采购成本。公式①中的成本利润率，按 1993 年 12 月 28 日国家税务总局颁发的《增值税若干具体问题的规定》确定为 10%。公式②中的成本利润率，是指按从价征收消费税货物的全国平均成本利润率。应按《消费税若干具体问题的规定》确定的成本利润率（详见消费税有关规定）计算。

纳税人发生的固定资产视同销售行为，对已使用过的固定资产无法确定销售额的，以固定资产净值为销售额。固定资产净值，是指纳税人按照财务会计制度计提折旧后计算的固定资产净值。

（6）外汇销售额的折算。纳税人以人民币以外的货币结算销售额的，应当折合成人民币计算。其销售额的人民币折合率，可选择销售额发生的当天或当月 1 日的人民币汇率中间价。纳税人应在事先确定采用何种折合率，确定后 1 年内不得变更。

如何判断销售额是含税还是不含税？

一般纳税人销售货物时使用的一般是增值税专用发票，其价款与税款是分开的。所以，对一般纳税人来说，除非特别指明其销售额是含税的，否则均视为不含税销售额。但按规定采用简易征税办法的一般纳税人除外，如一般纳税人销售自己使用过的固定资产、寄售物品、死当物品、旧货，其销售额一般视为含税销售额，计算时应换算成不含税销售额。

由于小规模纳税人销售货物时使用的一般是普通发票，其价款与税款是合并在一起的，所以，对于小规模纳税人来说，除非特别指明其销售额是不含税的，否则均视为含税销售额。

一般纳税人销售货物或提供应税劳务，应按增值税暂行条例规定的税率（17% 或 13%）计算销项税额。纳税人兼营不同税率的货物或应税劳务，应当分别核算不同税率的货物或应税劳务的销售额。未分别核算销售额的，从高适用税率。

昌隆公司 6 月 12 日，销售日用百货，取得不含税销售额为 30 000 元，销售食用植物油，取得不含税销售额为 5 000 元。上述收入分开核算。对此应如何征税？

分析：应分别核算不同税率的货物计算征税。

销项税额 = 30 000 × 17% + 5 000 × 13% = 5 750（元）

若上述收入未分别核算销售额，则：

销项税额 =(30 000 +5 000)×17% =5 950（元）

2.3.4 当期进项税额的确定

纳税人购进货物或者接受应税劳务（以下简称购进货物或者应税劳务）支付或者负担增值税额为进项税额。下列进项税额准予从销项税额中抵扣：

（1）从销售方取得的增值税专用发票上注明的增值税额。

（2）从海关取得的完税凭证上注明的增值税额。

（3）按扣除率计算进项税额，准予从销项税额中抵扣。对下列业务按扣除率计算进项税额，准予从销项税额中抵扣。①免税农业产品。根据《增值税暂行条例》第八条规定，购进农产品，除取得增值税专用发票或者海关进口增值税专用缴款书外，按照农产品收购发票或者销售发票上注明的农产品买价和13%的扣除率计算的进项税额，从当期销项税额中抵扣。其进项税额计算公式为：进项税额 = 买价 × 扣除率（13%），其中，买价包括纳税人购进农产品在农产品收购发票或者销售发票上注明的价款和按规定缴纳的烟叶税。

购进烟叶准予抵扣的进项税额，按照烟叶收购金额和烟叶税及法定扣除率计算。烟叶收购金额包括纳税人支付给烟叶销售者的烟叶收购价款和价外补贴，价外补贴统一暂按烟叶收购价款的10%计算。

烟叶收购金额 = 烟叶收购价款 ×（1 +10%）

烟叶税税额 = 烟叶收购金额 × 税率（20%）

进项税额 =（烟叶收购金额 + 烟叶税税额）×13%

所谓免税农业产品是指直接从事植物的种植、收割和动物的饲养、捕捞的单位和个人销售的自产农业产品。②运输费用。一般纳税人购进或者销售货物以及在生产经营过程中支付运输费用的，按照运输费用结算单据上注明的运输费用金额和7%的扣除率计算进项税额，从当期销项税额中抵扣。所称运输费用金额，是指运输费用结算单据上注明的运输费用（包括铁路临管线及铁路专线运输费用）、建设基金，不包括装卸费、保险费等其他杂费。

进项税额 = 运输费用金额 × 扣除率（7%）

自2004年12月1日起，增值税一般纳税人购置税控收款机所支付的增值税税额（以专用发票注明的增值税税额为准），准予在该企业当月销项税额中抵扣。混合销售行为依照规定应当缴纳增值税的，该混合销售行为所涉及的非增值税应税劳务所用购进货物的进项税额，符合条例第八条规定的，准予从销项税额中抵扣。

依据国家税务总局2003年颁布的《关于增值税一般纳税人取得防伪税控系统开具的增值税专用发票进项税额抵扣问题的通知》（国税发2003第17号）规定，自2003年3月1日起，增值税一般纳税人申请抵扣的防伪税控系统开具的增值税专用发票，必须自该专用发票开具之日起90日内到税务机关认证，否则不予抵扣进项税额。增值税一般纳税人认证通过的防伪税控系统开具的增值税专用发票，应在认证通过的当月按照增值税有关规定核算当期进项税额并申报抵扣，否则不予抵扣进项税额。

从2003年12月1日起，对增值税一般纳税人申请抵扣的所有运输发票与营业税纳税人开具的货物运输业发票进行比对。凡比对不符的，一律不予抵扣。增值税一般纳税人进口货物，取得2004年2月1日以后开具的海关完税凭证，应当在开具之日起90日后的第一个纳税申报期结束前向主管税务机关申报抵扣，逾期不得抵扣进项税额。

下列项目的进项税额不得从销项税额中抵扣：

（1）用于非增值税应税项目、免征增值税项目、集体福利或者个人消费的购进货物（既用于增值税应税项目，也用于非增值税应税项目、免征增值税项目、集体福利或者个人消费的固定资产除外）或者应税劳务。所称非增值税应税项目，是指提供非增值税应税劳务、转让无形资产、销售不动产和不动产在建工程。不动产是指不能移动或者移动后会引起性质、形状改变的财产，包括建筑物、构筑物和其他土地附着物。纳税人新建、改建、扩建、修缮、装饰不动产，均属于不动产在建工程。

（2）非正常损失的购进货物及相关的应税劳务。非正常损失，是指因管理不善造成被盗、丢失、霉烂变质的损失。

（3）非正常损失的在产品、产成品所耗用的购进货物或者应税劳务。

（4）国务院财政、税务主管部门规定的纳税人自用消费品。包括：纳税人自用的应征消费税的摩托车、汽车、游艇。

（5）上述第（1）至第（4）项规定货物的运输费用和销售免税货物的运输费用。

（6）纳税人购进货物或者应税劳务，取得的增值税扣税凭证不符合法律、行政法规或者国务院税务主管部门有关规定的，其进项税额不得从销项税额中抵扣。

一般纳税人兼营免税项目或者非增值税应税劳务而无法划分不得抵扣的进项税额的，按下列公式计算不得抵扣的进项税额：

不得抵扣的进项税额＝当月无法划分的全部进项税额×当月免税项目（销售额、非增值税）应税劳务营业额合计÷当月全部销售额、营业额合计

纳税人发生的《增值税暂行条例》第十条第（一）至第（三）项［即上述3中

的（1）~（3）］所列的情况，该项购进货物或应税劳务进项税额应从当期发生的进项税额中扣减，无法准确确定该项进项税额的，应按当期实际成本计算应扣减的进项税额。由于当期购进的货物或应税劳务事先并未决定将用于上述3中的（1）~（3）项所列的项目，其进项税额已在购进货物或应税劳务的当期予以抵扣。在发生用途改变时，应当从发生的当期进项税额中扣减。

所称从当期发生的进项税额中扣减，是指已抵扣进项税额的购进货物或者应税劳务是在哪一个时期发生的，就应当从这个发生期内纳税人的进项税额中扣减，而无需追溯到这些购进货物或应税劳务抵扣进项税额的那个时期。

所称按当期实际成本计算应扣减的进项税额，是指其扣减进项税额的计算依据不是按该货物或应税劳务的原进价，而是按发生上述情况的当期该货物或应税劳务的实际成本。若该货物是从国外进口的，则：

实际成本 = 进价 + 运费 + 保险费 + 其他有关费用

若该货物是从国内购进的，则：

实际成本 = 进价 + 运费

应扣减的进项税额 = 实际成本 × 该货物或应税劳务适用税率

纳税人已抵扣进项税额的固定资产发生上述3中的（1）~（3）项所列情形的，应在当月按下列公式计算不得抵扣的进项税额：

不得抵扣的进项税额 = 固定资产净值 × 适用税率

小规模纳税人以外的纳税人因销售货物退回或者折让而退还给购买方的增值税额，应从发生销售货物退回或者折让当期的销项税额中扣减；因购进货物退出或者折让而收回的增值税额，应从发生购进货物退出或者折让当期的进项税额中扣减。

一般纳税人销售货物或者应税劳务，开具增值税专用发票后，发生销售货物退回或者折让、开票有误等情形，应按国家税务总局的规定开具红字增值税专用发票。未按规定开具红字增值税专用发票的，增值税额不得从销项税额中扣减。

2.3.5 应纳税额的计算

应纳税额计算公式为：应纳增值税税额 = 当期销项税额 − 当期进项税额

某酒厂（系增值税一般纳税人）2006年3月发生如下业务：①销售白酒20吨，开具增值税专用发票上注明不含税销售额30万元；由该酒厂负责运输，收取运费3.51万元，开具普通发票；货物已发出。②外购酒精用于酿造白酒，取得防伪税控系统开具的增值税专用发票上注明价款10万元、税款1.70万元。③向农业生产者收购高粮一批，开具的收购凭证上注明买价 20 万元；支付运费及建设基金 2 万元，取得运输部门开具的运输发票。④由于保管不善，上月购进酒精发生损失，实际成本 12 万元；购进酒精时取得增值税专用发票，其进项税额已在上月申报抵扣。⑤特酿白酒 2 000 公斤无偿赠送某单位，总成本价 3 万元，无同类产品售价。（提示：上述白酒均为粮食白酒成本利润率为 10%；取得的合法凭证已在当月经过主管税务机关认证）

要求：根据税法规定，计算该厂本月应纳增值税税额。

分析：(1) 销项税额 $=[30+3.51\div(1+17\%)]\times17\%+3\times(1+10\%)\div(1-25\%)\times17\%$

$=5.61+0.75$

$=6.36$（万元）

(2) 进项税额 $=1.70+20\times13\%+2\times7\%-12\times17\%$

$=1.70+2.60+0.14-2.04$

$=2.40$（万元）

(3) 应纳增值税税额 $=6.36-2.40=3.96$（万元）

某摩托车厂系增值税一般纳税人。2006 年 5 月份该厂有关业务资料如下：①购进生产用材料一批并取得增值税专用发票，发票中注明的价款、增值税款分别为 300 000 元、51 000 元；发生运费及建设基金 2 000 元，已取得运输部门开具的运输发票；材料已验收入库，货款及运杂费已转账付讫。②将在某轮胎厂订做的轮胎运回企业，取得轮胎厂开具的增值税专用发票，发票中注明的价款、税款分别为 100 000 元、17 000 元；货款已转账付讫；轮胎已验收入库并全部投入使用。③接受捐赠已使用过生产用设备 1 台，价值 5 850 元；设备已由该厂运回并投入使用。④向外市某商场销售某型号摩托车 25 辆，货已发出并开具增值税专用发票，发票中注明的单价为 10 000 元/辆，销售额 250 000 元；在结算时，给予对方 5% 的现金折扣。⑤发出同型号摩托车 50 辆，委托本市某商场代销。双方协议规定，商场按 12 870 元/辆的零售价格（含增值税）对外出售，摩托车厂按零售金额的 10% 向商场支付代销手续费。月末，该厂收到商场送来代销清单，清单中列明：本月代销摩托车 30 辆，零售金额 386 100 元；该厂按协议规定向商场支付代销手续费 38 610 元。⑥由于管理不善，致使上月购进的生产用低值易耗品发生损失，实际成本 3 000 元；该厂在购进该批低值易耗品时已取得增值税专用发票，其进项税额已在购进月份申报抵扣。其他资料：该企业上月无留抵税额，本月末无在途材料；各类货物适用的增值税税率均为 17%。当月购销各环节所涉及到的票据符合税法规定，并经过税务机关认证。

要求：根据税法规定，分析计算该厂本期应纳的增值税和消费税税额。

分析：（1）销项税额＝[250 000＋386 100÷（1＋17%）]×17%＝98 600（元）

（2）进项税额＝51 000＋2 000×7%＋17 000－3 000×17%＝67 630（元）

（3）应纳增值税额＝98 600－67 630＝30 970（元）

小规模纳税人销售货物或者应税劳务，实行按照销售额和征收率计算应纳税额的简易办法，并不得抵扣进项税额。

应纳税额计算公式为：应纳税额＝销售额×征收率

小规模纳税人的销售额不包括其应纳税额。小规模纳税人销售货物或者应税劳务采用销售额和应纳税额合并定价方法的，按下列公式计算销售额：

$$\text{不含税销售额} = \frac{\text{含税销售额}}{1+\text{征收率}}$$

小规模纳税人因销售货物退回或者折让退还给购买方的销售额，应从发生销售货物退回或者折让当期的销售额中扣减。

某摩托车修配厂系增值税小规模纳税人。2009年第一季度取得维修收入30 900元，计算该厂本期应纳的增值税。

分析：不含税销售额＝30 900÷（1＋3%）＝30 000（元）

应纳增值税额＝30 000×3%＝900（元）

若进口货物不属于消费税应税消费品，则：

组成计税价格＝关税完税价格＋关税

应纳税额＝组成计税价格×税率

即：　应纳税额＝（关税完税价格＋关税）×税率

若进口货物属于消费税应税消费品，组成计税价格中还要包括消费税税额。组成计税价格公式为：

组成计税价格＝关税完税价格＋关税＋消费税

应纳税额＝（关税完税价格＋关税＋消费税）×增值税税率

某外贸进出口公司2009年1月从某国进口小轿车100辆，每辆货价为71 200元，运抵我国输入口岸前的包装费、运费、保险和其他劳务费共计360 000元。计算该进出口贸易公司应纳的增值税（小轿车关税税率为25%；消费税税率为12%）。

分析：（1）到岸价格＝100×71 200＋360 000＝7 480 000（元）

（2）应纳关税税额＝7 480 000×25%＝1 870 000（元）

（3）应纳消费税税额＝（7 480 000＋1 870 000）÷（1－12%）×12%

＝1 275 000（元）

(4) 应纳增值税税额 = (7 480 000 + 1 870 000 + 1 275 000) × 17%
= 1 806 250 (元)

或: 应纳增值税税额 = (7 480 000 + 1 870 000) ÷ (1 - 12%) × 17%
= 1 806 250 (元)

2.4 电力产品应纳税额的计算及管理

2.4.1 电力产品的销售额

为了加强电力产品增值税的征收管理，根据《中华人民共和国税收征收管理法》、《中华人民共和国增值税暂行条例》、《中华人民共和国增值税暂行条例实施细则》及其有关规定，结合电力体制改革以及电力产品生产、销售特点，《电力产品增值税征收管理办法》，生产、销售电力产品的单位和个人为电力产品增值税纳税人，自2005年2月1日起，按规定计算缴纳增值税。电力产品增值税的计税销售额为纳税人销售电力产品向购买方收取的全部价款和价外费用，但不包括收取的销项税额。价外费用是指纳税人销售电力产品在目录电价或上网电价之外向购买方收取的各种性质的费用。供电企业收取的电费保证金，凡逾期（超过合同约定时间）未退还的，一律并入价外费用缴纳增值税。

2.4.2 电力产品的征税办法①

电力产品增值税的征收，区分不同情况分别采取以下征税办法：

(1) 发电企业（电厂、电站、机组，下同）生产销售的电力产品。①独立核算的发电企业生产销售电力产品，按照现行增值税有关规定向其机构所在地主管税务机关申报纳税；具有一般纳税人资格或具备一般纳税人核算条件的非独立核算的发电企业生产销售电力产品，按照增值税一般纳税人的计算方法计算增值税，并向其机构所在地主管税务机关申报纳税。②不具有一般纳税人资格且不具有一般纳税人核算条件的非独立核算的发电企业生产销售的电力产品，由发电企业按上网电量，依核定的定额税率计算发电环节的预缴增值税，且不得抵扣进项税额，向发电企业所在地主管税务机关申报纳税。计算公式为：预征税额 = 上网电量 × 核定的定额税率

① 《电力产品增值税征收管理办法》，国家税务总局令第10号，2004年12月22日。

（2）供电企业销售电力产品，实行在供电环节预征、由独立核算的供电企业统一结算的办法缴纳增值税，具体办法如下：

①独立核算的供电企业所属的区县级供电企业，凡能够核算销售额的，依核定的预征率计算供电环节的增值税，不得抵扣进项税额，向其所在地主管税务机关申报纳税；不能核算销售额的，由上一级供电企业预缴供电环节的增值税。计算公式为：

预征税额 = 销售额 × 核定的预征税率

②供电企业随同电力产品销售取得的各种价外费用一律在预征环节依照电力产品适用的增值税税率征收增值税，不得抵扣进项税额。

（3）实行预缴方式缴纳增值税的发、供电企业按照隶属关系由独立核算的发、供电企业结算缴纳增值税，具体办法为：

独立核算的发、供电企业月末依据其全部销售额和进项税额，计算当期增值税应纳税额，并根据发电环节或供电环节预缴的增值税税额，计算应补（退）税额，向其所在地主管税务机关申报纳税。计算公式为：

应纳税额 = 销项税额 - 进项税额

应补（退）税额 = 应纳税额 - 发（供）电环节预缴增值税税额

独立核算的发、供电企业当期销项税额小于进项税额不足抵扣，或应纳税额小于发、供电环节预缴增值税税额形成多交增值税时，其不足抵扣部分和多交增值税额可结转下期抵扣或抵减下期应纳税额。

（4）发、供电企业的增值税预征税率（含定额税率，下同），应根据发、供电企业上期财务核算和纳税情况、考虑当年变动因素测算核定，具体权限如下：①跨省、自治区、直辖市的发、供电企业增值税预征税率由预缴增值税的发、供电企业所在地和结算增值税的发、供电企业所在地省级国家税务局共同测算，报国家税务总局核定。②省、自治区、直辖市范围内的发、供电企业增值税预征税率由省级国家税务局核定。发、供电企业预征税率的执行期限由核定预征税率的税务机关根据企业生产经营的变化情况确定。

（5）不同投资、核算体制的机组，由于隶属于各自不同的独立核算企业，应按上述规定分别缴纳增值税。

（6）对其他企事业单位销售的电力产品，按现行增值税有关规定缴纳增值税。

（7）实行预缴方式缴纳增值税的发、供电企业，销售电力产品取得的未并入上级独立核算发、供电企业统一核算的销售收入，应单独核算并按增值税的有关规定就地申报缴纳增值税。

（8）实行预缴方式缴纳增值税的发、供电企业生产销售电力产品以外的其他货物和应税劳务，如果能准确核算销售额的，在发、供电企业所在地依适用税率计算缴纳增值税。不能准确核算销售额的，按其隶属关系由独立核算的发、供电企业统一计算缴纳增值税。

2.4.3 电力产品的纳税义务发生时间

电力产品产生纳税义务的时间如下所列：

（1）发电企业和其他企事业单位销售电力产品的纳税义务发生时间为电力上网并开具确认单据的当天。

（2）供电企业采取直接收取电费结算方式的，销售对象属于企事业单位，为开具发票的当天；属于居民个人，为开具电费缴纳凭证的当天。

（3）供电企业采取预收电费结算方式的，为发行电量的当天。

（4）发、供电企业将电力产品用于非应税项目、集体福利、个人消费，为发出电量的当天。

（5）发、供电企业之间互供电力，为双方核对计数量，开具抄表确认单据的当天。

（6）发、供电企业销售电力产品以外其他货物，其纳税义务发生时间按《中华人民共和国增值税暂行条例》及其实施细则的有关规定执行。

2.4.4 发、供电企业办理税务登记、纳税申报

实行预缴方式缴纳增值税的发、供电企业应按以下规定办理：

（1）实行预缴方式缴纳增值税的发、供电企业在办理税务开业、变更、注销登记时，应将税务登记证正本复印件按隶属关系逐级上报其独立核算的发、供电企业所在地主管税务机关留存。独立核算的发、供电企业也应将税务登记证正本复印件报其所属的采用预缴方式缴纳增值税的发、供电企业所在地主管税务机关留存。

（2）采用预缴方式缴纳增值税的发、供电企业在申报纳税的同时，应将增值税进项税额和上网电量、电力产品销售额、其他产品销售额、价外费用、预征税额和查补税款分别归集汇总，填写《电力企业增值税销项税额和进项税额传递单》（样式附后，以下简称《传递单》）报送主管税务机关签章确认后，按隶属关系逐级汇总上报给独立核算发、供电企业；预征地主管税务机关也必须将确认后的《传递单》于收到当月传递给结算缴纳增值税的独立核算发、供电企业所在地主管税务机关。

（3）结算缴纳增值税的发、供电企业应按增值税纳税申报的统一规定，汇总计算本企业的全部销项税额、进项税额、应纳税额、应补（退）税额，于本月税款所属期后第二个月征期内向主管税务机关申报纳税。

（4）实行预缴方式缴纳增值税的发、供电企业所在地主管税务机关应定期对其所属企业纳税情况进行检查。发现申报不实，一律就地按适用税率全额补征税款，并将检查情况及结果发函通知结算缴纳增值税的独立核算发、供电企业所在地主管税务

机关。独立核算发、供电企业所在地主管税务机关收到预征地税务机关的发函后，应督促发、供电企业调整申报表。对在预缴环节查补的增值税，独立核算的发、供电企业在结算缴纳增值税时可以予以抵减。

2.5 税款的缴纳

2.5.1 纳税义务发生时间

销售货物的纳税义务发生时间，为收讫销售款或取得索取销售款凭据的当天。

根据不同的销售结算方式，分别规定为：

（1）采取直接收款方式销售货物，不论货物是否发出，均为收到销售款或者取得索取销售款凭据的当天。

（2）采取托收承付和委托银行收款方式销售货物，为发出货物并办妥托收手续的当天。

（3）采取赊销和分期收款方式销售货物，为书面合同约定的收款日期的当天，无书面合同的或者书面合同没有约定收款日期的，为货物发出的当天。

（4）采取预收货款方式销售货物，为货物发出的当天，但生产销售生产工期超过12个月的大型机械设备、船舶、飞机等货物，为收到预收款或者书面合同约定的收款日期的当天。

（5）委托其他纳税人代销货物，为收到代销单位的代销清单或者收到全部或者部分货款的当天。未收到代销清单及货款的，为发出代销货物满180天的当天。

（6）视同销售货物的，为货物移送的当天。

（7）设有两个机构，将货物移送另一机构的，为货物移送的当天。

销售应税劳务，为提供劳务同时收讫销售款或者取得索取销售款的凭据的当天。

增值税扣缴义务发生时间，为纳税人增值税纳税义务发生的当天。

进口货物，纳税义务发生时间为报关进口的当天。

2.5.2 纳税期限

(1) 增值税的纳税期限分别为1日、3日、5日、10日、15日、1个月或者1个季度。以1个季度为纳税期限的规定仅适用于小规模纳税人。纳税人的具体纳税期限，由主管税务机关根据纳税人应纳税额的大小分别核定；不能按照固定期限纳税的，可以按次纳税。

纳税人以1个月或者1个季度为1个纳税期的，自期满之日起15日内申报纳税；以1日、3日、5日、10日或者15日为1个纳税期的，自期满之日起5日内预缴税款，于次月1日起15日内申报纳税并结清上月应纳税款。

(2) 纳税人进口货物，应当自海关填发税款缴纳证的次日起15日内缴纳税款。

(3) 纳税人适用零税率的，应当按月向税务机关申报办理退税。

(4) 纳税人无固定纳税期限，应当按次纳税。

2.5.3 纳税地点

增值税由税务机关征收，进口货物的增值税由海关代征。个人携带或者邮寄进境自用物品的增值税，连同关税一并计征。具体办法由国务院关税税则委员会会同有关部门制定。纳税地点具体规定如下:

(1) 固定业户应当向其机构所在地的主管税务机关申报纳税。总机构和分支机构不在同一县（市）的，应当分别向各自所在地的主管税务机关申报纳税；经国务院财政、税务主管部门或者其授权的财政、税务机关批准，可以由总机构汇总向总机构所在地的主管税务机关申报纳税。

(2) 固定业户到外县（市）销售货物或者应税劳务，应当向其机构所在地的主管税务机关申请开具外出经营活动税收管理证明，并向其机构所在地的主管税务机关申报纳税；未开具证明的，应当向销售地或者劳务发生地的主管税务机关申报纳税；未向销售地或者劳务发生地的主管税务机关申报纳税的，由其机构所在地的主管税务机关补征税款。

(3) 非固定业户销售货物或者应税劳务，应当向销售地或者劳务发生地的主管税务机关申报纳税；未向销售地或者劳务发生地的主管税务机关申报纳税的，由其机构所在地或者居住地的主管税务机关补征税款。

扣缴义务人应当向其机构所在地或者居住地的主管税务机关申报缴纳其扣缴的税款。

(4) 进口货物，应当向报关地海关申报纳税。

增值税一般纳税人纳税申报表样表见附录3所示。

2.6 增值税专用发票管理

2.6.1 领购使用范围

增值税专用发票（以下简称专用发票），是一般纳税人销售货物或者提供应税劳务开具的发票，是购买方支付增值税额并可按照增值税有关规定据以抵扣增值税进项税额的凭证。一般纳税人应通过增值税防伪税控系统（以下简称防伪税控系统）使用专用发票。

专用发票由基本联次或者基本联次附加其他联次构成。基本联次为三联：发票联、抵扣联和记账联。发票联作为购买方核算采购成本和增值税进项税额的记账凭证；抵扣联作为购买方报送主管税务机关认证和留存备查的凭证；记账联作为销售方核算销售收入和增值税销项税额的记账凭证。其他联次用途由一般纳税人自行确定。

专用发票实行最高开票限额管理。最高开票限额为十万元及以下的，由区县级税务机关审批；最高开票限额为一百万元的，由地市级税务机关审批；最高开票限额为一千万元及以上的，由省级税务机关审批。

一般纳税人有下列情形之一者，不得领购使用专用发票：

（1）会计核算不健全，不能向税务机关准确提供增值税销项税额、进项税额、应纳税额数据及其他有关增值税税务资料的。上列其他有关增值税税务资料的内容，由省、自治区、直辖市和计划单列市国家税务局确定。

（2）有《税收征管法》规定的税收违法行为，拒不接受税务机关处理的。

（3）有下列行为之一，经税务机关责令限期改正而仍未改正的：虚开增值税专用发票；私自印制专用发票；向税务机关以外的单位和个人买取专用发票；借用他人专用发票；未按规定开具专用发票；未按规定保管专用发票和专用设备；未按规定申请办理防伪税控系统变更发行；未按规定接受税务机关检查。

2.6.2 开具范围

以下情形不得开具专用发票：

（1）商业企业一般纳税人零售的烟、酒、食品、服装、鞋帽（不包括劳保专用部分）、化妆品等消费品不得开具专用发票。

（2）增值税小规模纳税人（以下简称小规模纳税人）需要开具专用发票的，可向主管税务机关申请代开。

(3) 销售免税货物不得开具专用发票，法律、法规及国家税务总局另有规定的除外。

2.6.3 开具要求

开具专用增值税发票应符合以下要求：

(1) 项目齐全，与实际交易相符；

(2) 字迹清楚，不得压线、错格；

(3) 发票联和抵扣联加盖财务专用章或者发票专用章；

(4) 按照增值税纳税义务的发生时间开具。

对不符合上列要求的专用发票，购买方有权拒收。有下列情形之一的，不得作为增值税进项税额的抵扣凭证：税务机关退还原件，购买方可要求销售方重新开具专用发票；无法认证的；纳税人识别号认证不符；专用发票代码、号码认证不符。

增值税一般纳税人开具专用发票后，发生销货退回、销售折让以及开票有误等情况需要开具红字专用发票的，视不同情况分别按以下办法处理：①因专用发票抵扣联、发票联均无法认证的，由购买方填报《开具红字增值税专用发票申请单》（以下简称申请单），并在申请单上填写具体原因以及相对应蓝字专用发票的信息，主管税务机关审核后出具《开具红字增值税专用发票通知单》（以下简称通知单）。购买方不作进项税额转出处理。②购买方所购货物不属于增值税扣税项目范围，取得的专用发票未经认证的，由购买方填报申请单，并在申请单上填写具体原因以及相对应蓝字专用发票的信息，主管税务机关审核后出具通知单。购买方不作进项税额转出处理。③因开票有误购买方拒收专用发票的，销售方须在专用发票认证期限内向主管税务机关填报申请单，并在申请单上填写具体原因以及相对应蓝字专用发票的信息，同时提供由购买方出具的写明拒收理由、错误具体项目以及正确内容的书面材料，主管税务机关审核确认后出具通知单。销售方凭通知单开具红字专用发票。④因开票有误等原因尚未将专用发票交付购买方的，销售方须在开具有误专用发票的次月内向主管税务机关填报申请单，并在申请单上填写具体原因以及相对应蓝字专用发票的信息，同时提供由销售方出具的写明具体理由、错误具体项目以及正确内容的书面材料，主管税务机关审核确认后出具通知单。销售方凭通知单开具红字专用发票。⑤发生销货退回或销售折让的，除按照规定进行处理外，销售方还应在开具红字专用发票后将该笔业务的相应记账凭证复印件报送主管税务机关备案。

税务机关为小规模纳税人代开专用发票需要开具红字专用发票的，比照一般纳税人开具红字专用发票的处理办法，通知单第二联交代开税务机关。

2.7　出口退税

2.7.1　出口退税的基本政策

出口退税是国家对报关出口的货物，退还已缴纳的国内商品税制度。中国对出口产品实行出口退税政策。即对出口货物实行零税率，以鼓励货物出口，增强出口商品在国际市场上的竞争力。

中国出口退税实行退税与免税相结合的政策。根据出口企业的不同形式和出口货物的不同种类，中国出口货物税收政策可分为出口免税并退税、出口免税不退税、出口不免税也不退税三种。

2.7.2　具体实施办法

（1）下列企业出口货物免税并退税：有出口经营权的内资生产企业自营出口或委托代理出口自产货物；有出口经营权的外贸企业收购货物出口或委托其他外贸企业代理出口的货物；生产企业（不包括 1993 年 12 月 31 日以前批准设立的外商投资企业）委托代理出口的自产货物；1994 年 1 月 1 日以后批准设立的外商投资企业自营出口或委托代理出口自产货物。

（2）下列特定企业出口的货物，特准退税：对外承包工程公司运出境外、用于对外承包项目的货物；对外承接修理修配业务的企业用于对外修理修配的货物；外轮供应公司、远洋运输供应公司销售给外轮、远洋国轮而收取外汇的货物；企业在国内采购并运往境外作为在国外投资的货物。

（3）下列企业出口的货物，免税但不予退税：1993 年 12 月 31 日以前批准设立的外商投资企业自营或委托代理出口的自产货物，外贸企业从小规模纳税人购进并持有普通发票发货物出口的，免税但不退税。但下列货物特准退税：抽纱、工艺品、香料油、山货、草柳竹藤制品、渔网渔具、松香、五倍子、生漆、鬃尾、山羊板皮、纸制品。外贸企业直接购进国家规定的免税货物（包括免税农产品）出口的。

（4）下列出口的货物，免税但不予退税：来料加工复出口的货物；避孕药品和用具、古旧图书；国家计划内出口卷烟；军品及军队系统企业出口军需工厂生产或军需部门调拨的货物免税。

(5) 下列出口货物，不免税也不予退税：国家计划外出口的原油；援外出口货物；禁止出口货物，包括天然牛黄、麝香、铜及铜基合金、白金等。

出口退税率是出口货物的实际退税额占退税计税依据的比例。我国增值税出口退税率几经调整，现行出口退税率设有5%、9%、11%、13%、14%和17%六档。

2.7.3 出口退税的计算

出口退税的计算方法有多种，主要有免、抵、退办法和先征后退办法。

自2002年1月1日起，生产企业自营或委托外贸企业代理出口（以下简称生产企业出口）自产货物，除另有规定外，增值税一律实行免、抵、退税管理办法。

生产企业承接国外修理修配业务以及利用国际金融组织或外国政府贷款采用国际招标方式国内企业中标或外国企业中标后分包给国内企业的机电产品，比照有关规定实行免、抵、退税管理办法。

对增值税小规模纳税人出口自产货物继续实行免征增值税办法。

免税是指对生产企业出口的自产货物，免征本企业生产销售环节增值税。抵税是指生产企业出口自产货物所耗用的原材料、零部件、燃料、动力等所含应予退还的进项税额，抵顶内销货物的应纳税额。退税是指生产企业出口的自产货物在当月内应抵顶的进项税额大于应纳税额时，对未抵顶完的部分予以退税。

(1) 当期应纳税额的计算。

$$\text{当期应纳税额} = \begin{matrix}\text{当期内销货物}\\\text{的销项税额}\end{matrix} - \left(\begin{matrix}\text{当期进}\\\text{项税额}\end{matrix} - \begin{matrix}\text{当期免抵退税不得}\\\text{免征和抵扣税额}\end{matrix}\right)$$

(2) 免抵退税额的计算。

$$\text{免抵退税额} = \begin{matrix}\text{出口货}\\\text{物离岸价}\end{matrix} \times \begin{matrix}\text{外汇人民}\\\text{币牌价}\end{matrix} \times \begin{matrix}\text{出口货物}\\\text{退税率}\end{matrix} - \begin{matrix}\text{免抵退税}\\\text{额抵减额}\end{matrix}$$

$$\text{免抵退税额抵减额} = \text{免税购进原材料价格} \times \text{出口货物退税率}$$

免税购进原材料包括从国内购进免税原材料和进料加工免税进口料件，其中进料加工免税进口料件的价格为组成计税价格。

$$\begin{matrix}\text{进料加工免税进口}\\\text{料件的组成计税价格}\end{matrix} = \begin{matrix}\text{货物}\\\text{到岸价}\end{matrix} + \begin{matrix}\text{海关实征关}\\\text{税和消费税}\end{matrix}$$

(3) 当期应退税额和免抵税额的计算。

①如当期期末留抵税额≤当期免抵退税额，则

当期应退税额=当期期末留抵税额

当期免抵税额=当期免抵退税额-当期应退税额

②如当期期末留抵税额>当期免抵退税额，则

当期应退税额=当期免抵退税额

当期免抵税额=0

（4）免抵退税不得免征和抵扣税额的计算。

$$\text{免抵退税不得免征和抵扣税额}=\text{出口货物离岸价}\times\text{外汇人民币牌价}\times\left(\text{出口货物征税率}-\text{出口货物退税率}\right)-\text{免抵退税不得免征和抵扣税额抵减额}$$

$$\text{免抵退税不得免征和抵扣税额抵减额}=\text{免税购进原材料价格}\times\left(\text{出口货物征税率}-\text{出口货物退税率}\right)$$

某生产企业（有进出口经营权）本期有关资料如下：报关离境出口货物，离岸价折合人民币420万元。国内销售货物取得销售额（不含税）250万元人民币。购进生产经营用货物和应税劳务，按扣税凭证确定的进项税额为136万元；上期留抵税额10万元。该企业各类货物适用的增值税税率均为17%，且无免税购进货物；出口退税率为13%；该企业采用"免、抵、退"办法办理出口货物退(免)税。

要求：计算该企业本期出口退税额和抵税额。

分析：（1）不得免征或不得抵扣税额=420×（17%-13%）=16.80（万元）

（2）当期应纳税额=250×17%-（10+136-16.8）=-86.70（万元）

（3）当期免抵退税额=420×13%=54.60（万元）

（4）因退税前的期末留抵税额86.70万元大于当期免抵退税额54.60万元，故当期实际退税额为54.60万元。

当期抵税额=0

留待下期抵扣税额=86.70-54.60=32.10（万元）

（1）出口在国内购进的持有增值税专用发票的货物。依据购进出口货物所取得的增值税专用发票上列明的销售额和该货物适用的退税率计算退税：

应退税额=购进货物时所取得的增值税专用发票上列明的销售额×退税率

对出口货物库存账和销售账均采用加权平均价核算的企业，也可以按适用不同退税率的货物，分别依下列公式计算应退税额：

应退税额=出口货物数量×加权平均进价×退税率

（2）出口在国内购进的持有普通发票的特准退税货物。

应退税额＝普通发票所列含税销售额÷(1＋征收率)×退税率

(1) 基本程序。生产企业将货物报关离境并按规定作出口销售后，在增值税法定纳税申报期内向主管国税机关办理增值税纳税和免、抵税申报，在办理完增值税纳税申报后，应于每月15日前（逢节假日顺延），再向主管国税机关申报办理“免、抵、退”税。税务机关应对生产企业申报的免抵退税资料进行审核、审批、清算、检查。

(2) 所需凭证。生产企业申报办理免、抵、退税时，须提供下列凭证：出口货物报关单（出口退税专用）；出口发票；出口收汇核销单（出口退税专用）、中远期结汇证明；代理出口证明；增值税专用发票；国税机关要求提供的其他凭证。

生产企业自货物报关出口之日起超过6个月未收齐有关出口退（免）税凭证或未向主管国税机关办理“免、抵、退”税申报手续的，主管国税机关视同内销货物计算征税；对已征税的货物，生产企业收齐有关出口退（免）税凭证后，应在规定的出口退税清算期内向主管国税机关申报，经主管国税机关审核无误的，办理免抵退税手续。逾期未申报或已申报但审核未通过的，主管国税机关不再办理退税。

各级国税机关可根据本地区生产型出口企业户数及出口量多少等实际情况，设立专门的“免、抵、退”税管理部门或管理岗位，进一步强化征退税机构相互配合，征退税信息的衔接，要充分利用现代化信息技术和现代化的技术支持系统，加强出口货物退（免）税的管理。

本章小结

1. 增值税是对商品或劳务按增值额征收的一种商品税。20世纪50年代，法国首先创立了增值税制度。

2. 依法定扣除项目的范围大小为标准，增值税分为生产型、收入型和消费型三种类型。

3. 增值税征税对象范围为在中华人民共和国境内销售货物；提供加工、修理修配劳务；进口货物。

4. 纳税义务人为在中国境内销售货物或者提供加工、修理修配劳务以及进口货物的单位和个人。分为小规模纳税人和一般纳税人两类。

5. 增值税一般纳税人适用基本税率17%，优惠税率13%。小规模纳税人适用税率为3%。出口货物适用零税率。

6. 一般纳税人应纳税额的计算。

当期应纳税额＝当期销项税额－当期进项税额

当期销项税额＝销售额×适用税率

7. 中国出口退税实行退税与免税相结合的政策。可分为出口免税并退税、出口免税不退税、出口不免税也不退税三种。

8. 增值税出口退税的计算方法主要有免、抵、退办法和先征后退办法两种。

思 考 题

1. 如何理解增值额的含义？
2. 增值税有哪几种类型？划分依据是什么？
3. 增值税征税范围包括哪些？
4. 什么是混合销售行为？对此应如何征税？
5. 如何确定增值税应税销售行为？
6. 增值税的税率是如何规定的？
7. 进项税额的申报抵扣条件有哪些？
8. 进项税额申报抵扣的时限有哪些规定？
9. 增值税纳税义务发生时间是如何规定的？
10. 增值税纳税地点是如何规定的？
11. 出口货物退（免）税的政策。

第三章　消　费　税

学习目标

1. 了解消费税含义及特殊作用。
2. 熟悉消费税的特点、我国消费税的建立与发展演变过程。
3. 掌握消费税征税对象的基本范围、税率、消费税税基的一般规定与特殊规定。
4. 掌握消费税税额计算方法。
5. 熟悉消费税征收管理的基本规定。

关键名词

消费税　消费税纳税人　委托加工应税消费品　自产自用应税消费品　消费税税基　复合计税方法　消费税纳税义务发生时间

3.1　税种设置

3.1.1　消费税的概念

消费税是以消费品或消费支出为征税对象而征收的一种税。消费税有直接消费税和间接消费税两种形式。通常所说的消费税，是指间接消费税。

消费税是一个古老的税种。在西方，早在古罗马时代，就有对特定消费品的征税。在中国，早在公元前81年，汉昭帝改酒专卖为征税。近代中国对消费品的课税始于民国时期的统税。新中国成立以后曾几次设立和废止消费税：第一次是建国初期开征特种消费行为税。第二次是1989年对彩色电视机和小轿车开征特别消费税。第三次是1994年对11类消费品开征消费税。

中国现行的消费税是对特定消费品，向其生产者和经营者征收的一种税。现行消费税的基本规范，是1993年12月13日国务院颁布的《中华人民共和国消费税暂行条例》，2008年11月5日国务院第34次常务会议修订通过，以下简称《消费税暂行条例》。

（1）征税范围有选择性。仅限于特定的消费品课税。

（2）单一环节征税。我国现行消费税属于单环节征收的商品税，其课征环节一般选择在生产销售环节、委托加工环节、进口环节。

（3）从价和从量征税并存。我国现行消费税既有实行从价定率征收，也有实行从量定额征收。对卷烟、粮食白酒和薯类白酒，实行从价定率和从量定额相结合的混合征收方法。

（4）实行差别课税。与增值税相比，我国消费税税率结构的差异较大，从价征收的消费税税率从3%～45%不等。

3.1.2　消费税的作用

消费税的征税范围通常是那些低收入者不消费或不经常消费的商品和劳务，按消费价值额和消费量实行比例税率或定额税率，具有累进性特点，即高收入者比低收入者承担更多的消费税。

消费税可以对产生外部成本的行为征税，使外部成本转换化为内部成本，从而起到有利于有限资源优化配置的作用。

消费税可以对社会认为应该加以限制的消费品或消费行为征收高额的税收，体现“寓禁于征”的精神，如对烟、烈性酒等消费品征收高额消费税，起到限制其消费的目的。有利于调节消费结构，引导消费方向。

消费税是我国的主体税种之一。1994～2007年中国消费税收入见表3－1所示。

表3－1　　1994～2007年中国消费税收入　　单位：亿元

项　目	1994年	1995年	1996年	1997年	1998年	1999年	2000年
消费税收入	516.0	566.0	642.4	715.1	838.1	854.6	877.3
国内消费税	502.4	554.3	634.0	704.0	828.5	845.3	863.9
进口消费品消费税	13.6	11.7	8.5	11.1	9.7	9.3	13.4

续表

项　目	2001年	2002年	2003年	2004年	2005年	2006年	2007年
消费税收入	946.2	1072.5	1221.7	1550.5	1686.1	1991.7	2376.9
国内消费税	931.2	1046.6	1183.2	1503.1	1634.3	1885.7	2206.8
进口消费品消费税	15.0	25.9	38.5	47.4	51.8	106.0	170.1

资料来源：国家税务总局网站，http://www.chinatax.gov.cn/，税收收入统计。

3.2 纳税人、征税对象

3.2.1 纳税义务人

在中国境内生产、委托加工和进口应税消费品的单位和个人，以及国务院确定的销售应税消费品的其他单位和个人，为消费税的纳税人。单位，是指企业、行政单位、事业单位、军事单位、社会团体及其他单位。个人，是指个体工商户及其他个人。境内是指生产、委托加工和进口属于应当缴纳消费税的消费品的起运地或者所在地在境内。销售是指有偿转让应税消费品的所有权。有偿是指从购买方取得货币、货物或者其他经济利益。

委托加工的应税消费品，除受托方为个人外，一般由受托方在向委托方交货时代收代缴税款。

3.2.2 征税对象

消费税的征税对象是在我国境内生产、委托加工和进口的应税消费品以及国务院确定的销售规定的应税消费品。

1993年12月13日国务院颁布的《消费税暂行条例》列举的11种应税消费品为：烟、酒及酒精、化妆品、护肤护发品、贵重首饰及珠宝玉石、鞭炮和焰火、汽油、柴油、汽车轮胎、摩托车、小汽车。为全面落实科学发展观，适应建设环境友好型、资源节约型社会需要，2006年3月，财政部、国家税务总局颁布关于调整和完善消费税政策的通知（财税［2006］33号），从2006年4月1日起，对消费税税目、税率及相关政策进行调整，相关注释参见附录4。2008年修订的《消费税暂行条例》列举了调整后确定的14种应税消费品。

（1）烟。包括卷烟、雪茄烟、烟丝。

（2）酒及酒精。包括粮食酒、薯类酒、黄酒、啤酒、其他酒、酒精。

（3）化妆品。含原属于护肤护发品征税范围的高档护肤类化妆品。征收范围包括各类美容、修饰类化妆品、高档护肤类化妆品和成套化妆品。美容、修饰类化妆品是指香水、香水精、香粉、口红、指甲油、胭脂、眉笔、唇笔、蓝眼油、眼睫毛以及成套化妆品。舞台、戏剧、影视演员化妆用的上妆油、卸装油、油彩、不属于本税目的征收范围。

（4）高尔夫球及球具。征收范围包括高尔夫球、高尔夫球杆、高尔夫球包（袋）。高尔夫球杆的杆头、杆身和握把属于本税目的征收范围。

（5）高档手表。指销售价格（不含增值税）每只在10 000元（含）以上的各类手表。征收范围包括符合以上标准的各类手表。

（6）游艇。包括艇身长度大于8米（含）小于90米（含），内置发动机，可以在水上移动，一般为私人或团体购置，主要用于水上运动和休闲娱乐等非牟利活动的各类机动艇。

（7）木制一次性筷子。包括各种规格的木制一次性筷子。未经打磨、倒角的木制一次性筷子属于本税目征税范围。

（8）实木地板。包括各类规格的实木地板、实木指接地板、实木复合地板及用于装饰墙壁、天棚的侧端面为榫、槽的实木装饰板。未经涂饰的素板属于本税目征税范围。

（9）贵重首饰及珠宝玉石。

（10）鞭炮和焰火。

（11）成品油。包括汽油、柴油、石脑油、溶剂油、润滑油、燃料油、航空煤油。

（12）汽车轮胎。

（13）摩托车。

（14）小汽车。包括乘用车、中轻型商用客车。包括含驾驶员座位在内最多不超过9个座位（含）的，在设计和技术特性上用于载运乘客和货物的各类乘用车和含驾驶员座位在内的座位数在10~23座（含23座）的在设计和技术特性上用于载运乘客和货物的各类中轻型商用客车。用排气量小于1.5升（含）的乘用车底盘（车架）改装、改制的车辆属于乘用车征收范围。用排气量大于1.5升的乘用车底盘（车架）或用中轻型商用客车底盘（车架）改装、改制的车辆属于中轻型商用客车征收范围。含驾驶员人数（额定载客）为区间值的（如8~10人；17~26人）小汽车，按其区间值下限人数确定征收范围。电动汽车不属于本税目征收范围。

消费税征税对象范围具体包括以下四个方面：

（1）用于销售和提供劳务所生产的应税消费品。包括纳税人用于换取生产资料和消费资料，投资入股和抵偿债务等方面的应税消费品。

（2）自产自用应税消费品用于生产非应税消费品、在建工程、管理部门、非生产机构、提供劳务、馈赠、赞助、集资、广告、样品、职工福利、奖励等方面。

（3）委托加工的应税消费品。委托加工的应税消费品是指由委托方提供原料和主要材料，受托方只收取加工费和代垫部分辅助材料加工的应税消费品。对于由受托方提供原材料生产的应税消费品，或者受托方先将原材料卖给委托方，然后再接受加工的应税消费品，以及由受托方以委托方名义购进原材料生产的应税消费品，不论在财务上是否作销售处理，都不得作为委托加工应税消费品，而应当按照销售自制应税消费品缴纳消费税。委托加工的应税消费品直接出售的，不再缴纳消费税。委托个人加工的应税消费品，由委托方收回后缴纳消费税。

（4）进口的应税消费品。

为建立完善的成品油价格形成机制和规范的交通税费制度，促进节能减排和结构调整，公平负担，依法筹措交通基础设施维护和建设资金，自2009年1月1日实施成品油价格和税费改革。

（1）成品油税费改革的主要内容。提高现行成品油消费税单位税额，不再新设立燃油税，利用现有税制、征收方式和征管手段，实现成品油税费改革相关工作的有效衔接。具体内容是：①取消公路养路费等项收费。取消公路养路费、航道养护费、公路运输管理费、公路客货运附加费、水路运输管理费、水运客货运附加费等六项收费。②逐步有序取消政府还贷二级公路收费。③提高成品油消费税单位税额。④征收机关、征收环节和计征方式。成品油消费税属于中央税，由国家税务局统一征收（进口环节继续委托海关代征）。纳税人为在我国境内生产、委托加工和进口成品油的单位和个人。纳税环节在生产环节（包括委托加工和进口环节）。计征方式实行从量定额计征，价内征收。

（2）特殊用途成品油消费税政策。自2009年1月1日起对进口石脑油恢复征收消费税。2009年1月1日至2010年12月31日，对国产的用作乙烯、芳烃类产品原料的石脑油免征消费税，生产企业直接对外销售的不作为乙烯、芳烃类产品原料的石脑油应按规定征收消费税；对进口的用作乙烯、芳烃类产品原料的石脑油已缴纳的消费税予以返还，具体办法由财政部会同海关总署和国家税务总局另行制定。航空煤油暂缓征收消费税。对用外购或委托加工收回的已税汽油生产的乙醇汽油免税。用自产汽油生产的乙醇汽油，按照生产乙醇汽油所耗用的汽油数量申报纳税。

链接小贴士：

消费税调整的新政策将对国内车市产生多大影响

2006 年 3 月 23 日　新华社

从 2006 年 4 月 1 日起，国家实行新的小汽车消费税税率，提高大排量乘用车的税负。这一新政策对国内汽车市场将带来什么影响呢？

总体来看，对小排量车有一定的积极影响，但对越野车和大排量小轿车则影响较大。另外，对进口车市场也有一定的影响。

现行消费税对小汽车分为三个子目：一是对小轿车按排量大小，分别适用 3%（1 升以下）、5%（1 升至 2.2 升）和 8%（2.2 升以上）的税率；二是对小于和大于 2.4 升的越野车分别适用 3% 和 5% 的税率；三是对小于和大于 2.0 升的小客车（面包车）分别适用 3% 和 5% 的税率。

此次消费税调整后，小汽车税目分为乘用车和中轻型商用客车两个子目，越野车被纳入乘用车子目。乘用车（包括越野车）按排量大小分成六档税率。对排量小于 1.5 升（含）的，税率为 3%；1.5 升以上至 2.0 升（含）的，税率为 5%；2.0 升以上至 2.5 升（含）的，税率为 9%；2.5 升以上至 3.0 升（含）的，税率为 12%；3.0 升以上至 4.0 升（含）的，税率为 15%；4.0 升以上的，税率为 20%。中轻型商用客车则统一适用 5% 税率。

按照新税率，排量在 1.0 升以下的小汽车，税率未变；1.0 升至 1.5 升的，税率下降两个百分点；1.5 升以上至 2.0 升的，税率不变；从 2.0 升以上，排量越大，税率越高，最高为 20%。

根据中国汽车工业协会的统计，2005 年我国销售的国产乘用车，15 万元以下的占了主导地位。而这些车型绝大部分是 1.5 升以下排量，小部分是 2.0 以下排量，只有少量越野车大于 2 升。调整后，小排量汽车的税负减轻，成本下降，会进一步促进市场热销。而中级车由于税负不变或增加不大，影响也不大。总体来看对国内车市的影响有限。

新的汽车消费税政策不会影响汽车进入家庭的步伐。反而有助于调整汽车市场结构，抑制大排量汽车的生产和消费，鼓励小排量汽车的生产消费。

3.3 税率、税基与税额的计算

3.3.1 税率

现行消费税的税率有两种形式：比例税率；定额税率。《消费税暂行条例》所附的《消费税税目税率表》见表 3－2。

表 3－2　消费税税目税率表

税目	税率
一、烟	
1. 卷烟	
(1) 甲类卷烟	45%加 0.003 元/支
(2) 乙类卷烟	30%加 0.003 元/支
2. 雪茄烟	25%
3. 烟丝	30%
二、酒及酒精	
1. 白酒	20%加 0.5 元/500 克（或者 500 毫升）
2. 黄酒	240 元/吨
3. 啤酒	
(1) 甲类啤酒	250 元/吨
(2) 乙类啤酒	220 元/吨
4. 其他酒	10%
5. 酒精	5%
三、化妆品	30%
四、贵重首饰及珠宝玉石	
1. 金银首饰、铂金首饰和钻石及钻石饰品	5%
2. 其他贵重首饰和珠宝玉石	10%
五、鞭炮、焰火	15%
六、成品油①	
1. 汽油	
(1) 含铅汽油	1.4 元/升
(2) 无铅汽油	1.0 元/升
2. 柴油	0.8 元/升
3. 航空煤油	0.8 元/升
4. 石脑油	1.0 元/升
5. 溶剂油	1.0 元/升
6. 润滑油	1.0 元/升
7. 燃料油	0.8 元/升

① 按照《国务院关于实施成品油价格和税费改革的通知》（国发［2008］37 号），自 2009 年 1 月 1 日起，提高成品油消费税税率。表中所列成品油税率为提高后的税率。

续表

七、汽车轮胎	3%
八、摩托车 1. 气缸容量（排气量，下同）在250毫升（含250毫升）以下 2. 气缸容量在250毫升以上	 3% 10%
九、小汽车 1. 乘用车 (1) 气缸容量（排气量，下同）在1.0升（含1.0升）以下 (2) 气缸容量在1.0升以上至1.5升（含1.5升） (3) 气缸容量在1.5升以上至2.0升（含2.0升） (4) 气缸容量在2.0升以上至2.5升（含2.5升） (5) 气缸容量在2.5升以上至3.0升（含3.0升） (6) 气缸容量在3.0升以上至4.0升（含4.0升） (7) 气缸容量在4.0升以上 2. 中轻型商用客车	 1% 3% 5% 9% 12% 25% 40% 5%
十、高尔夫球及球具	10%
十一、高档手表	20%
十二、游艇	10%
十三、木制一次性筷子	5%
十四、实木地板	5%

根据财政部、国家税务总局《关于调整和完善消费税政策的通知》（财税［2006］33号）和《关于调整部分乘用车进口环节消费税的通知》（财税［2008］73号），调整后征收进口环节消费税的商品共14类。①具体税目税率见附录5。

3.3.2 税基

采用从价定率计算办法的应税消费品，其消费税的计税依据是销售额。

① 财政部 国家税务总局《关于进口环节消费税有关问题的通知》，财关税［2006］22号；财政部 国家税务总局《关于调整部分乘用车进口环节消费税的通知》（财关税［2008］73号）。

（1）生产销售应税消费品。在生产销售环节，销售额是纳税人销售应税消费品向购买方收取的全部价款和价外费用。不包括应向购货方收取的增值税税款。所称价外费用，是指价外向购买方收取的手续费、补贴、基金、集资费、返还利润、奖励费、违约金、滞纳金、延期付款利息、赔偿金、代收款项、代垫款项、包装费、包装物租金、储备费、优质费、运输装卸费以及其他各种性质的价外收费。但下列项目不包括在内：①同时符合以下 2 个条件的代垫运输费用：承运部门的运输费用发票开具给购买方的；纳税人将该项发票转交给购买方的。②同时符合以下 3 个条件代为收取的政府性基金或者行政事业性收费：由国务院或者财政部批准设立的政府性基金，由国务院或者省级人民政府及其财政、价格主管部门批准设立的行政事业性收费；收取时开具省级以上财政部门印制的财政票据；所收款项全额上缴财政。

在确定消费税计税依据时，应注意：①纳税人通过自设非独立核算门市部销售的自产应税消费品，应以门市部对外销售额或销售数量为计税依据计算纳税。②纳税人以自产的应税消费品换取生产资料或消费资料、投资入股和抵偿债务的，应以同类应税消费品的最高销售价格为计税依据。③含增值税销售额的换算。如果纳税人应税消费品的销售额中含有增值税税款或者因不得开具增值税专用发票而发生价款和增值税税款合并收取的，在计算消费税时，应将其换算为不含增值税税款的销售额，据以计税。其换算公式为：

销售额 = 含增值税销售额 ÷（1 + 增值税税率或征收率）

④包装物及其押金的处理。应税消费品连同包装物销售的，无论包装物是否单独计价以及在会计上如何核算，均应并入应税消费品的销售额中缴纳消费税。如果包装物不作价随同产品销售，而是收取押金，此项押金则不应并入应税消费品的销售额中征税。但对因逾期未收回的包装物不再退还的或者已收取的时间超过 12 个月的押金，应并入应税消费品的销售额，按照应税消费品的适用税率缴纳消费税。

对既作价随同应税消费品销售，又另外收取押金的包装物的押金，凡纳税人在规定的期限内没有退还的，均应并入应税消费品的销售额，按照应税消费品的适用税率缴纳消费税。

（2）自产自用应税消费品。纳税人将自产的应税消费品用于连续生产应税消费品的不纳税；纳税人将自产的应税消费品用于除连续生产应税消费品外的其他方面，应于移送使用时计算纳税。用于连续生产应税消费品，是指纳税人将自产自用的应税消费品作为直接材料生产最终应税消费品，自产自用应税消费品构成最终应税消费品的实体。用于其他方面是指纳税人用于生产非应税消费品和在建工程；管理部门、非生产机构；提供劳务；以及用于馈赠、赞助、集资、广告、样品、职工福利、奖励等。按照税法规定，纳税人将自产的应税消费品用于其他方面的，应按照同类消费品的销售价格计算纳税。同类消费品的销售价格是指纳税人当月销售的同类消费品的销售价格，如果当月同类消费品各期销售价格高低不同，应按销售数量加权平均计算。但销售的应税消费品有下列情况之一的，不得列入加权平均计算：一是销售价格明显偏低又无正当理由的；二是无销售价格的。如果当月无销售或者当月未完结，应按照同类消费品上月或最近月份的销售价格计算纳税。没有同类消费品的销售价格的，按照组成计税价格计算纳税。

实行从价定率办法计算纳税的，组成计税价格的公式为：

组成计税价格 =（成本 + 利润）÷（1 – 消费税税率）

实行复合计税办法计算纳税的，组成计税价格计算公式为：

组成计税价格 =（成本 + 利润 + 自产自用数量 × 定额税率）÷（1 – 比例税率）

其中，成本是指应税消费品的产品生产成本。利润是指根据应税消费品的全国平均成本利润率计算的利润。应税消费品全国平均成本利润率由国家税务总局确定。

应税消费品全国平均成本利润率为：

1. 甲类卷烟	10%	11. 高档手表	20%
2. 乙类卷烟	5%	12. 游艇	10%
3. 雪茄烟	5%	13. 木制一次性筷子	5%
4. 烟丝	5%	14. 实木地板	5%
5. 粮食白酒	10%	15. 鞭炮、焰火	5%
6. 薯类白酒	5%	16. 贵重首饰及珠宝玉石	6%
7. 其他酒	5%	17. 汽车轮胎	5%
8. 酒精	5%	18. 摩托车	6%
9. 化妆品	5%	19. 乘用车	8%
10. 高尔夫球及球具	10%	20. 中轻型商用客车	5%

（3）委托加工应税消费品。委托加工的应税消费品，由受托方在向委托方交货时代收代缴税款。但纳税人委托个人加工应税消费品，一律于委托方收回后在委托方所在地缴纳消费税。委托方收回后直接出售的，不再征收消费税。纳税人委托加工的应税消费品，按照受托方的同类消费品的销售价格计算纳税。没有同类消费品销售价格的按组成计税价格计算纳税。

实行从价定率办法计算纳税的，组成计税价格计算公式为：

组成计税价格 =（材料成本 + 加工费）÷（1 – 消费税税率）

实行复合计税办法计算纳税的，组成计税价格计算公式为：

组成计税价格 =（材料成本 + 加工费 + 委托加工数量 × 定额税率）÷（1 – 比例税率）

式中，“材料成本”是指委托方所提供加工材料的实际成本。委托加工应税消费品的纳税人，必须在委托加工合同上如实注明（或者以其他方式提供）材料成本，凡未提供材料成本的，受托方主管税务机关有权核定其材料成本。“加工费”是指受托方加工应税消费品向委托方所收取的全部费用（包括代垫辅助材料的实际成本），不包括收取的增值税额。

在对委托方进行税务检查中，如果发现受托方没有代收代缴税款，委托方要补缴税款，对委托方予以处罚。对委托方补征税款的计税依据为：如果收回的应税消费品已经直接销售的，按销售额计税；收回的应税消费品尚未销售或不能直接销售的，按组成计税价格计税。组成计税价格的计算公式与自产自用应税消费品相同。

（4）零售金银首饰和钻石及钻石饰品。从1995年1月1日，金银首饰由生产环节征税改在零售环节征税；从2002年1月1日起，钻石及钻石饰品改在零售环节征税。即由零售者按销售额（不含增值税）依5%的税率计算缴纳消费税。

（5）进口的应税消费品。按照组成计税价格计算纳税。

实行从价定率办法计算纳税的，组成计税价格计算公式为：

组成计税价格 =（关税完税价格 + 关税）÷（1 – 消费税税率）

实行复合计税办法计算纳税的，组成计税价格计算公式为：

组成计税价格 =（关税完税价格 + 关税 + 进口数量 × 消费税定额税率）÷（1 – 消费税比例税率）

纳税人应税消费品的计税价格明显偏低并无正当理由的，由主管税务机关核定其计税价格。应税消费品的计税价格的核定权限规定：卷烟、白酒和小汽车的计税价格由国家税务总局核定，送财政部备案；其他应税消费品的计税价格由省、自治区和直辖市国家税务局核定；进口的应税消费品的计税价格由海关核定。

现行消费税，从量定额方法仅适用于黄酒、啤酒、汽油、柴油、石脑油、溶剂油、润滑油、燃料油、航空煤油。实行从量定额计税方法的应税消费品，以销售数量为税基。具体确定为：

（1）生产销售的应税消费品，为应税消费品的销售数量，纳税人通过自设门市部销售自产应税消费品的，为门市部的对外销售数量。

（2）自产自用的应税消费品，为应税消费品的移送使用数量。

（3）委托加工的应税消费品，为纳税人收回的应税消费品数量。

（4）进口的应税消费品，为海关核定的应税消费品进口征税数量。

上述应税消费品计算单位的换算标准如下：

啤酒：1 吨 =988 升	石脑油：1 吨 =1 385 升
黄酒：1 吨 =962 升	溶剂油：1 吨 =1 282 升
汽油：1 吨 1 388 升	润滑油：1 吨 =1 126 升
柴油：1 吨 =1 176 升	燃料油：1 吨 =1 015 升

航空煤油：1 吨 =1 246 升

自 2001 年 5 月 1 日和 6 月 1 日起，对粮食白酒、薯类白酒和卷烟调整为从量定额和从价定率相结合的复合计税方法。

（1）粮食白酒、薯类白酒。实行从量定额计税方法的，其税基为应税消费品的数量。具体规定为：生产销售粮食白酒、薯类白酒的，以实际销售数量为税基；进口、委托加工、自产自用粮食白酒、薯类白酒的，分别以海关核定的进口征税数量、委托方收回数量、移送使用数量为税基。实行从价定率计税方法的粮食白酒、薯类白酒，其税基的确定办法与从价定率方法的税基相同。

（2）卷烟。实行从量定额计税方法的卷烟，以应税消费品的数量为税基。具体为：生产销售卷烟的环节，以实际销售数量为税基；进口卷烟、委托加工卷烟、自产自用卷烟，分别以海关核定的进口征税数量、委托方收回数量、移送使用数量为税基。实行从价定率计税方法的卷烟，其税基为卷烟的调拨价格或核定价格。调拨价格是指卷烟生产企业通过卷烟交易市场与购货方签订的卷烟交易价格。调拨价格由国家税务总局根据实际情况确定并对外公布。核定价格是指不进入交易中心和交易会交易，没有调拨价格的卷烟，由税务机关按其零售价倒算一定比例的办法核定计税价格。核定价格公式为：

某牌号规格卷烟核定价格 = 该牌号规格卷烟市场零售价/(1 +35%)

对于实际销售价格高于计税价格和核定价格的卷烟，按实际价格征收消费税。实际销售价格低于计税价格和核定价格的卷烟，按计税价格或核定价格征收消费税。自 2004 年 3 月 1 日起，进口卷烟消费税适用比例税率按以下办法确定：

①每标准条（200 支）进口卷烟确定消费税适用比例税率的价格。

计税价格 =(关税完税价格 + 关税 + 消费税定额税率)/(1 - 消费税税率)

其中，关税完税价格和关税为每标准条的关税完税价格及关税税额；消费税定额税率为每标准条 0.6 元（依据现行消费税定额税率折算而成）；消费税税率固定为 30%。

②每标准条进口卷烟确定消费税适用比例税率的价格≥50 元人民币的，适用比例税率为 45%；每标准条进口卷烟确定消费税适用比例税率的价格 <50 元人民币的，适用比例税率为 30%。依据上述确定的消费税适用比例税率，计算进口卷烟消费税组成计税价格和应纳消费税税额。

$$\text{进口卷烟消费税组成计税价格} = \frac{\text{关税完税价格} + \text{关税} + \text{消费税定额税}}{1 - \text{进口卷烟消费税适用比例税率}}$$

$$\text{应纳消费税税额} = \text{进口卷烟消费税组成计税价格} \times \text{进口卷烟消费税适用比例税率} + \text{消费税定额税}$$

其中,消费税定额税＝海关核定的进口卷烟数量×消费税定额税率,消费税定额税率为每支0.003元。

3.3.3 应纳税额的计算

实行从价定率计税方法的,应纳税额的计算方法如下:

(1)纳税人生产销售应税消费品的应纳税额的计算公式为:

应纳税额＝销售额×税率

某汽车轮胎厂2009年1月销售汽车轮胎取得收入800万元(不含增值税),适用消费税率为3%,计算该厂5月份应纳的消费税税额。

应纳税额＝800×3%＝24(万元)

(2)纳税人自产自用、委托加工应税消费品的应纳税额计算公式为:

应纳税额＝同类应税消费品的销售价格(或组成计税价格)×税率

某化妆品厂2009年1月生产一批化妆品,全部作为福利发给职工,该批化妆品的同类产品售价为40万元(不含增值税)。计算该化妆品厂当月应纳的消费税税额。

应纳税额＝40×30%＝12(万元)

(3)进口应税消费品的应纳税额计算公式为:

应纳税额＝组成计税价格×税率

某进出口贸易公司从境外进口一批小轿车,已知核定的关税完税价格为500万元,进口关税税率为30%,消费税税率为5%,计算该公司应纳的消费税税额。

组成计税价格＝(500＋500×30%)÷(1－5%)＝684.21(万元)

应纳税额＝684.21×5%＝34.21(万元)

(4)用外购已税消费品生产的应税消费品应纳税额的计算。纳税人用外购已税应税消费品连续生产应税消费品,已纳税款允许扣除。范围包括:外购已税烟丝生产的卷烟;外购已税化妆品生产的化妆品;外购已税护肤护发品生产的护肤护发品;外购已税珠宝玉石生产的贵重首饰及珠宝玉石;外购已税鞭炮焰火生产的鞭炮焰火;外购已税汽车轮胎生产的汽车轮胎;外购已税摩托车生产的摩托车;以外购已税杆头、杆身和握把为原料生产的高尔夫球杆;以外购已税木制一次性筷子为原料生产的木制一次性筷子;以外购已税实木地板为原料生产的实木地板;以外购已税石脑油为原料生产的应税消费品;以外购已税润滑油为原料生产的润滑油;以外购已税的汽油、柴油为原料生产的甲醇汽油、生物柴油。计算公式为:

应纳税额＝销售额×税率－当期准予扣除的外购应税消费品已纳税款

$$\text{当期准予扣除的外购已税消费品已纳税款}=\text{当期准予扣除的外购已税消费品买价}\times\text{外购已税消费品适用税率}$$

$$\text{当期准予扣除的外购已税消费品买价}=\text{期初库存的外购已税消费品买价}+\text{当期购进的已税消费品买价}-\text{期末库存的外购已税消费品买价}$$

实行从量定额计税办法的，计算公式为：

$$\text{当期准予扣除的外购应税消费品已纳税款}=\text{当期准予扣除外购应税消费品数量}\times\text{外购应税消费品单位税额}$$

某鞭炮焰火厂用外购已税的鞭炮焰火生产某品牌鞭炮焰火，当月销售额为180万元，当月月初库存外购鞭炮焰火账面余额为70万元，当月购进鞭炮焰火30万元，月末库存外购鞭炮焰火账面余额为50万元。计算鞭炮焰火工厂当月销售该品牌鞭炮焰火应纳的消费税税额。（上述款项均为不含增值税税款）

当期准予扣除的外购鞭炮焰火已纳税款 $=(70+30-50)\times15\%=7.5$（万元）

当月销售鞭炮焰火实际应纳消费税税额 $=180\times15\%-7.5=19.5$（万元）

（5）用委托加工的已税消费品生产的应税消费品应纳税额的计算公式为：

$$\text{应纳税额}=\text{销售额}\times\text{税率}-\text{当期准予扣除的委托加工应税消费品已纳税款}$$

纳税人用委托加工的已税消费品连续生产应税消费品，已纳税款允许扣除。范围包括：以委托加工收回的，已税烟丝为原料生产的卷烟；已税化妆品为原料生产的化妆品；已税护肤护发品为原料生产的护肤护发品；已税珠宝玉石为原料生产的贵重首饰及珠宝玉石；已税鞭炮、焰火为原料生产的鞭炮、焰火；已税汽车轮胎生产的汽车轮胎；已税摩托车生产的摩托车；已税杆头、杆身和握把为原料生产的高尔夫球杆；已税木制一次性筷子为原料生产的木制一次性筷子；已税实木地板为原料生产的实木地板；已税石脑油为原料生产的应税消费品；已税润滑油为原料生产的润滑油；已税汽油、柴油为原料生产的甲醇汽油和生物柴油。

用委托加工收回的已税珠宝玉石生产的金银首饰（镶嵌首饰），因已改在零售环节征收，故计税时一律不得扣除委托加工收回的已税珠宝玉石的已纳税款。

（1）生产销售应税消费品的应纳税额计算公式为：

应纳税额 = 销售数量 × 单位税额

（2）自产自用应税消费品的应纳税额计算公式为：

应纳税额 = 移送使用数量 × 单位税额

（3）委托加工应税消费品的应纳税额计算公式为：

应纳税额 = 委托方收回数量 × 单位税额

（4）进口应税消费品的应纳税额计算公式为：

应纳税额＝海关核定的进口数量×单位税额

某炼油厂2009年1月销售汽油240吨、柴油190吨、润滑油50吨。根据消费税法规定，适用税率：汽油、润滑油为1.0元/升；柴油为0.8元/升。计算该厂本月应纳消费税税额。

分析：汽油应纳消费税税额＝240×1 388×1.10＝333 120（元）

柴油应纳消费税税额＝190×1 176×0.8＝178 752（元）

润滑油应纳消费税税额＝50×1 126×0.8＝45 040（元）

应纳消费税税额合计＝333 120＋178 752＋45 040＝556 912（元）

应税消费品主要包括粮食白酒、薯类白酒和卷烟。其应纳税额计算公式为：

应纳税额＝销售数量×定额税率＋销售额×比例税率

某酒厂2009年1月发生如下业务：①销售粮食白酒10吨，不含税单价为5 000元/吨；销售散装白酒5吨，不含税单价为3 000元/吨，款已存入银行；②销售以外购薯类白酒和自产糠麸白酒勾兑的散装白酒2吨，不含税单价为2 500元/吨，货款已收回；③将自产的散装白酒5吨，分给本厂职工。计算该酒厂当月应纳的消费税。

分析：（1）第一笔业务的应纳税额为：

(10×2 000＋5×2 000)×0.5＋(10×5 000＋5×3 000)×20%＝28 000（元）

（2）第二笔业务为勾兑的散装白酒应按薯类白酒征税。应纳税额为：

2×2 000×0.5＋2×2 500×20%＝2 500（元）

（3）第三笔业务为将自产应税消费品用于个人消费，应视同销售，应纳税额为：

5×2 000×0.5＋5×3 000×20%＝8 000（元）

（4）当月应纳消费税总额为：

28 000＋2 500＋8 000＝38 500（元）

3.4 税款缴纳

3.4.1 纳税义务发生时间

纳税人纳税义务发生时间如下：

（1）纳税人生产的应税消费品（不包括金银首饰），于销售时纳税。①纳税人采取赊销和分期收款结算方式的，为书面合同约定的收款日期的当天，书面合同没有约定收款日期或者无书面合同的，为发出应税消费品的当天。②纳税人采取预收货款结算方式的，为发出应税消费品的当天。③纳税人采取托收承付和委托银行收款方式销售的应税消费品，为发出应税消费品并办妥托收手续的当天。④纳税人采取其他结算方式的，为收讫销售款或者取得索取销售款凭据的当天。

（2）纳税人自产自用的应税消费品，其纳税义务的发生时间，为移送使用的当天。

（3）纳税人委托加工的应税消费品，其纳税义务的发生时间，为纳税人提货的当天。

（4）纳税人进口的应税消费品，其纳税义务的发生时间，为报关进口的当天。

3.4.2 纳税地点

消费税由税务机关征收，进口的应税消费品的消费税由海关代征。个人携带或者邮寄进境的应税消费品的消费税，连同关税一并计征。具体规定如下：

（1）纳税人销售的应税消费品，以及自产自用的应税消费品，除国务院财政、税务主管部门另有规定外，应当向纳税人机构所在地或者居住地的主管税务机关申报纳税。

（2）委托加工的应税消费品，除受托方为个人外，由受托方向机构所在地或者居住地的主管税务机关解缴消费税税款。委托个人加工的应税消费品，由委托方向其机构所在地或者居住地主管税务机关申报纳税。

（3）进口的应税消费品，由进口人或者其代理人向报关地海关申报纳税。

（4）纳税人到外县（市）销售或委托外县（市）代销自产应税消费品的，于应税消费品销售后，向机构所在地或者居住地主管税务机关申报纳税。

（5）纳税人的总机构与分支机构不在同一县（市）的，应当分别向各自机构所在地的主管税务机关申报纳税；经财政部、国家税务总局或者其授权的财政、税务机关批准，可以由总机构汇总向总机构所在地的主管税务机关申报纳税。

3.4.3 纳税期限

消费税的纳税期限分别为 1 日、3 日、5 日、10 日、15 日、1 个月或者 1 个季度。纳税人的具体纳税期限，由主管税务机关根据纳税人应纳税额的大小分别核定；不能按固定期限纳税的，可以按次纳税。

纳税人以 1 个月或者 1 个季度为 1 个纳税期的，自期满之日起 10 日内申报纳税；以 1 日、3 日、5 日、10 日或者 15 日为 1 个纳税期的，自期满之日起 5 日内预缴税款，于次月 1 日起 15 日内申报纳税并结清上月应纳税款。纳税人进口应税消费品，应当自海关填发海关进口消费税专用缴款书之次日起 15 日内缴纳税款。消费税纳税申报表见附件 6。

本章小结

1. 消费税是以消费品或消费支出为征税对象而征收的一种税。中国现行的消费税，是对特定消费品，向其生产者和经营者征收的一种税。

2. 消费税的征税对象是在我国境内生产、委托加工和进口的应税消费品。

3. 在中国境内生产、委托加工和进口应税消费品的单位和个人，以及国务院确定的销售应税消费品的其他单位和个人，为消费税的纳税人。

4. 现行消费税的税率有两种形式：比例税率、定额税率。

5. 现行消费税的税基：从价定率计税的，以应税消费品的销售额为税基。从量定额计税的，以销售数量为税基。对粮食白酒、薯类白酒和卷烟采用从量定额和从价定率相结合的复合计税方法。

6. 消费税由税务机关征收，进口的应税消费品的消费税由海关代征。个人携带或者邮寄进境的应税消费品的消费税，连同关税一并计征。

7. 消费税的纳税期限分别为 1 日、3 日、10 日、15 日、1 个月或者 1 个季度。

思 考 题

1. 消费税的征税对象是如何规定的？
2. 消费税的计税依据是如何规定的？
3. 委托加工应税消费品如何计算消费税？
4. 自产自用应税消费品如何计算消费税？
5. 消费税纳税义务发生时间是如何规定的？
6. 消费税纳税地点是如何规定的？

第四章 营 业 税

学习目标

1. 了解营业税的概念及产生发展过程。
2. 掌握营业税征税对象范围的基本规定。
2. 掌握营业税的税基构成。
3. 熟悉营业税的税率形式与水平。
4. 掌握营业税应纳税额的计算方法。
5. 熟悉营业税征收管理的基本规定。

关键名词

营业税　营业税应税劳务　营业税纳税人　营业税征税范围　营业税税率　营业税起征点　营业税扣缴义务人　营业税计税依据

4.1 税种设置

4.1.1 营业税的概念

一般而言的营业税，是对各种营利事业，向经营单位与个人征收的一种税。中国现行的营业税，是对在中国境内提供应税劳务、转让无形资产和销售不动产的单位和个人征收的一种税。现行营业税的基本规范是 1993 年 12 月 13 日国务院发布的《中华人民共和国营业税暂行条例》（以下简称《营业税暂行条例》），2008 年 11 月 5 日国务院第 34 次常务会议修订通过。

营业税是一个十分古老的税种。营业税诞生于法国。在中国，营业税起源很早，最早可追溯到周代的“关市之赋”。1928 年，国民党政府颁布《营业税办法大纲》，正式开征营业税。新中国成立以后，营业税在我国的税制中一直占有重要地位，见图 4－1。

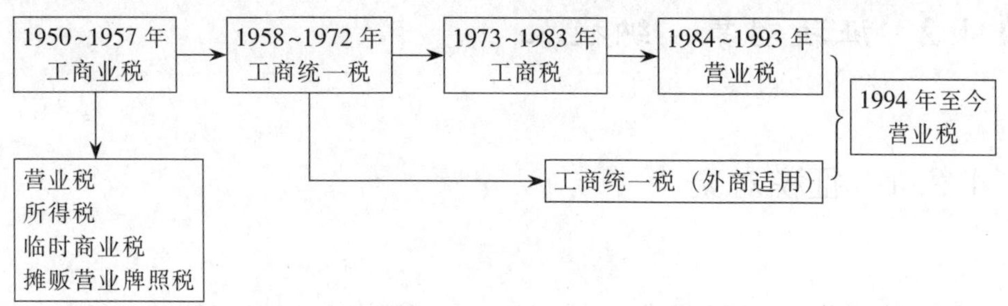

图 4－1 中国营业税发展演变示意图

4.1.2 营业税的特点

征税范围主要是第三产业，税源广泛，有利于及时、稳定的取得财政收入。现行营业税征税范围主要是第三产业（交通运输业、建筑业、金融保险业、邮电通信业、文化体育业、娱乐业、服务业、转让无形资产、销售不动产）。随着中国经济结构的调整，第三产业将获得更大的发展，营业税的来源将进一步扩大，营业税收入在整个财政收入中所占的比重，特别是在地方财政收入中所占的比重，也将逐步提高。1994 年以来中国营业税收入情况见表 4－1。

表 4－1 1994～2007 年中国营业税收入情况 单位：亿元

项　目	1994 年	1995 年	1996 年	1997 年	1998 年	1999 年	2000 年
营业税收入	680.2	869.4	1 065.4	1 353.4	1 608.0	1 696.5	1 885.7
项　目	2001 年	2002 年	2003 年	2004 年	2005 年	2006 年	2007 年
营业税收入	2 084.7	2 467.6	2 868.9	3 583.5	4 231.4	5 128.9	6 583.0

资料来源：国家税务总局网站，http：//www.chinatax.gov.cn/，税收收入统计。

营业税按不同的行业设计相应的税目和税率，即对不同行业实行差别税制、对同一行业实行统一税率。

除少数情况外，营业税一般以营业收入全额为计税依据，并实行比例税率，税款由营业收入的收取者在取得营业收入之后缴纳，计算十分简便。

4.2 征税对象、纳税人

4.2.1 征税对象

在中华人民共和国境内提供应税劳务，转让无形资产或销售不动产的行为，即为征税对象。其中，应税劳务是指属于交通运输业、建筑业、金融保险业、邮电通信业、文化体育业、娱乐业、服务业税目征收范围的劳务。提供劳务、转让无形资产或销售不动产是指有偿提供应税劳务、有偿转让无形资产或者有偿转让不动产所有权的行为（以下称应税行为）。但单位或者个体工商户聘用的员工为本单位或者雇主提供劳务不包括在内。有偿是指取得货币、货物或者其他经济利益。境内是指提供或者接受应税劳务的单位或者个人在境内；所转让的无形资产（不含土地使用权）的接受单位或者个人在境内；所转让或者出租土地使用权的土地在境内；所销售或者出租的不动产在境内。

营业税的应税行为是指在中华人民共和国境内提供应税劳务、转让无形资产或者销售不动产的行为。纳税人有下列情形之一的，视同发生应税行为：单位或者个人将不动产或者土地使用权无偿赠送其他单位或者个人；单位或者个人自己新建（以下简称自建）建筑物后销售，其所发生的自建行为；财政部、国家税务总局规定的其他情形。

现行营业税共设有 9 个税目：

（1）交通运输业。征税范围包括陆路运输、水路运输、航空运输、管道运输和其他与运营业务相关的劳务。

（2）建筑业。征收范围包括建筑、安装、修缮、装饰和其他工程作业。

（3）金融保险业。征收范围包括金融、保险。

（4）邮电通信业。征收范围包括邮政、电信。

(5) 文化体育业。征收范围包括文化业、体育业。

(6) 娱乐业。征收范围包括歌厅、舞厅、卡拉OK歌舞厅、音乐茶座、台球、高尔夫球、保龄球场、游艺场等娱乐场所，以及娱乐场所为顾客进行娱乐活动提供服务的业务。

(7) 服务业。征收范围包括代理业、旅店业、饮食业、旅游业、仓储业、租赁业、广告业、其他服务业。

(8) 转让无形资产。征收范围包括转让土地使用权、转让商标权、转让专利权、转让非专利技术、转让著作权、转让商誉。

(9) 销售不动产。征收范围包括销售建筑物或构筑物、销售其他土地附着物。

一项销售行为如果既涉及应税劳务又涉及货物，为混合销售行为。从事货物的生产、批发或者零售的企业、企业性单位和个体工商户的混合销售行为，除提供建筑业劳务的同时销售自产货物的行为外，视为销售货物，不缴纳营业税；其他单位和个人的混合销售行为，视为提供应税劳务，缴纳营业税。

纳税人的下列混合销售行为，应当分别核算应税劳务的营业额和货物的销售额，其应税劳务的营业额缴纳营业税，货物销售额不缴纳营业税；未分别核算的，由主管税务机关核定其应税劳务的营业额：提供建筑业劳务的同时销售自产货物的行为；财政部、国家税务总局规定的其他情形。

纳税人兼营应税行为和货物或者非应税劳务的，应当分别核算应税行为的营业额和货物或者非应税劳务的销售额，其应税行为营业额缴纳营业税，货物或者非应税劳务销售额不缴纳营业税；未分别核算的，由主管税务机关核定其应税行为营业额。

经中央及省级财政部门批准纳入预算管理和财政专户管理的行政事业性收费、基金立法机关、司法机关、行政机关的收费，具备条件的，不征收营业税。社会团体按财政部门或民政部门规定标准收取的会费，不征收营业税。

(1) 根据《营业税暂行条例》和《实施细则》规定，免征营业税的项目：①托儿所、幼儿园、养老院、残疾人福利机构提供的养育服务，婚姻介绍，殡葬服务。②残疾人员本人为社会提供的劳务。③医院、诊所和其他医疗机构提供的医疗服务。④学校及其他教育机构提供的教育劳务，学生勤工俭学所提供的劳务服务。所称学校和其他教育机构，是指普通学校以及经地、市级以上人民政府或者同级政府的教育行政部门批准成立、国家承认其学员学历的各类学校。⑤农业机耕、排灌、病虫害防治、植物保护、农牧保险以及相关技术培训业务，家禽、牲畜、水生动物的配种和疾病防治。所称农业机耕，是指在农业、林业、牧业中使用农业机械进行耕作（包括耕耘、种植、收割、脱粒、植物保护等）的业务；排灌，是指对农田进行灌溉或排涝的业务；病虫害防治，是指从事农业、林业、牧业、渔业的病虫害测报和防治的业务；农牧保险，是指为种植业、养殖业、牧业种植和饲养的动植物提供保险的业务；相关技术培训，是指与农业机耕、排灌、病虫害防治、植物保护业务相关以及为使农民获得农牧保险知识的技术培训业务；家禽、牲畜、水生动物的配种和疾病防治业务的免税范围，包括与该项劳务有关的提供药品和医疗用具的业务。⑥纪念馆、博物馆、文化馆、文物保护单位管理机构、美术馆、展览馆、书画院、图书馆举办文化活动的门票收入，宗教场所举办文化、宗教活动的门票收入。所称纪念馆、博物馆、文化馆、文物保护单位管理机构、美术馆、展览馆、书画院、图书馆举办文化活动，是指这些单位在自己的场所举办的属于文化体育业税目征税范围的文化活动。其门票收入，是指销售第一道门票的收入。宗教场所举办文化、宗教活动的门票收入，是指寺院、宫观、清真寺和教堂举办文化、宗教活动销售门票的收入。⑦境内保险机构为出口货物提供的保险产品。包括出口货物保险和出口信用保险。

（2）国务院确定的减免税优惠：1）保险公司开展的 1 年期以上返还性人身保险业务的保费收入，免征营业税。2）个人转让著作权，免征营业税。3）自 1994 年 1 月 1 日起，将土地使用权转让给农业生产者用于农业生产，免征营业税。4）对工会的疗养院（所）可视为“其他医疗机构”，其“医疗劳务”可按规定范围免征营业税。5）非营利性科研机构技术咨询、技术服务所得的收入，免征营业税。6）下岗职工从事社区居民服务业取得的营业收入，3 年内免征营业税。7）人民银行对金融机构的贷款业务，不征收营业税。人民银行对企业贷款或委托金融机构贷款的业务应当征收营业税。8）金融机构往来业务暂不征收营业税。9）对金融机构的出纳长款收入，不征收营业税。10）对地方商业银行转贷用于清偿农村合作基金会债务的专项贷款利息收入，免征营业税。11）对住房公积金管理中心用住房公积金在指定的委托银行发放个人住房贷款取得的收入，免征营业税。12）对信达、华融、长城和东方资产管理公司接受相关国有银行的不良债权，免征转让不动产、无形资产以及利用不动产从事融资租赁业务应缴的营业税。对资产公司接受相关国有银行的不良债权取得的利息收入，免征营业税。对纳入全国试点范围的非营利性中小企业信用担保、再担保机构，可由地方政府确定，对其从事担保业务收入，3 年内免征营业税。13）对单位和个人（包括外商投资企业、外商投资设立的研究开发中心、外国企业和外籍个人）从事技术转让、技术开发业务和与之相关的技术咨询、技术服务业务取得的收入，免征营业税。14）从 2006 年 6 月 1 日起，对购买住房不足 5 年转手交易的，销售时按其取得的售房收入全额征收营业税；个人购买普通住房超过 5 年（含 5 年）转手交易的，销售时免征营业税；个人购买非普通住房超过 5 年（含 5 年）转手交易的，销售时按其售房收入减去购买房屋的价款后的差额征收营业税[①]。根据《国务院办公厅关于促进房地产市场健康发展的若干意见》（国办发〔2008〕131号）规定，对住房转让环节营业税暂定一年实行减免政策（执行至2009年12月31日）。个人购买普通住房超过2年（含2年）转让免征营业税；个人购买普通住房不足2年转让的，按其转让收入减去购买住房原价的差额征收营业税。个人购买非普通住房超过2年（含2年）转让按其转让收入减去购买住房原价的差额征收营业税；个人购买非普通住房不足2年转让的，按其转让收入全额征收营业税。15）企事业单位按房改成本价、标准价出售住房的收入，暂免征收营业税。16）按政府规定价格出租的公有住房和廉租住房，包括企业和自收自支事业单位向职工出租的单位自有住房；房管部门向居民出租的公有住房；落实私房政策中带户发还产权并以政府规定租金标准向居民出租的私有住房等，暂免征收营业税。17）对个人按市场价格出租的居民住房，暂按3%的税率征收营业税。18）对于从事国际航空运输业务的外国企业或香港、澳门、台湾企业从我国大陆运载旅客、货物、邮件的运输收入，在国家另有规定之前，应按4．65%的综合计征率计算征税。19）电影放映单位放映电影取得的票价收入按收入全额征收营业税后，对电影发行单位向放映单位收取的发行收入不再征收营业税，但对电影发行单位取得的片租收入仍应按全额征收营业税。20）自2006年1月1日起，对教育劳务营业税的征收管理按下列规定执行[②]：①对从事学历教育的学校提供教育劳务取得的收入免征营业税。“学历教育”是指：受教育者经过国家教育考试或者国家规定的其他入学方式，进入国家有关部门批准的学校或者其他教育机构学习，获得国家承认的学历证书的教育形式。具体包括：初等教育：普通小学、成人小学；②初级中等教育：普通初中、职业初中、成人初中；高级中等教育：普通高中、成人高中和中等职业学校（包括普通中专、成人中专、职业高中、技工学校）；高等教育：普通本专科、成人本专科、网络本专科、研究生（博士、硕士）、高等教育自学考试、高等教育学历文凭考试。“从事学历教育的学校”是指：普通学校以及经地、市级以上人民政府或者同级政府的教育行政部门批准成立、国家承认其学员学历的各类学校。上述学校均包括符合规定的从事学历教育的民办学校，但不包括职业培训机构等国家不承认学历的教育机构。免征营业税的教育劳务收入按以下规定执行：提供教育劳务取得的收入是指对列入规定招生计划的在籍学生提供学历教育劳务取得的收入，具体包括：经有关部门审核批准，按规定标准收取的学费、住宿费、课本费、作业本费、伙食费、考试报名费收入。超过规定收费标准的收费以及学校以各种名义收取的赞助费、择校费等超过规定范围的收入，不属于免征营业税的教育劳务收

① 国家税务总局转发国务院办公厅关于调整住房供应结构稳定住房价格意见的通知，国税发［2006］75号。

② 财政部 国家税务总局关于加强教育劳务营业税征收管理有关问题的通知，财税［2006］3号。

入，一律按规定征税。②对托儿所、幼儿园提供养育服务取得的收入免征营业税。“托儿所、幼儿园”是指经县级以上教育部门审批成立、取得办园许可证的实施0－6岁学前教育的机构，包括公办和民办的托儿所、幼儿园、学前班、幼儿班、保育院、幼儿院；“提供养育服务”是指上述托儿所、幼儿园对其学员提供的保育和教育服务；对公办托儿所、幼儿园予以免征营业税的养育服务收入是指，在经省级财政部门和价格主管部门审核报省级人民政府批准的收费标准以内收取的教育费、保育费；对民办托儿所、幼儿园予以免征营业税的养育服务收入是指，在报经当地有关部门备案并公示的收费标准范围内收取的教育费、保育费；超过规定收费标准的收费，以开办实验班、特色班和兴趣班等为由另外收取的费用以及与幼儿入园挂钩的赞助费、支教费等超过规定范围的收入，不属于免征营业税的养育服务收入。③对政府举办的高等、中等和初等学校（不含下属单位）举办进修班、培训班取得的收入，收入全部归学校所有的，免征营业税。“政府举办的高等、中等和初等学校（不含下属单位）”是指“从事学历教育的学校”（不含下属单位）。“收入全部归学校所有”是指：举办进修班、培训班取得的收入进入学校统一账户，并作为预算外资金全额上缴财政专户管理，同时由学校对有关票据进行统一管理、开具。进入学校下属部门自行开设账户的进修班、培训班收入，不属于收入全部归学校所有的收入，不予免征营业税。④各类学校均应单独核算免税项目的营业额，未单独核算的，一律照章征收营业税。⑤各类学校（包括全部收入为免税收入的学校）均应按照《中华人民共和国税收征收管理法》的有关规定办理税务登记，按期进行纳税申报并按规定使用发票；享受营业税优惠政策的，应按规定向主管税务机关申请办理减免税手续。21）自2008年1月1日至2010年12月31日，中国邮政集团公司及其所属邮政企业为中国邮政储蓄银行及其所属分行、支行代办金融业务取得的代理金融业务收入，免征营业税。

营业税起征点，是指纳税人营业额合计达到起征点。营业税起征点的适用范围限于个人。纳税人营业额未达到国务院财政、税务主管部门规定的营业税起征点的，免征营业税；达到起征点的，依照规定全额计算缴纳营业税。营业税起征点的幅度规定如下：

（1）按期纳税的，为月营业额1 000－5 000元。

（2）按次纳税的，为每次（日）营业额100元。

省、自治区、直辖市财政厅（局）、税务局应当在规定的幅度内，根据实际情况确定本地区适用的起征点，并报财政部、国家税务总局备案。

4.2.2 纳税人

营业税的纳税人是在中国境内提供应税劳务、转让无形资产或者销售不动产的单位和个人。所称单位，是指企业、行政单位、事业单位、军事单位、社会团体及其他单位。所称个人是指个体工商户和其他个人。

（1）运输业，以从事运输业务并计算盈亏的单位为纳税人。①铁路运输的纳税人：中央铁路运营业务的纳税人为铁道部；合资铁路运营业务的纳税人为合资铁路公司；地方铁路运营业务的纳税人为地方铁路管理机构；基建临管线铁路运营业务的纳税人为基建临管线管理机构。②从事水路运输、航空运输、管道运输或其他陆路运输业务并负有营业税纳税义务的单位，为从事运输业务并计算盈亏的单位。

（2）金融保险业具体规定为：①银行金融机构。②非银行金融机构以外的金融机构。③非金融机构。

（3）单位以承包、承租、挂靠方式经营的，承包人、承租人、挂靠人（以下统称承包人）发生应税行为，承包人以发包人、出租人、被挂靠人（以下统称发包人）名义对外经营并由发包人承担相关法律责任的，以发包人为纳税人；否则以承包人为纳税人。

4.2.3 扣缴义务人

行使扣缴税款的扣缴义务范围如下：

（1）委托金融机构发放贷款，以受托发放贷款的金融机构为扣缴义务人。

（2）建筑安装业务实行分包的，以总承包人为扣缴义务人。纳税人提供建筑业应税劳务，符合以下情形之一的，无论工程是否实行分包，税务机关可以建设单位和个人作为营业税的扣缴义务人：纳税人从事跨地区（包括省、市、县，下同）工程提供建筑业应税劳务的；纳税人在劳务发生地没有办理税务登记或临时税务登记的。

（3）单位或个人举行演出由他人售票的，以售票者为扣缴义务人。

（4）演出经纪人为个人的，其办理演出业务的应纳税款以售票者为扣缴义务人。

（5）分保险业务，以初保人为扣缴义务人。

（6）个人转让除土地使用权以外的其他无形资产，如专利、非专利技术、商标权、著作权、商誉的，以受让者为扣缴义务人。

（7）中华人民共和国境外的单位或者个人在境内提供应税劳务、转让无形资产或者销售不动产，在境内未设有经营机构的，以其境内代理人为扣缴义务人；在境内没有代理人的，以受让方或者购买方为扣缴义务人。

4.3　税率、税基与税额的计算

4.3.1　税率

《营业税暂行条例》规定的营业税税率如表4－2所示。

表4－2　　营业税税目税率表

税　　目	税率（%）
一、交通运输业	3
二、建筑业	3
三、金融保险业	5
四、邮电通信业	3
五、文化体育业	3
六、娱乐业	5～20
七、服务业	5
八、转让无形资产	5
九、销售不动产	5

（1）金融、保险业。从1997年1月1日起，将金融、保险业税率由规定的5%提高到8%。从2001年起，金融保险业营业税税率每年下调一个百分点，分3年将金融保险业的税率从8%降低到5%。从2001年1月1日至2002年12月31日，对农村信用社继续按照6%的税率征收营业税。

（2）娱乐业。从2001年5月1日起，夜总会、歌厅、舞厅、射击、狩猎、跑马、游艺、电子游戏厅、高尔夫球、保龄球、台球等娱乐行为的营业税统一按20%的税率执行。从2004年7月1日起，保龄球、台球减按5%的税率征税。

（3）服务业。自2001年1月1日起，对个人按市场价格出租的居民住房，其应缴纳的营业税暂减按3%的税率征收。

纳税人提供应税劳务、转让无形资产或者销售不动产，除由国务院决定调整的税率外，应依照规定的税率计算应纳税额。纳税人经营娱乐业具体适用的税率，由省、自治区、直辖市人民政府在规定的幅度内决定。纳税人兼营税率不同的应税业务，应分别核算营业收入，根据各自适用税率，分别计算应纳税额，不能分别核算的，一律从高适用税率计征营业税。

4.3.2 税基

营业税的税基即计税依据为营业额。纳税人提供应税劳务、转让无形资产或者销售不动产，按照营业额和规定的税率计算应纳税额。营业额为纳税人提供应税劳务、转让无形资产或者销售不动产向对方收取的全部价款和价外费用。价外费用包括收取的手续费、补贴、基金、集资费、返还利润、奖励费、违约金、滞纳金、延期付款利息、赔偿金、代收款项、代垫款项、罚息及其他各种性质的价外收费，但不包括同时符合以下条件代为收取的政府性基金或者行政事业性收费。

（1）由国务院或者财政部批准设立的政府性基金，由国务院或者省级人民政府及其财政、价格主管部门批准设立的行政事业性收费；

（2）收取时开具省级以上财政部门印制的财政票据；

（3）所收款项全额上缴财政。

（1）纳税人将承揽的运输业务分给其他单位或者个人的，以其取得的全部价款和价外费用扣除其支付给其他单位或者个人的运输费用后的余额为营业额。

（2）纳税人从事旅游业务的，以其取得的全部价款和价外费用扣除替旅游者支付给其他单位或者个人的住宿费、餐费、交通费、旅游景点门票和支付给其他接团旅游企业的旅游费后的余额为营业额。

某旅游公司组织100人旅游团去承德避暑山庄旅游。每人收取旅游费1 000元，旅游中由公司支付每人房费140元，餐费160元，交通费130元，参观门票费70元，计算该公司应纳营业税。

分析：①应纳税营业额＝（1 000－140－160－130－70）×100

＝500×100

＝50 000（元）

②应纳营业税＝50 000×5%＝2 500（元）

青年旅行社5月组织旅游共收取旅游费计330万元，其中：组团境内个人旅游收入30万元，团体旅游收入80万元，替旅游者支付给旅游点等其他单位餐费、住宿费、交通费、门票共计92万元；组团境外旅游收入220万元，付给境外接团旅游服务费用198万元。计算该公司应纳营业税。

分析：①应纳税营业额 =（330 - 92 - 198）= 40（万元）

②应纳营业税 = 40 × 5% = 2（万元）

（3）除提供建筑业劳务的同时销售自产货物的行为外，纳税人提供建筑业劳务（不含装饰劳务）的，其营业额应当包括工程所用原材料、设备及其他物资和动力价款在内，但不包括建设方提供的设备的价款。纳税人将建筑工程分包给其他单位的，以其取得的全部价款和价外费用扣除其支付给其他单位的分包款后的余额为营业额。自建行为的营业额根据同类工程的价格确定；没有同类工程价格的，按照下列公式核定计税价格，公式中的成本利润率，由省、自治区、直辖市税务局确定。

计税价格 = 工程成本 ×（1 + 成本利润率）÷（1 - 营业税税率）

（4）外汇、有价证券、期货等金融商品买卖业务，以卖出价减去买入价后的余额为营业额。所称外汇、有价证券、期货等金融商品买卖业务，是指纳税人从事的外汇、有价证券、非货物期货和其他金融商品买卖业务。货物期货不缴纳营业税。

（5）国务院财政、税务主管部门规定的其他情形。①纳税人经营融资租赁业务，以其向承租人收取的全部价款和价外费用（包括残值）减去出租方承担的出租货物的实际成本后的余额为营业额。保险业实行分保险业务，初保业务以全部保费收入减去付给分保人的保费后的余额为营业额。保险公司办理储金业务的营业额以纳税人在纳税期内的储金平均余额乘以人民银行公布的 1 年期存款利率折算的月利率计算。②单位和个人进行演出，以全部票价收入或者包场收入减去付给提供演出场所的单位、演出公司或者经纪人的费用后的余额为营业额。③广告代理业的营业额为代理者向委托方收取的全部价款和价外费用减去付给广告发布者广告发布费后的余额。

纳税人按照规定扣除有关项目，取得的凭证不符合法律、行政法规或者国务院税务主管部门有关规定的，该项目金额不得扣除。所称符合国务院税务主管部门有关规定的凭证（以下统称合法有效凭证），是指：支付给境内单位或者个人的款项，且该单位或者个人发生的行为属于营业税或者增值税征收范围的，以该单位或者个人开具的发票为合法有效凭证；支付的行政事业性收费或者政府性基金，以开具的财政票据为合法有效凭证；支付给境外单位或者个人的款项，以该单位或者个人的签收单据为合法有效凭证，税务机关对签收单据有疑义的，可以要求其提供境外公证机构的确认证明；国家税务总局规定的其他合法有效凭证。

（6）娱乐业的营业额为经营娱乐业收取的全部价款和价外费用，包括门票收费、台位费、点歌费、烟酒、饮料、茶水、鲜花、小吃等收费及经营娱乐业的其他各项收费。

某饮食服务企业设有大、小餐厅和歌舞厅。2008 年 6 月大餐厅取得饮食收入 50 万元；小餐厅提供卡拉 OK 设备及小舞池，取得收入 30 万元，另收服务费 5 万元，歌舞厅点歌费收入 2 万元，顾客购买烟酒 8 万元，门票收入 10 万元，问该服务企业应该如何缴纳营业税？（该地区娱乐业营业税适用税率为 20%）

分析：①该企业应按娱乐和饮食业服务业分别缴纳营业税

②娱乐业营业税（30 +5 +2 +8 +10）×20% =11（万元）

③饮食业营业税 50 ×5% =2.5（万元）

（7）价格偏低时营业额的确定。对于纳税人提供劳务、转让无形资产或销售不动产价格明显偏低而无正当理由，税务机关按下列顺序核定营业额：①按纳税人最近时期发生同类应税行为的平均价格核定；②按其他纳税人最近时期发生同类应税行为的平均价格核定；③按下列公式核定：

营业额 = 营业成本或工程成本×（1+成本利润率）÷（1－税率）

4.3.3 应纳税额的计算

应纳税额以人民币计算。纳税人以人民币以外的货币结算营业额的，其营业额的人民币折合率可以选择营业额发生的当天或者当月1日的人民币汇率中间价。纳税人应当在事先确定采用何种折合率，确定后1年内不得变更。应纳税额计算公式为：

应纳税 = 营业额×税率

纳税人的营业额计算缴纳营业税后因发生退款减除营业额的，应当退还已缴纳营业税税款或者从纳税人以后的应缴纳营业税税额中减除。纳税人发生应税行为，如果将价款与折扣额在同一张发票上注明的，以折扣后的价款为营业额；如果将折扣额另开发票的，不论其在财务上如何处理，均不得从营业额中扣除。

某体育馆举办体育比赛获得门票收入80万元，将场地租给其他单位举办体育比赛取得收入10万元，顾客娱乐时购买烟酒价值10万元，用于娱乐项目收入10万元，该体育馆应纳多少营业税？（按不同税目分别计算，娱乐业营业税适用税率为10%）

分析：（1）文化体育业：应纳营业税 =80 ×3% =2.4（万元）

（2）服务业中租赁业：应纳营业税 =10 ×5% =0.5（万元）

（3）娱乐业：应纳营业税 =（10 +10）×10% =2（万元）

4.4 税款缴纳

4.4.1 纳税义务发生时间

营业税纳税义务发生时间为纳税人提供应税劳务、转让无形资产或者销售不动产并收讫营业收入款项或者取得索取营业收入款项凭据的当天。国务院财政、税务主管部门另有规定的，从其规定。收讫营业收入款项是指纳税人应税行为发生过程中或者完成后收取的款项。取得索取营业收入款项凭据的当天，为书面合同确定的付款日期的当天；未签订书面合同或者书面合同未确定付款日期的，为应税行为完成的当天。特殊规定如下：

(1) 纳税人转让土地使用权或者销售不动产，采取预收款方式的，其纳税义务发生时间为收到预收款的当天。纳税人提供建筑业或者租赁业劳务，采取预收款方式的，其纳税义务发生时间为收到预收款的当天。

(2) 单位或个人自己新建建筑物后销售，其自建行为的纳税义务发生时间，为销售自建建筑物的纳税义务发生时间。

(3) 将不动产或者土地使用权无偿赠送其他单位或者个人的，其纳税义务发生时间为不动产所有权、土地使用权转移的当天。

(4) 会员费、席位费和资格保证金纳税义务发生时间为会员组织收讫会员费、席位费、资格保证金和其他类似费用款项或者取得索取这些款项凭据的当天。

(5) 金融机构发放的贷款逾期（含展期）90天（含90天）尚未收回的，纳税义务发生时间为纳税人取得利息收入权利的当天。原有的应收未收贷款利息逾期90天以上的，该笔贷款新发生的应收未收利息，其纳税义务发生时间为实际收到利息的当天。

(6) 电信部门销售有价电话卡的纳税义务发生时间为售出电话卡并取得售卡收入或索取售卡收入凭据的当天。

(7) 扣缴义务发生时间为纳税人营业税纳税义务发生的当天。

4.4.2 纳税地点

营业税由税务机关征收。营业税纳税地点规定如下：

(1) 纳税人提供应税劳务应当向其机构所在地或者居住地的主管税务机关申报纳税。但是，纳税人提供的建筑业劳务以及国务院财政、税务主管部门规定的其他应税劳务，应当向应税劳务发生地的主管税务机关申报纳税。

(2) 纳税人转让无形资产应当向其机构所在地或者居住地的主管税务机关申报纳税。但是，纳税人转让、出租土地使用权，应当向土地所在地的主管税务机关申报纳税。

(3) 纳税人销售、出租不动产应当向不动产所在地的主管税务机关申报纳税。扣缴义务人应当向其机构所在地或者居住地的主管税务机关申报缴纳其扣缴的税款。纳税人应当向应税劳务发生地、土地或者不动产所在地的主管税务机关申报纳税而自应当申报纳税之月起超过6个月没有申报纳税的，由其机构所在地或者居住地的主管税务机关补征税款。

4.4.3 纳税期限

营业税的纳税期限分别为5日、10日、15日、1个月或者1个季度。纳税人的具体纳税期限，由主管税务机关根据纳税人应纳税额的大小分别核定；不能按照固定期限纳税的，可以按次纳税。纳税人以1个月或者1个季度为一个纳税期的，自期满之日起15日内申报纳税；以5日、10日或者15日为一个纳税期的，自期满之日起5日内预缴税款，于次月1日起15日内申报纳税并结清上月应纳税款。扣缴义务人的解缴税款期限，比照上述规定执行。

保险业的纳税期限为1个月。银行、财务公司、信托投资公司、信用社、外国企业常驻代表机构的纳税期限为1个季度。

4.4.4 纳税申报

为加强营业税的征收管理，自2006年3月1日起，交通运输业、娱乐业、服务业、建筑业营业税纳税人，除经税务机关核准实行简易申报方式外，均按《营业税纳税人纳税申报办法》进行纳税申报。邮电通信业、文化体育业、转让无形资产和销售不动产的营业税纳税人目前仍按照各地的申报办法进行纳税申报；金融保险业营业税纳税人仍按照《国家税务总局关于印发〈金融保险业营业税申报管理办法〉的通知》（国税发［2002］9号）进行纳税申报。营业税纳税相关表格见附录7。

本章小结

1. 一般而言的营业税，是对各种营利事业，向经营单位与个人征收的一种税。中国现行的营业税，是对在中国境内提供应税劳务、转让无形资产和销售不动产的单位和个人征收的一种税。

2. 营业税的应税行为，是指在中华人民共和国境内提供应税劳务、转让无形资产或者销售不动产的行为。

3. 营业税共设有9个税目：(1) 交通运输业。(2) 建筑业。征收范围包括建筑、安装、修缮、装饰和其他工程作业。(3) 金融保险业。(4) 邮电通信业。(5) 文化体育业。(6) 娱乐业。(7) 服务业。(8) 转让无形资产。(9) 销售不动产。

4. 营业税的纳税人是在中国境内提供应税劳务、转让无形资产或者销售不动产的单位和个人。

5. 营业税按照行业不同分别规定税率为3%、5%；娱乐业规定幅度比例税率为

5%～20%。

6. 营业税的税基即计税依据为营业额。纳税人提供应税劳务、转让无形资产或者销售不动产，按照营业额和规定的税率计算应纳税额。营业额为纳税人提供应税劳务、转让无形资产或者销售不动产向对方收取的全部价款和价外费用。

7. 应纳税额计算公式为：应纳税额＝营业额×税率

8. 纳税义务发生时间，一般规定为纳税人收讫营业收入或取得索取营业收入凭据的当天。纳税人提供应税劳务，向其机构所在地或者居住地的主管税务机关申报纳税。

思　考　题

1. 营业税征税范围是如何规定的？
2. 营业税纳税义务人是如何规定的？
3. 营业税计税依据是如何规定的？
4. 如何计算营业税？
5. 营业税纳税地点是如何规定的？
6. 营业税纳税率是如何规定的？
7. 营业税扣缴义务人是如何规定的？
8. 营业税纳税义务发生时间是如何规定的？

第五章　车辆购置税

学习目标

1. 了解车辆购置税税种的设置。
2. 熟悉车辆购置税纳税人与征税对象的基本规定。
3. 掌握车辆购置税税基、税率与税额计算，税收优惠的内容。
4. 熟悉车辆购置税征收管理的基本规定。

关键名词

车辆购置税　车辆购置税的税基　车辆购置税的税率　最低计税价格

5.1　税种设置

5.1.1　车辆购置税的概念

车辆购置税是以中华人民共和国境内的应税车辆为征税对象，对购置和自产自用应税车辆的单位和个人征收的一种税。现行车辆购置税的基本规范是国务院2000年10月22日颁布的《中华人民共和国车辆购置税暂行条例》。

车辆购置税是2001年1月1日起开征的税种，是在原交通部门收取的车辆购置附加费的基础上，通过“费改税”方式演变而来的。以现行体制，车辆购置税属于中央税。2001年以来，中国车辆购置税收入情况如表5－1所示。

表5－1　　2001～2007年中国车辆购置税收入情况　　单位：亿元

年　度	2001	2002	2003	2004	2005	2006	2007
车辆购置税收入	254.8	363.5	474.3	533.9	557.6	687.5	876.8

资料来源：国家税务总局网站，http：//www.chinatax.gov.cn/，税收收入统计。

5.1.2　征税对象、纳税义务人

（1）征收范围。车辆购置税的征税对象是应税车辆。现行车辆购置税应税车辆的范围包括汽车、摩托车、电车、挂车、农用运输车。具体范围见表5－2。

表5－2　**车辆购置税征收范围表**

应税车辆	具体范围	注　释
汽车	各类汽车	
摩托车	轻便摩托车	最高设计时速不大于50km/h，发动机汽缸总排量不大于$50cm^3$的两个或者三个车轮的机动车
	二轮摩托车	最高设计车速大于50km/h，或者发动机汽缸总排量大于$50cm^3$的两个车轮的机动车
	三轮摩托车	最高设计车速大于50km/h，或者发动机汽缸总排量大于$50cm^3$，空车重量不大于400kg的三个车轮的机动车
电车	无轨电车	以电能为动力，由专用输电电缆线供电的轮式公共车辆
	有轨电车	以电能为动力，在轨道上行驶的公共车辆
挂车	全挂车	无动力设备，独立承载，由牵引车辆牵引行驶的车辆
	半挂车	无动力设备，与牵引车辆共同承载，由牵引车辆牵引行驶的车辆
农用运输车	三轮农用运输车	柴油发动机，功率不大于运输车7.4kw，载重量不大于500kg，最高车速不大于40km/h的三个车轮的机动车
	四轮农用运输车	柴油发动机，功率不大于运输车28kw，载重量不大于1 500kg，最高车速不大于50km/h的四个车轮的机动车

（2）税收优惠。车辆购置税的免税、减税，按照下列规定执行：①外国驻华使馆、领事馆和国际组织驻华机构及其外交人员自用的车辆免税；②中国人民解放军和中国人民武装警察部队列入军队武器装备订货计划的车辆免税；③设有固定装置的非运输车辆免税；④自2004年10月1日起对农用三轮车免征车辆购置税；⑤有国务院规定予以免税或者减税的其他情形的，按照规定免税或者减税。

在中华人民共和国境内购置应税车辆的单位和个人，均为车辆购置税的纳税人。所称购置，包括购买、进口、自产、受赠、获奖或者以其他方式取得并自用应税车辆的行为。所称单位包括国有企业、集体企业、私营企业、股份制企业、外商投资企业、外国企业以及其他企业和事业单位、社会团体、国家机关、部队以及其他单位。所称个人，包括个体工商户及其他个人。

5.2 税基、税率与税额的计算

5.2.1 税基

车辆购置税的税基，为纳税人购置各种应税车辆的计税价格。分别按照下列规定确定：

纳税人购买自用的应税车辆的计税价格，为纳税人购买应税车辆而支付给销售者的全部价款和价外费用，不包括增值税税款。“价外费用”是指销售方价外向购买方收取的基金、集资费、返还利润、补贴、违约金（延期付款利息）和手续费、包装费、储存费、优质费、运输装卸费、保管费、代收款项、代垫款项以及其他各种性质的价外收费。

进口自用应税车辆以组成计税价格为税基。计税价格的公式为：

计税价格 = 关税完税价格 + 关税 + 消费税

自产、受赠、获奖或者以其他方式取得并自用的应税车辆，以计税价格为税基。计税价格由主管税务机关根据国家税务总局规定不同类型应税车辆的最低计税价格核定。最低计税价格是指国家税务总局依据车辆生产企业提供的车辆价格信息，参照市场平均交易价格核定的车辆购置税计税价格。纳税人购买自用、或者进口自用应税车辆，申报的计税价格低于同类型应税车辆的最低计税价格，又无正当理由的，按照最低计税价格征收车辆购置税。“申报的计税价格低于同类型应税车辆的最低计税价格，又无正当理由的”，是指纳税人申报的计税依据低于出厂价格或进口自用车辆的计税价格。

（1）底盘发生更换的车辆。计税依据为最新核发的同类型车辆最低计税价格的

70%。同类型车辆是指同国别、同排量、同车长、同吨位、配置近似等。

（2）免税条件消失的车辆。自初次办理纳税申报之日起，使用年限未满 10 年的，计税依据为最新核发的同类型车辆最低计税价格按每满 1 年扣减 10%，未满 1 年的计税依据为最新核发的同类型车辆最低计税价格；使用年限 10 年（含）以上的，计税依据为 0。

（3）进口旧车、受损车辆、试验车辆及其他车辆。进口旧车、因不可抗力因素导致受损的车辆、库存超过 3 年的车辆、行驶 8 万公里以上的试验车辆、国家税务总局规定的其他车辆，凡纳税人能出具有效证明的，计税依据为其提供的统一发票或有效凭证注明的价格。

5.2.2　税率

车辆购置税采用比例税率，税率为 10%。车辆购置税税率的调整，由国务院决定公布。为扩大内需，促进汽车产业发展，经国务院批准，对 2009 年 1 月 20 日至 12 月 31 日购置 1.6 升及以下排量乘用车，暂减按 5% 的税率征收车辆购置税。乘用车是指在设计和技术特性上主要用于载运乘客及其随身行李和（或）临时物品、含驾驶员座位在内最多不超过 9 个座位的汽车。具体包括：国产轿车、国产客车、国产越野汽车、国产专用车、进口乘用车。

5.2.3　应纳税额计算

车辆购置税实行从价定率的办法计算应纳税额。

应纳税额的计算公式为：应纳税额 = 计税价格 × 税率

纳税人以外汇结算应税车辆价款的，按照申报纳税之日中国人民银行公布的人民币基准汇价，折合成人民币计算应纳税额。

5.3　税款缴纳

5.3.1　纳税地点

纳税人购置应税车辆，应当向车辆登记注册地的主管税务机关申报纳税：

（1）需要办理车辆登记注册手续的纳税人，向车辆登记注册地的主管税务机关办理纳税申报。

（2）不需要办理车辆登记注册手续的纳税人，向所在地征收车购税的主管税务机关办理纳税申报。车辆购置税实行一车一申报制度。

（3）准予纳税人申请退税的情况。已缴车辆购置税的车辆，发生下列情形之一的，准予纳税人申请退税：①因质量原因，车辆被退回生产企业或者经销商的。②应当办理车辆登记注册的车辆，公安机关车辆管理机构不予办理车辆登记注册的。

5.3.2 纳税期限

纳税人购买自用应税车辆的，应当自购买之日起60日内申报纳税；进口自用应税车辆的，应当自进口之日起60日内申报纳税；自产、受赠、获奖或者以其他方式取得并自用应税车辆的，应当自取得之日起60日内申报纳税。

5.3.3 纳税申报

车辆购置税实行一次性征收制度。纳税人应当在向公安机关车辆管理机构办理车辆登记注册手续前，缴纳车辆购置税。

纳税人应当持主管税务机关出具的完税证明或者免税证明，向公安机关车辆管理机构办理车辆登记注册手续；没有完税证明或者免税证明的，公安机关车辆管理机构不得办理车辆登记注册手续。税务机关应当及时向公安机关车辆管理机构通报纳税人缴纳车辆购置税的情况。公安机关车辆管理机构应当定期向税务机关通报车辆登记注册的情况。税务机关发现纳税人未按照规定缴纳车辆购置税的，有权责令其补缴；纳税人拒绝缴纳的，税务机关可以通知公安机关车辆管理机构暂扣纳税人的车辆牌照。

免税、减税车辆因转让、改变用途等原因不再属于免税、减税范围的，应当在办理车辆过户手续前或者办理变更车辆登记注册手续前缴纳车辆购置税。

车辆购置税纳税申报表

填表日期： 年 月 日

纳税人名称： 注册类型代码： 行业代码： 金额单位：元

纳税人证件名称			证件号码	
联系电话	邮政编码		地址	

车辆基本情况			
车辆类别	1. 汽车；2. 摩托车；3. 电车；4. 挂车；5. 农用运输车		
生产企业名称		机动车销售统一发票（或有效凭证）价格	
厂牌型号		关税完税价格	
发动机号码		关税	
车辆识别代号（车架号码）		消费税	
购置日期		免（减）税条件	

申报计税价格	计税价格	税率	免税、减税额	应纳税额
1	2	3	4 = 2 × 3	5 = 1 × 3 或 2 × 3
		10%		

申报人声明	授权声明
此纳税申报表是根据《中华人民共和国车辆购置税暂行条例》的规定填报的，我相信它是真实的、可靠的、完整的。 声明人签字：	如果你已委托代理人申报，请填写以下资料： 为代理一切税务事宜，现授权（ ），地址（ ）为本纳税人的代理申报人，任何与本申报表有关的往来文件，都可寄予此人。 授权人签字：

纳税人签名或盖章	如委托代理人的，代理人应填写以下各栏		
	代理人名称		代理人（章）
	地址		
	经办人		
	电话		

接收人： 接收日期：	主管税务机关（章）：

本章小结

1. 车辆购置税是以中华人民共和国境内的应税车辆为征税对象，对购置和自产自用应税车辆的单位和个人征收的一种税。

2. 车辆购置税的征税对象是应税车辆。现行车辆购置税应税车辆的范围包括汽车、摩托车、电车、挂车、农用运输车。

3. 在中华人民共和国境内购置应税车辆的单位和个人，均为车辆购置税的纳税人。

4. 车辆购置税的税基，为纳税人购置各种应税车辆的计税价格。车辆购置税采用比例税率，税率为10%。

5. 车辆购置税实行从价定率的办法计算应纳税额。应纳税额的计算公式为：

应纳税额 = 计税价格 × 税率

6. 纳税人购置应税车辆，应当向车辆登记注册地的主管税务机关申报纳税；购置不需要办理车辆登记注册手续的应税车辆，应当向纳税人所在地的税务机关申报纳税。

7. 纳税人应当在向公安机关车辆管理机构办理车辆登记注册手续前，缴纳车辆购置税。车辆购置税实行一次性征收制度。

思 考 题

1. 车辆购置税征税范围是如何规定的？
2. 车辆购置税纳税义务人是如何规定的？
3. 车辆购置税计税依据是如何规定的？
4. 如何计算车辆购置税？
5. 车辆购置税纳税地点是如何规定的？
6. 车辆购置税纳税率是如何规定的？

第六章　烟叶税及商品税附加

学习目标

1. 了解烟叶税收制度的基本内容。
2. 了解城市维护建设税税种的设置。
3. 熟悉城市维护建设税纳税人与征税对象。
4. 掌握城市维护建设税税基、税率与税额计算。
5. 熟悉城市维护建设税税收优惠。
6. 了解城市维护建设税税款征收与缴纳。

关键名词

烟叶税　城市维护建设税　教育费附加

6.1　烟叶税

6.1.1　税种设置

烟叶税是对烟叶征收的一种税。1994 年前，中国对烟叶的征税隶属于产品税和工商统一税。1994 年后，中国对烟叶开征烟叶特产税，隶属于农业税。2004 年，为减轻农民的税收负担，中国废除了农业税，作为农业税组成部分的烟叶特产税随之取消。为了保证烟叶产区的地方财政收入，在取消农业税的同时，中国开征了烟叶税。烟叶税的法律依据是国务院于 2006 年颁布的《中华人民共和国烟叶税暂行条例》。

6.1.2 征税对象与纳税人

烟叶税的征税对象为烟叶，包括晾晒烟叶、烤烟叶。其中，晾晒烟叶包括列入晾晒烟名录的晾晒烟叶和未列入晾晒烟名录的其他晾晒烟叶。

烟叶税纳税人是在中华人民共和国境内收购烟叶的单位。这里所说的收购烟叶的单位，是指依照《中华人民共和国烟草专卖法》的规定有权收购烟叶的烟草公司或者受其委托收购烟叶的单位。依照《中华人民共和国烟草专卖法》查处没收的违法收购的烟叶，以收购罚没烟叶的单位为纳税人。

6.1.3 税基、税率与税额的计算

烟叶税的税基为烟叶的收购金额。收购金额包括纳税人支付给烟叶销售者的烟叶收购价款和价外补贴。为简化手续、方便征收，对价外补贴，统一暂按烟叶收购价款的10%计入收购金额征税。收购金额计算公式如下：收购金额＝收购价款×（1＋10%）

烟叶税的税率为比例税率。为统一规划烟叶的种植，统一烟叶市场的收购价格，防止烟叶生产与流通中的不当竞争，税率水平统一确定为20%。

烟叶税应纳税额的计算公式为：应纳税额＝烟叶收购金额×税率

6.1.4 税款的征收与缴纳

烟叶税的纳税义务发生时间为纳税人收购烟叶的当天。收购烟叶的当天是指纳税人向烟叶销售者付讫收购烟叶款项或者开具收购烟叶凭据的当天。

烟叶税的纳税人应当自纳税义务发生之日起30日内，向烟叶收购地主管税务机关申报纳税。

6.2　城市维护建设税

6.2.1　税种设置

城市维护建设税是对从事工商经营缴纳增值税、消费税、营业税的单位和个人征收的一种税。城建税从性质上看，是一种地方附加税；从收入用途看，属于特定目的税。城市维护建设税的作用：

（1）有利于保证城市建设资金来源。

（2）有利于促进乡镇城市化建设的发展。

（3）有利于分税制财政体制的建立。

表 6－1　　1994～2007 年中国城市维护建设税收入　　单位：亿元

项目	1994 年	1995 年	1996 年	1997 年	1998 年	1999 年	2000 年
城市维护建设税收入	176.3	212.1	245.1	272.3	295.0	315.3	352.1
项目	2001 年	2002 年	2003 年	2004 年	2005 年	2006 年	2007 年
城市维护建设税收入	384.4	470.9	550.0	674.0	796.0	940.2	1 156.3

资料来源：国家税务总局网站，http://www.chinatax.gov.cn/，税收收入统计。

6.2.2　征收范围和纳税人

征税范围不仅包括城市和县城、镇，还包括广大农村。只要缴纳“三税”的地方，除税法另有规定者外，都属于城建税的征收范围。

城建税的纳税人是在我国境内缴纳增值税、消费税和营业税的单位和个人。包括国有企业、集体企业、私营企业、股份制企业、其他企业和行政单位、事业单位、军事单位、社会团体、其他单位，以及个体工商户和其他个人。但不包括外商投资企业和外国企业。

6.2.3　税基、税率与税额的计算

城建税以纳税人实际缴纳和代征、代扣单位缴纳的增值税、消费税和营业税税额为税基。

城建税的税率实行地区差别税率。按照纳税人的所在地的不同采用不同的税率。

(1) 纳税人所在地在市区的，税率为7%；

(2) 纳税人所在地在县城、镇的，税率为5%；

(3) 纳税人所在地不在市区、县城或镇的，税率为1%。

(1) 城建税按减免后实际缴纳的“三税”税额为税基，即随“三税”的减免而减免。

(2) 对于因减免税而需进行“三税”退库的，城建税也可同时退库。

(3) 海关对进口产品代征的增值税、消费税，不征收城建税。

(4) 自2005年1月1日起，经国家税务局正式审核批准的当期免抵的增值税税额应纳入城市维护建设税和教育费附加的计征范围，分别按规定的税（费）率征收城市维护建设税和教育费附加。

2005年1月1日前，已按免抵的增值税税额征收的城市维护建设税和教育费附加不再退还，未征的不再补征。①

(5) 为支持三峡工程建设，对三峡工程建设基金，在2004年1月1日到2009年12月31日期间，继续免征城市维护建设税和教育费附加。②

城建税应纳税额的计算公式为：

应纳税额=实际缴纳的增值税、消费税、营业税税额×适用税率

昌隆公司地处城市某区，2008年6月份产品销售实际缴纳增值税150 000元，缴纳消费税100 000元，转让无形资产缴纳营业税10 000元。计算该公司应缴纳的城市维护建设税。

实际缴纳的增值税、消费税、营业税税额=150 000+100 000+10 000=260 000（元）

应纳城市维护建设税=260 000×7%=18 200（元）

6.2.4 税款的征收与管理

1. 城建税的纳税环节、纳税地点、纳税期限，与纳税人缴纳增值税、消费税、营业税的规定一致。纳税申报表见下表。

---

① 财政部 国家税务总局关于生产企业出口货物实行免抵退税办法后有关城市维护建设税教育费附加政策的通知，财税［2005］25号。

② 财政部 国家税务总局关于继续免征三峡工程建设基金的城市维护建设税教育费附加的通知，财税［2004］79号。

城市维护建设税纳税申报表

纳税人识别号：□□□□□□□□□□□□□□□　　　　金额单位：元（列至角分）

<table>
<tr><td colspan="3">纳税人名称</td><td colspan="3">税款所属时期</td><td></td></tr>
<tr><td rowspan="2">计税依据</td><td rowspan="2">计税金额</td><td rowspan="2">税率</td><td colspan="4">本　期</td></tr>
<tr><td>应纳税额</td><td>减免税额</td><td>已纳税额</td><td>应补（退）税额</td></tr>
<tr><td>1</td><td>2</td><td>3</td><td>4</td><td>5</td><td>6</td><td>7</td></tr>
<tr><td>增值税</td><td></td><td></td><td></td><td></td><td></td><td></td></tr>
<tr><td>消费税</td><td></td><td></td><td></td><td></td><td></td><td></td></tr>
<tr><td>营业税</td><td></td><td></td><td></td><td></td><td></td><td></td></tr>
<tr><td colspan="3">合　计</td><td></td><td></td><td></td><td></td></tr>
<tr><td colspan="3">如纳税人填报，由纳税人填写以下各栏</td><td colspan="3">如委托代理人填报，由代理人填写以下各栏</td><td>备注</td></tr>
<tr><td rowspan="3">会计主管
（签章）</td><td rowspan="3">纳税人
（公章）</td><td>代理人名称</td><td colspan="2"></td><td rowspan="3">代理人
（公章）</td><td rowspan="3"></td></tr>
<tr><td>地址</td><td colspan="2"></td></tr>
<tr><td>经办人</td><td></td><td>电话</td></tr>
<tr><td colspan="7">以下由税务机关填写</td></tr>
<tr><td>收到申报表日期</td><td colspan="2"></td><td>接收人</td><td colspan="3"></td></tr>
</table>

6.3　教育费附加

6.3.1　教育费附加的设置

教育费附加是为扩大地方基础教育经费的资金来源，而征收的一种带有规费性质的专项资金。我国从1986年7月1日起，开征了教育费附加。

6.3.2　缴纳人

凡缴纳增值税、消费税、营业税的单位和个人，都是教育费附加的缴纳人。包括国有企业、集体企业、私营企业、股份制企业、其他企业和行政单位、事业单位、军事单位、社会团体、其他单位，以及个体工商户和其他个人。但不包括外商投资企业和外国企业

6.3.3 征收依据、征收率与附加额的计算

教育费附加以各单位和个人实际缴纳的“三税”税额为计征依据。

自 1994 年 1 月 1 日起，教育费附加的附加率为由原来的 1% 改为 3%。教育费附加原则上不予减免，但对一些特殊行业和项目，国务院作了单独规定。具体有：对从事生产卷烟的单位，减半征收教育费附加。但不包括这些单位生产或经营其他产品以及零售环节的增值税、消费税、营业税。对缴纳了农村教育事业费附加的单位，不征收教育费附加。海关对进口产品代征的增值税、消费税，不征收教育费附加。

教育费附加 = 实际缴纳的增值税、消费税、营业税税额 ×3%（附加率）

6.3.4 征收与管理

1. 按照增值税、消费税、营业税的有关规定办理。
2. 缴纳地点、缴纳期限，与增值税、消费税、营业税的规定一致。

教育费附加申报表

纳税人识别号：　　　　　　　　　　　　　金额单位：元（列至角分）

纳税人名称			税款所属时期			
计征依据	计征金额	附加率	本期			
			应纳额	减免额	已纳额	应补（退）费额
1	2	3	4	5	6	7
增值税						
消费税						
营业税						
合　计						
如纳税人填报，由纳税人填写以下各栏			如委托代理人填报，由代理人填写以下各栏			备注
会计主管（签章）	纳税人（公章）	代理人名称			代理人（公章）	
		地址				
		经办人		电话		
以下由税务机关填写						
收到申报表日期				接收人		

本章小结

1. 烟叶税是对烟叶征收的一种税。烟叶税的法律依据是国务院于2006年颁布的《中华人民共和国烟叶税暂行条例》。

2. 烟叶税的征税对象为烟叶，包括晾晒烟叶、烤烟叶。以在中华人民共和国境内收购烟叶的单位为纳税人。税基为烟叶的收购金额。税率水平统一确定为20%。

3. 烟叶税的纳税人应当自纳税义务发生之日起30日内，向烟叶收购地主管税务机关申报纳税。

4. 城市维护建设税是对从事工商经营缴纳增值税、消费税、营业税的单位和个人征收的一种税。征税范围不仅包括城市和县城、镇，还包括广大农村。

5. 城建税的纳税人是在我国境内缴纳增值税、消费税和营业税的单位和个人。不包括外商投资企业和外国企业。

6. 城建税以纳税人实际缴纳和代征、代扣单位缴纳的增值税、消费税和营业税税额为税基。

7. 城建税实行地区差别税率。城建税的纳税环节、纳税地点、纳税期限，与增值税、消费税、营业税的规定一致。

8. 教育费附加，是为扩大地方基础教育经费的资金来源，而征收的一种带有规费性质的专项资金。我国从1986年7月1日起，开征教育费附加。

9. 凡缴纳增值税、消费税、营业税的单位和个人，都是教育费附加的缴纳人。

10. 教育费附加以教育费附加的缴纳人实际缴纳的“三税”税额为计征依据。

11. 自1994年1月1日起，教育费附加的附加率为由原来的1%改为3%。

思　考　题

1. 烟叶税征收制度的基本规定。
2. 城市维护建设税征税范围是如何规定的?
3. 城市维护建设税纳税义务人是如何规定的?
4. 城市维护建设税计税依据是如何规定的?
5. 城市维护建设税的税率是如何规定的?

第七章 关 税

学习目标

1. 了解关税税种的设置。
2. 熟悉进口税、出口税的纳税人与征税对象。
3. 掌握进口关税税基、税率与税额计算。
4. 了解关税的税收优惠。
5. 熟悉关税税款征收与缴纳方法。

关键名词

关税 关境 国境 进口关税 出口关税 过境关税 财政关税 保护关税 从量关税 从价关税 选择关税 滑准关税 关税税则 关税完税价格 到岸价格 离岸价格 行邮物品进口税 复合关税 加重关税 反倾销关税 关税配额 优惠关税 普通关税

7.1 税种设置

7.1.1 关税概念

关税是海关对进出关境的货物和物品所征收的一种税。关税属于对商品的征税。是对进出关境的商品征税。

关境是一个国家海关法令全面实施的境域。国境是一个国家行政主权管辖的区域。通常情况下一个国家的关境与国境是一致的，但关税同盟和自由贸易港（区）、出口加工区的出现，使二者发生了分离。当几个国家结成关税同盟，组成一个共同关境时，彼此之间的货物进出国境时不征收关税，只对来自和运往非同盟成员国的货物进出共同关境征收关税，关境就大于成员国各自的国境；当一国在国境内设立自由贸易港（区）、出口加工区时，对进出自由贸易港（区）、出口加工区的货物不征收关税，关境就小于该国的国境。因此，有些国家在其海关法中明确规定了关境的范围。

货物通常指贸易性商品；物品通常指非贸易性物品，包括入境旅客或交通工具上的工作人员随身携带的物品及个人邮寄的自用品。

7.1.2 关税种类

关税划分为进口关税、出口关税和过境关税。进口关税是以输入关境的货物和物品为征税对象的关税。出口关税是以输出关境的货物和物品为征税对象的关税。过境关税是以通过关境的货物和物品为征税对象的关税。目前世界各国几乎已不征收过境关税，出口关税也因国际市场竞争日益激烈，使用范围越来越小。进口关税却因为关税的保护功能和调节功能受到各国政府的普遍重视而不断发展。

关税划分为财政关税和保护关税。财政关税是以增加财政收入为主要目的而征收的关税。保护关税是以保护本国产业生存和发展为主要目的而征收的关税。

关税分为从价税、从量税、复合税、选择税和滑准税。从价关税是以是以货物或物品的价格为计税依据课征的关税。从价税通常采用比例税率，即按进出口货物或物品价格的一定比例计税，因而普遍适用于所有的货物和物品。从量关税是以货物和物品的计量单位，如重量、数量、容量、长度、面积等为计税标准征收的关税。从量关税通常采用定额税率，计算较为简便。而且税额不随商品价格的变化而变化，相对稳定。复合关税是对同一税目的货物或物品同时采用从量计征和从价计征两种税率的关税。复合关税通常以从价计征为主，以从量税率调整税负水平。在采用复合关税的条件下，进口商品的价格越低，税负相对越重。因此，在市场物价波动的时候，对低价商品进口有抑制作用，能维持一定的保护水平，减少对关税作用的削弱。选择关税是对同一税目的货物或物品规定有从价和从量两种税率，由海关任选其中一种计征的关税。通常是选择税额较高的一种计征。选择关税在物价上涨时，海关从价计征，物价下跌时海关从量计征，可以有效地防止由于物价波动而使关税的保护作用有所削弱。

滑准关税是根据国内市场商品价格的涨落，提高或降低相关商品税率的关税。通常是对某一税目的商品，规定其价格的上下限，分别采用高低不等的税率。当国内某种货物市场价格超过上限时，减低同种商品的进口关税税率，鼓励进口，以平抑国内市场物价；当国内某种商品市场价格低于下限时提高关税税率，限制进口，以促进国内市场物价回升，避免出现萧条。滑准关税的目的是把进口作为杠杆使国内物价趋于平稳。

关税分为普通关税、优惠关税和加重关税。普通关税是对与本国没有签署贸易或经济互惠等友好协定的国家原产地的货物征收的非优惠性关税。优惠关税一般是互惠关税，即签订优惠协定的双方互相给对方优惠关税待遇，但也有单向优惠关税，即给惠国只对受惠国给予优惠待遇，而没有反向优惠。优惠关税一般包括特定优惠关税、普遍优惠关税和最惠国待遇三种。加重关税是对某些输出国、生产国的进口货物，因为某些原因（如歧视、报复、保护和经济方面的需要等），使用比正常税率为高的税率所征收的关税。在这类歧视关税中，使用较多的是反倾销税和反补贴税。

7.1.3 关税作用

1991～2007年中国关税收入情况见表7－1。

表7－1　　1991～2007年中国关税收入情况　　单位：亿元

年度	关税收入	年度	关税收入
1991	187.28	2000	750.48
1992	212.75	2001	840.52
1993	256.47	2002	704.27
1994	272.68	2003	923.13
1995	291.83	2004	1 043.77
1996	301.84	2005	1 066.17
1997	319.49	2006	1 141.78
1998	313.04	2007	—
1999	562.23		

资料来源：中国统计年鉴2005。

政府可以运用进口关税提高进口商品的销售价格，影响其在本国市场的竞争能力；提高或维持本国同类商品的市场价格，从而对扶植本国生产起到保护作用。

国家可以通过关税的征免，调节进出口商品的数量和结构，维持国际收支的平衡；通过关税对进出口商品流通的调节，保证国内市场的供求平衡。

关税是维护国家主权和经济利益的重要手段。各国普遍通过关税手段争取贸易友好往来。关税税则的制定与运用，有利于在对外贸易中贯彻平等互利和对等原则，促进对外贸易的健康发展。

小贴士

WTO：过去、现在与未来①

世界贸易组织成立于1995年，它取代二战末期成立的关贸总协定（GATT），是目前世界上最年轻的国际机构之一。WTO虽然年轻，但自GATT以来就建立的多边贸易体系却已有了50年的历史，并于1998年5月19日在日内瓦庆祝了它的五十周年大庆，许多国家的政府领导人都参加了这一庆典。

过去的五十年是世界贸易快速增长的五十年，商品贸易以每年平均6%的速度不断增长，1997年的贸易总额就达到了1950年贸易总额的14倍。在GATT和WTO的努力下，一个强大和繁荣的世界贸易体系正经历着史无前例的增长。

这一体系是通过GATT组织的一系列贸易回合谈判逐步发展起来的。最早的第一回合谈判主要是讨论关税下降问题，接下来的谈判进一步包括了更多的领域，如反倾销和非关税措施。最近一轮的谈判——即1986~1994年乌拉圭回合谈判——导致了WTO组织的产生。

谈判并没有就此终止，有一些在乌拉圭回合结束之后仍在继续。1997年2月，69国政府在乌拉圭回合的基础上就电信服务业进一步达成了协议，同意采取更广泛的自由化措施。同一年，40个国家的政府成功地完成了信息技术产品零关税贸易的谈判，且70个成员国在金融服务方面也达成了协议，该协议覆盖了95%以上的银行、保险、证券和金融信息贸易。

在1998年5月日内瓦举行的部长级会议上，WTO成员国同意研究由于全球电子商务活动引起的贸易问题。2000年将对农业、服务业可能还有其他领域的问题展开新的讨论。

① WTO研究数据库，http：//www. wtoinfo. net. cn/.

7.2 进口关税

7.2.1 征税对象与纳税人

关税征税对象为准许进口的货物和物品。进口货物的收货人，是进口关税的纳税义务人。具体包括：国营外贸进出口公司；工贸或农贸结合的进出口公司；其他经批准经营进出口商品的企业。

7.2.2 完税价格及其确认

进口货物以海关审定的成交价格为基础的到岸价格作为完税价格。到岸价格包括货价，加上货物运抵中国关境内输入地点起卸前的包装费、运费、保险费和其他劳务费等费用。

成交价格中未包括下列费用的，应计入完税价格：

(1) 进口人为在国内生产、制造、出版、发行或使用该项货物而向国外支付的软件费。

(2) 该项货物成交过程中，进口人向卖方支付的佣金。

(3) 货物运抵中华人民共和国关境内输入地点起卸前的包装费、运费和其他劳务费用。

(4) 保险费。

凡有下述情形之一者，要进行完税价格的确定：

(1) 进口货物的到岸价格经海关审查未能确定的。

(2) 申报价格明显低于境内其他单位进口的大量成交的相同或类似货物的价格，而又不能提供合法证据和正当理由的。

(3) 申报价格明显低于海关掌握的相同或类似货物的国际市场公开成交货物的价格，而又不能提供合法证据和正当理由的。

(4) 申报价格经海关调查认定买卖双方的特殊经济关系、特殊经济条件或特殊安排影响成交价格，确定不接受的。

按下列次序，根据下列价格确定完税价格：

(1) 从该项货物的同一出口国或者地区购进的相同货物的成交价格。

(2) 从该项货物的同一出口国或者地区购进的类似进口货物的成交价格。

(3) 该项进口货物相同或类似货物在国际市场上公开的成交价格。

(4) 进口货物的相同或类似货物在国内市场的批发价格，减去进口关税和进口环节其他税费以及进口后的正常运输、储存、营业费用及利润后的价格。

完税价格 = 国内批发价格 ÷ (1 + 进口优惠税率 + 20%)

如果该项进口货物在进口环节还应征收其他国内商品税（公式内统称为代征税）时，则计算完税价格的公式为：

完税价格 = 国内批发价格 ÷ [1 + 进口优惠税率 + (1 + 关税税率) ÷ (1 − 代征税率) × 代征税率 + 20%]

(1) 运往境外加工的货物，以加工后进境时的到岸价格与原出境货物相同的或类似的货物在进境时的到岸价格之间的差额确定完税价格。

(2) 对于运往境外修理的机械器具、运输工具或者其他货物，以修理费和料件费作为完税价格。

(3) 租赁和租借方式进境的货物，以货物的租金，作为完税价格。

(4) 准予暂时进口的施工机械、工程车辆、供安装使用的施工机械、工程车辆、供安装使用的仪器和工具、电视或电影设置机械，以及盛装货物的容器，如超过半年仍留在国内使用的，应自第七个月起，按月征收进口关税，其完税价格按原货进口时的到岸价格确定，货物每月的税额计算公式如下：

关税税额 = 货物原到岸价格 × 关税税率 × 1/48

(5) 对于国内单位留购的进口货样、展览品和广告陈列品，以留购价格作为完税价格。

(6) 按照特定减免税办法减税或免税进口的货物需予以补税时，其完税价格应仍按该项货物原进口时的成交价格确定。

7.2.3 税率及运用

进口关税设普通税率和优惠税率。对原产于与中华人民共和国未订有关税互惠协议的国家或者地区的进口货物，按普通税率征税；对原产于与中华人民共和国订有关税互惠协议的国家或者地区的进口货物，按普通税率征税。自 2002 年 1 月 1 日起，进口关税设最惠国税率、协定税率、特惠税率和普通税率、关税配额税率等。

我国对进口商品基本上都实行从价税，即以进口货物的完税价格作为计税依据，以应征税额占货物完税价格的百分比作为税率。从1997年7月1日起，我国对部分产品实行从量税、复合税和滑准税。

从量税是以进口商品的重量、长度、容量、面积等计量单位为计税依据。目前我国对原油、部分鸡产品、啤酒、胶卷进口分别以重量、容量、面积计征从量税。

表7-2　　1992~2008年中国关税税率水平

年　度	关税总水平（%）	年　度	关税总水平（%）
1992	42	2004	10.4
1996	23	2005	10
1997	17	2006	9.9
2001	15.3	2007	9.8
2002	12	2008	9.8
2003	11		

资料来源：中国统计年鉴2008。

复合税是对某种进口商品同时使用从价和从量计征的一种计征关税的方法。目前我国对录像机、放像机、摄像机、数码照相机和摄录一体机实行复合税。

我国实行的滑准税，是一种关税税率随进口商品价格由高到低而由低至高设置计征关税的方法，可以使进口商品价格越高，其进口关税税率越低，进口商品的价格越低，其进口关税税率越高。其主要特点是可保持滑准税商品的国内市场价格的相对稳定，尽可能减少国际市场价格波动的影响。目前我国对新闻纸实行滑准税。

国家对部分进口原材料、零部件、农药原药和中间体、乐器及生产设备实行暂定税率。暂定税率优先适用于优惠税率或最惠国税率，按普通税率征税的进口货物不适用暂定税率。对部分进口农产品和化肥产品实行关税配额，即一定数量内的上述进口商品适用税率较低的配额内税率，超出该数量的进口商品适用税率较高的配额外税率。现行税则对200多个税目进口商品实行了暂定税率。对小麦、豆油等10种农产品和尿素等3种化肥产品实行关税配额管理。

7.2.4　税款缴纳与退补

进口货物关税的计算公式：

应纳税额=进口应税货物数量×单位完税价格×适用税率

2006年4月，A公司从国外进口数控设备一台，该设备折合人民币售价为200 000元，出口关税税额为40 000元，到岸时发生的运输费、包装费、保险费等共计5 000元。若该设备进口税的普通税率为30%，优惠税率为15%。计算应缴纳的进口设备的关税。

分析：（1）完税价格的计算

完税价格=200 000+40 000+5 000=245 000（元）

（2）应纳进口关税的计算

按普通税率计算

应纳进口关税=245 000×30%=73 500（元）

按优惠税率计算

应纳进口关税=245 000×15%=36 750（元）

有下列情形之一的，可以自缴纳税款之日起1年内，申请退税：

（1）因海关误征，多纳税款的。

（2）海关核准免验进口的货物，在完税后，发现有短卸货物情况，并经海关审查认可的。

完税进口货物后，如发现少征或者漏征税款，海关应当自缴纳税款或者货物放行之日起1年内，向收货人或者他们的代理人补征。

违反规定而造成少征或者漏征的，海关在3年内可以追征。

7.3 出口关税

7.3.1 征税对象与纳税人

出口关税的征税对象为出口货物。出口货物的发货人是出口关税的纳税义务人。具体包括：国营外贸进出口公司；工贸或农贸结合的进出口公司；其他经批准经营进出口商品的企业。

接受委托办理有关手续的代理人，应当按照有关规定办理纳税人的纳税事项。

7.3.2 完税价格与税率

出口货物应当以海关审定的货物售价与境外的离岸价格，扣除关税后，作为完税价格。

完税价格 = 离岸价格/(1 + 出口税率)

出口关税的税率对每种出口商品只规定一个税率。出口货物适用税率的确定与进口货物相同。2001 年 1 月 1 日起实施的出口关税税则中，税率从 20% ~50% 不等，共有 5 个差别税率。

7.3.3 税款计算与缴纳

根据出口货物关税的计算公式。

应纳税额 = 出口应税货物数量 × 单位完税价格 × 适用税率

A 外贸进出口公司，向 B 国出口对虾 50 箱，贸易合同的结汇价为人民币 300 000 元，出口关税税率为 20%。计算该外贸进出口公司应缴纳的出口关税。

分析：出口产品完税价格 = 300 000/(1 + 20%) = 250 000（元）

应纳出口关税 = 250 000 × 20% = 50 000（元）

有下列情形之一的，进口货物的收货人或者他们的代理人，可以自缴纳税款之日起 1 年内，向海关申请退税，逾期不予受理：

（1）因海关误征，多纳税款的；

（2）已征出口关税的货物，因故未装运出口，申报退关，经海关查验属实的。

出口货物完税后，如发现少征或者漏征税款，海关应当自缴纳税款或者货物放行之日起 1 年内，向发货人或者他们的代理人补征。违反规定而造成少征或者漏征的，海关在 3 年内可以追征。

7.4 行邮物品进口税

7.4.1 征税对象与纳税人

行邮物品的征税对象包括准许应税进口的旅客行李物品、个人邮递物品以及其他个人自用品。应税个人自用物品，不包括汽车、摩托车及其配件、附件。

行邮物品的纳税人包括携有应税个人自用品的入境旅客及运输工具服务人员，进口邮递物品的收件人，以及以其他方式进口应税个人自用品的收件人。

7.4.2 完税价格与税率

行邮物品进口税从价计征，应税个人自用物品由海关按照填发税款缴纳证当日有效的税率和完税价格计征的进口税。

7.4.3 税款计算与缴纳

进口税额 = 完税价额 × 进口税税率

2008 年 1 月，华侨王某回国探亲，随身携带应税摄像机一台，高级照相机一架。经海关审定摄像机每台完税价格为 8 000 元，照相机每台完税价格为 2 000 元，摄像机、照相机进口税率均为 20%。计算该华侨应纳进口关税。

分析：应纳关税税额 = 8 000 × 20% + 2 000 × 20% = 2 000（元）

应税个人自用物品放行后，海关发现少征税款，应当自开出税款缴纳证之日起 1 年内，向纳税义务人补征；海关发现漏征税款，应当自物品放行之日起 1 年内向纳税义务人补征。因纳税义务人违反规定而造成的少征或者漏征，海关可自违反规定行为发生之日起 3 年以内向纳税义务人追征。

7.5 保税制度

7.5.1 保税制度的性质与类型

保税制度（bonded system）是对特定的进口货物在入关进境后由海关监管，暂缓征缴关税和其他国内税的一种制度。它是关税制度的一个重要组成部分，同时也是一项重要的海关制度。

保税制度所指向的货物称保税货物（bonded goods）。它是在入境后经海关批准未办理纳税手续而在境内储存、加工、装配后复运出境的货物。保税货物属于海关监管的货物，要在海关的监管下于指定或许可的场所或区域储存、中转、加工或制造。

未经海关许可并补缴关税，不得擅自出售保税货物，也不得擅自开拆、提取、交付、发运、调换、改装、抵押、转让包括货物或者更换保税货物的标记。

(1) 保税仓储监管制度与保税加工监管制度。按保税的基本形式与目的，保税制度可以分为：①保税仓储监管制度是以国际商品贸易服务为目的的保税制度。其主要形式有：保税仓库、保税区、免税品商店等。保税仓库是经海关批准，进口货物可以不办理进口手续和较长时间储存的场所。进口货物再出口而不必纳税，便于货主把握交易时机出售货物，有利于业务的顺利进行和转口贸易的发展。保税区是经海关批准专门划定的实行保税制度的特定地区。进口货物进入保税区内可以免征关税，如复出口，也免纳出口税，运入保税区的商品可进行储存、改装、分类、混合、展览、加工和制造等。海关对保税区的监管主要是控制和限制运入保税区内的保税货物销往国内。保税区一般设在港口或邻近港口、国际机场等地方。设立保税区的目的是吸引外商投资、扩大加工工业和出口加工业的发展，增加外汇收入，因此，国家对保税区除了在关税等税收方面给予优惠外，一般还在仓储、厂房等基本设施方面提供便利。免税品商店是指在国际机场、出入境车站、港口的隔离区内设立的专门销售免税品的商店。②保税加工监管制度是以加工制造服务为目的的保税制度。其主要形式有：包括对来料加工、进料加工，对加工贸易保税工厂、保税集团进出口货物监管制度；加工贸易进口料件银行保证金台账制度；出口加工区保税货物监管制度等。来料加工是指由外商提供全部或部分原材料、零部件、元器件、配套件、包装物料及辅料等，必要时提供加工设备，由国内加工单位按照外商的要求进行加工装配，全部成品交由外商在境外销售，国内加工单位只收取加工费（外商提供的设备，由加工单位用工缴费偿还）的贸易及生产方式。来料加工保税制度是指为了鼓励出口创汇，支持来料加工贸易的开展，对经营来料加工业务的企业实行的一种保税制度。根据这项制度，海关对来料加工项下进口的由外商提供的用于加工返销出口的原材料、辅料、零部件、元器件、配套件和包装物料，以及提供的用于加工装配项目所直接需要的机器设备、品质检验设备、防止污染设备和装卸设备等予以暂时免征进口关税和增值税（原料返销出口后经海关核销不再征税；设备超过海关监管年限的，或在加工项目结束后复运出境的，也不再征税；使用一定年限，经海关同意作内销处理的，由海关折旧后征税内销）。进料加工是指国内企业购买进口原材料、元器件、零部件、配套件辅料及包装物料等，在国内加工成成品、半成品外销出口的业务活动。进料加工保税制度是指海关对经营进料加工业务的企业，进口加工料件时，凭海关事先发给的登记手册报送，海关准予暂时免缴进口关税和增值税（但收取一定的保证金，或不收保证金，但在银行设保证金台账），待加工成品或半成品复出口，经海关核销，即不征税（收取的保证金予以退还，所设的保证金台账予以核销），如经批准部分产品内销，则仅对内销部分予以补税的制度。保税工厂是指经海关批准对专为生产出口而进口的物料进行保税加工、装配的工厂或企业。这些进口的原材料、元器件、零部件、配套件、辅料和包装物料等在进口加工期间免征进口税，加工成品必须返销境外。特殊情况需部分内销的，须经海关批准并补征关税。这些物料必须在保税工厂内存放和使用，未经海关许可不得随意移出厂外或移作他用。保税集团是指经海关批准由多数企业组成承接进口保税的料件进行多次保税加工生产的保税管理形式，即对经批准为加工出口产品而进口的物料，海关免征关税。这些保税货物被准许在境内加工成初级产品或半成品，然后再转厂进行深度加工，如此反复多次转厂深加工，直至产品最终出口，对每一次的加工和转厂深加工，海关均予保税。保税集团的特点是海关对转厂加工、多层次深加工、多道生产工序的进口料件实行多次保税，从而有利于鼓励和促进深加工出口，扩大出口创汇，提高出口商品的档次，增加外汇收入。

(2) 按海关保税监管作业程序，保税制度可以分为：保税审批（备案）制度、保税通关制度与保税核销制度。保税审批（备案）制度包括保税仓库审批制度、保税工厂审批制度、保税集团审批制度、加工贸易合同备案制度（含加工贸易进口料件银行保证金台账制度）、区域保税备案制度等。保税通关制度包括保税货物进口通关制度、保税货物出口通关制度、加工贸易深加工结转通关制度、保税仓库货物进出库通关制度、特殊监管区域保税货物进出区通关制度和进出境通关制度等。保税核销制度包括保税仓库货物核销制度、加工贸易货物核销制度、区域保税货物核销制度等。

7.5.2 保税制度的产生与发展

保税制度最早形成于16世纪的欧洲。16世纪中期，意大利的里窝那成为世界上第一个实行保税制度的城市，产生了最初的保税形式——保税储存制度。19世纪中后期，在西方一些发达的资本主义国家为发展本国对外贸易，鼓励出口，对生产出口产品的工厂和企业所进口的原材料实行了保税制度。20世纪，世界各国为促进和鼓励本国对外贸易，特别是出口贸易的发展竞相建立保税制度，其范围也从单纯加工生产的保税扩大到包括商业性质的保税（如转口贸易货物的保税）和进口寄售商品的保税等。

在中国，保税制度是随着19世纪资本主义国家对中国的殖民扩张和经济侵略而发展起来的。早在1880年后就陆续建立了各种类型的保税仓库，但对海关主权掌握在帝国主义手中、对外贸易也被洋行洋商所操纵的半封建半殖民地的旧中国来说，当时的保税仓库制度，不仅未能起到促进民族工商业发展、维护国家经济利益的作用，而恰恰起到了相反作用。民国政府初期继续接受了与列强签订的不平等条约，包括允许列强在通商口岸设立保税仓库。在海关管理权方面实际上没有自主权，这一阶段的保税仓库仍主要服务于洋商左右中国市场，成为列强扼杀民族工商业的手段。中华人民共和国成立初期，仍有少量的保税业务和若干保税仓库，但在当时国际上对我国实行封锁和国内僵化的外贸体制所形成的国际、国内环境只能使保税业务失去其存在和发展的基础。

实行对外开放以后，对外贸易突破了进口买断和出口卖断的简单模式。外贸经营权逐步下放，三来一补和以进养出业务率先得到发展，保税业务迅速复苏。我国海关于1981年制定发布了《中华人民共和国海关对保税货物和保税仓库监管暂行办法》，建立和完善了有中国特点又比较接近国际通行作业规范的保税制度，它包括保税仓库制度、保税工厂制度、加工贸易货物保税监管办法、进料加工集团保税制度、保税生产资料市场管理办法、保税区管理办法制度等。这大致经历了以下几个阶段：

第一阶段，兴办保税仓库和保税工厂。1981年制定发布了《中华人民共和国海关对保税货物和保税仓库监管暂行办法》，1988年海关总署依据《海关法》有关规定，制定了《中华人民共和国海关对加工贸易保税工厂的管理办法》和《中华人民共和国海关对保税仓库及所存货物的管理办法》，完善了我国的保税制度。到1990年全国建有保税仓库1 200多家，保税工厂近400家。

第二阶段，建立保税区。1990年，中国决定开发和开放上海浦东新区，决定在上海外高桥设立第一个保税区。1992年始，国务院又相继批准了大连、天津港、广州、深圳的福田、沙头角和盐田、海口、张家港、福州、宁波、青岛、厦门象屿、汕头、珠海共计15个保税区。其经济功能为进出口加工、国际贸易、保税仓储、商品展示四大功能。

第三阶段，设立出口加工区。出口加工区是继保税区之后又一个国家级特殊对外开放区域。中国自2000年开始设立出口加工区，目前共设立国家级出口加工区57个。

第四阶段，设置保税物流园区、保税港区、保税物流中心。随着国内经济的发展以及对外贸易规模的急剧扩大，对物流服务需求增加。提高物流服务水平，发展现代国际物流业变得尤为迫切和重要。中国加入WTO后，出口加工区的政策吸引力大大减小，且有悖于国民待遇原则。世界经济一体化潮流以及我国加入世贸组织，使得保税区的发展环境发生了巨大变化。为此，国务院、海关总署等有关部门在我国某些区域相继设置了保税物流园区、保税港区、保税物流中心等海关监管区域或场所。目前共设立综合保税区1个：苏州工业园综合保税区。保税物流园区8个：上海外高桥保税区、青岛、宁波、大连、张家港、厦门象屿、深圳盐田港、天津保税区。保税港区12个：上海洋山保税港区、天津东疆保税港区、大连大窑湾保税港区、海南洋浦保税港区、宁波梅山保税港区、广西钦州保税港区、厦门海沧保税港区、青岛前湾保税港区、深圳前海湾保税港区、广州南沙保税港区、重庆两路寸滩保税港区、江苏张家港保税港区。保税港区的“区港联动”是保税区向自由贸易区转型的第一步，即保税区与临近的港区合作，在港区划出部分区域作保税区（不包含码头泊位），实行保税区政策。保税港区是“区港联动”的升级模式，国家将按照国际枢纽港、自由港及自由贸易区的运作模式和惯例赋予优惠政策。保税港区的经济功能为发展国际中转、国际配送、国际采购、国际转口贸易和出口加工等业务。

各项保税制度尽管名目繁多，但核心问题都是对不同特点的保税货物如何进行监管。《海关法》第23条规定：“经营保税货物的储存、加工、装配、寄售业务，须经海关批准，并办理注册手续。”第43条规定：“经海关批准暂时进口或者暂时出口的货物，以及特准进口的保税货物，在货物收发货人向海关缴纳相当于税款的保证金或提供担保后，准予暂时免纳关税。”这是海关对各类保税货物实施关税减免和监管的基本法律依据。

7.5.3 中国现行保税制度

（1）保税区监管制度。1997年6月10日经国务院批准，1997年8月1日海关总署发布《保税区海关监管办法》，自1997年8月1起施行。

保税区是海关监管的特定区域。海关对进出保税区的货物、运输工具、个人携带物品实施监管。保税区与中华人民共和国境内的其他地区（简称非保税区）之间，设置符合海关监管要求的隔离设施。保税区内仅设置保税区行政管理机构和企业。除安全保卫人员外，其他人员不得在保税区内居住。在保税区内设立的企业（简称区内企业）应当向海关办理注册手续。

海关对保税区与境外之间进出的货物，实施简便、有效的监管。从境外进入保税区的货物，其进口关税和进口环节税收，按照下列规定办理：区内生产性的基础设施建设项目所需的机器、设备和其他基建物资，予以免税；区内企业自用的生产、管理设备和自用合理数量的办公用品及其所需的维修零配件，生产用燃料，建设生产厂房、仓储设施所需的物资、设备，予以免税；保税区行政管理机构自用合理数据的管理设备和办公用品及其所需的维修零配件，予以免税；区内企业为加工出口产品所需的原材料、零部件、元器件、包装物件，予以保税。上述规定范围内以外的货物或者物品从境外进入保税区，应当依法纳税。

海关对保税区与非保税区之间进出的货物，按照国家有关进出口管理的规定实施监管。从保税区进入非保税区的货物，按照进口货物办理手续；从非保税区进入保税区的货物，按照出口货物办理手续，出口退税按照国家有关规定办理。从非保税区进入保税区供区内使用的机器、设备、基建物资和物品，使用单位应当向海关提供上述货物或者物品的清单，经海关查验后放行。货物或者物品，已经缴纳进口关税和进口环节税收的，已纳税款不予退还。

保税区的货物可以在区内企业之间转让、转移；双方当事人应当就转让、转移事项向海关备案。保税区内的转口货物可以在区内仓库或者区内其他场所进行分级、挑选、刷贴标志、改换包装形式等简单加工。区内企业在保税区内举办境外商品和非保税区商品的展示活动，展示的商品接受海关监管。

区内加工企业应当向海关办理所需料、件进出保税区备案手续。区内加工企业加工的制成品及其在加工过程中产生的边角余料运往境外时，应当按照国家有关规定向海关办理手续；免征出口关税。区内加工企业将区内加工的制成品、副次品或者在加工过程中产生的边角余料运往非保税区时，按照国家有关规定向海关办理进口报关手续，并依法纳税。区内加工企业全部用境外运入料、件加工的制成品销往非保税区时，海关按照进口制成品征税。用含有境外运入料、件加工的制成品销往非保税区时，海关对其制成品按照所含境外运入料、件征税；对所含境外运入料、件的品名、数量、价值申报不实的，海关按照进口制成品征税。

（2）出口加工区监管制度。2000 年 4 月 27 日经国务院批准，2000 年 5 月 24 日海关总署发布《中华人民共和国海关对出口加工区监管的暂行办法》。2003 年 9 月，海关总署根据国务院决定对该办法部分条款进行了修订，自 2003 年 11 月 1 日起施行。

在中华人民共和国境内设立的出口加工区（简称加工区）是海关监管的特定区域。海关在加工区内设立机构，对进、出加工区的货物及区内相关场所实行 24 小时监管。

对加工区运往区外的货物，海关按照对进口货物的有关规定办理报关手续，并按照制成品征税。如属许可证件管理商品，还应向海关出具有效的进口许可证件。区内企业的加工产品和在加工生产过程中产生的边角料、残次品、废品等应复运出境。因特殊情况需要运往区外时，由企业申请，经主管海关核准后，按内销时的状态确定归类并征税。如属进口许可证件管理商品，免领进口许可证件。如属《限制进口类可用作原料的废物目录》所列商品，应按现行规定向环保部门申领进口许可证件。对无商业价值的边角料和废品，需运往区外销毁的，应凭加工区管理委员会和环保部门的批件，向主管海关办理出区手续，海关予以免进口许可证件、免税。

运往区外维修、测试或检验的机器、设备、模具和办公用品等，应自运出之日起 2 个月内运回加工区。因特殊情况不能如期运回的，区内企业应于期限届满前 7 天内，向主管海关说明情况，并申请延期。申请延期以 1 次为限，延长期限不得超过 1 个月。从区外进入加工区的货物视同出口，办理出口报关手续。

区内企业进、出加工区的货物须向其主管海关如实申报，海关依据备案清单及有关单证，对区内企业进、出加工区的货物进行查验、放行和核销。进入加工区的货物，在加工、储存期间，因不可抗力造成短少、损毁的，区内加工企业或仓储企业应自发现之日起10日内报告主管海关，并说明理由。经海关核实确认后，准其在账册内减除。

（3）保税物流园区监管制度。2005年11月28日海关总署发布《中华人民共和国海关对保税物流园区的管理办法》，自2006年1月1日起施行。

保税物流园区（简称园区）是指经国务院批准，在保税区规划面积或者毗邻保税区的特定港区内设立的、专门发展现代国际物流业的海关特殊监管区域。海关在园区派驻机构，对进出园区的货物、运输工具、个人携带物品及园区内相关场所实行24小时监管。园区货物不设存储期限。

园区可以开展下列业务：存储进出口货物及其他未办结海关手续货物；对所存货物开展流通性简单加工和增值服务；进出口贸易，包括转口贸易；国际采购、分销和配送；国际中转；检测、维修；商品展示；经海关批准的其他国际物流业务。

园区与其他海关特殊监管区域、保税监管场所之间的货物交易、流转，不征收进出口环节和国内流通环节的有关税收。从园区运往境外的货物免征出口关税。

（4）保税港区监管制度。2007年9月23日海关总署发布《中华人民共和国海关保税港区管理暂行办法》，自2007年10月3日起施行。

保税港区是指经国务院批准，设立在国家对外开放的口岸港区和与之相连的特定区域内，具有口岸、物流、加工等功能的海关特殊监管区域。海关对进出保税港区的运输工具、货物、物品以及保税港区内企业、场所进行监管。保税港区实行封闭式管理。保税港区与中华人民共和国关境内的其他地区（简称区外）之间，应当设置符合海关监管要求的卡口、围网、视频监控系统以及海关监管所需的其他设施。保税港区内不得居住人员。除保障保税港区内人员正常工作、生活需要的非营利性设施外，保税港区内不得建立商业性生活消费设施和开展商业零售业务。

保税港区内可以开展下列业务：存储进出口货物和其他未办结海关手续的货物；对外贸易，包括国际转口贸易；国际采购、分销和配送；国际中转；检测和售后服务维修；商品展示；研发、加工、制造；港口作业；经海关批准的其他业务。

下列货物从境外进入保税港区，海关免征进口关税和进口环节海关代征税：区内生产性的基础设施建设项目所需的机器、设备和建设生产厂房、仓储设施所需的基建物资；区内企业生产所需的机器、设备、模具及其维修用零配件；区内企业和行政管理机构自用合理数量的办公用品。

从境外进入保税港区，供区内企业和行政管理机构自用的交通运输工具、生活消费用品，按进口货物的有关规定办理报关手续，海关按照有关规定征收进口关税和进口环节海关代征税。从保税港区运往境外的货物免征出口关税。

区内企业在加工生产过程中产生的边角料、废品，以及加工生产、储存、运输等过程中产生的包装物料，区内企业提出书面申请并且经海关批准的，可以运往区外，海关按出区时的实际状态征税。

保税港区与其他海关特殊监管区域或者保税监管场所之间的流转货物，不征收进出口环节的有关税收。

2008 年 1 月 4 日海关总署发布《中华人民共和国海关监管场所管理办法》，自 2008 年 3 月 1 日起施行。监管场所是指进出境运输工具或者境内承运海关监管货物的运输工具进出、停靠，以及从事进出境货物装卸、储存、交付、发运等活动，办理海关监管业务，符合海关设置标准的特定区域。海关采取视频监控、实地核查等方式对进出监管场所的运输工具、货物等实施监管。监管场所内只能存放海关监管货物。目前我国海关监管场所主要有：保税物流中心（A、B 型）、保税仓库、出口监管仓库。

（1）保税物流中心监管制度。2005 年 6 月 23 日海关总署发布《中华人民共和国海关对保税物流中心（A 型）的暂行管理办法》和《中华人民共和国海关对保税物流中心（B 型）的暂行管理办法》，自 2005 年 7 月 1 日起施行。

保税物流中心（A 型）（简称物流中心）是指经海关批准，由中国境内企业法人经营、专门从事保税仓储物流业务的海关监管场所。按照服务范围分为公用型物流中心和自用型物流中心。公用型物流中心是指由专门从事仓储物流业务的中国境内企业法人经营，向社会提供保税仓储物流综合服务的海关监管场所。自用型物流中心是指中国境内企业法人经营，仅向本企业或者本企业集团内部成员提供保税仓储物流服务的海关监管场所。保税物流中心（B 型）（简称物流中心）是指经海关批准，由中国境内一家企业法人经营，多家企业进入并从事保税仓储物流业务的海关集中监管场所。

物流中心经营企业可以开展以下业务：保税存储进出口货物及其他未办结海关手续货物；对所存货物开展流通性简单加工和增值服务；全球采购和国际分拨、配送；转口贸易和国际中转业务；经海关批准的其他国际物流业务。

下列货物经海关批准可以存入物流中心：国内出口货物；转口货物和国际中转货物；外商暂存货物；加工贸易进出口货物；供应国际航行船舶和航空器的物料、维修用零部件；供维修外国产品所进口寄售的零配件；未办结海关手续的一般贸易进口货物；经海关批准的其他未办结海关手续的货物。从境外进入物流中心内的上述货物，予以保税。

下列货物从物流中心进入境内时依法免征关税和进口环节海关代征税：用于在保

修期限内免费维修有关外国产品并符合无代价抵偿货物有关规定的零部件；用于国际航行船舶和航空器的物料；国家规定免税的其他货物。

（2）保税仓库监管制度。2003 年 12 月 5 日海关总署发布《中华人民共和国海关对保税仓库及所存货物的管理办法》，自 2004 年 2 月 1 日实施。

保税仓库是指经海关批准设立的专门存放保税货物及其他未办结海关手续货物的仓库。按照使用对象不同分为公用型保税仓库、自用型保税仓库。公用型保税仓库由主营仓储业务的中国境内独立企业法人经营，专门向社会提供保税仓储服务。自用型保税仓库由特定的中国境内独立企业法人经营，仅存储供本企业自用的保税货物。

保税仓库中专门用来存储具有特定用途或特殊种类商品的称为专用型保税仓库。专用型保税仓库包括液体危险品保税仓库、备料保税仓库、寄售维修保税仓库和其他专用型保税仓库。液体危险品保税仓库是指符合国家关于危险化学品仓储规定的，专门提供石油、成品油或者其他散装液体危险化学品保税仓储服务的保税仓库。备料保税仓库是指加工贸易企业存储为加工复出口产品所进口的原材料、设备及其零部件的保税仓库，所存保税货物仅限于供应本企业。寄售维修保税仓库是指专门存储为维修外国产品所进口寄售零配件的保税仓库。

保税仓库不得转租、转借给他人经营，不得下设分库。保税仓储货物可以进行包装、分级分类、加刷唛码、分拆、拼装等简单加工，不得进行实质性加工。未经海关批准，不得擅自出售、转让、抵押、质押、留置、移作他用或者进行其他处置。

下列货物经海关批准可以存入保税仓库：加工贸易进口货物；转口货物；供应国际航行船舶和航空器的油料、物料和维修用零部件；供维修外国产品所进口寄售的零配件；外商暂存货物；未办结海关手续的一般贸易货物；经海关批准的其他未办结海关手续的货物。

下列保税仓储货物出库时依法免征关税和进口环节代征税：用于在保修期限内免费维修有关外国产品并符合无代价抵偿货物有关规定的零部件；用于国际航行船舶和航空器的油料、物料；国家规定免税的其他货物。

保税仓储货物存储期限为 1 年。确有正当理由的，经海关同意可予以延期；除特殊情况外，延期不得超过 1 年。

（3）出口监管仓库监管制度。2005 年 11 月 28 日海关总署发布《中华人民共和国海关对出口监管仓库及所存货物的管理办法》，自 2006 年 1 月 1 日实施。

出口监管仓库是指经海关批准设立，对已办结海关出口手续的货物进行存储、保税物流配送、提供流通性增值服务的海关专用监管仓库。它分为出口配送型仓库和国内结转型仓库。出口配送型仓库是指存储以实际离境为目的的出口货物的仓库。国内结转型仓库是指存储用于国内结转的出口货物的仓库。

经海关批准，出口监管仓库可以存入下列货物：一般贸易出口货物；加工贸易出口货物；从其他海关特殊监管区域、场所转入的出口货物；出口配送型仓库可以存放为拼装出口货物而进口的货物，以及为改换出口监管仓库货物包装而进口的包装物料；其他已办结海关出口手续的货物。

出口监管仓库必须专库专用，不得转租、转借给他人经营，不得下设分库。海关对出口监管仓库实施计算机联网管理。海关可以随时派员进入出口监管仓库检查货物的进、出、转、存情况及有关账册、记录。海关可以会同出口监管仓库经营企业共同对出口监管仓库加锁或者直接派员驻库监管。海关对出口监管仓库实行分类管理及延期审查制度。

出口监管仓库所存货物存储期限为6个月。经主管海关同意可以延期，但延期不得超过6个月。货物存储期满前，仓库经营企业应当通知发货人或者其代理人办理货物的出境或者进口手续。

2004年2月26日海关总署发布《中华人民共和国海关对加工贸易货物监管办法》。2008年1月，海关总署对该办法部分条款进行了修改，自2008年3月1日起施行。

加工贸易是指经营企业进口全部或者部分原辅材料、零部件、元器件、包装物料（以下简称料件），经加工或者装配后，将制成品复出口的经营活动，包括来料加工和进料加工。来料加工是指进口料件由境外企业提供，经营企业不需要付汇进口，按照境外企业的要求进行加工或者装配，只收取加工费，制成品由境外企业销售的经营活动。进料加工是指进口料件由经营企业付汇进口，制成品由经营企业外销出口的经营活动。加工贸易货物是指加工贸易项下的进口料件、加工成品以及加工过程中产生的边角料、残次品、副产品等。加工贸易企业包括经海关注册登记的经营企业和加工企业。经营企业是指负责对外签订加工贸易进出口合同的各类进出口企业和外商投资企业，以及经批准获得来料加工经营许可的对外加工装配服务公司。加工企业是指接受经营企业委托，负责对进口料件进行加工或者装配，且具有法人资格的生产企业，以及由经营企业设立的虽不具有法人资格，但实行相对独立核算并已经办理工商营业证（执照）的工厂。深加工结转是指加工贸易企业将保税进口料件加工的产品转至另一加工贸易企业进一步加工后复出口的经营活动。承揽企业是指与经营企业签订加工合同，承接经营企业委托的外发加工业务的生产企业。承揽企业须经海关注册登记，具有相应的加工生产能力。外发加工是指经营企业因受自身生产特点和条件限制，经海关批准并办理有关手续，委托承揽企业对加工贸易货物进行加工，在规定期限内将加工后的产品运回本企业并最终复出口的行为。

加工贸易项下进口料件实行保税监管的，待加工成品出口后，海关根据核定的实际加工复出口的数量予以核销；对按照规定进口时先征收税款的，待加工成品出口后，海关根据核定的实际加工复出口的数量退还已征收的税款。加工贸易项下的出口产品属于应当征收出口关税的，海关按照有关规定征收出口关税。

海关按照国家规定对加工贸易货物实行担保制度。加工贸易货物不得抵押、质押、留置。经营企业与加工企业不在同一直属海关管辖的区域范围的，应当按照海关对异地加工贸易的管理规定办理货物备案手续。

经营企业进口加工贸易货物，可以从境外或者海关特殊监管区域、保税仓库进口，也可以通过深加工结转方式转入。经营企业出口加工贸易货物，可以向境外或者海关特殊监管区域、出口监管仓库出口，也可以通过深加工结转方式转出。

因加工出口产品急需，经海关核准，经营企业保税料件与非保税料件之间可以进行串换。保税料件与非保税料件之间的串换限于同一企业，并应当遵循同品种、同规格、同数量、不牟利的原则。来料加工保税进口料件不得串换。

经营企业应当在规定的期限内将进口料件加工复出口，并自加工贸易手册项下最后一批成品出口或者加工贸易手册到期之日起30日内向海关报核。经营企业对外签订的合同因故提前终止的，应当自合同终止之日起30日内向海关报核。加工贸易保税进口料件或者成品因故转为内销的，海关凭主管部门准予内销的有效批准文件，对保税进口料件依法征收税款并加征缓税利息。

7.6 船舶吨税

7.6.1 税种设置

船舶吨税是对进出我国港口的外国籍船舶征收的一种税，简称吨税。由于外籍船舶使用了我国的港口和助航设备，应缴纳一定的费用。吨税实质上是一种具有使用费性质的税收。

征收吨税的特殊作用是，有利于对往来我国港口的国际航行船舶进行严格管理，保护我国远洋运输业的发展；为我国的港口建设、海上干线公用航标的建设和维护筹集资金。

吨税是一个古老的税种。在西方，船舶吨税创始于重商主义时代的法国，原是一种差别税。征收目的是限制外国航运业的利益，扶持本国航运业的发展。在中国，元、明、清各代对商船征收的“水饷”、“船钞”等就是一种类似吨税的税收。清代自第二次鸦片战争后，帝国主义控制了中国海关，对外国进港的船只征“船钞”并改按吨位计算，遂称吨税。1931年，民国政府裁厘加税，撤销常关，停止船钞。

1943年以后，对外国商船按吨位计征吨税。中华人民共和国成立初期，船舶吨税划入财政部税务总局主管的车船使用牌照税范围，对于中国籍船舶，不论是国际航行还是国内航行，一律征收使用牌照税；对外籍及外商租用的中国籍船舶，仍由海关征收船舶吨税。1952年9月29日海关总署发布施行了《船舶吨税暂行办法》，一直到1986年9月为止，吨税始终由海关负责征收和管理。从1986年10月开始，船舶吨税划归交通部管理，但仍由海关代征。凡征收了吨税的船舶，不再缴纳车船使用牌照税。经国务院批准，分别于1987年、1991年和1994年对船舶吨税的税率作了调整。目前，吨税的法律依据主要是1994年第二次修正的《中华人民共和国海关船舶吨税暂行办法》（简称《吨税暂行办法》）。

7.6.2 征税对象与纳税人

《吨税暂行办法》规定，吨税的征税对象范围包括：在中华人民共和国港口行驶的外国籍船舶和外商租用的中国籍船舶，以及中外合营企业使用的中国籍、外国籍船舶（包括专在港内行驶的上项船舶）。吨税的纳税人为应税船舶的使用人或其委托的外轮代理公司。

7.6.3 税基与税率

吨税以应税船舶的注册净吨位（亦称登记净吨位）为税基。注册净吨位是船舶能够装载旅客或货物的船舱容量，是船舶的容量指标。

吨税采用定额税率。吨税税率见表7－3。

表7－3　船舶吨税税率表

船舶种类		净吨位（吨）	一般吨税（元/吨）		优惠吨税（元/吨）	
			90天	30天	90天	30天
机动船	轮船 汽船 拖船	500及以下	3.15	1.50	2.25	1.20
		501～1 500	4.65	2.25	3.30	1.65
		1 501～3 000	7.05	3.45	4.95	2.55
		3 001～10 000	8.10	3.90	5.85	3.00
		10 001以上	9.30	4.65	6.60	3.30
非机动船	各种人力驾驶船及驳船、帆船	30及以下	1.50	0.60	1.05	0.45
		31～150	1.65	0.90	1.35	0.60
		151以上	2.10	1.05	1.50	0.90

吨税税率是按照船舶吨位大小，以吨为计税单位采用固定税额形式，船舶吨位越大，每一吨位的吨税税额越高。具体确定的办法是将船舶划分为机动船和非机动船两类，每一类再按净吨位划分为若干级，对每一级分别规定不同的税率。每一等级又都分为一般吨税税额和优惠吨税税额。适用优惠吨税税额的条件是：同中华人民共和国签有条约或协定，规定对船舶的税费相互给予最惠国待遇的国家和地区籍的船舶。

无论是一般吨税税额还是优惠吨税税额，又分别按90天期和30天期两种纳税期限制定吨税税额。凡申请90天期吨税执照的船舶，均按90天期的吨税税额纳税；凡申请30天期吨税执照的船舶，均按30天期的吨税税额纳税。

7.6.4 税收优惠

下列各种外籍船舶，免征吨税：

（1）与我国建立外交关系国家之大使馆、公使馆、领事馆使用的船舶。

（2）有当地港务机关证明之避难、修理、停驶或拆毁的船舶，并不上下客货者。

（3）专供上下客货及存货之泊定趸船、浮桥趸船及浮船。

（4）中央或地方人民政府征用或租用的船舶。

（5）依照《海关法》有关规定毋庸向海关申报进口的国际航行船舶。

7.6.5 税额计算及税款的缴纳

吨税应纳税额的计算公式为：应纳税额 = 净吨位数 × 税率

吨税的纳税期限分为两种：一种是以90天为一个纳税期的，须申请90天期的吨税执照；另一种以30天为一个纳税期的，须申请30天期的吨税执照。具体按何种期限纳税，由纳税人于申请完税时自行选报。

进口船舶应自申报进口之日起征，如所领吨税执照满期后尚未驶离中国，则应自原照满期次日起续征。

纳税人应自海关（或税务局）签发吨税缴款书之次日起5日内（星期日及规定放假日除外）缴清税款，由海关（或局）填发船舶吨税执照，逾期由海关（或局）自第6天起至缴清税款之日止按日征收应纳税额1‰的滞纳金，作为海关罚款入库。

本章小结

1. 关税是海关对进出关境的货物和物品所征收的一种税。关税属于对商品的征税。是对进出关境的商品征税。

2. 关境是一个国家海关法令全面实施的境域。国境是一个国家行政主权管辖的区域。

3. 关税以应税货物和物品的流向为标准，关税划分为进口关税、出口关税和过境关税。以征收目的为标准，关税划分为财政关税和保护关税。以计税依据为标准，关税分为从价税、从量税、复合税、选择税和滑准税。以对进口货物的输出国的差别待遇为标准，关税分为普通关税、优惠关税和加重关税。

4. 关税征税对象为准许进口的货物和物品。

5. 进口货物的收货人是进口关税的纳税义务人。

6. 关税的完税价格即计税价格。进口货物以海关审定的成交价格为基础的到岸价格作为完税价格。

7. 自2002年1月1日起，进口关税设最惠国税率、协定税率、特惠税率和普通税率、关税配额税率。

8. 出口关税的征税对象为出口货物。

9. 出口货物的发货人是出口关税的纳税义务人。出口货物应当以海关审定的货物售与境外的离岸价格，扣除关税后，作为完税价格。

10. 出口关税的税率对每种出口商品只规定一个税率。出口货物适用税号的确定与进口货物相同。2001年1月日起实施的出口关税税则中，税率从20%～50%不等，共有5个差别税率。

11. 保税制度是对特定的进口货物在入关进境后由海关监管，暂缓征缴关税和其他国内税的一种制度。它是关税制度的一个重要组成部分，同时也是一项重要的海关制度。

12. 船舶吨税是对进出我国港口的外国籍船舶征收的一种税，简称吨税。

13. 吨税的征税对象范围包括：在中华人民共和国港口行驶的外国籍船舶和外商租用的中国籍船舶，以及中外合营企业使用的中国籍、外国籍船舶（包括专在港内行驶的上项船舶）。

14. 吨税的纳税人为应税船舶的使用人或其委托的外轮代理公司。

15. 吨税以应税船舶的注册净吨位（亦称登记净吨位）为税基。采用定额税率。

思 考 题

1. 按照不同的标准，可以将关税如何分类？
2. 进口关税的征税对象和纳税人分别是什么？
3. 进口关税的减免税规定有哪些？
4. 如何确定进口货物的完税价格？
5. 出口关税的征税对象和纳税人分别是什么？

6. 如何确定出口货物的完税价格?
7. 旅客行李物品和个人邮递物品进口税的征税对象和纳税人分别是什么?
8. 我国现行保税制度的内容。
9. 船舶吨税的征收制度。

第八章　资　源　税

学习目标

1. 了解资源税的税种设置，资源税的产生过程与作用。
2. 熟悉资源税的征税对象、纳税人的基本规定。
3. 掌握资源税的税基、税率与税额计算方法。
4. 熟悉资源税的税款征收与缴纳方法。

关键名词

资源税　资源级差收入　资源税税目　独立矿山　联合企业　课税数量　选矿比　加工产品综合回收率

8.1　税种设置

8.1.1　资源税的概念

资源税是以应税自然资源为征税对象征收的一种税。我国目前开征的资源税，是对在我国境内开采应税矿产品及生产盐的单位和个人，征收的一种税。

现行资源税的基本规范是国务院于 1993 年 12 月 25 日发布的《中华人民共和国资源税暂行条例》。

8.1.2　资源税的产生

1950 年发布的《全国税政实施要则》中，确立了盐业资源税制度。1984 年 9 月 18 日国务院发布《中华人民共和国资源税条例（草案）》，从 1984 年 10 月 1 日起，对原油、天然气、煤炭3种产品先行开征资源税。1994年1月1日起实施的《中华人民共和国资源税暂行条例》，对所有矿产资源全面征收资源税，将盐税也纳入资源税范围。

8.1.3 资源税的作用

1. 合理调节资源级差收入水平，促进企业公平竞争。
2. 促进国有资源的合理开采、节约使用、有效配置。
3. 取得一定的财政收入。1994～2007年中国资源税收入见表8－1。

表8－1　　1994～2007年中国资源税收入情况　　单位：亿元

项　目	1994年	1995年	1996年	1997年	1998年	1999年	2000年
资源税收入	45.5	55.1	57.3	56.6	61.9	62.9	63.6
项　目	2001年	2002年	2003年	2004年	2005年	2006年	2007年
资源税收入	67.1	75.1	83.1	99.1	142.6	207.3	261.3

资料来源：国家税务总局网站，http：//www.chinatax.gov.cn/，税收收入统计。

8.2 征税对象、纳税人

8.2.1 征税对象

资源税征税对象包括矿产品和盐两大类，具体规定如下：

（1）原油。只对开采的天然原油征税；人造石油不征税。

（2）天然气。指专门开采的天然气和与原油同时开采的天然气。对煤矿生产的天然气暂不征税。

（3）煤炭。系指原煤，不包括洗煤、选煤及其他煤炭制品。

（4）其他非金属矿原矿。包括宝石、金刚石、玉石、大理石、花岗石、石灰石、石棉、膨润土等。

（5）黑色金属矿原矿。包括铁矿石、锰矿石、铬矿石。

（6）有色金属矿原矿。包括铜矿石、铅锌矿石、铝土矿石、钨矿石等。

(1) 固体盐。包括海盐原盐、湖盐原盐和井矿盐。

(2) 液体盐。

未列举名称的其他非金属矿原矿和其他有色金属矿原矿，由省、自治区、直辖市人民政府决定征收或暂缓征收资源税，并报财政部和国家税务总局备案。

8.2.2 纳税义务人、扣缴义务人

在中国境内开采应税矿产品或生产盐的单位和个人，为资源税的纳税人。单位是指国有企业、集体企业、私有企业、股份制企业、其他企业和行政单位、事业单位、军事单位、社会团体及其他单位。个人，是指个体经营者及其他个人。

进口矿产品或盐以及经营已税矿产品或盐的单位和个人不属于资源税的纳税人。中外合作开采石油、天然气，按照现行规定征收矿区使用费，暂不征收资源税。

扣缴义务人为收购未税矿产品的单位。即独立矿山、联合企业和其他收购未税矿产品的单位为资源税的扣缴义务人。独立矿山，是指由采矿或只有采矿和选矿，独立核算、自负盈亏的单位，其生产的原矿和精矿主要用于对外销售。联合企业，是指采矿、选矿、冶炼（或加工）连续生产的企业或采矿、冶炼（或加工）连续生产的企业，其采矿单位一般是该企业的二级或二级以下核算单位。

8.3 税率、税基与税额的计算

8.3.1 税率

资源税实行“普遍征收，级差调节”的原则。暂行条例规定幅度定额税率见表8－2。

资源税应纳税产品的具体单位税额，按照《资源税税目税额明细表》（略）执行。纳税人开采或者生产不同税目应税产品的，应当分别核算不同税目应税产品的课税数量。未分别核算或者不能准确提供不同税目应税产品的课税数量的，从高适用税额计税。

表8-2　　资源税税目、税额幅度

税　　目	税　额　幅　度
一、原油	8～30元/吨
二、天然气	2～15元/千立方米
三、煤炭	3～5元/吨
四、其他非金属矿原矿	5～20元/吨或者立方米
五、黑色金属矿原矿	2～30元/吨
六、有色金属矿原矿	4～30元/吨
七、盐	
固体盐	10～60元/吨
液体盐	2～10元/吨

8.3.2　税基

纳税人开采或者生产应税产品销售的，以实际销售数量为课税数量。

纳税人开采或者生产应税产品自用的，以自用数量为课税数量。

(1) 纳税人不能准确提供应税产品销售数量或移送使用数量的，以应税产品的产量或主管税务机关确定的折算比换算成的数量为课税数量。

(2) 原油中的稠油、高凝油与稀油划分不清或不易划分的，一律按原油的数量课税。

(3) 煤炭，对于连续加工前无法正确计算原煤移送使用数量的，可按加工产品的综合回收率，将加工产品实际销量和自用量折算成原煤数量作为课税数量。

(4) 金属和非金属矿产品原矿，因无法准确掌握纳税人移送使用原矿数量的，可将其精矿按选矿比折算成原矿数量作为课税数量。

(5) 纳税人以自产的液体盐加工固体盐，按固体盐税额征税，以加工的固体盐数量为课税数量。纳税人以外购的液体盐加工成固体盐，其加工固体盐所耗用液体盐的已纳税额准予抵扣。

8.3.3 应纳税额计算

资源税应纳税计算公式为：应纳税额 = 课税数量 × 定额税率

纳税人以自产的液体盐加工固体盐，按固体盐税额征税，以加工的固体盐数量为课税数量。纳税人以外购的液体盐加工固体盐，其加工固体盐所耗用液体盐的已纳税额准予抵扣。其应纳税额计算公式如下：

应纳资源税额 = 税基 × 定额税率 − 允许扣除税额

某联合企业为增值税一般纳税人，2008 年 6 月生产经营情况如下：①专门开采的天然气 45 000 千立方米，开采原煤 450 万吨，采煤过程中生产天然气 2 800 千立方米。②销售原煤 280 万吨，取得不含税销售额 22 400 万元。③以原煤直接加工洗煤 110 万吨，对外销售 90 万吨，取得不含税销售额 15 840 万元。④企业职工食堂和供热等用原煤 2 500 吨。⑤销售天然气 35 000 千立方米，取得不含税销售额 6 660 万元。计算该联合企业 6 月应缴纳的资源税（提示：资源税单位税额，原煤 3 元/吨，天然气 8 元/千立方米；洗煤与原煤的选矿比为 60%）。

分析：(1) 外销原煤应纳资源税 = 280 × 3 = 840（万元）

(2) 外销洗煤应纳资源税 = 90 ÷ 60% × 3 = 450（万元）

(3) 食堂用煤应纳资源税 = 0.25 × 3 = 0.75（万元）

(4) 外销天然气应纳资源税 = 35 000 × 8 = 28（万元）

(5) 应缴纳资源税合计 = 840 + 450 + 0.75 + 28 = 1 318.75（万元）

8.3.4 减免税规定

1. 开采原油过程中用于加热、修井的原油免税。

2. 纳税人开采或者生产应税产品过程中，因意外事故或者自然灾害等原因遭受重大损失的，由省、自治区、直辖市人民政府酌情决定减税或者免税。

3. 国务院规定的其他减税、免税项目。

(1) 从 1996 年 7 月 1 日起，对有色金属矿的资源税在规定税额的基础上减征 30%，按规定税额标准的 70% 征收。

(2) 自 2002 年 4 月 1 日起，对冶金联合企业矿山（含 1993 年 12 月 31 日后从联合企业矿山中独立出来的铁矿山企业）铁矿石资源税，减按规定税额标准的 40% 征收。[①]

纳税人的减税、免税项目，应当单独核算课税数量；未单独核算或者不能准确提

① 《财政部、国家税务总局关于调整冶金联合企业矿山铁矿石资源税适用税额的通知》，财税 [2002] 17 号。

供课税数量的，不予减税或者免税。

4. 对进口的矿产品和盐，不征收资源税。对出口的应税资源产品，不免征资源税或不退还已纳资源税。

8.4 税款缴纳

8.4.1 纳税义务发生时间

(1) 采取分期收款结算方式销售应税产品的，其纳税义务发生时间为销售合同规定的收款日期的当天。

(2) 采取预收货款结算方式销售应税产品的，其纳税义务发生时间为发出应税产品（商品）的当天。

(3) 采取除分期收款和预收货款以外的其他结算方式销售应税产品，其纳税义务发生时间为收讫价款或者取得索取价款凭证的当天。

(4) 自产自用应税产品，其纳税义务发生时间为移送使用应税产品的当天。

(5) 扣缴义务人代扣代缴税款，其纳税义务发生时间为支付货款的当天。

8.4.2 纳税地点

纳税人应纳的资源税，向应税产品生产所在地主管税务机关缴纳。纳税人在本省、自治区、直辖市范围内开采或者生产应税产品，其纳税地点需要调整的，由省、自治区、直辖市税务机关决定。

纳税人跨省开采资源税应税产品，其下属生产单位与核算单位不在同一省、自治区、直辖市的，对其开采的矿产品，在开采地纳税。

扣缴义务人代扣代缴的资源税，应当向收购地主管税务机关缴纳。

8.4.3 纳税期限

资源税的纳税期限由主管税务机关根据纳税人应纳税额的多少，分别核定为1天、3天、5天、10天、15天或者1个月。

资源税的申报期限规定为：以1个月为一期纳税的，自期满之日起10日内申报纳税；以1日、3日、5日、10日或15日为一期纳税的，自期满之日起5日内。预缴税款，于次月 1 日起 10 日内申报纳税并结清上月税款。

资源税纳税申报表见下表。

资源税纳税申报表

填表日期：　年　月　日

开户银行：

账号：

纳税人识别号：□□□□□□□□□□□□□□□□　　金额单位：元

<table>
<tr><td colspan="2">纳税人名称</td><td colspan="3"></td><td colspan="2">税款所属时期</td><td colspan="2"></td></tr>
<tr><td colspan="2">产品名称</td><td>课税单位</td><td>课税数量</td><td>单位税额</td><td>应纳税款</td><td>预缴税款</td><td>应补（退）税款</td><td>备注</td></tr>
<tr><td rowspan="6">应纳税项目</td><td></td><td></td><td></td><td></td><td></td><td></td><td></td><td></td></tr>
<tr><td></td><td></td><td></td><td></td><td></td><td></td><td></td><td></td></tr>
<tr><td></td><td></td><td></td><td></td><td></td><td></td><td></td><td></td></tr>
<tr><td></td><td></td><td></td><td></td><td></td><td></td><td></td><td></td></tr>
<tr><td></td><td></td><td></td><td></td><td></td><td></td><td></td><td></td></tr>
<tr><td>合计</td><td>/</td><td>/</td><td>/</td><td></td><td></td><td></td><td></td></tr>
<tr><td rowspan="5">免税项目</td><td></td><td></td><td></td><td></td><td></td><td></td><td></td><td></td></tr>
<tr><td></td><td></td><td></td><td></td><td></td><td></td><td></td><td></td></tr>
<tr><td></td><td></td><td></td><td></td><td></td><td></td><td></td><td></td></tr>
<tr><td></td><td></td><td></td><td></td><td></td><td></td><td></td><td></td></tr>
<tr><td>合计</td><td>/</td><td>/</td><td>/</td><td></td><td></td><td></td><td></td></tr>
<tr><td colspan="4">如纳税人填报，由纳税人填写以下各栏</td><td colspan="4">如委托代理人填报，由代理人填写以下各栏</td><td>备注</td></tr>
<tr><td colspan="2" rowspan="3">会计主管
（签章）</td><td rowspan="3">经办人
（签章）</td><td rowspan="3">纳税人
（签章）</td><td>代理人名称</td><td></td><td colspan="2" rowspan="2">代理人
（签章）</td><td rowspan="2"></td></tr>
<tr><td>代理人地址</td><td></td></tr>
<tr><td>经办人</td><td></td><td>电话</td><td colspan="2"></td></tr>
<tr><td colspan="9">以下由税务机关填写</td></tr>
<tr><td colspan="2">收到申报表日期</td><td colspan="3"></td><td>接收人</td><td colspan="3"></td></tr>
</table>

本章小结

1. 资源税是以应税自然资源为征税对象征收的一种税。我国目前开征的资源税，是对在我国境内开采应税矿产品及生产盐的单位和个人征收的一种税。

2. 1994 年 1 月 1 日起实施的《中华人民共和国资源税暂行条例》，对所有矿产资源全面征收资源税，将盐税也纳入资源税。

3. 资源税征税对象包括矿产品和盐两大类，具体规定如下：矿产品包括原油、天然气、煤炭、其他非金属矿原矿、黑色金属矿原矿和有色金属矿原矿；盐包括固体盐、液体盐。

4. 在中国境内开采应税矿产品或生产盐的单位和个人，为资源税的纳税人。

5. 资源税实行定额税率。

6. 应税产品对外销售，以实际销售数量为课税数量。应税产品自产自用，以自用数量为课税数量，但对不同产品的具体规定不同。

7. 纳税人应纳的资源税，向应税产品生产所在地主管税务机关缴纳。

思　考　题

1. 资源税的征税对象与范围。
2. 资源税的计税依据是如何规定的?
3. 资源税的纳税地点是如何规定的?

第九章 企业所得税

学习目标

1. 了解企业所得税税种的设置、我国企业所得税的建立与发展演变过程。
2. 熟悉企业所得税纳税人与征税对象的基本规定。
3. 掌握企业所得税税基、税率与税额计算。
4. 熟悉企业所得税税收优惠政策。
5. 熟悉企业所得税税款征收与缴纳方法。

关键名词

企业所得税 应纳税所得额 计税工资 公益救济性捐赠 亏损抵补 免税所得 境内所得 境外所得 纳税年度 清算所得 清算期间 合并纳税 汇算清缴 税额扣除 国产设备投资抵免

9.1 税种设置

9.1.1 企业所得税的产生

企业所得税是对我国境内除外商投资企业和外国企业外的各类形式企业的生产经营所得和其他所得征收的一种税。我国现行企业所得税的基本规范是国务院1993年12月13日颁布的《中华人民共和国企业所得税暂行条例》。1980年以前，我国曾先后设立了存款利息所得税、薪给报酬所得税（未开征）、工商所得税。1980年以后开征了中外合资企业所得税、外国企业所得税、国有企业所得税、国有企业调节税。1985年将工商所得税改为集体企业所得税。1988年开征私营企业所得税。1991年合并中外合资企业所得税、外国企业所得税为外商投资企业和外国企业所得税。1994年统一内资企业所得税。取消了国有企业所得税、集体企业所得税和私营企业所得税，确立了统一的企业所得税制度，同时在国有企业中取消了国家能源交通重点建设基金和预算调节基金。2008年为平衡内、外资企业的税收负担，合并了（内资）企业所得税与外商投资企业和外国企业所得税，建立了统一的企业所得税制度。

9.1.2 企业所得税的作用

征收企业所得税，可以保证国家财政收入。1994～2007年中国企业所得税收入见表9－1。

表9－1　1994～2007年中国企业（内、外贸）所得税收入　单位：亿元

项　目	1994年	1995年	1996年	1997年	1998年	1999年	2000年
企业所得税收入	639.7	753.1	811.5	931.7	856.3	1 009.4	1 444.6
外资企业所得税收入	48.1	74.2	104.4	143.1	182.5	217.8	326.1
项　目	2001年	2002年	2003年	2004年	2005年	2006年	2007年
企业所得税收入	2 121.9	1 972.6	2 342.2	3 141.7	4 363.1	5 545.9	7 723.8
外资企业所得税收入	512.6	616.0	705.4	932.5	1 147.7	1 534.8	1 951.2

资料来源：国家税务总局网站，http：//www.chinatax.gov.cn/，税收收入统计。

征收企业所得税，可以调节企业的利润水平，尽量剔除客观因素对企业收入的影响，为企业间的公平竞争创造一个大体相同的外部环境，有利于市场竞争；同时，可以正确处理国家与企业、职工个人的分配关系，促进经济的发展。

征收企业所得税，必须深入了解企业的生产经营状况，审查其财务活动情况和成本费用情况以及纳税情况，对于违反税法规定和违法乱纪的行为予以制止。从而，有利于纳税人端正经营意识，守法经营，依法履行纳税义务。通过对纳税人的监督和管理，有利于经济的健康发展。

9.2 纳税人与征税对象

9.2.1 纳税义务人

企业所得税的纳税义务人是指在中国境内取得收入的企业和其他组织（统称企业），包括居民企业和非居民企业。个人独资企业不是企业所得税的纳税人，应依法缴纳个人所得税。合伙企业合伙人是自然人的，缴纳个人所得税；合伙人是法人和其他组织的，缴纳企业所得税。

居民企业是指依法在中国境内成立，或者依照外国（地区）法律成立但实际管理机构在中国境内的企业。居民企业包括以下两类：

（1）依照中国法律、行政法规在中国境内成立的企业、事业单位、社会团体以及其他取得收入的组织。

（2）依照外国（地区）法律成立但实际管理机构在中国境内的企业和其他取得收入的组织。这里所称实际管理机构是指对企业的生产经营、人员、账务、财产等实施实质性全面管理和控制的机构。

居民企业承担全面纳税义务，应当就其来源于中国境内、境外的所得缴纳企业所得税。

非居民企业是指依照外国（地区）法律成立且实际管理机构不在中国境内，但在中国境内设立机构、场所的，或者在中国境内未设立机构、场所，但有来源于中国境内所得的企业。

机构、场所是指在中国境内从事生产经营活动的机构、场所，包括：管理机构、营业机构、办事机构；工厂、农场、开采自然资源的场所；提供劳务的场所；从事建筑、安装、装配、修理、勘探等工程作业的场所；其他从事生产经营活动的机构、场所。非居民企业委托营业代理人在中国境内从事生产经营活动的，包括委托单位或个人经常代其签订合同，或储存、交付货物等，该营业代理人视为非居民企业在中国境内设立的机构、场所。

非居民企业承担有限纳税义务，一般只就其来源于我国境内的所得纳税。具体规定如下：

（1）非居民企业在中国境内设立机构、场所的，应就其所设机构、场所取得的来源于中国境内的所得，以及发生在中国境外但与其所设机构、场所有实际联系的所得，缴纳企业所得税。

（2）非居民企业在中国境内未设立机构、场所的，或者虽设立机构、场所但取得的所得与其所设机构、场所没有实际联系的，应就其来源于中国境内的所得缴纳企业所得税。所称实际联系是指非居民企业在中国境内设立的机构、场所拥有据以取得所得的股权、债权，以及拥有、管理、控制据以取得所得的财产等。

9.2.2　征税对象

企业所得税的征税对象是企业取得的各项应税所得，包括：销售货物所得、提供劳务所得、转让财产所得、股息红利等权益性投资所得、利息所得、租金所得、特许权使用费所得、接受捐赠所得和其他所得。

上述所得按以下原则确定所得来源地：

（1）销售货物所得，按照交易活动发生地确定。交易活动发生地是指销售货物行为发生的场所，通常是销售企业的营业机构。在送货上门的情况下为购货单位或个人的所在地，还可以是买卖双方约定的其他地点。

（2）提供劳务所得，按照劳务发生地确定。例如，境外机构为中国境内居民提供金融保险服务，向境内居民收取的保险费，就属于来源于中国境内的所得。

（3）转让财产所得来源地的确定，分别以下三种情况：不动产转让所得，按照不动产所在地确定；动产转让所得，按照转让动产的企业或者机构、场所所在地确定；权益性投资资产转让所得，按照被投资企业所在地确定，如境外企业之间转让中国居民企业发行的股票，其所得属于来源于中国境内的所得。

（4）股息红利等权益性投资所得，按照分配所得的企业所在地确定。

（5）利息所得、租金所得、特许权使用费所得，按照负担或者支付所得的企业或者机构、场所所在地确定，或者按照负担、支付所得的个人的住所地确定。

（6）其他所得，由国务院财政、税务主管部门确定。

9.3　税率、税基

9.3.1　税率

企业所得税实行比例税率。现行企业所得税的税率定为25%。适用范围包括：

①居民企业取得的各项所得；②非居民企业在中国境内的设立机构、场所取得的来源于中国境内的所得，以及发生在中国境外但与其所设机构、场所有实际联系的所得。

非居民企业在中国境内未设立机构、场所而有来源于中国境内的所得，或虽设立机构、场所但取得的来源于中国境内的所得与其所设机构、场所没有实际联系的，其应缴纳企业所得税，实行源泉扣缴，法定税率为20%。

非居民企业在中国境内从事船舶、航空等国际运输业务的，按照每次从中国境内起运旅客、货物出境取得的收入总额，依照1.25%的计征率计算征收企业所得税。调整后的综合计征率为4.25%，其中营业税为3%，企业所得税为1.25%。

（1）符合条件的小型微利企业，减按20%的税率征收企业所得税。符合条件的小型微利企业是指从事国家非限制和禁止行业，并符合下列条件的企业：①工业企业，年度应纳税所得额不超过30万元，从业人数不超过100人，资产总额不超过3 000万元；②其他企业，年度应纳税所得额不超过30万元，从业人数不超过80人，资产总额不超过1 000万元。非居民企业不享受小型微利企业所得税优惠政策。

（2）国家需要重点扶持的高新技术企业，减按15%的税率征收企业所得税。国家需要重点扶持的高新技术企业是指拥有核心自主知识产权，并同时符合下列条件的企业：①产品（服务）属于《国家重点支持的高新技术领域》规定的范围，具体包括：电子信息技术、生物与新医药技术、航空航天技术、新材料技术、高技术服务业、新能源及节能技术、资源与环境技术、高新技术改造传统产业；②研究开发费用占销售收入的比例不低于规定比例。具体标准：企业为获得科学技术（不包括人文、社会科学）新知识，创造性运用科学技术新知识，或实质性改进技术、产品（服务）而持续进行了研究开发活动，且近三个会计年度的研究开发费用总额占销售收入总额的比例符合如下要求：最近一年销售收入小于5 000万元的企业，比例不低于6%；最近一年销售收入在5 000万～20 000万元的企业，比例不低于4%；最近一年销售收入在20 000万元以上的企业，比例不低于3%。其中，企业在中国境内发生的研究开发费用总额占全部研究开发费用总额的比例不低于60%。③高新技术产品（服务）收入占企业当年总收入的60%以上；④科技人员占企业职工总数的比例不低于规定比例；具体标准：具有大学专科以上学历的科技人员占企业当年职工总数的30%以上，其中研发人员占企业当年职工总数的10%以上；⑤高新技术企业认定管理办法规定的其他条件。

非居民企业在中国境内未设立机构、场所而有来源于中国境内的所得，或虽设立机构、场所但取得的来源于中国境内的所得与其所设机构、场所没有实际联系的，减按10%的税率征收企业所得税。同时，对下列所得免征企业所得税：外国政府向中国政府提供贷款取得的利息所得；国际金融组织向中国政府和居民企业提供优惠贷款取得的利息所得；经国务院批准的其他所得。

9.3.2 税基

企业所得税的税基是企业的应纳税所得额。应纳税所得额是企业每一纳税年度的收入总额，减除不征税收入、免税收入、各项扣除以及允许弥补的以前年度亏损后的余额。其计算公式为：

应纳税所得额＝收入总额－不征税收入－免税收入－各项扣除
－允许弥补的以前年度亏损

应纳税所得额的计算依据是税收法律、行政法规。企业的财务、会计处理办法与税收法律、行政法规的规定不一致的，应依照税收法律、行政法规的规定计算。纳税人应纳税所得额的计算，以权责发生制为原则。

（1）基本规定。收入总额是企业以货币形式和非货币形式取得的各种收入。货币形式，包括现金、存款、应收账款、应收票据、准备持有至到期的债券投资以及债务的豁免等。非货币形式，包括固定资产、生物资产、无形资产、股权投资、存货、不准备持有至到期的债券投资、劳务以及有关权益等。企业以非货币形式取得的收入，应按照公允价值确定收入额。公允价值是指按照市场价格确定的价值。收入总额包括下列内容：①销售货物收入，是指企业销售商品、产品、原材料、包装物、低值易耗品以及其他存货取得的收入。②提供劳务收入，是指企业从事建筑安装、修理修配、交通运输、仓储租赁、金融保险、邮电通信、咨询经纪、文化体育、科学研究、技术服务、教育培训、餐饮住宿、中介代理、卫生保健、社区服务、旅游、娱乐、加工以及其他劳务服务活动取得的收入。③转让财产收入，是指企业转让固定资产、生物资产、无形资产、股权、债权等财产取得的收入。④股息、红利等权益性投资收益，是指企业因权益性投资从被投资方取得的收入。除国务院财政、税务主管部门另有规定外，股息、红利等权益性投资收益，按照被投资方作出利润分配决定的日期确认收入的实现。⑤利息收入，是指企业将资金提供他人使用但不构成权益性投资，或者因他人占用本企业资金取得的收入，包括存款利息、贷款利息、债券利息、欠款利息等收入。利息收入，按照合同约定的债务人应付利息的日期确认收入的实现。⑥租金收入，是指企业提供固定资产、包装物或者其他有形资产的使用权取得的收入。租金收入，按照合同约定的承租人应付租金的日期确认收入的实现。⑦特许权使用费收入，是指企业提供专利权、非专利技术、商标权、著作权以及其他特许权的使用权取得的收入。特许权使用费收入，按照合同约定的特许权使用人应付特许权使用费的日期确认收入的实现。⑧接受捐赠收入，是指企业接受的来自其他企业、组织或者个人无偿给予的货币性资产、非货币性资产。接受捐赠收入，按照实际收到捐赠资产的日期确认收入的实现。⑨其他收入，是指上述各项收入外的其他收入，包括企业资产溢余收入、逾期未退包装物押金收入、确实无法偿付的应付款项、已作坏账损失处理后又收回的应收款项、债务重组收入、补贴收入、违约金收入、汇兑收益等。

（2）特殊规定。①企业的下列生产经营业务可以分期确认收入的实现：以分期收款方式销售货物的，按照合同约定的收款日期确认收入的实现；企业受托加工制造大型机械设备、船舶、飞机等，以及从事建筑、安装、装配工程业务或者提供劳务等，持续时间超过12个月的，按照纳税年度内完工进度或者完成的工作量确认收入的实现。②采取产品分成方式取得收入的，按照企业分得产品的时间确认收入的实现，其收入额按照产品的公允价值确定。③视同销售收入。企业发生非货币性资产交换，以及将货物、财产、劳务用于捐赠、偿债、赞助、集资、广告、样品、职工福利和利润分配等用途的，应当视同销售货物、转让财产和提供劳务，但国务院财政、税务主管部门另有规定的除外。

（3）企业收入实现的确认。除企业所得税法及实施条例另有规定外，企业销售收入的确认，遵循权责发生制原则和实质重于形式原则。

①企业销售商品同时满足下列条件的，应确认收入的实现：商品销售合同已经签订，企业已将商品所有权相关的主要风险和报酬转移给购货方；企业对已售出的商品既没有保留通常与所有权相联系的继续管理权，也没有实施有效控制；收入的金额能够可靠地计量；已发生或将发生的销售方的成本能够可靠地核算。

②符合上款收入确认条件，采取下列商品销售方式的，应按以下规定确认收入实现时间：销售商品采用托收承付方式的，在办妥托收手续时确认收入；销售商品采取预收款方式的，在发出商品时确认收入；销售商品需要安装和检验的，在购买方接受商品以及安装和检验完毕时确认收入。如果安装程序比较简单，可在发出商品时确认收入；销售商品采用支付手续费方式委托代销的，在收到代销清单时确认收入。

③采用售后回购方式销售商品的，销售的商品按售价确认收入，回购的商品作为购进商品处理。有证据表明不符合销售收入确认条件的，如以销售商品方式进行融资，收到的款项应确认为负债，回购价格大于原售价的，差额应在回购期间确认为利息费用。

④销售商品以旧换新的，销售商品应当按照销售商品收入确认条件确认收入，回收的商品作为购进商品处理。

⑤企业为促进商品销售而在商品价格上给予的价格扣除属于商业折扣，商品销售涉及商业折扣的，应当按照扣除商业折扣后的金额确定销售商品收入金额。债权人为鼓励债务人在规定的期限内付款而向债务人提供的债务扣除属于现金折扣，销售商品

涉及现金折扣的，应当按扣除现金折扣前的金额确定销售商品收入金额，现金折扣在实际发生时作为财务费用扣除。

企业因售出商品的质量不合格等原因而在售价上给的减让属于销售折让；企业因售出商品质量、品种不符合要求等原因而发生的退货属于销售退回。企业已经确认销售收入的售出商品发生销售折让和销售退回，应当在发生当期冲减当期销售商品收入。

⑥企业在各个纳税期末，提供劳务交易的结果能够可靠估计的，应采用完工进度（完工百分比）法确认提供劳务收入。提供劳务交易的结果能够可靠估计，是指同时满足下列条件：收入的金额能够可靠地计量；交易的完工进度能够可靠地确定；交易中已发生和将发生的成本能够可靠地核算。企业提供劳务完工进度的确定，可选用下列方法：已完工作的测量；已提供劳务占劳务总量的比例；发生成本占总成本的比例。

企业应按照从接受劳务方已收或应收的合同或协议价款确定劳务收入总额，根据纳税期末提供劳务收入总额乘以完工进度扣除以前纳税年度累计已确认提供劳务收入后的金额，确认为当期劳务收入；同时，按照提供劳务估计总成本乘以完工进度扣除以前纳税期间累计已确认劳务成本后的金额，结转为当期劳务成本。

⑦下列提供劳务满足收入确认条件的，应按规定确认收入：安装费。应根据安装完工进度确认收入。安装工作是商品销售附带条件的，安装费在确认商品销售实现时确认收入。宣传媒介的收费。应在相关的广告或商业行为出现于公众面前时确认收入。广告的制作费，应根据制作广告的完工进度确认收入。软件费。为特定客户开发软件的收费，应根据开发的完工进度确认收入。服务费。包含在商品售价内可区分的服务费，在提供服务的期间分期确认收入。艺术表演、招待宴会和其他特殊活动的收费。在相关活动发生时确认收入。收费涉及几项活动的，预收的款项应合理分配给每项活动，分别确认收入。会员费。申请入会或加入会员，只允许取得会籍，所有其他服务或商品都要另行收费的，在取得该会员费时确认收入。申请入会或加入会员后，会员在会员期内不再付费就可得到各种服务或商品，或者以低于非会员的价格销售商品或提供服务的，该会员费应在整个受益期内分期确认收入。特许权费。属于提供设备和其他有形资产的特许权费，在交付资产或转移资产所有权时确认收入；属于提供初始及后续服务的特许权费，在提供服务时确认收入。劳务费。长期为客户提供重复的劳务收取的劳务费，在相关劳务活动发生时确认收入。

⑧企业以买一赠一等方式组合销售本企业商品的，不属于捐赠，应将总的销售金额按各项商品的公允价值的比例来分摊确认各项的销售收入。

不征税收入是排除在应税总收入之外的、非经营活动或非营利活动带来的经济利益流入。下列收入为不征税收入：

(1) 财政拨款，是指各级人民政府对纳入预算管理的事业单位、社会团体等组织拨付的财政资金，但国务院和国务院财政、税务主管部门另有规定的除外。

(2) 依法收取并纳入财政管理的行政事业性收费、政府性基金。行政事业性收费是指依照法律法规等有关规定，按照国务院规定程序批准，在实施社会公共管理，以及在向公民、法人或其他组织提供特定公共服务过程中，向特定对象收取并纳入财政管理的费用。政府性基金是指企业依照法律、行政法规等有关规定，代政府收取的具有专项用途的财政资金。

(3) 国务院规定的其他不征税收入，是指企业取得的，由国务院财政、税务主管部门规定专项用途并经国务院批准的财政性资金。

免税收入不同于不征税收入，属于税收优惠。企业的下列收入为免税收入：

(1) 国债利息收入，是指企业持有国务院财政部门发行的国债取得的利息收入。

(2) 符合条件的居民企业之间的股息、红利等权益性投资收益，是指居民企业直接投资于其他居民企业取得的投资收益，但不包括连续持有居民企业公开发行并上市流通的股票不足12个月取得的投资收益。即对居民企业来自于所有非上市企业，以及连续持有上市公司股票12个月以上取得的股息、红利收入，给予免税。但考虑到企业以股票方式取得且连续持有时间较短（短于12个月）的间接投资，其主要目的不是为了获取股息、红利收入，而是从二级市场获得股票运营收益，所以它不是税收优惠鼓励的目标，不给予免税。

(3) 在中国境内设立机构、场所的非居民企业从居民企业取得与该机构、场所有实际联系的股息、红利等权益性投资收益，但不包括连续持有居民企业公开发行并上市流通的股票短于12个月取得的投资收益。

(4) 符合条件的非营利组织的收入。符合条件的非营利组织是指同时符合下列条件的组织：依法履行非营利组织登记手续；从事公益性或者非营利性活动；取得的收入除用于与该组织有关的、合理的支出外，全部用于登记核定或者章程规定的公益性或者非营利性事业；财产及其孳息不用于分配；按照登记核定或者章程规定，该组织注销后的剩余财产用于公益性或者非营利性目的，或者由登记管理机关转赠给与该组织性质、宗旨相同的组织，并向社会公告；投入人对投入该组织的财产不保留或者享有任何财产权利；工作人员工资福利开支控制在规定的比例内，不变相分配该组织的财产。免税的非营利组织的收入，不包括非营利组织从事营利性活动取得的收入，但国务院财政、税务主管部门另有规定的除外。

（1）基本范围。在计算应纳税所得额时，准予从收入总额中扣除的项目是企业实际发生的与取得收入有关的、合理的支出，包括成本、费用、税金、损失和其他支出。①成本，是指企业在生产经营活动中发生的销售成本、销货成本、业务支出以及其他耗费。②费用，是指企业在生产经营活动中发生的销售费用、管理费用和财务费用，已经计入成本的有关费用除外。③税金，是指企业发生的除企业所得税和允许抵扣的增值税以外的各项税金及其附加。④损失，是指企业在生产经营活动中发生的固定资产和存货的盘亏、毁损、报废损失，转让财产损失，呆账损失，坏账损失，自然灾害等不可抗力因素造成的损失以及其他损失。企业发生的损失，减除责任人赔偿和保险赔款后的余额，依照国务院财政、税务主管部门的规定扣除。企业已经作为损失处理的资产，在以后纳税年度又全部收回或者部分收回时，应计入当期收入。⑤其他支出，是指除成本、费用、税金、损失外，企业在生产经营活动中发生的与生产经营活动有关的、合理的支出。

（2）具体标准。下列项目，按照税法及其实施条例规定的范围和标准扣除：

①工资薪金。企业发生的合理的工资薪金支出，准予扣除。工资薪金是指企业每一纳税年度支付给在本企业任职或者受雇的员工的所有现金形式或者非现金形式的劳动报酬，包括基本工资、奖金、津贴、补贴、年终加薪、加班工资，以及与员工任职或者受雇有关的其他支出。

②职工保障费用。企业依照国务院有关主管部门或省级人民政府规定的范围和标准为职工缴纳的基本养老保险费、基本医疗保险费、失业保险费、工伤保险费、生育保险费等基本社会保险费和住房公积金，准予扣除。企业为投资者或者职工支付的补充养老保险费、补充医疗保险费，在国务院财政、税务主管部门规定的范围和标准内，准予扣除。除企业依照国家有关规定为特殊工种职工支付的人身安全保险费和国务院财政、税务主管部门规定可以扣除的其他商业保险费外，企业为投资者或者职工支付的商业保险费，不得扣除。

③三项经费支出。企业发生的职工福利费支出，不超过工资薪金总额14%的部分，准予扣除。企业拨缴的工会经费，不超过工资薪金总额2%的部分，准予扣除。除国务院财政、税务主管部门另有规定外，企业发生的职工教育经费支出，不超过工资薪金总额2.5%的部分，准予扣除；超过部分，准予在以后纳税年度结转扣除。

④借款费用。企业在生产经营活动中发生的合理的不需要资本化的借款费用，准予扣除。企业为购置、建造固定资产、无形资产和经过12个月以上的建造才能达到预定可销售状态的存货发生借款的，在有关资产购置、建造期间发生的合理的借款费用，应作为资本性支出计入有关资产的成本，并依照实施条例的规定扣除。企业在生

产经营活动中发生的下列利息支出，准予扣除；非金融企业向金融企业借款的利息支出、金融企业的各项存款利息支出和同业拆借利息支出、企业经批准发行债券的利息支出；非金融企业向非金融企业借款的利息支出，不超过按照金融企业同期同类贷款利率计算的数额的部分；汇兑损失的扣除问题：企业在货币交易中，以及纳税年度终了时将人民币以外的货币性资产、负债按照期末即期人民币汇率中间价折算为人民币时产生的汇兑损失，除已经计入有关资产成本以及与向所有者进行利润分配相关的部分外，准予扣除。

⑤业务招待费。企业发生的与生产经营活动有关的业务招待费支出，按照发生额的60%扣除，但最高不得超过当年销售（营业）收入的5‰。

⑥广告费和业务宣传费。企业发生的符合条件的广告费和业务宣传费支出，除国务院财政、税务主管部门另有规定外，不超过当年销售（营业）收入15%的部分，准予扣除；超过部分，准予在以后纳税年度结转扣除。

⑦环境保护、生态恢复等专项资金。企业依照法律、行政法规有关规定提取的用于环境保护、生态恢复等方面的专项资金，准予扣除。上述专项资金提取后改变用途的，不得扣除。

⑧固定资产租赁费。企业根据生产经营活动的需要租入固定资产支付的租赁费，按照以下方法扣除：以经营租赁方式租入固定资产发生的租赁费支出，按照租赁期限均匀扣除；以融资租赁方式租入固定资产发生的租赁费支出，按照规定构成融资租入固定资产价值的部分应提取折旧费用，分期扣除。

⑨管理费支出。企业之间支付的管理费、企业内营业机构之间支付的租金和特许权使用费，以及非银行企业内营业机构之间支付的利息，不得扣除。非居民企业在中国境内设立的机构、场所，就其中国境外总机构发生的与该机构、场所生产经营有关的费用，能够提供总机构出具的费用汇集范围、定额、分配依据和方法等证明文件，并合理分摊的，准予扣除。

⑩公益性捐赠支出。企业发生的公益性捐赠支出，在年度利润总额12%以内的部分，准予在计算应纳税所得额时扣除。年度利润总额是指企业依照国家统一会计制度的规定计算的年度会计利润。公益性捐赠是指企业通过公益性社会团体或者县级以上人民政府及其部门，用于《中华人民共和国公益事业捐赠法》规定的公益事业的捐赠。公益性社会团体是指同时符合下列条件的基金会、慈善组织等社会团体：依法登记，具有法人资格；以发展公益事业为宗旨，且不以营利为目的；全部资产及其增值为该法人所有；收益和营运结余主要用于符合该法人设立目的的事业；终止后的剩余财产不归属任何个人或者营利组织；不经营与其设立目的无关的业务；有健全的财务会计制度；捐赠者不以任何形式参与社会团体财产的分配；国务院财政、税务主管

部门会同国务院民政部门等登记管理部门规定的其他条件。

⑪财产保险费。企业参加财产保险，按照规定缴纳的保险费，准予扣除。

⑫劳动保护支出。企业发生的合理的劳动保护支出，准予扣除。

⑬转让资产的净值。企业转让资产，该项资产的净值，准予在计算应纳税所得额时扣除。资产的净值是指有关资产的计税基础减除已经按照规定扣除的折旧、折耗、摊销、准备金等后的余额。

⑭其他扣除项目，包括固定资产折旧、无形资产摊销和长期待摊费用等，应按规定在税前扣除。

（3）不得扣除项目。在计算应纳税所得额时，下列支出不得扣除：向投资者支付的股息、红利等权益性投资收益款项；企业所得税税款；税收滞纳金；罚金、罚款和被没收财物的损失；公益性捐赠以外的捐赠支出；赞助支出。指企业发生的与生产经营活动无关的各种非广告性质支出；未经核定的准备金支出。指不符合国务院财政、税务主管部门规定的各项资产减值准备、风险准备等准备金支出；与取得收入无关的其他支出。

（4）亏损弥补。企业纳税年度发生的亏损，准予向以后年度结转，用以后年度的所得弥补，但结转年限最长不得超过5年。亏损是指企业依照税法及其实施条例的规定将每一纳税年度的收入总额减除不征税收入、免税收入和各项扣除后小于零的数额。企业在汇总计算缴纳企业所得税时，其境外营业机构的亏损不得抵减境内营业机构的盈利。

非居民企业在中国境内未设立机构、场所而有来源于中国境内的所得，或虽设立机构、场所但取得的来源于中国境内的所得与其所设机构、场所没有实际联系的，其应缴纳企业所得税，实行源泉扣缴，以支付人为扣缴义务人。这种采取源泉扣缴方式征收所得税，习惯上称为预提所得税。预提所得税税基规定如下：

（1）股息、红利等权益性投资收益和利息、租金、特许权使用费所得，以收入全额为应纳税所得额。收入全额是指非居民企业向支付人收取的全部价款和价外费用。

（2）转让财产所得，以收入全额减除财产净值后的余额为应纳税所得额。

（3）其他所得，参照前两项规定的方法计算应纳税所得额。

自2008年1月1日起，非居民企业在我国境内从事船舶、航空等国际运输业务的，以其在中国境内起运客货收入总额的5%为应纳税所得额。

9.4 资产的税务处理

9.4.1 固定资产的税务处理

固定资产是指企业为生产产品、提供劳务、出租或经营管理而持有的、使用时间超过12个月的非货币性资产，包括房屋、建筑物、机器、机械、运输工具以及其他与生产经营活动有关的设备、器具、工具等。固定资产的计税基础具体规定如下：⑴外购的固定资产，以购买价款和支付的相关税费以及直接归属于使该资产达到预定用途发生的其他支出为计税基础；⑵自行建造的固定资产，以竣工结算前发生的支出为计税基础；⑶融资租入的固定资产，以租赁合同约定的付款总额和承租人在签订租赁合同过程中发生的相关费用为计税基础；租赁合同未约定付款总额的，以该资产的公允价值和承租人在签订租赁合同过程中发生的相关费用为计税基础；⑷盘盈的固定资产，以同类固定资产的重置完全价值为计税基础；⑸通过捐赠、投资、非货币性资产交换、债务重组等方式取得的固定资产，以该资产的公允价值和支付的相关税费为计税基础；⑹改建的固定资产，以改建过程中发生的改建支出增加计税基础。但是，已足额提取折旧的固定资产和租入固定资产除外，因为这两项固定资产的改建支出作长期待摊费用处理。

在计算应纳税所得额时，企业按照规定计算的固定资产折旧，准予扣除。但是，下列固定资产不得计算折旧扣除：⑴房屋、建筑物以外未投入使用的固定资产；⑵以经营租赁方式租入的固定资产；⑶以融资租赁方式租出的固定资产；⑷已足额提取折旧仍继续使用的固定资产；⑸与经营活动无关的固定资产；⑹单独估价作为固定资产入账的土地；⑺其他不得计算折旧扣除的固定资产。

固定资产按直线法计算折旧。企业应自固定资产投入使用月份的次月起计算折旧；停止使用的固定资产，应自停止使用月份的次月起停止计算折旧。企业应根据固定资产的性质和使用情况，合理确定固定资产的预计净残值。固定资产的预计净残值一经确定，不得变更。

除国务院财政、税务主管部门另有规定外，固定资产计算折旧的最低年限如下：⑴房屋、建筑物，为20年；⑵飞机、火车、轮船、机器、机械和其他生产设备，为

10 年；(3)与生产经营活动有关的器具、工具、家具等，为 5 年；(4)飞机、火车、轮船以外的运输工具，为 4 年；(5)电子设备，为 3 年。

改建的固定资产延长使用年限的，除已足额提取折旧的固定资产和租入固定资产外，应适当延长折旧年限。从事开采石油、天然气等矿产资源的企业，在开始商业性生产前发生的费用和有关固定资产的折耗、折旧方法，由国务院财政、税务主管部门另行规定。

9.4.2　生产性生物资产的税务处理

生产性生物资产是指企业为生产农产品、提供劳务或者出租等而持有的生物资产，包括经济林、薪炭林、产畜和役畜等。其计税基础规定如下：(1)外购的生产性生物资产，以购买价款和支付的相关税费为计税基础；(2)通过捐赠、投资、非货币性资产交换、债务重组等方式取得的生产性生物资产，以该资产的公允价值和支付的相关税费为计税基础。

生产性生物资产按照直线法计算的折旧，准予扣除。企业应自生产性生物资产投入使用月份的次月起计算折旧；停止使用的生产性生物资产，应当自停止使用月份的次月起停止计算折旧。企业应根据生产性生物资产的性质和使用情况，合理确定生产性生物资产的预计净残值。生产性生物资产的预计净残值一经确定，不得变更。

生产性生物资产计算折旧的最低年限：林木类生产性生物资产，为 10 年；畜类生产性生物资产，为 3 年。

9.4.3　无形资产的税务处理

无形资产是指企业为生产产品、提供劳务、出租或者经营管理而持有的、没有实物形态的非货币性长期资产，包括专利权、商标权、著作权、土地使用权、非专利技术、商誉等。无形资产按以下方法确定计税基础：(1)外购的无形资产，以购买价款和支付的相关税费以及直接归属于使该资产达到预定用途发生的其他支出为计税基础；(2)自行开发的无形资产，以开发过程中该资产符合资本化条件后至达到预定用途前发生的支出为计税基础；(3)通过捐赠、投资、非货币性资产交换、债务重组等方式取得的无形资产，以该资产的公允价值和支付的相关税费为计税基础。

在计算应纳税所得额时，企业按照规定计算的无形资产摊销费用，准予扣除。但是，下列无形资产不得计算摊销费用扣除：⑴自行开发的支出已在计算应纳税所得额时扣除的无形资产；⑵自创商誉；⑶与经营活动无关的无形资产；⑷其他不得计算摊销费用扣除的无形资产。

无形资产按直线法计算的摊销费用，准予扣除。外购商誉的支出，在企业整体转让或清算时，准予扣除。

9.4.4 长期待摊费用的税务处理

在计算应纳税所得额时，企业发生的下列支出作为长期待摊费用，按照规定摊销的，准予扣除。

改建支出是指改变房屋或者建筑物结构、延长使用年限等发生的支出。对已足额提取折旧的固定资产的改建支出，按照固定资产预计尚可使用年限分期摊销。

对租入固定资产的改建支出，按照合同约定的剩余租赁期限分期摊销。

固定资产的大修理支出是指同时符合下列条件的支出：⑴修理支出达到取得固定资产时的计税基础 50% 以上；⑵修理后固定资产的使用年限延长 2 年以上。固定资产的大修理支出，按照固定资产尚可使用年限分期摊销。

其他长期待摊费用支出，自支出发生月份的次月起，分期摊销，摊销年限不得低于 3 年。

9.4.5 投资资产的税务处理

（1）通过支付现金方式取得的投资资产，以购买价款为计税基础；
（2）通过支付现金以外的方式取得的投资资产，以该资产的公允价值和支付的相关税费为计税基础。

企业对外投资期间，投资资产的成本在计算应纳税所得额时不得扣除。企业在转让或处置投资资产时，投资资产的成本，准予扣除。

9.4.6 存货的税务处理

存货是指企业持有以备出售的产品或者商品、处在生产过程中的在产品、在生产或者提供劳务过程中耗用的材料和物料等。其计税基础规定如下：⑴通过支付现金方式取得的存货，以购买价款和支付的相关税费为计税基础；⑵通过支付现金以外的方式取得的存货，以该存货的公允价值和支付的相关税费为计税基础；⑶生产性生物资产收获的农产品，以产出或者采收过程中发生的材料费、人工费和分摊的间接费用等必要支出为计税基础。

企业使用或销售存货，按照规定计算的存货成本，准予在计算应纳税所得额时扣除。企业使用或销售的存货的成本计算方法，可以在先进先出法、加权平均法、个别计价法中选用一种。计价方法一经选用，不得随意变更。

9.5 纳税特别调整

9.5.1 关联业务纳税调整

关联业务是指企业与其关联方之间进行的业务往来。关联方是指与企业有下列关联关系之一的企业、其他组织或个人：在资金、经营、购销等方面存在直接或者间接的控制关系；直接或者间接地同为第三者控制；在利益上具有相关联的其他关系。关联关系主要是指企业与其他企业、组织或个人具有下列之一关系：

（1）一方直接或间接持有另一方的股份总和达到25%以上，或者双方直接或间接同为第三方所持有的股份达到25%以上。若一方通过中间方对另一方间接持有股份，只要一方对中间方持股比例达到25%以上，则一方对另一方的持股比例按照中间方对另一方的持股比例计算。

（2）一方与另一方（独立金融机构除外）之间借贷资金占一方实收资本50%以上，或者一方借贷资金总额的10%以上是由另一方（独立金融机构除外）担保。

（3）一方半数以上的高级管理人员（包括董事会成员和经理）或至少一名可以控制董事会的董事会高级成员是由另一方委派，或者双方半数以上的高级管理人员

（包括董事会成员和经理）或至少一名可以控制董事会的董事会高级成员同为第三方委派。

（4）一方半数以上的高级管理人员（包括董事会成员和经理）同时担任另一方的高级管理人员（包括董事会成员和经理），或者一方至少一名可以控制董事会的董事会高级成员同时担任另一方的董事会高级成员。

（5）一方的生产经营活动必须由另一方提供的工业产权、专有技术等特许权才能正常进行。

（6）一方的购买或销售活动主要由另一方控制。

（7）一方接受或提供劳务主要由另一方控制。

（8）一方对另一方的生产经营、交易具有实质控制，或者双方在利益上具有相关联的其他关系，包括虽未达到本条第（1）项持股比例，但一方与另一方的主要持股方享受基本相同的经济利益，以及家族、亲属关系等。

链接小贴士：

关联交易的主要类型

（1）有形资产的购销、转让和使用，包括房屋建筑物、交通工具、机器设备、工具、商品、产品等有形资产的购销、转让和租赁业务。

（2）无形资产的转让和使用，包括土地使用权、版权（著作权）、专利、商标、客户名单、营销渠道、牌号、商业秘密和专有技术等特许权，以及工业品外观设计或实用新型等工业产权的所有权转让和使用权的提供业务。

（3）融通资金，包括各类长短期资金拆借和担保以及各类计息预付款和延期付款等业务。

（4）提供劳务，包括市场调查、行销、管理、行政事务、技术服务、维修、设计、咨询、代理、科研、法律、会计事务等服务的提供。

企业与其关联方之间的业务往来，应按照独立交易原则收取或支付价款、费用。独立交易原则是指没有关联关系的交易各方，按照公平成交价格和营业常规进行业务往来遵循的原则。企业与其关联方共同开发、受让无形资产，或者共同提供、接受劳务发生的成本，在计算应纳税所得额时应按照独立交易原则进行分摊。企业与其关联方分摊成本时，应按照成本与预期收益相配比的原则进行分摊，并在税务机关规定的期限内，按照税务机关的要求报送有关资料。企业与其关联方分摊成本时违反上述规定的，其自行分摊的成本不得在计算应纳税所得额时扣除。

关联业务应纳税所得额的确定方法：

（1）预约定价。预约定价是指企业就其未来年度关联交易的定价原则和计算方法，向税务机关提出申请，与税务机关按照独立交易原则协商、确认后达成的协议。税法规定，企业可以向税务机关提出与其关联方之间业务往来的定价原则和计算方法，税务机关与企业协商、确认后，达成预约定价安排。

（2）纳税调整。①企业与其关联方之间的业务往来，不符合独立交易原则而减少企业或其关联方应纳税收入或所得额的，税务机关有权采取下列合理方法进行调整：可比非受控价格法，是指按照没有关联关系的交易各方进行相同或者类似业务往来的价格进行定价的方法。再销售价格法，是指按照从关联方购进商品再销售给没有关联关系的交易方的价格，减除相同或者类似业务的销售毛利进行定价的方法。成本加成法，是指按照成本加合理的费用和利润进行定价的方法。交易净利润法，是指按照没有关联关系的交易各方进行相同或者类似业务往来取得的净利润水平确定利润的方法。利润分割法，是指将企业与其关联方的合并利润或者亏损在各方之间采用合理标准进行分配的方法。其他符合独立交易原则的方法。②企业从其关联方接受的债权性投资与权益性投资的比例超过规定标准而发生的利息支出，不得在计算应纳税所得额时扣除。债权性投资是指企业直接或者间接从关联方获得的，需要偿还本金和支付利息或者需要以其他具有支付利息性质的方式予以补偿的融资。企业间接从关联方获得的债权性投资，包括：关联方通过无关联第三方提供的债权性投资；无关联第三方提供的、由关联方担保且负有连带责任的债权性投资；其他间接从关联方获得的具有负债实质的债权性投资。权益性投资是指企业接受的不需要偿还本金和支付利息，投资人对企业净资产拥有所有权的投资。

在计算应纳税所得额时，企业实际支付给关联方的利息支出，不超过以下规定比例和税法及其实施条例有关规定计算的部分，准予扣除，超过的部分不得在发生当期和以后年度扣除。企业实际支付给关联方的利息支出，除另有规定外，其接受关联方债权性投资与其权益性投资比例为：金融企业为5：1；其他企业为2：1。

（3）应纳税所得额的核定。企业向税务机关报送年度企业所得税纳税申报表时，应就其与关联方之间的业务往来，附送年度关联业务往来报告表。税务机关在进行关联业务调查时，企业及其关联方，以及与关联业务调查有关的其他企业，应按照规定提供相关资料。企业不提供与其关联方之间业务往来资料，或提供虚假、不完整资料，未能真实反映其关联业务往来情况的，税务机关有权依法核定其应纳税所得额。应纳税所得额的核定方法如下：参照同类或者类似企业的利润率水平核定；按照企业成本加合理的费用和利润的方法核定；按照关联企业集团整体利润的合理比例核定；按照其他合理方法核定。

企业对税务机关按照上述规定的方法核定的应纳税所得额有异议的，应提供相关证据，经税务机关认定后，调整核定的应纳税所得额。

（1）低税率国家（地区）企业未分配的税务处理。由居民企业，或者由居民企业和中国居民控制的设立在实际税负明显低于税法规定的税率水平（25%）的国家（地区）的企业，并非由于合理的经营需要而对利润不作分配或者减少分配的，上述利润中应归属于该居民企业的部分，应计入该居民企业的当期收入。

中国居民是指根据《中华人民共和国个人所得税法》的规定，就其从中国境内、境外取得的所得在中国缴纳个人所得税的个人。所谓控制包括：居民企业或中国居民直接或者间接单一持有外国企业10%以上有表决权股份，且由其共同持有该外国企业50%以上股份；居民企业，或居民企业和中国居民持股比例没有达到第1项规定的标准，但在股份、资金、经营、购销等方面对该外国企业构成实质控制。实际税负明显低于企业所得税法规定税率水平，是指低于企业所得税法规定税率（25%）的50%。

（2）企业其他安排的税务处理。企业实施其他不具有合理商业目的的安排而减少其应纳税收入或所得额的，税务机关有权按照合理方法调整。不具有合理商业目的是指以减少、免除或推迟缴纳税款为主要目的。企业与其关联方之间的业务往来，不符合独立交易原则，或企业实施其他不具有合理商业目的安排的，税务机关有权在该业务发生的纳税年度起10年内，进行纳税调整。

税务机关依照“特别纳税调整”规定作出纳税调整，需要补征税款的，应补征税款，并按照国务院规定加收利息。税务机关根据税收法律、行政法规的规定，对企业作出特别纳税调整的，应对补征的税款，自税款所属纳税年度的次年6月1日起至补缴税款之日止的期间，按日加收利息。加收的利息，不得在计算应纳税所得额时扣除。这里所称的利息应按照税款所属纳税年度中国人民银行公布的与补税期间同期的人民币贷款基准利率加5个百分点计算。企业依照税法及实施条例的规定提供有关资料的，可以只按上述规定的人民币贷款基准利率计算利息。

9.6 税收优惠

9.6.1 基本规定

企业所得税的优惠主要包括政策性优惠和过渡性优惠，其中，政策性优惠主要有鼓励农业发展和基础设施建设的税收优惠、促进可持续发展的税收优惠、促进就业和民族自治地区的政策性优惠。优惠方式包括减免税、减计收入、加速折旧、加计扣除、减低税率、税额抵免等。

9.6.2　政策性优惠的具体内容

（1）鼓励农业发展的税收优惠。企业从事下列项目的所得，免征企业所得税：蔬菜、谷物、薯类、油料、豆类、棉花、麻类、糖料、水果、坚果的种植；农作物新品种的选育；中药材的种植；林木的培育和种植；牲畜、家禽的饲养；林产品的采集；灌溉、农产品初加工、兽医、农技推广、农机作业和维修等农、林、牧、渔服务业项目；远洋捕捞。企业从事下列项目的所得，减半征收企业所得税：花卉、茶以及其他饮料作物和香料作物的种植；海水养殖、内陆养殖。但是，企业从事国家限制和禁止发展的项目，不得享受税收优惠。

（2）鼓励公共基础设施建设的税收优惠。国家重点扶持的公共基础设施项目是指《公共基础设施项目企业所得税优惠目录》规定的港口码头、机场、铁路、公路、城市公共交通、电力、水利等项目。企业从事国家重点扶持的公共基础设施项目的投资经营的所得，自项目取得第一笔生产经营收入所属纳税年度起，第一年至第三年免征企业所得税，第四年至第六年减半征收企业所得税。上述享受减免税优惠的项目，在减免税期限内转让的，受让方自受让之日起，可以在剩余期限内享受规定的减免税优惠；减免税期限届满后转让的，受让方不得就该项目重复享受减免税优惠。企业承包经营、承包建设和内部自建自用以上项目，不得享受上述税收优惠。

（1）鼓励环境保护和节能节水、支持安全生产的税收优惠。①从事符合条件的环境保护、节能节水项目的所得，可以免征、减征企业所得税。符合条件的环境保护、节能节水项目，包括公共污水处理、公共垃圾处理、沼气综合开发利用、节能减排技术改造、海水淡化等。项目的具体条件和范围由国务院财政、税务主管部门与国务院有关部门协商制定，报国务院批准后公布施行。企业从事符合条件的环境保护、节能节水项目的所得，自项目取得第一笔生产经营收入所属纳税年度起，第一年至第三年免征企业所得税，第四年至第六年减半征收企业所得税。上述享受减免税优惠的项目，在减免税期限内转让的，受让方自受让之日起，可以在剩余期限内享受规定的减免税优惠；减免税期限届满后转让的，受让方不得就该项目重复享受减免税优惠。②企业实际购置并自身实际投入使用《环境保护专用设备企业所得税优惠目录》、《节能节水专用设备企业所得税优惠目录》和《安全生产专用设备企业所得税优惠目录》规定的环境保护、节能节水、安全生产等专用设备的，该专用设备的投资额的10%可以从企业当年的应纳税额中抵免；当年不足抵免的，可以在以后5个纳税年度结转抵免。企业购置上述专用设备在5年内转让、出租的，应停止享受企业所得税优惠，并补缴已经抵免的企业所得税税款。

（2）鼓励综合利用资源的税收优惠。企业以《资源综合利用企业所得税优惠目录》规定的资源作为主要原材料，生产国家非限制和禁止并符合国家和行业相关标准的产品取得的收入，减按90%计入收入总额。原材料占生产产品材料的比例不得低于《资源综合利用企业所得税优惠目录》规定的标准。

（3）促进技术创新和科技进步的税收优惠。①在一个纳税年度内，居民企业技术转让所得不超过500万元的部分，免征企业所得税；超过500万元的部分，减半征收企业所得税。②企业开发新技术、新产品、新工艺发生的研究开发费用，未形成无形资产计入当期损益的，在按照规定据实扣除的基础上，按照研究开发费用的50%加计扣除；形成无形资产的，按照无形资产成本的150%摊销。③企业的固定资产由于技术进步等原因，确需加速折旧的，可以缩短折旧年限或者采取加速折旧的方法。固定资产包括：由于技术进步，产品更新换代较快的固定资产；常年处于强震动、高腐蚀状态的固定资产。采取缩短折旧年限方法的，最低折旧年限不得低于实施条例规定折旧年限的60%；采取加速折旧方法的，可以采取双倍余额递减法或者年数总和法。

（4）鼓励软件产业和集成电路产业发展的优惠政策。①软件生产企业实行增值税即征即退政策所退还的税款，由企业用于研究开发软件产品和扩大再生产，不作为企业所得税应税收入，不予征收企业所得税。②我国境内新办软件生产企业经认定后，自获利年度起，第一年和第二年免征企业所得税，第三年至第五年减半征收企业所得税。③国家规划布局内的重点软件生产企业，如当年未享受免税优惠的，减按10%的税率征收企业所得税。④软件生产企业的职工培训费用，可按实际发生额在计算应纳税所得额时扣除。⑤企事业单位购进软件，凡符合固定资产或无形资产确认条件的，可以按照固定资产或无形资产进行核算，经主管税务机关核准，其折旧或摊销年限可以适当缩短，最短可为2年。⑥集成电路设计企业视同软件企业，享受上述软件企业的有关企业所得税政策。⑦集成电路生产企业的生产性设备，经主管税务机关核准，其折旧年限可以适当缩短，最短可为3年。⑧投资额超过80亿元人民币或集成电路线宽小于0.25 um的集成电路生产企业，可以减按15%的税率缴纳企业所得税，其中，经营期在15年以上的，从开始获利的年度起，第一年至第五年免征企业所得税，第六年至第十年减半征收企业所得税。⑨对生产线宽小于0.8微米（含）集成电路产品的生产企业，经认定后，自获利年度起，第一年和第二年免征企业所得税，第三年至第五年减半征收企业所得税。已经享受自获利年度起企业所得税“两免三减半”政策的企业，不再重复执行本条规定。⑩自2008年1月1日起至2010年底，对集成电路生产企业、封装企业的投资者，以其取得的缴纳企业所得税后的利润，直接投资于本企业增加注册资本，或作为资本投资开办其他集成电路生产企业、封装企业，经营期不少于5年的，按40%的比例退还其再投资部分已缴纳的企业所得税税款。再投资不满5年撤出该项投资的，追缴已退的企业所得税税款。自2008年1月1日起至2010年底，对国内外经济组织作为投资者，以其在境内取得的缴纳企业所得税后的利润，作为资本投资于西部地区开办集成电路生产企业、封装企业或软件产品生产企业，经营期不少于5年的，按80%的比例退还其再投资部分已缴纳的企业所得税税款。再投资不满5年撤出该项投资的，追缴已退的企业所得税税款。

（5）鼓励证券投资基金发展的优惠政策。①对证券投资基金从证券市场中取得的收入，包括买卖股票、债券的差价收入，股权的股息、红利收入，债券的利息收入及其他收入，暂不征收企业所得税。②对投资者从证券投资基金分配中取得的收入，暂不征收企业所得税。③对证券投资基金管理人运用基金买卖股票、债券的差价收入，暂不征收企业所得税。

（6）鼓励创业投资的税收优惠。创业投资企业从事国家需要重点扶持和鼓励的创业投资，可以按投资额的一定比例抵扣应纳税所得额。具体是指创业投资企业采取股权投资方式投资于未上市的中小高新技术企业2年以上的，可以按照其投资额的70%在股权持有满2年的当年抵扣该创业投资企业的应纳税所得额；当年不足抵扣的，可以在以后纳税年度结转抵扣。

企业安置残疾人员就业的，在按照支付给残疾职工工资据实扣除的基础上，再按照支付给残疾职工工资的100%加计扣除。残疾人员的范围适用《中华人民共和国残疾人保障法》的有关规定。企业安置国家鼓励安置的其他就业人员所支付的工资的加计扣除办法，由国务院另行规定。

民族自治地方（指依照《中华人民共和国民族区域自治法》实行民族区域自治的自治区、自治州、自治县）的自治机关对本民族自治地方的企业应缴纳的企业所得税中属于地方分享的部分，可以决定减征或者免征。自治州、自治县决定减征或者免征的，须报省、自治区、直辖市人民政府批准。但是，对民族自治地方内国家限制和禁止行业的企业，不得减征或免征企业所得税。

9.6.2　过渡性优惠的具体内容

在2007年3月16日以前经工商等登记管理机关登记设立的企业，依照当时的税收法律、行政法规规定，享受低税率优惠的，可以在新税法施行后5年内，逐步过渡到税法规定的税率。享受定期减免税优惠的，可以继续享受到期满为止，但因未获利而尚未享受优惠的，优惠期限从新税法施行年度起计算。

（1）自2008年1月1日起，原享受企业所得税15%税率的企业，2008年按18%税率执行，2009年按20%税率执行，2010年按22%税率执行，2011年按24%税率执行，2012年按25%税率执行；原执行24%税率的企业，2008年起按25%税率执行。

（2）自2008年1月1日起，原享受企业所得税"两免三减半"、"五免五减半"等定期减免税优惠的企业，新税法施行后继续按原税收法律、行政法规及相关文件规定的优惠办法及年限享受至期满为止，但因未获利而尚未享受税收优惠的，优惠期限从2008年度起计算。对按照有关规定适用15%企业所得税率并享受企业所得税定期减半优惠过渡的企业，应一律按照规定的过渡税率计算的应纳税额实行减半征税，即2008年按18%税率计算的应纳税额实行减半征税；2009年按20%税率计算的应纳税额实行减半征税；2010年按22%税率计算的应纳税额实行减半征税；2011年按24%税率计算的应纳税额实行减半征税；2012年及以后年度按25%税率计算的应纳税额实行减半征税。对原适用24%或33%企业所得税率并享受企业所得税定期减半优惠过渡的企业，2008年及以后年度一律按25%税率计算的应纳税额实行减半征税。

（3）根据国务院实施西部大开发有关文件精神，财政部、税务总局和海关总署联合下发的《财政部、国家税务总局、海关总署关于西部大开发税收优惠政策问题的通知》（财税［2001］202号）中规定的西部大开发企业所得税优惠政策继续执行。对2008年1月1日后民族自治地方批准享受减免税的企业，仅限于减免企业所得税中属于地方分享的部分，不得减免属于中央分享的部分。民族自治地方在新税法实施前已经按照《财政部国家税务总局海关总署总关于西部大开发税收优惠政策问题的通知》有关减免税规定批准享受减免企业所得税（包括减免中央分享企业所得税的部分）的，自2008年1月1日起计算，对减免税期限在5年以内（含5年）的，继续执行至期满后停止；对减免税期限超过5年的，从第六年起，仅限于减免企业所得税中属于地方分享的部分。

企业所得税过渡优惠政策与新税法及实施条例规定的优惠政策存在交叉的，由企业选择最优惠的政策执行，不得叠加享受，且一经选择，不得改变。

特定区域是指法律设置的发展对外经济合作和技术交流的特定地区，即深圳、珠海、汕头、厦门和海南经济特区，以及国务院已规定执行上述地区特殊政策的上海浦东新区。对经济特区和上海浦东新区内在2008年1月1日（含）之后完成登记注册的国家需要重点扶持的高新技术企业（简称新设高新技术企业），在经济特区和上海浦东新区内取得的所得，自取得第一笔生产经营收入所属纳税年度起，第一年至第二年免征企业所得税，第三年至第五年按照25%的法定税率减半征收企业所得税。国家需要重点扶持的高新技术企业是指拥有核心自主知识产权，同时符合企业所得税法实施条例规定的条件，并按照《高新技术企业认定管理办法》认定的高新技术企业。

经济特区和上海浦东新区内新设高新技术企业同时在经济特区和上海浦东新区以外的地区从事生产经营的，应单独计算其在经济特区和上海浦东新区内取得的所得，并合理分摊企业的期间费用；没有单独计算的，不得享受企业所得税优惠。企业在享受过渡性税收优惠期间，由于复审或抽查不合格而不再具有高新技术企业资格的，从其不再具有高新技术企业资格年度起，停止享受过渡性税收优惠；以后再次被认定为高新技术企业的，不得继续享受或者重新享受过渡性税收优惠。

9.7 税额计算

9.7.1 税额计算

企业应缴纳的企业所得税税额，为应纳税所得额乘以适用税率，再减除依照规定减免和抵免的税额后的余额。计算公式为：

应纳税额＝应纳税所得额×适用税率－减免税额－抵免税额

公式中的减免税额和抵免税额是指依照《企业所得税法》和国务院的税收优惠规定减征、免征的应纳税额。

（1）直接抵免。企业取得的下列所得已在境外缴纳的所得税税额，可以从其当期应纳税额中抵免，抵免限额为该项所得依照中国税法规定计算的应纳税额；超过抵免限额的部分，可以在以后5个年度内，用每年度抵免限额抵免当年应抵税额后的余额进行抵补。居民企业来源于中国境外的应税所得；非居民企业在中国境内设立机构、场所，取得发生在中国境外但与该机构、场所有实际联系的应税所得。

①已在境外缴纳所得税税额的确定。已在境外缴纳的所得税税额是指企业来源于中国境外的所得依照中国境外税收法律以及相关规定应当缴纳并已经实际缴纳的企业所得税性质的税款。企业应提供中国境外税务机关出具的税款所属年度的有关纳税凭证。

②抵免限额的计算。抵免限额是指企业来源于中国境外的所得，依照税法及实施条例的规定计算的应纳税额。除国务院财政、税务主管部门另有规定外，该抵免限额应当分国（地区）不分项计算，计算公式为：

$$\text{抵免限额} = \frac{\text{中国境内、境外所得依照税法及实}}{\text{施条例的规定计算的应纳税总额}} \times \frac{\text{来源于某国(地区)}}{\text{的应纳税所得额}} \div \frac{\text{中国境内、境外}}{\text{应纳税所得总额}}$$

③抵免税额的确定。纳税人来源于境外所得已在境外实际缴纳的税款低于按上述公式计算的抵免限额的，可在汇总纳税时从应纳税额中按实扣除；超过抵免限额的，其超过部分不得在本年度的应纳税额中扣除，但可用以后年度税额抵免后的余额补扣，补扣期限最长不得超过5年。5年是指从企业取得的来源于中国境外的所得，已经在中国境外缴纳的企业所得税性质的税额超过抵免限额的当年的次年起连续5个纳税年度。

（2）间接抵免。税法规定，居民企业从其直接或间接控制的外国企业分得的来源于中国境外的股息、红利等权益性投资收益，外国企业在境外实际缴纳的所得税税额中属于该项所得负担的部分，可以作为该居民企业的可抵免境外所得税税额，在规定的抵免限额（即依照中国税法计算的应纳税额）内抵免。所称直接控制是指居民企业直接持有外国企业20%以上股份。间接控制是指居民企业以间接持股方式持有外国企业20%以上股份，具体认定办法由国务院财政、税务主管部门另行制定。企业依照税法规定抵免企业所得税税额时，应提供中国境外税务机关出具的税款所属年度的有关纳税凭证。

假定某大型国有控股企业2008年度有关生产经营资料如下：①主营业务收入9 600万元，主营业务成本6 400万元，缴纳增值税432万元，营业税金及附加58万元。②销售费用350万元，其中广告费和业务宣传费320万元。③管理费用450万元，其中：业务招待费70万元；新技术研究开发费150万元。④财务费用账户借方余额15万元。该账户贷方记载：存款利息收入8万元；借方记载：手续费支出2万元，借款利息支出21万元。企业借款情况是：本年初向银行借款150万元，年利率为6%；年初又向其他企业拆借资金120万元，年利率为10%；两项借款均用于生产经营，年底尚未归还。⑤营业外支出25万元，其中税收滞纳金、罚款5万元，直接捐赠给某敬老院15万元。⑥投资收益2万元，系国债利息收入。⑦投资300万元购置节能节水专用设备一套，已投入使用。其他资料：该厂全年发放并列入成本费用的工资支出200万元，发生职工福利费30万元，拨缴工会经费4万元，发生职工教育经费5.50万元。计算该厂2008年度应纳的企业所得税额。

分析：（1）收入总额=9 600+8+2=9 610（万元），其中：免税收入2万元

（2）实际发生的成本、费用、税金和损失金额=6 400+58+350+450+（2+21）+25
=7 306（万元）

（3）测算各项扣除额：

①广告费和业务宣传费扣除限额=9 600×15%=1 440（万元）

实际发生额320万元小于扣除限额1 440万元，准予据实扣除。

②业务招待费最高扣除额＝9 600×5‰＝48（万元）

实际发生额的60%＝70×60%＝42（万元）<48万元

故准予在税前扣除的业务招待费为42万元，应调增所得额28万元。

③技术开发费加计扣除额＝150×50%＝75（万元）

应调减所得额75万元。

④不得在税前扣除的利息支出＝120×（10%－6%）＝4.80（万元）

应调增所得额4.80万元。

⑤税收滞纳金和罚款、直接捐赠给某敬老院支出不得在税前扣除，应调增所得额20万元。

⑥职工福利费扣除限额＝200×14%＝28（万元）

应调增所得额＝30－28＝2（万元）

⑦工会经费扣除限额＝200×2%＝4（万元）

实际拨缴额4万元未超标准，准予据实扣除。

⑧职工教育经费扣除限额＝200×2.5%＝5（万元）

实际发生额5.5万元超过限额。

应调增所得额＝5.5－5＝0.5（万元）

（4）应纳税所得额＝9 610－2－7 306＋28－75＋4.8＋20＋2＋0.5＝2 282.3（万元）

（5）应纳税额＝2 282.3×25%＝570.58（万元）

（6）专用设备投资可抵免税额＝300×10%＝30（万元）

（7）抵免后应纳税额＝570.58－30＝540.58（万元）

9.8 税款缴纳

9.8.1 征税办法

企业所得税按纳税年度计算。纳税年度自公历1月1日起至12月31日止。企业在一个纳税年度中间开业，或终止经营活动，使该纳税年度的实际经营期不足12个月的，以其实际经营期为一个纳税年度。企业依法清算时，以清算期间作为一个纳税年度。

（1）预缴。企业所得税分月或分季预缴。企业自月份或季度终了之日起15日内，向税务机关报送预缴企业所得税纳税申报表，预缴税款。

企业分月或分季预缴企业所得税时，应按照月度或季度的实际利润额预缴；按照月度或季度的实际利润额预缴有困难的，可以按照上一纳税年度应纳税所得额的月度或季度平均额预缴，或按照经税务机关认可的其他方法预缴。预缴方法一经确定，该纳税年度内不得随意变更。

企业在纳税年度内无论盈利或者亏损，都应依照税法规定的期限，向税务机关报送预缴企业所得税纳税申报表、年度企业所得税纳税申报表、财务会计报告和税务机关规定应当报送的其他有关资料。

（2）汇算清缴。企业自年度终了之日起 5 个月内，向税务机关报送年度企业所得税纳税申报表，并汇算清缴，结清应缴应退税款。在报送企业所得税纳税申报表时，应按照规定附送财务会计报告和其他有关资料。

企业在年度中间终止经营活动的，自实际经营终止之日起 60 日内，向税务机关办理当期企业所得税汇算清缴。企业应在办理注销登记前，就其清算所得向税务机关申报并依法缴纳企业所得税。清算所得是指企业的全部资产可变现价值或者交易价格减除资产净值、清算费用以及相关税费等后的余额。

投资方企业从被清算企业分得的剩余资产，其中相当于从被清算企业累计未分配利润和累计盈余公积中应分得的部分，应确认为股息所得；剩余资产减除上述股息所得后的余额，超过或低于投资成本的部分，应确认为投资资产转让所得或者损失。

企业所得税以人民币计算。所得以人民币以外的货币计算的，应折合成人民币计算并缴纳税款。企业所得以人民币以外的货币计算的，预缴企业所得税时，应按照月度或季度最后 1 日的人民币汇率中间价，折合成人民币计算应纳税所得额。年度终了汇算清缴时，对已经按照月度或季度预缴税款的，不再重新折合计算，只就该纳税年度内未缴纳企业所得税的部分，按照纳税年度最后 1 日的人民币汇率中间价，折合成人民币计算应纳税所得额。经税务机关检查确认，企业少计或多计外币所得的，应按照检查确认补税或退税时的上 1 个月最后 1 日的人民币汇率中间价，将少计或多计的外币所得折合成人民币计算应纳税所得额，再计算应补缴或应退的税款。

9.8.2 纳税地点

除税收法律、行政法规另有规定外，居民企业以企业登记注册地为纳税地点；但登记注册地在境外的，以实际管理机构所在地为纳税地点。企业登记注册地是指企业依照国家有关规定登记注册的住所所在地。居民企业在中国境内设立不具有法人资格的营业机构的，应汇总计算并缴纳企业所得税。企业汇总纳税时，应统一核算应纳税所得额，具体办法由国务院财政、税务主管部门另行制定。除国务院另有规定外，母子公司不得合并缴纳企业所得税。

非居民企业在中国境内设立的机构、场所取得的来源于中国境内的所得，以及发生在中国境外但与该机构、场所有实际联系的所得，以机构、场所所在地为纳税地点。非居民企业在中国境内设立两个或两个以上机构、场所的，可以选择由其主要机构、场所汇总缴纳企业所得税。负责汇总纳税的主要机构、场所，应同时符合下列条件，并且须经各机构、场所所在地税务机关的共同上级税务机关审核批准。①对其他各机构、场所的生产经营活动负有监督管理责任；②设有完整的账簿、凭证，能够准确反映各机构、场所的收入、成本、费用和盈亏情况。非居民企业经批准汇总纳税后，需要增设、合并、迁移、关闭机构、场所或停止机构、场所业务的，应事先由负责汇总纳税的主要机构、场所向其所在地税务机关报告；需要变更汇总纳税的主要机构、场所的，依照上述规定办理。

9.8.3 非居民企业所得税的源泉扣缴

非居民企业在中国境内未设立机构、场所的，或虽设立机构、场所但取得的所得与其所设机构、场所没有实际联系的，其来源于中国境内的所得应缴纳的企业所得税，实行源泉扣缴，以支付人为扣缴义务人。税款由扣缴义务人在每次支付或到期应支付时，从支付或到期应支付的款项中扣缴。支付人是指依照有关法律规定或合同约定对非居民企业直接负有支付相关款项义务的单位或个人。支付包括现金支付、汇拨支付、转账支付和权益兑价支付等货币支付和非货币支付。到期应支付的款项是指支付人按照权责发生制原则应计入相关成本、费用的应付款项。

对非居民企业在中国境内取得工程作业和劳务所得应缴纳的所得税，税务机关可以指定工程价款或劳务费的支付人为扣缴义务人。可以指定扣缴义务人的情形包括：①预计工程作业或提供劳务期限不足一个纳税年度，且有证据表明不履行纳税义务的；②没有办理税务登记或临时税务登记，且未委托中国境内的代理人履行纳税义务的；③未按照规定期限办理企业所得税纳税申报或预缴申报的。

上述规定的扣缴义务人，由县级以上税务机关指定，并同时告知扣缴义务人所扣税款的计算依据、计算方法、扣缴期限和扣缴方式。

扣缴义务人每次代扣的税款，应自代扣之日起 7 日内缴入国库，并向所在地的税务机关报送扣缴企业所得税报告表。纳税地点为扣缴义务人所在地。

扣缴义务人对依法应扣缴的所得税，未依法扣缴或无法履行扣缴义务的，由纳税人在所得发生地缴纳。纳税人未依法缴纳的，税务机关可以从该纳税人在中国境内其他收入项目的支付人应付的款项中，追缴该纳税人的应纳税款。在中国境内存在多处所得发生地的，由纳税人选择其中之一申报缴纳企业所得税。

税务机关在追缴该纳税人应纳税款时，应将追缴理由、追缴数额、缴纳期限和缴纳方式等告知该纳税人。

企业所得税年度纳税申报表见附表6。

本章小结

1. 企业所得税是对我国境内在中国境内取得收入的企业和其他组织（统称企业）的生产经营所得和其他所得征收的一种税。

2. 企业所得税的纳税人是在中国境内取得收入的企业和其他组织（统称企业），包括居民企业和非居民企业。居民企业承担全面纳税义务，应当就其来源于中国境内、境外的所得缴纳企业所得税。非居民企业承担有限纳税义务，一般只就其来源于我国境内的所得纳税。

3. 企业所得税的征税对象是企业取得的各项应税所得，包括：销售货物所得、提供劳务所得、转让财产所得、股息红利等权益性投资所得、利息所得、租金所得、特许权使用费所得、接受捐赠所得和其他所得。

4. 企业所得税实行比例税率。现行企业所得税的法定税率定为25%。非居民企业在中国境内未设立机构、场所而有来源于中国境内的所得，或虽设立机构、场所但取得的来源于中国境内的所得与其所设机构、场所没有实际联系的，其应缴纳企业所得税，实行源泉扣缴，法定税率为20%。

5. 符合条件的小型微利企业，减按20%的税率征收企业所得税。国家需要重点扶持的高新技术企业，减按15%的税率征收企业所得税。

6. 企业所得税的税基是企业的应纳税所得额。应纳税所得额是企业每一纳税年度的收入总额，减除不征税收入、免税收入、各项扣除以及允许弥补的以前年度亏损后的余额。纳税人应纳税所得额的计算，以权责发生制为原则。

7. 收入总额是企业以货币形式和非货币形式取得的各种收入。包括下列内容：①销售货物收入，②提供劳务收入，③转让财产收入，④股息、红利等权益性投资收益，⑤利息收入，⑥租金收入，⑦特许权使用费收入，⑧接受捐赠收入，⑨其他收入。

8. 不征税收入是排除在应税总收入之外的、非经营活动或非营利活动带来的经济利益流入。

9. 免税收入不同于不征税收入，属于税收优惠。

10. 在计算应纳税所得额时，准予从收入总额中扣除的项目是企业实际发生的与取得收入有关的、合理的支出，包括成本、费用、税金、损失和其他支出。

11. 企业发生的合理的工资薪金支出，准予扣除。

12. 企业依照国务院有关主管部门或省级人民政府规定的范围和标准为职工缴纳的基本养老保险费、基本医疗保险费、失业保险费、工伤保险费、生育保险费等基本社会保险费和住房公积金，准予扣除。

13. 企业发生的职工福利费支出，不超过工资薪金总额14%的部分，准予扣除。企业拨缴的工会经费，不超过工资薪金总额2%的部分，准予扣除。除国务院财政、税务主管部门另有规定外，企业发生的职工教育经费支出，不超过工资薪金总额2.5%的部分，准予扣除；超过部分，准予在以后纳税年度结转扣除。

14. 企业在生产经营活动中发生的合理的不需要资本化的借款费用，准予扣除。

15. 企业发生的与生产经营活动有关的业务招待费支出，按照发生额的60%扣除，但最高不得超过当年销售（营业）收入的5‰。

16. 企业发生的符合条件的广告费和业务宣传费支出，除国务院财政、税务主管部门另有规定外，不超过当年销售（营业）收入15%的部分，准予扣除；超过部分，准予在以后纳税年度结转扣除。

17. 企业依照法律、行政法规有关规定提取的用于环境保护、生态恢复等方面的专项资金，准予扣除。

18. 企业根据生产经营活动的需要租入固定资产支付的租赁费，以经营租赁方式租入固定资产发生的租赁费支出，按照租赁期限均匀扣除；以融资租赁方式租入固定资产发生的租赁费支出，按照规定构成融资租入固定资产价值的部分应提取折旧费用，分期扣除。

19. 企业之间支付的管理费、企业内营业机构之间支付的租金和特许权使用费，以及非银行企业内营业机构之间支付的利息，不得扣除。

20. 企业发生的公益性捐赠支出，在年度利润总额12%以内的部分，准予在计算应纳税所得额时扣除。

21. 企业参加财产保险，按照规定缴纳的保险费，准予扣除。

22. 企业发生的合理的劳动保护支出，准予扣除。

23. 企业转让资产，该项资产的净值，准予在计算应纳税所得额时扣除。

24. 企业纳税年度发生的亏损，准予向以后年度结转，用以后年度的所得弥补，但结转年限最长不得超过5年。

25. 固定资产按直线法计算折旧。生产性生物资产按照直线法计算的折旧，准予扣除。无形资产按直线法计算的摊销费用，准予扣除。外购商誉的支出，在企业整体转让或清算时，准予扣除。企业发生的长期待摊费用，按照规定摊销的，准予扣除。

26. 企业所得税的优惠主要包括政策性优惠和过渡性优惠。优惠方式包括减免税、减计收入、加速折旧、加计扣除、减低税率、税额抵免等。

27. 企业应缴纳的企业所得税税额，为应纳税所得额乘以适用税率，再减除依照规定减免和抵免的税额后的余额。

28. 企业所得税按纳税年度计算。纳税年度自公历1月1日起至12月31日止。企业所得税分月或分季预缴。企业自月份或季度终了之日起15日内，向税务机关报送预缴企业所得税纳税申报表，预缴税款。企业自年度终了之日起5个月内，向税务机关报送年度企业所得税纳税申报表，并汇算清缴，结清应缴应退税款。在报送企业所得税纳税申报表时，应按照规定附送财务会计报告和其他有关资料。

29. 企业所得税以人民币计算。所得以人民币以外的货币计算的，应折合成人民币计算并缴纳税款。

30. 居民企业以企业登记注册地为纳税地点；但登记注册地在境外的，以实际管理机构所在地为纳税地点。

31. 非居民企业在中国境内设立的机构、场所取得的来源于中国境内的所得，以及发生在中国境外但与该机构、场所有实际联系的所得，以机构、场所所在地为纳税地点。

思 考 题

1. 企业所得税的纳税人是如何规定的?
2. 企业所得税税基如何确定?
3. 企业所得税税率规定。
4. 企业所得税优惠政策的内容。
5. 对企业取得的境外所得，在汇总纳税时应如何处理?
6. 企业所得税的纳税地点是如何规定的?

第十章　个人所得税

学习目标

1. 了解个人所得税税种的设置。
2. 掌握居民纳税人与非居民纳税人的划分标准。
3. 熟悉个人所得税征税对象。
4. 掌握各种应税所得费用扣除方法及扣除标准。
5. 了解个人所得税优惠政策的内容。
6. 掌握个人所得税应纳税额的计算。
7. 熟悉个人所得税税款的征收与缴纳方法。

关键名词

居民纳税人　非居民纳税人　住所　临时离境　附加减除费用　加成征税　利息所得税　费用减除标准　速算扣除数

10.1　税种设置

10.1.1　个人所得税的概念

个人所得税是以自然人即个人为纳税义务人，对个人一定期间的所得或收入课征的一种税。

10.1.2　个人所得税的产生

个人所得税于1799年创立于英国，是目前世界各国普遍开征的一个税种。我国个人所得税制度的创建始议于20世纪之初。清末宣统年间，曾经起草过《所得税章程》，其中包括对个人所得征税的内容。中华民国成立后，曾经以上述章程为基础制定过《所得税条例》，并于1914年初公布，但是在此后的20多年间未能真正实行。1936年7月21日，国民政府公布《所得税暂行条例》，其中包括对个人所得征税的内容，自同年10月1日起陆续开征。至此，我国历史上第一次开征了个人所得税。

1950年颁布《全国税收实施要则》曾列有薪给报酬所得税（未开征）和存款利息所得税。1980年9月10日，第五届全国人民代表大会第三次会议通过了《中华人民共和国个人所得税法》，同日以中华人民共和国全国人民代表大会常务委员会委员长令公布施行。这是新中国成立以后制定的第一部个人所得税法。为了适应个体工商业户迅速发展的情况，1986年1月7日，国务院发布了《中华人民共和国城乡个体工商业户所得税暂行条例》，自1986年度起施行。为了进一步调节个人收入，防止社会成员之间差距悬殊，1986年9月25日，国务院发布了《中华人民共和国个人收入调节税暂行条例》，自1987年1月1日起施行。为了适应建立社会主义市场经济体制的需要，我国于1994年实行了个人所得税制度的全面改革，将原来按照纳税人的类型分别设立的个人所得税、个人收入调节税和个体工商业户所得税合并为统一的个人所得税，并从纳税人、征税项目、免税项目、税率、费用扣除等方面加以完善，从而形成了新中国成立以后第一套比较完整、统一的，适应经济发展需要的，符合我国国情的个人所得税制度。1999年和2005年我国两度修订个人所得税法。自1999年11月1日起，对储蓄存款利息所得恢复征收个人所得税；自2006年1月1日，工资薪金所得费用减除标准由800元提高到1 600元；自2008年3月1日起，费用减除标准提高到2 000元。

10.1.3 个人所得税的作用

个人所得税收入在我国的税收总额中所占的比重逐年上升，已经从1992年以前的不足1%提高到2005的7%左右。1994~2007年中国个人所得税收入情况见表10-1。

调节个人的收入水平，有利于实现收入分配公平。调节个人收入水平，实现社会公平，是个人所得税的重要职能。改革开放以来，人们的收入水平显著提高，收入差距也逐步扩大，出现收入差距悬殊的情况，运用个人所得税予以调节，这对于实现社会公平，维持社会安宁与稳定，具有极其重要的意义。

表 10－1　**1994～2007 年中国个人所得税收入情况**　单位：亿元

项　目	1994 年	1995 年	1996 年	1997 年	1998 年	1999 年	2000 年
个人所得税收入	72.7	131.5	193.2	259.9	338.6	414.3	660.4
项　目	2001 年	2002 年	2003 年	2004 年	2005 年	2006 年	2007 年
个人所得税收入	996.0	1 211.1	1 417.3	1 737.1	2 093.9	2 452.3	3 185.0

资料来源：国家税务总局网站，http：//www.chinatax.gov.cn/，税收收入统计。

为维护国家主权，贯彻国与国之间的平等互利原则。根据国际通行的征税原则，外籍人员在我国境内取得的所得，除了向我国政府依法纳税外，还要向其本国政府缴纳部分个人所得税。如果我们不征税，就相当于把我国应该征收的税款转让给了外国政府，使我国的经济权益外溢。因此，开征个人所得税，对境内的外籍人员行使税收管辖权，有利于维护国家权益，有利于贯彻平等互利和对等原则。

随着经济的发展和个人收入水平的逐步提高，需要缴纳个人所得税的人会逐渐增多。因此，开征个人所得税有利于培养人们的纳税习惯，增强纳税的法制观念，树立正确的纳税意识。

10.2　纳税人与征税对象

10.2.1　纳税义务人

我国个人所得税纳税人划分为居民纳税人和非居民纳税人。见图 10－1。

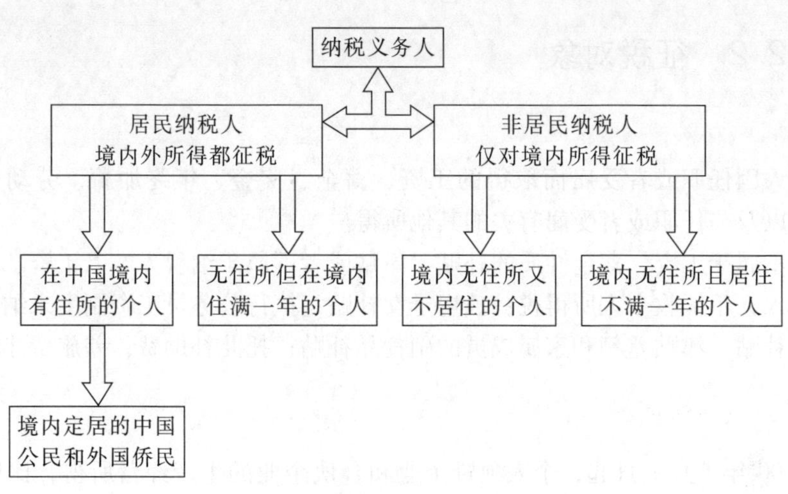

图 10－1　个人所得税纳税人及其纳税义务

根据个人所得税法规定，居民纳税人是指在中国境内有住所，或者无住所而在中国境内居住满 1 年的个人。所谓在中国境内有住所的个人，是指因户籍、家庭、经济利益关系，而在中国境内习惯性居住的个人。这里所说的习惯性居住，是指个人因学习、工作、探亲等原因消除之后，没有理由在其他地方继续居留时，所要回到的地方，而不是指实际居住或在某一个特定时期内的居住地。在境内居住满 1 年，是指在一个纳税年度（即公历 1 月 1 日起至 12 月 31 日止，下同）内，在中国境内居住满 365 日。在计算居住天数时，对临时离境应视同在华居住，不扣减天数。这里所说的临时离境，是指在一个纳税年度内，一次不超过 30 日或者多次累计不超过 90 日的离境。“中国境内”的概念，是指施行《中华人民共和国个人所得税法》的地区，即中国大陆地区，目前还不包括香港、澳门和台湾地区。

根据个人所得税法规定，非居民纳税人是指“在中国境内无住所又不居住，或无住所且居住不满一年的个人”。也就是说，非居民纳税人，是指习惯性居住地不在中国境内，而且不在中国居住，或者在一个纳税年度内，在中国境内居住不满一年的个人。非居民纳税义务承担有限纳税义务，即仅就其来源于中国境内的所得，向中国缴纳个人所得税。自 2000 年 1 月 1 日起，个人独资企业和合伙企业投资者也为个人所得税的纳税义务人。

10.2.2 征税对象

指个人因任职或者受雇而取得的工资、薪金、奖金、年终加薪、劳动分红、津贴、补贴以及与任职或者受雇有关的其他所得。

下列不属于工资、薪金性质的补贴、津贴或者不属于纳税人本人工资、薪金所得项目的收入，不征收个人所得税：独生子女补贴；执行公务员工资制度未纳入基本工资总额的补贴、津贴差额和家属成员的副食品补贴；托儿补助费；差旅费津贴、误餐补助。

从2000年1月1日起，个人独资企业和合伙企业的生产经营所得，比照“个体工商户的生产、经营所得”项目，征收个人所得税。

对企事业单位的承包经营、承租经营所得，是指个人承包经营或承租经营以及转包、转租取得的所得。

劳务报酬所得，指个人独立从事各种非雇佣的各种劳务所取得的所得。工资、薪金所得与劳务报酬所得的区别在于：工资、薪金所得是属于非独立个人劳务活动，即在机关、团体、学校、部队、企业、事业单位及其他组织中任职、受雇而得到的报酬。而劳务报酬所得，则是个人独立从事各种技艺、提供各项劳务取得的报酬。

稿酬所得，是指个人因其作品以图书、报刊形式出版、发表而取得的所得。对于不以图书、报刊形式出版、发表的翻译、审稿、书画等，不属于稿酬所得，而划归劳务报酬所得。

特许权使用费所得，是指个人提供专利权、商标权、著作权、非专利技术以及其他特许权的使用权取得的所得。提供著作权的使用权取得的所得，不包括稿酬所得。

利息、股息、红利所得，是指个人拥有债券、股权而取得的利息、股息、红利所得。但对个人取得的国债利息、国家发行的金融债券的利息，免征所得税。

财产租赁所得，是指个人出租建筑物、土地使用权、机器设备、车船以及其他财产取得的所得。个人取得的财产转租收入，属于“财产租赁所得”的征税范围，由财产转租人缴纳个人所得税。

财产转让所得，是指个人转让有价证券、股权、建筑物、土地使用权、机器设备、车船以及其他财产取得的所得。

偶然所得，是指个人得奖、中奖、中彩以及其他偶然性质的所得。

除上述列举的各项个人应税所得外，其他确有必要征税的个人所得，由国务院财政部门确定。

10.3 税率、税基与税额的计算

10.3.1 税率

个人所得税按照不同的收入项目分别规定适用不同的税率。

(1) 工资、薪金所得，是按九级超额累进税率纳税，见表10-2。

(2) 个体工商户的生产、经营所得，对企事业单位承包经营、承租经营所得是按五级超额累进税率纳税，见表10-3。

表10-2　工资、薪金所得个人所得税税率

级数	全月应纳税所得额	税率（%）
1	不超过500元的部分	5
2	超过500~2 000元的/部分	10
3	超过2 000~5 000元的部分	15
4	超过5 000~20 000元的部分	20
5	超过20 000~40 000元的部分	25
6	超过40 000~60 000元的部分	30
7	超过60 000~80 000元的部分	35
8	超过80 000~100 000元的部分	40
9	超过100 000元的部分	45

表 10－3　　个体工商户的生产、经营所得，对企事业单位的承包经营、承租经营所得个人所得税税率

级数	全月应纳税所得额	税率（%）
1	不超过 5 000 元	5
2	超过 5 000～10 000 元的部分	10
3	超过 10 000～30 000 元的部分	20
4	超过 30 000～50 000 元的部分	30
5	超过 50 000 元的部分	35

（3）劳务报酬所得、稿酬所得、特许权使用费所得、利息、股息、红利所得、财产租赁所得、财产转让所得、偶然所得、国务院财政部门确定征税的其他所得，实行 20% 比例税率。其中：稿酬所得减征 30%；对个人按市场价格出租房屋取得的所得，暂减按 10% 的税率征收个人所得税。2007 年 8 月 15 日后（含当日）储蓄存款利息所得，按照 5% 的税率征收个人所得税。在 2008 年 10 月 9 日后（含 10 月 9 日）的利息所得，暂免征收个人所得税。劳务报酬所得加征 5～10 成。实际上，劳务报酬所得适用 3 级超额累进税率，税率为 20%、30%、40%，见表 10－4。

表 10－4　　劳务报酬所得适用税率和速算扣除数

级数	每次应纳税所得额	税率（%）	速算扣除数
1	不超过 20 000 元的	20	0
2	超过 20 000 元至 50 000 元的部分	30	2 000
3	超过 50 000 元的部分	40	7 000

10.3.2　税基

（1）基本规定。对工资、薪金所得按月征税，以每月收入额减去费用扣除标准额后的余额，为应纳税所得额。基本减除费用扣除标准为每月定额扣除 800 元（2008 年 3 月 1 日起，调整为 2 000 元），适用于所有取得工资、薪金所得的纳税人。

应纳税所得额＝月工资、薪金所得额－费用扣除额

附加减除费用是指每月在减去基本减除（2008 年 3 月 1 日起，调整为 2 800 元）费用的基础上，再减去 3 200 元的费用。适用于下列人员：①在中国境内的外商投资企业和外国企业中工作的外籍人员；②应聘在中国境内企业、事业单位、社会团体、

国家机关中工作的外籍专家；③在中国境内有住所而在中国境外任职或者受雇取得工资、薪金所得的个人；④财政部确定的其他人员。华侨和香港、澳门、台湾同胞参照上述附加减除费用标准执行。

（2）一次取得数月奖金或年终加薪、劳动分红的征税规定。根据规定，自2005年1月1日起，个人取得全年一次性奖金征税按下列办法执行：[①] 纳税人取得全年一次性奖金，单独作为一个月工资、薪金所得计算纳税，并按以下计税办法，由扣缴义务人发放时代扣代缴：①先将雇员当月内取得的全年一次性奖金，除以12个月，按其商数确定适用税率和速算扣除数。如果在发放年终一次性奖金的当月，雇员当月工资薪金所得低于税法规定的费用扣除额，应将全年一次性奖金减除"雇员当月工资薪金所得与费用扣除额的差额"后的余额，按上述办法确定全年一次性奖金的适用税率和速算扣除数。②将雇员个人当月内取得的全年一次性奖金，按本条第①项确定的适用税率和速算扣除数计算征税，计算公式如下：

• 如果雇员当月工资薪金所得高于（或等于）税法规定的费用扣除额的，适用公式为：

$$\text{应纳税额}=\text{雇员当月取得全年一次性奖金}\times\text{适用税率}-\text{速算扣除数}$$

• 如果雇员当月工资薪金所得低于税法规定的费用扣除额的，适用公式为：

$$\text{应纳税额}=\left(\text{雇员当月取得全年一次性奖金}-\begin{matrix}\text{雇员当月工资薪金所得}\\\text{与费用扣除额的差额}\end{matrix}\right)\times\text{适用税率}-\text{速算扣除数}$$

③在一个纳税年度内，对每一个纳税人，该计税办法只允许采用一次。④实行年薪制和绩效工资的单位，个人取得年终兑现的年薪和绩效工资按②、③项规定执行。⑤雇员取得除全年一次性奖金以外的其他各种名目奖金，如半年奖、季度奖、加班奖、先进奖、考勤奖等，一律与当月工资、薪金收入合并，按税法规定缴纳个人所得税。⑥对无住所个人取得本通知第五条所述的各种名目奖金，如果该个人当月在我国境内没有纳税义务，或者该个人由于出入境原因导致当月在我国工作时间不满一个月的，仍按照《国家税务总局关于在我国境内无住所的个人取得奖金征税问题的通知》（国税发［1996］183号）计算纳税。

（3）对基本养老保险费、基本医疗保险费、失业保险费、住房公积金有关个人所得税政策[②]：①企事业单位按照国家或省（自治区、直辖市）人民政府规定的缴费比例或办法实际缴付的基本养老保险费、基本医疗保险费和失业保险费，免征个人所

---

① 国家税务总局：《关于调整个人取得全年一次性奖金等计算征收个人所得税方法问题的通知》（国税发［2005］9号）。

② 财政部、国家税务总局：《关于基本养老保险费、基本医疗保险费、失业保险费、住房公积金和个人所得税政策的通知》，财税［2006］10号。

得税；个人按照国家或省（自治区、直辖市）人民政府规定的缴费比例或办法实际缴付的基本养老保险费、基本医疗保险费和失业保险费，允许在个人应纳税所得额中扣除。企事业单位和个人超过规定的比例和标准缴付的基本养老保险费、基本医疗保险费和失业保险费，应将超过部分并入个人当期的工资、薪金收入，计征个人所得税。②根据《住房公积金管理条例》、《建设部 财政部 中国人民银行关于住房公积金管理若干具体问题的指导意见》（建金管［2005］5 号）等规定精神，单位和个人分别在不超过职工本人上一年度月平均工资 12% 的幅度内，其实际缴存的住房公积金，允许在个人应纳税所得额中扣除。单位和职工个人缴存住房公积金的月平均工资不得超过职工工作地所在设区城市上一年度职工月平均工资的 3 倍，具体标准按照各地有关规定执行。单位和个人超过上述规定比例和标准缴付的住房公积金，应将超过部分并入个人当期的工资、薪金收入，计征个人所得税。③个人实际领（支）取原提存的基本养老保险金、基本医疗保险金、失业保险金和住房公积金时，免征个人所得税。④前述职工工资口径按照国家统计局规定列入工资总额统计的项目计算。

个体工商户的生产、经营所得，以每一纳税年度的收入总额，减除成本、费用、损失以及业主生计费用后的余额为应纳税所得额。业主生计费用的扣除标准为 1 600 元/月，自 2008 年 3 月 1 日起调整为 2 000 元/月。

合伙企业生产经营所得和其他所得采取“先分后税”的原则。具体应纳税所得额的计算按照《关于个人独资企业和合伙企业投资者征收个人所得税的规定》（财税［2000］91 号）及《财政部 国家税务总局关于调整个体工商户个人独资企业和合伙企业个人所得税税前扣除标准有关问题的通知》（财税［2008］65 号）的有关规定执行。生产经营所得和其他所得，包括合伙企业分配给所有合伙人的所得和企业当年留存的所得（利润）。

合伙企业的合伙人按照下列原则确定应纳税所得额：①合伙企业的合伙人以合伙企业的生产经营所得和其他所得，按照合伙协议约定的分配比例确定应纳税所得额。②合伙协议未约定或者约定不明确的，以全部生产经营所得和其他所得，按照合伙人协商决定的分配比例确定应纳税所得额。③协商不成的，以全部生产经营所得和其他所得，按照合伙人实缴出资比例确定应纳税所得额。④无法确定出资比例的，以全部生产经营所得和其他所得，按照合伙人数量平均计算每个合伙人的应纳税所得额。

合伙协议不得约定将全部利润分配给部分合伙人。合伙企业的合伙人是法人和其他组织的，合伙人在计算其缴纳企业所得税时，不得用合伙企业的亏损抵减其盈利。

以每一纳税年度的收入总额减去必要费用后的余额为应纳税所得额。每一纳税年度的收入总额，是指纳税义务人按照承包经营、承租经营合同规定分得的经营利润和工资、薪金性质的所得。减去的必要费用是指按月减去2 000元（2008年3月1日起，调整为2 000元）。计算公式如下：

$$应纳税所得额=\frac{该纳税年度承包经营、承租经营收入总额}{}-必要费用（2\ 000\times12）$$

这四种所得按次征税，以每次所得收入额减去费用扣除额后的余额为应纳税所得额。计算公式为：

应纳税所得额=每次所得收入-费用扣除额

费用扣除采取定额扣除和定率扣除两种方法。每次收入不超过4 000元的，减去费用800元；每次收入超过4 000元的，则按每次收入额减去20%的费用。

劳务报酬的收入次数，根据不同劳务项目的特点，分别规定为：只有一次性收入的，以取得该项收入为一次；属于同一事项连续取得收入的，以一个月内取得的收入为一次。

稿酬所得，以作品每次出版、发表取得的收入为一次。同一作品先在报刊上连载，然后再出版，或先出版，再在报刊上连载的，应视为两次稿酬所得征税；同一作品在报刊上连载取得收入的，以连载完成后取得的所有收入合并为一次，计征个人所得税。

对财产租赁所得，除采取定额扣除和定率扣除外，在出租财产过程中缴纳的税金和教育费附加，凭完税凭证扣除；实际负担的出租财产的修缮费用，每次扣除以800元为限；一次扣不完的，准予下次继续扣除，直到扣完为止。

以个人转让财产所取得的收入额减去财产原值和合理费用后的余额为应纳税所得额。

应纳税所得额=每次所得收入-财产原值和合理费用额

利息、股息、红利所得、偶然所得和其他所得，应纳税所得额为每次收入额，在计算应纳税所得额时，不扣除任何费用。对个人投资者从上市公司取得的股息红利所得和证券投资基金从上市公司分配取得的股息红利所得，暂减按50%计入个人应纳税所得额。即应纳税所得额=每次收入金额

（1）通过中国境内的社会团体、国家机关向教育和其他社会公益事业及遭受严重自然灾害地区、贫困地区的捐赠，捐赠额未超过纳税人申报的应纳税所得额30%的部分，可以扣除。

（2）个人将其所得通过非营利性的社会团体和国家机关向红十字事业、公益性

青少年活动场所、福利性非营利的老年服务机构和农村义务教育的捐赠，准予从其应纳税所得额中全额扣除。

(3) 个人将其所得（不含偶然所得，经国务院财政部门确定征税的其他所得）通过中国境内非营利性的社会团体、国家机关，用于非关联的科研机构和高等学校研究开发经费资助的，可以可以全额在下月（工资、薪金所得）或下次（按次计征的所得）或当年（按年计征的所得）计征个人所得税时，从应纳税所得额中扣除，不足抵扣的，不得结转抵扣。纳税人直接向科研机构和高等学校的资助不允许在税前扣除。

10.3.3 应纳税额计算

中国居民赵某2008年度6月工资收入（不包括按规定缴纳的"三费一金"）4000元。计算赵某6月份应纳的个人所得税额。

工资收入应纳税额＝（4 000－2 000）×10%－25＝175（元）

某高校外籍教师（非居民纳税人）2008年5月取得工资收入10 000元人民币。计算其应纳的个人所得税额。

分析：应纳税所得额＝10 000－（2 000＋2 800）＝5 200（元）

工资收入应纳税额＝5 200×20%－375＝665（元）

2007年1月1日某人与一事业单位签订承包合同，主要承包经营招待所，承包期为一年。该个人全年上交管理费用6万元，年终申报的企业所得税应纳税所得额为20万元，申报缴纳的企业所得税为6.6万元。计算该个人应纳个人所得税税额。

分析：应纳税所得额＝200 000－66 000－60 000－1 600×12＝54 800（元）

应纳税额＝54 800×35%－6 750＝12 430（元）

某歌星在中国境内参加一场演出，出场费为80，000元，计算其个人所得税应纳税额。

分析：应纳税额＝80 000×（1－20%）×40%－7 000＝25 600－7 000＝18 600（元）

某个人将其住宅以15万元的价格出售，而住宅购进时的价格为8万元，装修费用为2万元，过户公证等费用为1 000元。计算其应纳税款。

分析：应纳税额＝〔150 000－（80 000＋20 000＋1 000）〕×20%＝9 800（元）

某居民某月从上市公司取得股息所得4 000元，该月还取得红利所得3 000元计算其应纳税额。

分析：股息所得的应纳税额 =4 000 ×50% ×20% =400（元）

红利所得的应纳税额 =3 000 ×50% ×20% =300（元）

该居民的应纳税额 =400 +300 =700（元）

10.4 税收优惠

税法规定，下列各项个人所得，免征个人所得税：

（1）省级人民政府、国务院各部委和中国人民解放军军以上单位，以及外国组织颁发的科学、教育、技术、文化、卫生、体育、环境保护等方面的奖金。

（2）国债和国家发行的金融债券利息。

（3）按照国家统一规定发给的补贴、津贴。指按照国务院规定发给的政府特殊津贴和国务院规定免纳个人所得税的补贴、津贴。

（4）福利费、抚恤金、救济金。福利费，是指根据国家有关规定，从企业、事业单位、国家机关、社会团体提留的福利费或者工会经费中支付给个人的生活补助费；救济金，是指国家民政部门支付给个人的生活困难补助费。

（5）保险赔款。

（6）军人的转业费、复员费。

（7）按照国家统一规定发给干部、职工的安家费、退职费、退休工资、离休工资、离休生活补助费。

（8）依照我国有关法律规定应予免税的各国驻华使馆、领事馆的外交代表、领事官员和其他人员的所得。

（9）中国政府参加的国际公约以及签订的协议中规定免税的所得。

（10）对乡、镇（含乡、镇）以上人民政府或经县（含县）以上人民政府主管部门批准成立的有机构、有章程的见义勇为基金或者类似性质组织，奖励见义勇为者的奖金或奖品，经主管税务机关核准，免征个人所得税。

（11）企业和个人按省级以上人民政府规定的比例提取并缴付的住房公积金、医疗保险金、基本养老保险金、失业保险金，不计入个人当期的工资、薪金收入，免予征收个人所得税。超过规定比例缴付的部分计征个人所得税。个人领取原提存的住房公积金、医疗保险金、基本养老保险金、失业保险金时，免予征收个人所得税。

（12）对个人取得的教育储蓄存款利息所得以及国务院财政部门确定的其他专项储蓄存款或者储蓄性专项基金存款的利息所得，免征个人所得税。根据《教育储蓄存款利息所得免征个人所得税实施办法》①，具体规定如下：①个人为其子女（或被监护人）接受非义务教育（指九年义务教育之外的全日制高中、大中专、大学本科、硕士和博士研究生）在储蓄机构开立教育储蓄专户，并享受利率优惠的存款，其所取得的利息免征个人所得税（以下简称利息税）。②开立教育储蓄的对象（即储户）为在校小学 4 年级（含 4 年级）以上学生；享受免征利息税优惠政策的对象必须是正在接受非义务教育的在校学生，其在就读全日制高中（中专）、大专和大学本科、硕士和博士研究生时，每个学习阶段可分别享受一次 2 万元教育储蓄的免税优惠。③教育储蓄采用实名制，办理开户时，须凭储户本人户口簿（户籍证明）或居民身份证到储蓄机构以储户本人的姓名开立存款账户。④教育储蓄为一年、三年和六年期零存整取定期储蓄存款，每份本金合计不得超过 2 万元；每份本金合计超过 2 万元或一次性趸存本金的，一律不得享受教育储蓄免税的优惠政策，其取得的利息，应征收利息税。不按规定计付利息的教育储蓄，不得享受免税优惠，应按支付的利息全额征收利息税。

（13）经国务院财政部门批准免税所得。

有下列情形之一的，经批准可以减征个人所得税：

（1）残疾、孤老人员和烈属的所得。

（2）因严重自然灾害造成重大损失的。

（3）其他经国务院财政部门批准减税的。

下列所得，暂免征收个人所得税：

（1）外籍个人以非现金形式或实报实销形式取得的住房补贴、伙食补贴、搬迁费、洗衣费。

（2）外籍个人按合理标准取得的境内、外出差补贴。

（3）外籍个人取得的探亲费、语言训练费、子女教育费等，经当地税务机关审核批准为合理的部分。

（4）个人举报、协查各种违法、犯罪行为而获得的奖金。

---

① 国家税务总局　中国人民银行　教育部关于印发《教育储蓄存款利息所得免征个人所得税实施办法》的通知　国税发［2005］148 号。

(5) 个人办理代扣代缴税款手续，按规定取得的扣缴手续费。

(6) 个人转让自用达5年以上、并且是惟一的家庭生活用房取得的所得。

(7) 对达到离休、退休年龄，但确因工作需要，适当延长离休退休年龄的高级专家（指享受国家发放的政府特殊津贴的专家、学者)，其在延长离休退休期间的工资、薪金所得，视同退休工资、离休工资免征个人所得税。

(8) 外籍个人从外商投资企业取得的股息、红利所得。

(9) 凡符合下列条件之一的外籍专家取得的工资、薪金所得可免征个人所得税：①根据世界银行专项贷款协议由世界银行直接派往我国工作的外国专家；②联合国组织直接派往我国工作的专家；③为联合国援助项目来华工作的专家；④援助国派往我国专为该国无偿援助项目工作的专家；⑤根据两国政府签订文化交流项目来华工作两年以内的文教专家，其工资、薪金所得由该国负担的；⑥根据我国大专院校国际交流项目来华工作两年以内的文教专家，其工资、薪金所得由该国负担的；⑦通过民间科研协定来华工作的专家，其工资、薪金所得由该国政府机构负担的。

(1) 在中国境内无住所，但是居住1年以上5年以下的个人，其来源于中国境外的所得，经主管税务机关批准，可以只就由中国境内公司、企业以及其他经济组织或者个人支付的部分缴纳个人所得税；居住超过5年的个人，从第6年起，应当就其来源于中国境外的全部所得缴纳个人所得税。

(2) 在中国境内无住所，但是在一个纳税年度中在中国境内连续或者累计居住不超过90日的个人，其来源于中国境内的所得，由境外雇主支付并且不由该雇主在中国境内的机构、场所负担的部分，免予缴纳个人所得税。

10.5 税款缴纳

10.5.1 征收方式

我国的个人所得税采用代扣代缴、自行申报纳税两种征收方式相结合。

代扣代缴，即支付单位源泉扣缴，是指个人取得的应税所得有支付单位的，其应缴纳的税款由支付单位负责扣缴。

个人所得税全员全额扣缴申报是指扣缴义务人向个人支付应税所得时，不论其是否属于本单位人员、支付的应税所得是否达到纳税标准，扣缴义务人应当在代扣税款的次月内，向主管税务机关报送其支付应税所得个人的基本信息、支付所得项目和数额、扣缴税款数额以及其他相关涉税信息。

自行申报纳税是指依据《个人所得税法》负有纳税义务的纳税人，应当自行申报纳税 。有下列情形之一的，应按规定办理纳税申报：

(1) 年所得 12 万元以上的纳税人。该类纳税人（不包括在中国境内无住所，且在一个纳税年度中在中国境内居住不满 1 年的个人），无论取得的各项所得是否已足额缴纳了个人所得税，均应于纳税年度终了后向主管税务机关办理纳税申报。

(2) 从中国境内两处或者两处以上取得工资、薪金所得的纳税人。

(3) 从中国境外取得所得的纳税人，具体是指在中国境内有住所，或者无住所而在一个纳税年度中在中国境内居住满 1 年的从中国境外取得所得的个人。

(4) 取得应税所得，没有扣缴义务人的。

(5) 国务院规定的其他情形。

纳税人可以采取数据电文、邮寄等方式申报，也可以直接到主管税务机关申报，或者委托有税务代理资质的中介机构或他人代为办理纳税申报。

10.5.2 纳税期限

个人所得税的纳税期限具体包括按月计征、按次计征及按年计征、分月预缴三种形式。对工资、薪金所得应纳的税款，一般实行按月计征，由扣缴义务人或者纳税义务人在次月 7 日内缴入国库，并向税务机关报送纳税申报表。对个体工商户的生产、经营所得应纳的税款，个体工商户账册健全的，实行按年计算，分月预缴，由纳税义务人在次月 7 日内预缴，年度终了后 3 个月内汇算清缴，多退少补。对企事业单位的承包经营、承租经营所得应纳的税款，实行按年计算，年度终了后 3 个月内汇算清缴，多退少补。对劳务报酬所得，稿酬所得，特许权使用费所得，财产租赁所得，财产转让所得，利息、股息、红利所得，偶然所得和其他所得应纳的税款，实行按次计征。

10.5.3 纳税地点

从两处或者两处以上取得工资、薪金所得的，选择并固定向其中一处单位所在地主管税务机关申报。从中国境外取得所得的，向中国境内户籍所在地主管税务机关申报。在中国境内有户籍，但户籍所在地与中国境内经常居住地不一致的，选择并固定向其中一地主管税务机关申报。在中国境内没有户籍的，向中国境内经常居住地主管税务机关申报。

个体工商户向实际经营所在地主管税务机关申报。个人独资、合伙企业投资者兴办两个或两个以上企业的，区分不同情形确定纳税申报地点：兴办的企业全部是个人独资性质的，分别向各企业的实际经营管理所在地主管税务机关申报。兴办的企业中含有合伙性质的，向经常居住地主管税务机关申报。兴办的企业中含有合伙性质，个人投资者经常居住地与其兴办企业的经营管理所在地不一致的，选择并固定向其参与兴办的某一合伙企业的经营管理所在地主管税务机关申报。

年所得 12 万元以上的纳税人，在中国境内有任职、受雇单位的，向任职、受雇单位所在地主管税务机关申报。在中国境内无任职、受雇单位，年所得项目中有个体工商户的生产、经营所得或者对企事业单位的承包经营、承租经营所得（统称生产经营所得）的，向其中一处实际经营所在地主管税务机关申报。在中国境内无任职、受雇单位，年所得项目中无生产经营所得的，向户籍所在地主管税务机关申报；在中国境内有户籍，但户籍所在地与中国境内经常居住地不一致的，选择并固定向其中一地主管税务机关申报；在中国境内没有户籍的，向中国境内经常居住地主管税务机关申报。经常居住地是指纳税人离开户籍所在地最后连续居住 1 年以上的地方。

除以上情形外，纳税人应当向取得所得所在地的主管税务机关申报纳税。纳税人不得随意变更纳税申报地点，因特殊情况变更纳税申报地点的，须报原主管税务机关备案。

扣缴个人所得税报告表样表如下。

扣缴个人所得税报告表

扣缴义务人编码：□□□□□□□□□□□□□□□□□□□□

扣缴义务人名称（公章）：

填表日期：　年　月　日　　　　　　　　　　　　　　　　　金额单位：元

序号	纳税人姓名	身份证照类型	身份证照号码	国籍	所得项目	所得期间	收入额	免税收入额	允许扣除的税费	费用扣除标准	准予扣除的捐赠额	应纳税所得额	税率%	速算扣除数	应扣税额	已扣税额	备注
1	2	3	4	5	6	7	8	9	10	11	12	13	14	15	16	17	18
		合计								—	—	—	—				

扣缴义务人声明	我声明：此扣缴报告表是根据国家税收法律、法规的规定填报的，我确定它是真实的、可靠的、完整的。 声明人签字：

会计主管签字：　　　　　　　　　　　　　　　　　　　　负责人签字：

扣缴单位（或法定代表人）（签章）：

受理人（签章）：　　　　　　　　　　　　　　　　受理日期：　年　月　日

受理税务机关（章）：

本表一式两份，一份扣缴义务人留存，一份报主管税务机关。

本章小结

1. 个人所得税是以个人为纳税义务人，对个人一定期间的所得或收入课征的一种税。

2. 个人所得税纳税人包括居民纳税人，非居民纳税人。对居民纳税人，境内外所得都征税；对非居民纳税人仅对境内所得征税。

3. 个人所得税征税对象，包括：工资、薪金所得；个体工商户的生产、经营所得；对企事业单位的承包经营、承租经营所得；劳务报酬所得；稿酬所得；特许权使用费所得；利息、股息、红利所得；财产租赁所得；财产转让所得；偶然所得；国务院财政部门确定征税的其他所得。

4. 工资、薪金所得，适用九级超额累进税率；个体工商户的生产、经营所得对企事业单位的承包经营、承租经营所得，适用五级超额累进税率；劳务报酬所得、稿酬所得、特许权使用费所得、利息、股息、红利所得、财产租赁所得、财产转让所得、偶然所得、国务院财政部门确定征税的其他所得，适用20%比例税率。其中：稿酬所得减征30%；劳务报酬所得加征5%～10%。

5. 工资、薪金所得，按月征税。费用扣除额为2 000元，附加减除费用2 800元。

6. 个体工商业户的应纳税所得额是纳税人在每一纳税年度的生产、经营收入总额，减除与其收入相关的成本、费用、税金以及损失后的余额。

7. 对企事业单位的承包经营、承租经营所得，以每一纳税年度的收入总额减去必要费用后的余额为应纳税所得额。

8. 对劳务报酬所得、稿酬所得、特许权使用费所得以及财产租赁所得按次计算应纳税所得额。

9. 财产转让所得，以个人转让财产所取得的收入额减去财产原值和合理费用后的余额为应纳税所得额。

10. 利息、股息、红利所得，偶然所得和其他所得，其应纳税所得额为每次收入额。在计算应纳税所得额时，不扣除任何费用。

11. 通过中国境内的社会团体、国家机关向教育和其他社会公益事业及遭受严重自然灾害地区、贫困地区的捐赠，捐赠额未超过纳税人申报的应纳税所得额30%的部分，可以扣除。

12. 通过中国境内的社会团体、国家机关向红十字事业和公益性青少年活动场所的捐赠，准予从其应纳税所得额中全额扣除。用于资助非关联的科研机构和高等学校研究开发新产品、新技术、新工艺所发生的研究开发经费，可以全额从应纳税所得额中扣除。

13. 个人所得税采用代扣代缴、自行申报纳税两种征收方式相结合。

14. 个人所得税的纳税期限具体包括按月计征、按次计征以及按年计征、分月预缴三种形式。对劳务报酬所得，稿酬所得，特许权使用费所得，财产租赁所得，财产转让所得，利息、股息、红利所得，偶然所得和其他所得应纳的税款，实行按次计征。

思 考 题

1. 开征个人所得税的必要性。

2. 个人所得税纳税义务人有哪些？确定的依据是什么？
3. 个人所得税的征税对象有哪些？如何准确界定？
4. 个人所得税的税率有哪几类？分别是如何设置的？
5. 个人所得税的税收优惠措施有哪些？
6. 个人所得税应纳税所得额及其应纳税额计算中有何特点？
7. 个人所得税对境外所得的税收抵免形式。
8. 个人所得税在征收方法上的特点。

第十一章　土地增值税

学习目标

1. 了解土地增值税的概念及税种设置。
2. 熟悉土地增值税的征税对象、纳税人的基本规定。
3. 掌握土地增值税的税基、税率与税额计算方法。
4. 熟悉土地增值税纳税义务发生时间的规定。
5. 熟悉土地增值税的税款征收与缴纳。

关键名词

土地增值税　超率累进税率

11.1　税种设置

11.1.1　土地增值税的概念

土地增值税是对有偿转让国有土地使用权、地上建筑物及其附着物并取得收入的单位和个人，就其转让房地产所取得的增值额征收的一种税。

土地增值税是1994年税制改革新开征的税种，国务院于1993年12月13日发布《土地增值税暂行条例》，从1994年1月1日起施行。

11.1.2　土地增值税的作用

开征土地增值税的意义，以及1994~2007年中国土地增值税收入情况见表11-1。

（1）开征土地增值税是我国土地使用制度改革的需要。

（2）抑制炒买炒卖、进行房地产投机获取暴利的行为，规范房地产市场交易秩序。

（3）完善房地产交易市场的税收体系。

（4）合理调节土地增值收益，保证国家财政收入。

表 11－1　　1994～2007 年中国土地增值税收入情况　　单位：亿元

项　目	1994 年	1995 年	1996 年	1997 年	1998 年	1999 年	2000 年
土地增值税收入	—	0.3	1.1	2.5	4.3	6.8	8.4
项　目	2001 年	2002 年	2003 年	2004 年	2005 年	2006 年	2007 年
土地增值税收入	10.3	20.5	37.3	75.1	140.0	231.3	403.1

资料来源：国家税务总局网站，http：//www.chinatax.gov.cn/，税收收入统计。

11.2　征税对象、纳税人

11.2.1　征税对象

土地增值税的征税对象是指有偿转让国有土地使用权、地上建筑物及其附着物所取得的增值额。

纳入土地增值税征税范围的三个条件：转让的土地必须是国有土地；必须发生土地使用权和房地产权的转让行为；转让房地产必须是有偿转让。

对若干具体情况，按以下标准判定：

（1）以出售方式转让国有土地使用权、地上的建筑物及附着物，包括出售国有土地使用权、房地产的买卖等，属于土地增值税的征税范围。

（2）以继承、赠与方式转让房地产，属于无偿转让房地产的行为，不纳入土地增值税的征税范围。这里的“赠与”是指：房产所有人、土地使用权所有人将房屋产权、土地使用权赠与直系亲属或承担直接赡养义务人的；房产所有人、土地使用权所有人通过中国境内非营利的社会团体、国家机关将房屋产权、土地使用权赠与教育、民政和其他社会福利、公益事业的。

（3）房地产的出租，不属于土地增值税的征税范围。

（4）房地产的抵押，在抵押期间，不属于土地增值税的征税范围。在抵押期满后，对于以房地产抵债而发生房地产权属转让的，应纳入土地增值税的征税范围。

（5）房地产的交换，属于土地增值税的征税范围。但对个人之间互换自有居住用房地产的，经当地税务机关核实，可以免征土地增值税。

(6) 以房地产进行投资、联营，属于土地增值税的征税范围，但暂免征收土地增值税。投资、联营企业将上述房地产再转让的，应征收土地增值税。

(7) 合作建房。对于一方出地，一方出资金，双方合作建房，建成后按比例分房自用的，暂免征收土地增值税；建成后转让的，应征收土地增值税。

(8) 企业兼并转让房地产。在企业兼并中，对被兼并企业将房地产转让到兼并企业中的，暂免征收土地增值税。

(9) 房地产的代建房行为。房地产开发公司代客户进行房地产开发，开发完成后向客户收取代建收入的行为，不属于土地增值税的征税范围。

(10) 房地产的重新评估发生增值，不属于土地增值税的征税范围。

11.2.2 纳税义务人

转让国有土地使用权、地上的建筑物及其附着物并取得收入的单位和个人。包括各类企业单位、事业单位、机关、社会团体、个体工商户以及其他单位和个人。其中包括外商投资企业、外国企业、外国驻华机构、外国公民、华侨以及港澳台同胞等。

11.3 税率、税基与税额的计算

11.3.1 税率

土地增值税实行四级超率累进税率。见表11-2。

表11-2 土地增值税税率

级次	增值额占扣除项目金额的比率	税率（%）	速算扣除系数（%）
1	50%以下部分	30	0
2	超过50%，未超过100%的部分	40	5
3	超过100%，未超过200%的部分	50	15
4	超过200%以上的部分	60	35

11.3.2 税基

纳税人转让房地产所取得的增值额，是纳税人转让房地产的收入减除税法规定的扣除项目后的余额。其计算公式为：

土地增值额 = 房地产转让收入 − 准予扣除项目金额

转让房地产收入是指转让房地产而取得的包括货币收入、实物收入和其他收入在内的全部价款及有关的经济收益。

（1）取得土地使用权所支付的金额。包括：纳税人为取得土地使用权所支付的地价款；纳税人在取得土地使用权时按国家统一规定交纳的有关费用。

（2）房地产开发成本。包括：土地征用及拆迁补偿费、前期工程费、建筑安装工程费、基础设施费、公共配套设施费、开发间接费等。

（3）房地产开发费用。指与房地产开发项目有关的销售费用、管理费用和财务费用。但在计算土地增值税时，作为扣除项目的房地产开发费用，不按纳税人房地产开发项目实际发生的费用进行扣除，而按《实施细则》规定的标准进行扣除。

①财务费用中的利息支出，能够按转让房地产项目计算分摊并提供金融机构证明的，其利息支出允许据实扣除；其他房地产开发费用，按取得土地使用权所支付的金额和房地产开发成本两项金额之和的5%以内计算扣除。计算扣除的具体比例，由各省、自治区、直辖市人民政府规定。在确定利息支出扣除额时，应注意下列三个问题：一是利息额最高不能超过按商业银行同类同期贷款利率计算的金额；二是利息的上浮幅度按国家的有关规定执行，超过上浮幅度的部分不允许扣除；三是对于超过贷款期限的利息部分和加罚的利息不允许扣除。

$$\begin{matrix}\text{房地产}\\\text{开发费用}\end{matrix}=\begin{matrix}\text{分摊的}\\\text{利息支出}\end{matrix}+\left(\begin{matrix}\text{取得土地使用权}\\\text{所支付的金额}\end{matrix}+\begin{matrix}\text{房地产}\\\text{开发成本}\end{matrix}\right)\times 5\%\text{（以内）}$$

②纳税人不能按转让房地产项目计算分摊利息支出或不能提供金融机构贷款证明的，其房地产开发费用，按取得土地使用权所支付的金额和房地产开发成本两项金额之和的10%以内计算扣除。计算扣除的具体比例，由各省、自治区、直辖市人民政府规定。

$$\begin{matrix}\text{房地产}\\\text{开发费用}\end{matrix}=\left(\begin{matrix}\text{取得土地使用权}\\\text{所支付的金额}\end{matrix}+\begin{matrix}\text{房地产}\\\text{开发成本}\end{matrix}\right)\times 10\%\text{（以内）}$$

（4）转让旧房的，其扣除项目金额可以包括房屋及建筑物的评估价格、取得土地使用权所支付的地价款和按国家统一规定交纳的有关费用以及在转让环节缴纳的税金。

转让旧房可予扣除的项目有：①房屋及建筑物的评估价格，指在转让已使用的房屋及建筑物时，由政府批准设立的房地产评估机构评定的重置成本价乘以成新度折扣率后的价格。评估价格须经当地税务机关确认。②在转让环节缴纳的税金及附加。包括营业税、城市维护建设税、印花税和教育费附加。③取得土地使用权所支付的地价款和按国家统一规定交纳的有关费用。但是，对取得土地使用权时未支付地价款或不能提供已支付的地价款凭据的，不允许扣除取得土地使用权所支付的金额。

评估价格 = 重置成本价 × 成新度折扣率

(5) 与转让房地产有关的税金。指在转让房地产时缴纳的营业税、城市维护建设税、印花税。因转让房地产缴纳的教育费附加，也可视同税金予以扣除。房地产开发企业在转让房地产时缴纳的印花税计入管理费用中，因此，其印花税不在税金项下扣除。其他纳税人缴纳的印花税（按产权转移书据所载金额的万分之五贴花），允许在税金项下扣除。

(6) 加计扣除。属于财政部规定的其他扣除项目，是指对从事房地产开发的纳税人可按取得土地使用权所支付的金额和房地产开发成本计算的金额之和，加计20%的扣除。

11.3.3 应纳税额的计算

税额的计算方法有分档计算法和速算扣除法两种。

分档计算法是指分步计算每级应纳税额并将其累加，其结果就是该纳税人当期应纳的土地增值税。其计算公式为：

应纳土地增值税税额 = ∑（每级距的土地增值额 × 适用税率）

速算扣除法是按土地增值额乘以适用税率减去扣除项目金额乘以速算扣除系数的简便计算方法。计算公式为：

应纳土地增值税税额 = 土地增值额 × 适用税率 − 扣除项目金额 × 速算扣除系数

某房地产开发公司建造并出售一幢商品房，取得收入1 850万元，纳税人为建造该幢商品房支付地价款350万元，建造此楼投入540万元的房地产开发成本，由于种种原因，不能提供准确的利息支出情况，如何计算土地增值税？（营业税税率为5%，城建税税率为7%，教育费附加为3%，印花税为0.5‰，三项费用扣除比例为10%）。

分析：(1) 取得土地使用权所支付的地价款为350万元。

(2) 房地产开发成本为540万元。

(3) 房地产开发费用为：(350 + 540) × 10% = 89（万元）

(4) 与房地产转让有关的税金为：1 850 × 5% × (1 + 7% + 3%) + 1 850 × 0.5‰

= 102.675（万元）

(5) 从事房地产开发的加计20%的扣除：(350+540)×20%=178（万元）

(6) 扣除项目金额总和为：350+540+89+102.675+178=1 259.675（万元）

土地增值额：1 850-1 259.675=590.325（万元）

土地增值比率为：590.325÷1 259.675×100%=46.86%

由于土地增值比率低于50%，故应适用第一档适用税率，即30%，扣除系数为0。则应纳土地增值税为：590.325×30%=177.0975（万元）

11.4　税收优惠

纳税人建造普通标准住宅出售，增值额未超过扣除项目金额20%的，免征土地增值税。这里所称"普通标准住宅"，是指按所在地一般民用住宅标准建造的居住用住宅。高级公寓、别墅、度假村等不属于普通标准住宅。普通标准住宅与其他住宅的具体划分界限由各省、自治区、直辖市人民政府规定。纳税人建造普通标准住宅出售，增值额未超过扣除项目金额20%的，免征土地增值税。增值额超过扣除项目金额20%的，应就其全部增值额征收土地增值税。对于纳税人既建普通标准住宅又搞其他房地产开发的，应分别核算增值额。不分别核算增值额或不能准确核算增值额的，其建造的普通标准住宅不能适用这一免税规定。

因国家建设需要依法征用、收回的房地产，免征土地增值税。因城市实施规划、国家建设的需要而搬迁，由纳税人自行转让原房地产的，比照有关规定免征土地增值税。

个人因工作调动或改善居住条件而转让原自用住房，经向税务机关申报核准，凡居住满5年或5年以上的，免予征收土地增值税；居住满3年未满5年的，减半征收土地增值税。居住未满3年的，按规定计征土地增值税（现行制度规定：对居民个人拥有的普通住宅，在其转让时暂免征收土地增值税。备考时，请以指定教材为准）。

1994年1月1日以前已签订的房地产转让合同，不论其房地产在何时转让，均免征土地增值税。

1994年1月1日以前已签订房地产开发合同或已立项，并已按规定投入资金进行开发，其在1994年1月1日以后5年内首次转让房地产的，免征土地增值税。签订合同日期以有偿受让土地合同签订之日为准。对于个别由政府审批同意进行成片开发、周期较长的房地产项目，其房地产在上述规定5年免税期以后首次转让的，经所在地财政、税务部门审核，并报财政部、国家税务总局核准，可以适当延长免税期限。

在上述免税期限内再次转让房地产以及不符合上述规定的房地产转让，如超出合同范围的房地产或变更合同的，均应按规定征收土地增值税。

11.5 税款缴纳

11.5.1 纳税义务发生时间

土地增值税的纳税人应当自转让房地产合同签订之日起7日内向房地产所在地主管税务机关办理纳税申报，并向税务机关提交房屋及建筑物产权、土地使用权证书，土地转让、房产买卖合同，房地产评估报告及其他与转让房地产有关的资料。

11.5.2 纳税地点

纳税人应向房地产所在地主管税务机关办理纳税申报，并在税务机关核定的期限内缴纳土地增值税。房地产所在地是指房地产的坐落地。纳税人转让的房地产坐落在两个或两个以上地区的，应按房地产所在地分别申报纳税。

11.5.3 纳税期限

纳税人按照税务机关核定的税额及规定的期限缴纳土地增值税。税务机关核定的纳税期限，是指在纳税人签订房地产转让合同之后、办理房地产权属转让（即过户及登记）手续之前。纳税人在项目全部竣工结算前转让房地产取得的收入可以预征土地增值税，具体办法由各省、自治区、直辖市地方税务局根据当地情况制定。

对于纳税人预售房地产所取得的收入，凡当地税务机关规定预征土地增值税的，纳税人应当到主管税务机关办理纳税申报，并按规定比例预交，待办理决算后，多退少补；凡当地税务机关规定不预征土地增值税的，也应在取得收入时先到税务机关登记或备案。土地增值税纳税申报相关表见附录9。

本章小结

1. 土地增值税是对有偿转让国有土地使用权、地上建筑物及其附着物并取得收入的单位和个人，就其转让房地产所取得的增值额征收的一种税。是1994年税制改革新开征的税种，从1994年1月1日起施行。

2. 开征土地增值税的意义：是我国土地使用制度改革的需要；抑制炒买炒卖、进行房地产投机获取暴利的行为，规范房地产市场交易秩序；完善房地产交易市场的税收体系；合理调节土地增值收益，保证国家财政收入。

3. 土地增值税的征税对象是指有偿转让国有土地使用权、地上建筑物及其附着物所取得的增值额。纳入土地增值税的征税范围的三个条件：转让的土地必须是国有土地；必须发生土地使用权和房地产权的转让行为；转让房地产必须是有偿转让。

4. 纳税人为转让国有土地使用权、地上的建筑物及其附着物并取得收入的单位和个人。包括各类企业单位、事业单位、机关、社会团体、个体工商户以及其他单位和个人。其中包括外商投资企业、外国企业、外国驻华机构、外国公民、华侨以及港澳台同胞等。

5. 土地增值税的纳税人应当自转让房地产合同签订之日起7日内向房地产所在地主管税务机关办理纳税申报，并向税务机关提交房屋及建筑物产权、土地使用权证书，土地转让、房产买卖合同，房地产评估报告及其他与转让房地产有关的资料。

6. 土地增值税实行四级超率累进税率。

7. 纳税人转让房地产所取得的增值额，是纳税人转让房地产的收入减除税法规定的扣除项目后的余额。

8. 转让房地产收入是指转让房地产而取得的包括货币收入、实物收入和其他收入在内的全部价款及有关的经济收益。

9. 允许扣除的项目主要有：取得土地使用权所支付的金额；房地产开发成本；房地产开发费用；转让旧房的，其扣除项目金额可以包括房屋及建筑物的评估价格、取得土地使用权所支付的地价款和按国家统一规定交纳的有关费用以及在转让环节缴纳的税金；与转让房地产有关的税金；加计扣除，属于财政部规定的其他扣除项目，是指对从事房地产开发的纳税人可按取得土地使用权所支付的金额和房地产开发成本计算的金额之和，加计20%的扣除。

10. 税额的计算方法有分档计算法和速算扣除法两种。

11. 纳税人应向房地产所在地主管税务机关办理纳税申报，并在税务机关核定的期限内缴纳土地增值税。

12. 房地产所在地是指房地产的坐落地。纳税人转让的房地产坐落在两个或两个以上地区的，应按房地产所在地分别申报纳税。

13. 纳税人按照税务机关核定的税额及规定的期限缴纳土地增值税。税务机关核定的纳税期限，是指在纳税人签订房地产转让合同之后办理房地产权属转让（即过户及登记）手续之前。

14. 纳税人在项目全部竣工结算前转让房地产取得的收入可以预征土地增值税，具体办法由各省、自治区、直辖市地方税务局根据当地情况制定。

思 考 题

1. 开征土地增值税的必要性。
2. 如何界定土地增值税的征税对象?
3. 土地增值税的税基是什么?
4. 土地增值税的扣除项目如何确定?
5. 土地增值税的税率是如何确定的?
6. 土地增值税税额如何计算?

第十二章　城镇土地使用税、耕地占用税

学习目标

1. 熟悉城镇土地使用税、耕地占用税的税种设置。
2. 掌握城镇土地使用税、耕地占用税的征税对象、纳税人的基本规定。
3. 掌握城镇土地使用税、耕地占用税税基、税率与税额的计算。
4. 熟悉城镇土地使用税、耕地占用税税款征收与缴纳方法。

关键名词

城镇土地使用税　耕地占用税

12.1　城镇土地使用税

12.1.1　税种设置

城镇土地使用税是以城镇土地为征税对象，对拥有土地使用权的单位和个人征收的一种税。

我国1950年建立新税制时，曾对城市土地单独征收地产税。1950年调整税制时，将地产税与当时的房产税合并为城市房地产税。1984年税制改革时，决定把城市房地产税分为房产和土地使用税两个税种。房产税于1986年10月1日开征，1988年9月27日国务院颁布《城镇土地使用税暂行条例》，自1998年11月1日起开征。现行城镇土地使用税的基本规范，是国务院2006年12月31日颁发的《中华人民共和国城镇土地使用税暂行条例》。

(1) 调节土地级差收益。

(2) 限制不合理使用或浪费城镇土地资源，提高土地的利用率和使用效益。

(3) 强化城镇土地管理。

(4) 完善地方税体系，为地方建设筹集资金。1994~2007 年中国土地使用税收入见表 12-1。

表 12-1　　1994~2007 年中国土地使用税收入情况　　单位：亿元

项　目	1994 年	1995 年	1996 年	1997 年	1998 年	1999 年	2000 年
城镇土地使用税收入	32.5	33.6	39.4	44.0	54.2	59.1	64.9
项　目	2001 年	2002 年	2003 年	2004 年	2005 年	2006 年	2007 年
城镇土地使用税收入	66.2	76.8	91.6	106.2	137.33	176.9	385.5

资料来源：国家税务总局网站，http://www.chinatax.gov.cn/，税收收入统计。

12.1.2 征税对象和纳税人

在城市、县城、建制镇和工矿区内的国家所有和集体所有的土地。城市是指经国务院批准设立的市。城市的征税范围为市区和郊区。县城是指县人民政府所在地。县城的征税范围为县人民政府所在的城镇。建制镇是指经省、自治区、直辖市人民政府批准设立的建制镇。建制镇的征税范围为镇人民政府所在地。工矿区是指工商业比较发达，人口比较集中，符合国务院规定的建制镇标准，但尚未设立镇建制的大中型工矿企业所在地。工矿区须经省、自治区、直辖市人民政府批准。

城市、县城、建制镇、工矿区的具体征税范围，由各省、自治区、直辖市人民政府划定。建立在城市、县城、建制镇、工矿区以外的工矿企业，不需缴纳城镇土地使用税。

在城市、县城、建制镇、工矿区范围内使用土地的单位和个人，为城镇土地使用税的纳税义务人。土地使用税由拥有土地使用权的单位或个人缴纳。拥有土地使用权的纳税人不在土地所在地的，由代管人或实际使用人纳税；土地使用权未确定或权属纠纷未解决的，由实际使用人纳税；土地使用权共有的，由共有各方分别纳税。

12.1.3　税基、税率和应纳税额的计算

土地使用税以纳税人实际占用的土地面积为计税依据。纳税人实际占用的土地面积按下列办法确定：

(1) 凡由省、自治区、直辖市人民政府确定的单位组织测定的土地面积的，以测定的面积为准。

(2) 尚未组织测量，但纳税人持有政府部门核发的土地使用证书的，以证书确认的土地面积为准。

(3) 尚未核发土地使用证书的，应由纳税人据实申报土地面积，并据以纳税，待核发土地使用证后再作调整。

土地使用税适用定额税率，每平方米年税额如下：

市区及郊区非农业人口总计在50万以上的大城市，1.5～30元；市区及郊区非农业人口总计在20万～50万的中等城市，1.2～24元；市区及郊区非农业人口总计在20万以下的小城市，0.9～18元；县城、建制镇、工矿区，0.6～12元。各省、自治区、直辖市人民政府根据市政建设情况和经济繁荣程度在规定税额幅度内，确定所辖地区的适用税额幅度。

全年应纳税额＝实际占用应税土地面积(平方米)×适用税额

12.1.4　税收优惠

下列土地免征土地使用税：

(1) 国家机关、人民团体、军队自用的土地；指这些单位本身的办公用地和公务用地。如办公楼用地、军队的训练场用地等。

(2) 由国家财政部门拨付事业经费的单位自用的土地；指这些单位本身的业务用地。如学校的教学楼、操场、食堂等占用的土地。

(3) 宗教寺庙、公园、名胜古迹自用的土地。宗教寺庙自用的土地，是指举行宗教仪式等的用地和寺庙内的宗教人员生活用地；公园、名胜古迹自用的土地，是指供公共参观游览的用地及其管理单位的办公用地。这些单位的生产经营用地和其他用地，不属于免税土地，应按规定计算缴纳土地使用税，如公园、名胜古迹中附设的影剧院、饮食部、茶社等。

（4）市政街道、广场、绿化地带等公共用地。

（5）直接用于农、林、牧、渔业的生产用地，是指直接从事于种植、养殖、饲养的专业用地，不包括农副产品加工场地和生活、办公用地。用于采摘、观光的种植、养殖、饲养的土地，免征城镇土地使用税。

（6）经批准开山填海整治的土地和改造的废弃土地，从使用的月份起免缴土地使用税5～10年。

（7）国家拨付事业经费和企业办的各类学校、医院、托儿所、幼儿园自用的土地，免征城镇土地使用税。

（8）非营利性科研机构自用的土地，免征城镇土地使用税。

（9）非营利性医疗机构、疾病控制机构和妇幼保健机构等卫生机构自用的土地，免征城镇土地使用税；营利性医疗机构自用的土地，免征城镇土地使用税3年。

（10）政府部门和企事业单位、社会团体及个人等社会力量投资兴办的福利性、非营利性的老年服务机构自用的土地，免征城镇土地使用税等。

（11）免税单位无偿使用纳税单位的土地，免征土地使用税。纳税单位无偿使用免税单位的土地，纳税单位应照章缴纳土地使用税。纳税单位与免税单位共同使用共有使用权土地上的多层建筑，对纳税单位可按其占用的建筑面积占建筑总面积的比例，计征土地使用税。

（12）由财政部另行规定免税的能源、交通、水利设施用地和其他用地。

（13）为了促进集贸市场的发展及照顾各地的不同情况，各省、自治区、直辖市税务局可根据具体情况自行确定对集贸市场用地征收城镇土地使用税或免征城镇土地使用税。

（14）安全防范用地优惠。对于各类危险品仓库、厂房所需的防火、防爆、防毒等安全防范用地，可由各省、自治区、直辖市税务局确定，暂免征收城镇土地使用税。

12.1.5 申报与缴纳

纳税人新征用的土地，属于耕地的，自批准征用之日起满1年时纳税；属于非耕地的，自批准征用次月起纳税。纳税人购置房屋用地，属于新建房屋的，自房屋交付使用之次月起纳税，属于存量房屋的，自办理房屋权属证书之次月起纳税。纳税人出租、出借房屋，自交付出租、出借房屋之次月起纳税。

土地使用税按年计算，分期缴纳。

土地使用税由土地所在地的税务机关征收（纳税申报表如下）。土地管理机关应当向土地所在地的税务机关提供土地使用权属资料。

城镇土地使用税纳税申报表

填表日期：　　年　　月　　日

税款所属时期：　　年　　月　　日至　　年　　月　　日　　　　金额单位：元

纳税人名称							企业编码						
地　址							邮政编码						
办税员姓名			电话				税务登记证号						
土地所处地点	上期占地面积	本期增减	增减时间	本期实际占地面积	法定免税面积	应税面积	土地等级	适用税额	全年应缴税额	年缴纳次数	本期应纳税额	本期已纳税额	本期应补（退）税额
1	2	3		4=2+3	5	6=4-5	7	8	9=7×8	10	11=9÷10	12	13=11-12
合计													

如纳税人填报，由纳税人填写		如委托代理人填报，由代理人填写以下各栏			
会计主管（签章）	纳税人（公章）	代理人名称		代理人（公章）	
		代理人地址			
		经办人姓名		电话	
以下由税务机关填写					
收到申报表日期			接收人		

12.2 耕地占用税

12.2.1 税种设置

耕地占用税是国家对一切单位和个人建房或者从事非农业建设占用耕地而征收的一种税。

1984 年 4 月 1 日国务院颁布的《耕地占用税暂行条例》，于条例发布之日起施行。现行耕地占用税的基本规范，是 2007 年 12 月 1 日国务院重新发布的《耕地占用税暂行条例》，自 2008 年 1 月 1 日起施行。

（1）有利于保护和利用有限的土地资源，保证农业生产用地，促进农业生产发展。

（2）有利于地方政府适当筹集一部分财政资金，增加对农业的投入。

12.2.2 征税对象和纳税人

耕地占用税的征税对象是非农业建设占用的耕地。耕地是指用于种植农作物的土地。非农业建设占用的林地、牧草地、农田水利用地、养殖水面以及渔业水域滩涂等其他农用土地，比照耕地处理。林地包括有林地、灌木林地、疏林地、未成林地、迹地、苗圃等，不包括居民点内部的绿化林木用地；铁路、公路征地范围内的林木用地；以及河流、沟渠的护堤林用地。牧草地包括天然牧草地、人工牧草地。农田水利用地包括农田排灌沟渠及相应附属设施用地。养殖水面包括人工开挖或者天然形成的用于水产养殖的河流水面、湖泊水面、水库水面、坑塘水面及相应附属设施用地。渔业水域滩涂包括专门用于种植或者养殖水生动植物的海水潮浸地带和滩地。

建设直接为农业生产服务的生产设施占用农用地的，不征收耕地占用税。直接为农业生产服务的生产设施是指直接为农业生产服务而建设的建筑物和构筑物。具体包括：储存农用机具和种子、苗木、木材等农业产品的仓储设施；培育、生产种子、种苗的设施；畜禽养殖设施；木材集材道、运材道；农业科研、试验、示范基地；野生动植物保护、护林、森林病虫害防治、森林防火、木材检疫的设施；专为农业生产服务的灌溉排水、供水、供电、供热、供气、通讯基础设施；农业生产者从事农业生产必需的食宿和管理设施；其他直接为农业生产服务的生产设施。占用园地建房或者从事非农业建设的，视同占用耕地征收耕地占用税。

占用耕地建房或者从事其他非农业建设的单位和个人。所称单位包括国有企业、集体企业、私营企业、股份制企业、外商投资企业、外国企业以及其他企业和事业单位、社会团体、国家机关、部队以及其他单位。所称个人包括个体工商户以及其他个人。

12.2.3 税基、税率和应纳税额的计算

耕地占用税以纳税人实际占用耕地面积计税，按照规定税额一次性征收。

以县为单位（以下同），人均耕地在 1 亩以下（含 1 亩）的地区，每平方米为 10～50 元；人均耕地在 1～2 亩（含 2 亩）的地区，每平方米为 8～40 元；人均耕地在 2～3 亩（含 3 亩）的地区，每平方米为 6～30 元；人均耕地在 3 亩以上的地区，每平方米为 5～25 元。

为协调政策，避免毗邻地区征收税额相差悬殊，财政部、国家税务总局对各省、自治区、直辖市又规定了平均税额：上海市 45 元；北京市 40 元；天津市 35 元；江苏、浙江、福建、广东 4 省均为 30 元；辽宁、湖北、湖南 3 省均为 25 元；河北、安徽、江西、山东、河南、四川、重庆 7 省市均为 22.5 元；广西、海南、贵州、云南、陕西 5 省（自治区）均为 20 元；山西、吉林、黑龙江 3 省均为 17.5 元；内蒙古、西藏、甘肃、青海、宁夏、新疆 6 省（自治区）均为 12.5 元。

各地依据耕地占用税税率和本地区平均税额的规定，经省级人民政府批准，确定县级行政区占用耕地的适用税额。

耕地占用税的应纳税额等于适用的单位税额乘以实际占用的耕地面积，其计算公式为：

应纳税额 = 单位税额 × 实际占用的耕地面积（平方米）

12.2.4 税收优惠

下列经批准征用的耕地，免征或减征耕地占用税。

（1）军事设施占用耕地。具体范围包括：地上、地下的军事指挥、作战工程；

军用机场、港口、码头；营区、训练场、试验场；军用洞库、仓库；军用通信、侦察、导航、观测台站和测量、导航、助航标志；军用公路、铁路专用线，军用通讯、输电线路，军用输油、输水管道；其他直接用于军事用途的设施。

（2）学校、幼儿园、养老院、医院占用耕地。免税学校的具体范围包括：县级以上人民政府教育行政部门批准成立的大学、中学、小学、学历性职业教育学校以及特殊教育学校。学校内经营性场所和教职工住房占用耕地的，按照当地适用税额缴纳耕地占用税。免税幼儿园的具体范围限于县级人民政府教育行政部门登记注册或者备案的幼儿园内专门用于幼儿保育、教育的场所。免税养老院的具体范围限于经批准设立的养老院内专门为老年人提供生活照顾的场所。免税医院的具体范围限于县级以上人民政府卫生行政部门批准设立的医院内专门用于提供医护服务的场所及其配套设施。医院内职工住房占用耕地的，按照当地适用税额缴纳耕地占用税。

（3）铁路线路、公路线路、飞机场跑道、停机坪、港口、航道占用耕地，减按每平方米2元的税额征收耕地占用税。铁路线路具体范围限于铁路路基、桥梁、涵洞、隧道及其按照规定两侧留地。公路线路具体范围限于经批准建设的国道、省道、县道、乡道和属于农村公路的村道的主体工程以及两侧边沟或者截水沟。飞机场跑道、停机坪具体范围限于经批准建设的民用机场专门用于民用航空器起降、滑行、停放的场所。港口具体范围限于经批准建设的港口内供船舶进出、停靠以及旅客上下、货物装卸的场所。航道具体范围限于在江、河、湖泊、港湾等水域内供船舶安全航行的通道。

（4）农村居民占用耕地新建住宅，按照当地适用税额减半征收耕地占用税。农村居民占用耕地新建住宅，是指农村居民经批准在户口所在地按照规定标准占用耕地建设自用住宅。农村居民经批准搬迁，原宅基地恢复耕种，凡新建住宅占用耕地不超过原宅基地面积的，不征收耕地占用税；超过原宅基地面积的，对超过部分按照当地适用税额减半征收耕地占用税。农村烈士家属、残疾军人、鳏寡孤独以及革命老根据地、少数民族聚居区和边远贫困山区生活困难的农村居民，在规定用地标准以内新建住宅缴纳耕地占用税确有困难的，经所在地乡（镇）人民政府审核，报经县级人民政府批准后，可以免征或者减征耕地占用税。

纳税人改变原占地用途，不再属于免征或者减征耕地占用税情形的，应当按照当地适用税额补缴耕地占用税。

12.2.5 申报与缴纳

纳税人经批准占用耕地的，耕地占用税纳税义务发生时间为纳税人收到土地管理部门办理占用农用地手续通知的当天；纳税人未经批准占用耕地的，耕地占用税纳税义务发生时间为实际占用耕地的当天。

纳税人必须在经土地管理部门批准占用耕地之日起30日内缴纳耕地占用税。土地管理部门凭耕地占用税完税凭证或者免税凭证和其他有关文件发放建设用地批准书。纳税人在批准临时占用耕地的期限内恢复所占用耕地原状的，全额退还已经缴纳的耕地占用税。

耕地占用税由地方税务机关负责征收。土地管理部门在批准单位和个人占用耕地后，应及时通知耕地所在地同级地方税务机关。

耕地占用税纳税申报表

申报编码： 填报时间： 年 月 日 单位：平方米、元

<table>
<tr><td rowspan="5">纳税人</td><td>名　称</td><td colspan="6"></td></tr>
<tr><td>证件号码</td><td colspan="2"></td><td colspan="2">联系电话</td><td colspan="2"></td></tr>
<tr><td>地　址</td><td colspan="2"></td><td colspan="2">邮政编码</td><td colspan="2"></td></tr>
<tr><td>开户银行</td><td colspan="2"></td><td colspan="2">经济性质</td><td colspan="2"></td></tr>
<tr><td>账　号</td><td colspan="2"></td><td colspan="2">项目类别</td><td colspan="2"></td></tr>
<tr><td colspan="2">项目名称</td><td colspan="6"></td></tr>
<tr><td colspan="2">项目用途</td><td colspan="6"></td></tr>
<tr><td colspan="2">批准机关</td><td colspan="2"></td><td colspan="2">纳税期限</td><td colspan="2"></td></tr>
<tr><td colspan="2">占地类型</td><td colspan="2"></td><td colspan="2">批准日期</td><td colspan="2"></td></tr>
<tr><td colspan="2">批件信息</td><td colspan="6"></td></tr>
<tr><td colspan="2">被征（占）地的乡镇村</td><td colspan="6"></td></tr>
<tr><td colspan="2">占地位置</td><td colspan="6"></td></tr>
<tr><td colspan="2">申请用地面积</td><td colspan="6"></td></tr>
<tr><td colspan="2">其中非法占地</td><td colspan="6"></td></tr>
<tr><td colspan="2">计缴税额</td><td colspan="6"></td></tr>
<tr><td colspan="8">以下部分由纳税人填写</td></tr>
<tr><td colspan="2">纳税人签章</td><td>法人代表签章</td><td colspan="2"></td><td>经办人签章</td><td colspan="2"></td></tr>
<tr><td colspan="2">备注</td><td colspan="6"></td></tr>
<tr><td colspan="8">以下部分由征收机关填写</td></tr>
<tr><td colspan="2">征收机关收到日期</td><td></td><td>接收人</td><td></td><td>审核日期</td><td></td><td>审核员</td></tr>
<tr><td colspan="2">审核记录</td><td colspan="3"></td><td colspan="3">征收机关盖章</td></tr>
</table>

本章小结

1. 城镇土地使用税是以城镇土地为征税对象，对拥有土地使用权的单位和个人征收的一种税。现行城镇土地使用税的基本规范，是2006年12月31日国务院颁布的《土地使用税暂行条例》。

2. 城镇土地使用税的征税对象是在城市、县城、建制镇和工矿区内的国家所有和集体所有的土地。

3. 在城市、县城、建制镇、工矿区范围内使用土地的单位和个人，为城镇土地使用税的纳税义务人。土地使用税由拥有土地使用权的单位或个人缴纳。拥有土地使用权的纳税人不在土地所在地的，由代管人或实际使用人纳税；土地使用权未确定或权属纠纷未解决的，由实际使用人纳税；土地使用权共有的，由共有各方分别纳税。

4. 土地使用税以纳税人实际占用的土地面积为计税依据。

5. 土地使用税按年计算，分期缴纳。

6. 土地使用税由土地所在地的税务机关征收。土地管理机关应当向土地所在地的税务机关提供土地使用权属资料。

7. 耕地占用税是国家对一切单位和个人建房或者从事非农业建设占用耕地而征收的一种税。现行耕地占用税的基本规范，是2007年12月1日国务院颁布的《耕地占用税暂行条例》，自2008年1月1日起施行。

8. 耕地占用税的征税对象是占用的耕地。

9. 耕地占用税的纳税义务人为占用耕地建房或者从事其他非农业建设的单位和个人。

10. 耕地占用税以纳税人实际占用耕地面积计税，按照规定税额一次性征收。

11. 纳税人必须在经土地管理部门批准占用耕地之日起30日内缴纳耕地占用税。纳税人按有关规定向土地管理部门办理退还耕地的，已纳税款不予退还。

12. 耕地占用税由税务机关负责征收。

思 考 题

1. 为什么征收城镇土地使用税？
2. 城镇土地使用税的计税依据和税率是如何规定的？
3. 为什么征收耕地占用税？
4. 耕地占用税的计税依据和税率是如何规定的？

第十三章　房产税、车船税

学习目标

1. 熟悉房产税、车船税的税种设置。
2. 掌握房产税、车船税的征税对象、纳税人的基本规定。
3. 掌握房产税、车船税的税基、税率与税额计算方法。
4. 熟悉房产税、车船税税款征收与缴纳方法。

关键名词

房产税　车船税　分类分级税额　应税房产原值　房产计税余值

13.1　房产税

13.1.1　税种设置

房产税是以房产为征税对象，依据房产价格或房产租金收入向房产所有人或经营人征收的一种税。

房产税是1984年第二步利改税时，将原城市房地产税分为房产税和土地使用税而设置的一个税种。于1986年10月1日起在全国范围内施行。2008年12月31日，国务院宣布1951年8月8日由原政务院公布的《城市房地产税暂行条例》自2009年1月1日起废止。为了公平内外资纳税人税收负担，自2009年1月1日起，外商投资企业、外国企业和组织以及外籍个人，依照《房产税暂行条例》缴纳房产税。

(1) 加强对城镇房产管理，提高房产使用效率。

(2) 适当调节纳税人的收入。

(3) 促进城镇合理建房、用房。

(4) 为地方财政筹集建设资金。1994～2007 年中国房产税收入见表 13－1。

表 13－1　　1994～2007 年中国房产税收入情况　　单位：亿元

项　目	1994 年	1995 年	1996 年	1997 年	1998 年	1999 年	2000 年
房产税收入	60.3	81.7	102.2	123.9	159.8	183.5	209.6
项　目	2001 年	2002 年	2003 年	2004 年	2005 年	2006 年	2007 年
房产税收入	228.6	282.4	323.9	366.3	435.9	515.1	575.1

资料来源：国家税务总局网站，http：//www.chinatax.gov.cn/，税收收入统计。

13.1.2　征税对象和纳税人

房产税以房产为征税对象。具体包括：在城市、县城、建制镇和工矿区范围内的房产。城市是指国务院批准设立的市。县城是指县人民政府所在地。建制镇是指经省、自治区、直辖市人民政府批准设立的建制镇。工矿区是指工商业比较发达，人口比较集中，符合国务院规定的建制镇标准，但尚未设立镇建制的大中型工矿企业所在地。开征房产税的工矿区须经省、自治区、直辖市人民政府批准。对农村的房产不征收房产税。

房产税由产权所有人缴纳。产权属于全民所有的，由经营管理的单位缴纳。产权出典的，由承典人缴纳。产权所有人、承典人不在房产所在地的，或者产权未确定及租典纠纷未解决的，由房产代管人或者使用人缴纳。

13.1.3　税基、税率和应纳税额的计算

房产税依照房产原值一次减除 10%～30% 后的余值计算缴纳。具体减除幅度，由省、自治区、直辖市人民政府规定。房产原值是指纳税人按照会计制度规定，在账簿“固定资产”科目中记载的房屋造价（或原价）。对纳税人未按会计制度规定记载原值的，在计税时，应按规定调整房产原值；对房产原值明显不合理的，应重新予以评估；对于没有房产原值的，应由房产所在地的税务机关参考同类房屋的价值核定。没有房产原值作为依据的，由房产所在地税务机关参考同类房产核定。房产出租的，

以房产租金收入为房产税的计税依据。房产的租金收入是房屋产权所有人出租房产使用权所得的报酬，包括货币收入和实物收入。如果是以劳务或者其他形式为报酬抵付房租收入的，应根据当地同类房产的租金水平，确定一个标准租金额从租计征。

依照房产余值计算缴纳的，税率为1.2%；依照房产租金收入计算缴纳的，税率为12%。对个人按市场价格出租的居民住房，用于居住的，暂减按4%的税率征收。

（1）从价计征的计算。从价计征是按房产的原值减除一定比例后的余值计征，其公式为：

应纳税额 = 应税房产原值 ×（1 − 扣除比例）× 1.2%

（2）从租计征的计算。从租计征是按房产的租金收入计征，其公式为：

应纳税额 = 租金收入 × 12%

某企业2008年1月1日的房产原值为3 000万元，4月1日将其中原值为1 000万元的临街房出租给某连锁商店，月租金5万元。当地政府规定允许按房产原值减除20%后的余值计税。计算该企业当年应缴纳的房产税。

分析：（1）自身经营用房应纳房产税 = (3 000 − 1 000) × (1 − 20%) × 1.2% + 1 000 × (1 − 20%) × 1.2% ÷ 12 × 3 = 19.2 + 2.4 = 21.6（万元）

（2）出租的房产应纳房产税 = 5 × 9 × 12% = 5.4（万元）

（3）企业当年应纳房产税 = 21.6 + 5.4 = 27（万元）

（1）以房产投资联营的征税问题。①对于以房产投资联营，投资者参与投资利润分红，共担风险的，按房产余值作为计税依据计征房产税。即由被投资方按自用房产计算缴纳房产税。如果被投资方将接受投资的房产用于出租，则按租金收入计算缴纳房产税。②对以房产投资，收取固定收入，不承担联营风险的，实际是以联营名义取得房产租金，应根据暂行条例的有关规定由出租方按租金收入计缴房产税。

（2）对融资租赁房屋的征税问题。对融资租赁房屋，在计征房产税时应以房产余值计算征收，至于租赁期内房产税的纳税人，由当地税务机关根据实际情况确定。

（3）中央空调设备是否计入房屋原值计税问题。①新建房屋交付使用时，如中央空调设备已计算在房产原值之中，则房产原值应包括中央空调设备；如中央空调设备作单项固定资产入账，单独核算并提取折旧，则房产原值不应包括中央空调设备。②旧房安装空调设备，一般都作单项固定资产入账，不应计入房产原值。

13.1.4 税收优惠

下列免税单位自用的房产免税：

（1）国家机关、人民团体、军队自用的房产。指这些单位本身的办公用房和公务用房免税。

（2）由国家财政部门拨付事业经费的单位自用的房产。事业单位自用的房产，是指这些单位本身的业务用房。为鼓励事业单位经济自立，由国家财政部门拨付事业经费的事业单位，从其经费来源实行自收自支的年度起，免征房产税3年。

（3）宗教寺庙、公园、名胜古迹自用的房产。宗教寺庙自用的房产，是指举行宗教仪式等的房屋和宗教人员使用的生活用房屋。公园、名胜古迹自用的房产，是指供公共参观游览的房屋及其管理单位的办公用房屋。

上述免税单位出租的房产以及非本身业务用的生产、营业用房产不属于免税范围，应征收房产税。

（4）个人所有非营业用的房产。对个人拥有的营业用房或者出租的房产，不属于免税房产，应照章纳税。

（5）经财政部批准免税的其他房产。

13.1.5 申报与缴纳

（1）纳税人自建的房屋，自建成之次月起征收房产税。

（2）纳税人委托施工企业建设的房屋，从办理验收手续之次月起征收房产税。

（3）纳税人在办理验收手续前已使用或出租、出借的新建房屋，应按规定征收房产税。

房产税按年征收、分期缴纳。纳税期限由省、自治区、直辖市人民政府规定。房产税由房产所在地的税务机关征收。房产不在一地的纳税人，应按房产的坐落地点，分别向房产所在地的税务机关缴纳房产税。纳税申报表如下。

房产税纳税申报表

填表日期：　　年　　月　　日

税款所属时期：　　年　　月　　日至　　年　　月　　日　　金额单位：元（列至角分）

企业编码		税务登记号		法人代表	
纳税人名称		办税员		办税员证号	
地　址		联系电话		邮政编码	

房产坐落地点	房屋结构	建筑面积 m^2	上期申报房产原值（评估值）	本期增减	本期增减时间	本期实际房产原值	其中			扣除率%	计税依据		适用税率		全年应纳税额	缴纳次数	本期		应补（退）税额
							从价计税的房产原值	从租计税的房产原值	税法规定的免税房产原值		房产余值	当期租金收入	1.2%	12%			应纳税额	已纳税额	

续表

			1	2		3 = 1 + 2	4 = 3 − 5 − 6	5 = 3 − 4 − 6	6	7	8 = 4 − 4 × 7	9	10	11	12 = 8 × 10 + 9 × 11	13	14 = 12 ÷ 13	15	16 = 14 − 15
合计																			

如纳税人填报，由纳税人填写以下各栏			如委托代理人填报，由代理人填写以下各栏				备注
会计主管 （签章）	经办人 （签章）	纳税人 （签章）	代理人名称			代理人 （签章）	
			代理人地址				
			经办人		电话		

以下由税务机关填写					
收到申报表日期	年　月　日	接收人		税票号码	

13.2 车船税

13.2.1 税种设置

车船税是对车辆、船舶征收的一种税，属于财产税性质的税种，征收车船税的主要目的是为政府取得财政收入。

车船税的前身是车船使用牌照税、车船使用税。1951 年 9 月，政务院颁布了《车船使用牌照税暂行条例》，在全国部分地区开征。1973 年工商税制改革时，将对内资企业征收的车船使用牌照税并入工商税，对个人、外侨以及外资企业的车船，继续征收车船使用牌照税。1986 年 9 月国务院颁布并于同年 10 月 1 日施行《中华人民共和国车船使用税暂行条例》，适用于除外商投资企业和外国企业以外的，在中国境内拥有并且使用车船的单位和个人。2006 年 12 月 29 日，国务院颁布《中华人民共和国车船税暂行条例》；2007 年 2 月 1 日，财政部、国家税务总局颁发。

征收车船税，可以适当集中一部分资金进行交通设施建设，有利于配合有关部门加强交通管理，保证车船行驶安全，促进交通运输业的发展。1994 ~ 2007 年中国车船税收入情况见表 13 -2。

表 13 -2　　1994 ~ 2007 年中国车船税收入情况　　单位：亿元

项　目	1994 年	1995 年	1996 年	1997 年	1998 年	1999 年	2000 年
车船税收入	11.3	13.4	15.1	17.2	19.1	20.9	23.4
项　目	2001 年	2002 年	2003 年	2004 年	2005 年	2006 年	2007 年
车船税收入	24.6	28.9	32.2	35.6	38.9	50.0	68.2

资料来源：国家税务总局网站，http：//www.chinatax.gov.cn/，税收收入统计。

13.2.2 征税对象和纳税人

车船税的征税对象为行驶于中国境内公共道路的车辆和航行于中国境内河流、湖泊或领海的船舶。

车船税的纳税人为车辆、船舶的所有人或管理人。车船的所有人或者管理人未缴纳车船税的，由使用人代为缴纳。这里所说的管理人是指对车船具有管理使用权，不具有所有权的单位。从事机动车交通事故责任强制保险业务的保险机构为机动车车船税的扣缴义务人，依法代收代缴车船税。

13.2.3 税基、税率和应纳税额的计算

按车船的种类和性能，分别确定为辆、净吨位和自重吨位三种：

（1）车辆。载客汽车、摩托车的税基为车辆的辆数。载货汽车、三轮汽车、低速货车、专项作业车和轮式专用机械车的税基为自重吨数。

（2）船舶。船舶的税基为净吨位数，拖船按照发动机功率每2马力折合净吨位1吨。

车船税采用分类分级幅度定额税率。车船税具体的税目税额见表13－3。

表13－3 车船税税目税额表

税目	计税标准	每年税额（元）	备注
载客汽车 其中： 大型客车 中型客车 小型客车 微型客车	每辆 每辆 每辆 每辆 每辆	60～660 480～660 420～660 360～660 60～480	包括电车
载货汽车	按自重每吨	16～120	包括半挂牵引车、挂车
三轮汽车	按自重每吨	24～120	
低速货车	按自重每吨	24～120	
专项作业车和轮式专用机械车	按自重每吨	16～120	
摩托车	每辆	36～180	
船舶 其中：	按净吨位每吨 净吨位小于或者等于200吨的 净吨位201吨至2000吨的 净吨位2001吨至10000吨的 净吨位10001吨及其以上的	3～6 3元/吨 4元/吨 5元/吨 6元/吨	拖船和非机动驳船分别按船舶税额的50%计算

在税目税率表中，载客汽车中的大型客车是指核定载客人数大于或者等于 20 人的载客汽车，中型客车是指核定载客人数大于 9 人且小于 20 人的载客汽车，小型客车是指核定载客人数小于或者等于 9 人的载客汽车，微型客车是指发动机气缸总排气量小于或者等于 1 升的载客汽车。三轮汽车是指在车辆管理部门登记为三轮汽车或者三轮农用运输车的机动车。低速货车是指在车辆管理部门登记为低速货车或者四轮农用运输车的机动车。专项作业车是指装置有专用设备或者器具，用于专项作业的机动车，轮式专用机械车是指具有装卸、挖掘、平整等设备的轮式自行机械。拖船是指专门用于拖（推）动运输船舶的专业作业船舶。

（1）车辆的车船税税额计算公式分别为：

载客汽车、摩托车的应纳税额 = 辆数 × 单位税额

载货汽车、三轮汽车、低速货车的应纳税额 = 自重吨数 × 单位税额

（2）船舶的车船税税额计算公式分别为：

机动船的应纳税额 = 净吨位数 × 单位税额

拖船和非机动驳船应纳税额 = 净吨位数 × 船舶单位税额 × 50%

13.2.4 税收优惠

下列车船免纳车船使用税：

（1）非机动车船（不包括非机动驳船），免征车船税。非机动车是指以人力或者畜力驱动的车辆，以及符合国家有关标准的残疾人机动轮椅车、电动自行车等车辆。非机动船是指自身没有动力装置，依靠外力驱动的船舶。非机动驳船是指在船舶管理部门登记为驳船的非机动船。

（2）农业用拖拉机和渔业用船舶，免征车船税。拖拉机是指在农业（农业机械）部门登记为拖拉机的车辆。渔业用船舶是指在渔业船舶管理部门登记为捕捞船或者养殖船的渔业船舶。

（3）军队、武警专用的车船，免征车船税。军队、武警专用的车船是指按照规定在军队、武警车船管理部门登记，并领取军用牌照、武警牌照的车船。

（4）警用车船，免征车船税。警用车船是指公安机关、国家安全机关、监狱、劳动教养管理机关和人民法院、人民检察院领取警用牌照的车辆和执行警务的专用船舶。

（5）外交使领馆、驻华国际组织及其人员使用的车船，免征车船税。外交使领馆、驻华国际组织及其人员使用的车船免税，是指依照《中华人民共和国外交特权与豁免条例》、《中华人民共和国领事特权与豁免条例》与我国缔结或者参加的国际

条约的规定应当予以免税的外国驻华使馆、领事馆和国际组织驻华机构及其有关人员的车船。

13.2.5 申报与缴纳

车船税的纳税义务发生时间，为车船管理部门核发车船登记证书或者行驶证书的当月。纳税人未按照规定到车船管理部门办理应税车船登记手续的，以车船购置发票所载开具时间的当月作为车船税的纳税义务发生时间。对未办理车船登记手续且无法提供车船购置发票的，由主管地方税务机关核定纳税义务发生时间。

车船税的缴纳有两种方法：一是由经营机动车交通事故强制保险的保险机构代收代缴，换言之，由纳税人在购买机动车交通事故责任强制保险时缴纳。之所以采用该方法，是因为机动车流动性较大、涉及面较广，比较分散，难以控制，由保险机构代收代缴有利于堵塞漏洞，同时也方便客户。二是由纳税人自行缴纳，即纳税人根据税务机关规定的时间，自己到税务机关缴纳车船税。纳税人在购买机动车交通事故责任强制保险时缴纳车船税的，不再向地方税务机关申报纳税。

车船税按年申报缴纳。具体申报纳税期限由省、自治区、直辖市人民政府确定。

车船税的纳税地点，由省、自治区、直辖市人民政府根据当地实际情况确定。跨省、自治区、直辖市使用的车船，纳税地点为车船的登记地。

车船使用税纳税申报表

填表日期：　　年　　月　　日

税款所属时期：　　年　　月　　日至　　年　　月　　日　　　　金额单位：元

<table>
<tr><td>纳税人名称</td><td colspan="4"></td><td colspan="2">企业编码</td><td colspan="3"></td></tr>
<tr><td>地　　址</td><td colspan="4"></td><td colspan="2">邮政编码</td><td colspan="3"></td></tr>
<tr><td>办税员姓名</td><td></td><td>电话</td><td colspan="2"></td><td colspan="2">税务登记证号</td><td colspan="3"></td></tr>
<tr><td rowspan="2">车船类别</td><td colspan="2" rowspan="2">计税标准</td><td rowspan="2">数量</td><td rowspan="2">单位税额</td><td rowspan="2">全年应缴税额</td><td rowspan="2">缴纳次数</td><td colspan="3">本期</td></tr>
<tr><td>应纳税额</td><td>已纳税额</td><td>应补（退）税额</td></tr>
<tr><td>1</td><td colspan="2">2</td><td>4</td><td>5</td><td>6＝4×5</td><td>7</td><td>8＝6÷7</td><td>9</td><td>10</td></tr>
<tr><td></td><td colspan="2"></td><td></td><td></td><td></td><td></td><td></td><td></td><td></td></tr>
<tr><td></td><td colspan="2"></td><td></td><td></td><td></td><td></td><td></td><td></td><td></td></tr>
<tr><td></td><td colspan="2"></td><td></td><td></td><td></td><td></td><td></td><td></td><td></td></tr>
<tr><td></td><td colspan="2"></td><td></td><td></td><td></td><td></td><td></td><td></td><td></td></tr>
</table>

续表

纳税人名称				企业编码				
地　　址				邮政编码				
办税员姓名	电话			税务登记证号				
车船类别	计税标准	数量	单位税额	全年应缴税额	缴纳次数	本期		
						应纳税额	已纳税额	应补（退）税额
合　计								
如纳税人填报，由纳税人填写		如委托代理人填报，由代理人填写以下各栏						
会计主管（签章）	纳税人（公章）	代理人名称		代理人（公章）				
		代理人地址						
		经办人姓名		电话				
以下由税务机关填写								
收到申报表日期				接收人				

本章小结

1. 房产税是以房产为征税对象，依据房产价格或房产租金收入向房产所有人或经营人征收的一种税。是1984年第二步利改税时，将原城市房地产税分为房产税和土地使用税而设置的一个税种。于1986年10月1日起在全国范围内施行。2009年1月1日起，外商投资企业、外国企业和组织以及外籍个人，依照《房产税暂行条例》缴纳房产税。

2. 房产税以房产为征税对象。具体包括：在城市、县城、建制镇和工矿区范围内房产。

3. 房产税由产权所有人缴纳。产权属于全民所有的，由经营管理的单位缴纳；产权出典的，由承典人缴纳；产权所有人、承典人不在房产所在地的，或者产权未确定及租典纠纷未解决的，由房产代管人或者使用人缴纳。

4. 纳税义务发生时间。纳税人自建的房屋，自建成之次月起征收房产税；纳税人委托施工企业建设的房屋，从办理验收手续之次月起征收房产税；纳税人在办理验收手续前已使用或出租、出借的新建房屋，应按规定征收房产税。

5. 税基。房产税依照房产原值一次减除10% ~30%后的余值计算缴纳。房产出租的，以房产租金收入为房产税的计税依据。

6. 依照房产余值计算缴纳的，税率为1.2%；依照房产租金收入计算缴纳的，税率为12%。

7. 房产税按年征收、分期缴纳。纳税期限由省、自治区、直辖市人民政府规定。

8. 房产税由房产所在地的税务机关征收。

9. 房产不在一地的纳税人，应按房产的坐落地点，分别向房产所在地的税务机关缴纳房产税。

10. 车船税是对车辆、船舶征收的一种税，属于财产税性质的税种，征收车船税的主要目的是为政府取得财政收入。

11. 车船税的征税对象为车辆和船舶。纳税人为车辆、船舶的所有人或管理人。

12. 车船税采用分类分级幅度定额税率。

13. 车船税按年申报缴纳。具体申报纳税期限由省、自治区、直辖市人民政府确定。

14. 车船税的纳税地点，由省、自治区、直辖市人民政府根据当地实际情况确定。跨省、自治区、直辖市使用的车船，纳税地点为车船的登记地。

思　考　题

1. 为什么要设置房产税?
2. 房产税的计税依据和税率是如何规定的?
3. 设置征收车船税的意义。
4. 车船税的计税依据是如何规定的?
5. 车船税的税率如何规定的?

第十四章　契税、印花税

学习目标

1. 熟悉印花税、契税的税种设置。
2. 熟悉印花税、契税的征税对象、纳税人的基本规定。
3. 掌握印花税、契税的税基、税率与税额计算方法。
4. 熟悉印花税、契税税款征收与缴纳方法。

关键名词

契税　印花税　应税凭证　产权转移书据"三自"纳税法　汇贴或汇缴办法　委托代征办法

14.1　契税

14.1.1　税种设置

契税是在土地产权、房屋权属发生转移时，按当事人双方订立的契约，向承受人征收的一种税。

契税起源于东晋的估税。我国于1950年颁布《契税暂行条例》，1954年，对《契税暂行条例》进行了修改，1997年7月7日国务院重新制定并颁布了新的《契税暂行条例》，并于1997年10月1日开始施行。

（1）取得地方财政收入。

（2）调节纳税者的经济收入。

（3）从法律上保护产权所有者的合法权益。

14.1.2　征税对象、纳税人

契税的征税对象是境内转移土地、房屋权属。包括：国有土地使用权出让；土地使用权转让（出售、赠与和交换）；房屋买卖；房屋赠与；房屋交换；视同土地使用权转让、房屋买卖或者房屋赠与征税。

在境内转移土地、房屋权属，承受的单位和个人为契税的纳税人。承受是指以受让、购买、受赠、交换等方式取得土地、房屋权属的行为。单位是指企业单位、事业单位、国家机关、军事单位和社会团体以及其他组织。个人是指个体经营者及其他个人。

14.1.3　税基、税率和应纳税额的计算

（1）国有土地使用权出让、土地使用权出售、房屋买卖，为成交价格。

（2）土地使用权赠与、房屋赠与，由征收机关参照土地使用权出售、房屋买卖的市场价格核定。

（3）土地使用权交换、房屋交换，为所交换的土地使用权、房屋的价格的差额。交换价格相等的，免征契税。

（4）以划拨方式取得土地使用权的，其税基为补缴的土地使用权出让费用或者土地收益。

契税税率为3%～5%；契税的适用税率，由省、自治区、直辖市人民政府在前款规定的幅度内按照本地区的实际情况确定，并报财政部和国家税务总局备案。

自2008年11月1日起，对个人首次购买90平方米及以下普通住房的，契税税率暂统一下调到1%。

契税的应纳税额，依照税基和税率计算征收，应纳税额计算公式：

应纳税额＝税基×税率

某公司购买土地使用权，成交价格为200万元，当地规定的契税适用税率为3%。该公司应纳契税是多少？

分析：应纳税额＝2 000 000×3%＝60 000（元）

公民甲与公民乙交换房屋，甲房屋价格为100万元，房屋价格为120

万元。成交后，甲支付20万元的房屋差价款。当地规定契税税率为5%。公民甲应纳契税是多少？

分析：应纳税额＝200 000×5%＝10 000（元）

14.1.4 税收优惠

有下列情形之一者，减征或者免征契税：

（1）国家机关、事业单位、社会团体、军事单位承受土地、房屋用于办公、教学、医疗、科研和军事设施的，免征。

（2）城镇职工按规定第一次购买公有住房的，免征。

（3）因不可抗力灭失住房而重新购买住房的，酌情准予减征或者免征。

（4）土地、房屋被县级以上人民政府征用、占用后，重新承受土地、房屋权属的，是否减征或者免征契税，由省、自治区、直辖市人民政府确定。

（5）纳税人承受荒山、荒沟、荒丘、荒滩土地使用权，用于农、林、牧、渔业生产的，免征。

（6）依照我国有关法律规定以及我国缔结或参加的双边和多边条约或协定的规定应当予以免税的。

（7）个人购买自用普通住宅，暂减半征税。

（8）在2009年1月1日至2011年12月31日期间，对企业改制重组实行契税优惠政策：①企业公司制改造。非公司制企业，按照《中华人民共和国公司法》的规定，整体改建为有限责任公司（含国有独资公司）或股份有限公司，或者有限责任公司整体改建为股份有限公司的，对改建后的公司承受原企业土地、房屋权属，免征契税。上述所称整体改建是指不改变原企业的投资主体，并承继原企业权利、义务的行为。非公司制国有独资企业或国有独资有限责任公司，以其部分资产与他人组建新公司，且该国有独资企业（公司）在新设公司中所占股份超过50%的，对新设公司承受该国有独资企业（公司）的土地、房屋权属，免征契税。国有控股公司以部分资产投资组建新公司，且该国有控股公司占新公司股份85%以上的，对新公司承受该国有控股公司土地、房屋权属免征契税。上述所称国有控股公司，是指国家出资额占有限责任公司资本总额51%以上，或国有股份占股份有限公司股本总额50%以上的国有控股公司。②企业股权转让。在股权转让中，单位、个人承受企业股权，企业土地、房屋权属不发生转移，不征收契税。③企业合并。两个或两个以上的企业，依据法律规定、合同约定，合并改建为一个企业，且原投资主体存续的，对其合并后的企业承受原合并各方的土地、房屋权属，免征契税。④企业分立。企业依照法律规定、合同约定分设为两个或两个以上投资主体相同的企业，对派生方、新设方承受原企业土地、房屋权属，不征收契税。⑤企业出售。国有、集体企业出售，被出售企业法人予以注销，并且买受人按照《劳动法》等国家有关法律法规政策妥善安置原企业全部职工，其中与原企业30%以上职工签订服务年限不少于3年的劳动用工合同的，对其承受所购企业的土地、房屋权属，减半征收契税；与原企业全部职工签订服务年限不少于3年的劳动用工合同的，免征契税。⑥企业注销、破产。企业依照有关法律、法规的规定实施注销、破产后，债权人（包括注销、破产企业职工）承受注销、破产企业土地、房屋权属以抵偿债务的，免征契税；对非债权人承受注销、破产企业土地、房屋权属，凡按照《劳动法》等国家有关法律法规政策妥善安置原企业全部职工，其中与原企业30%以上职工签订服务年限不少于3年的劳动用工合同的，对其承受所购企业的土地、房屋权属，减半征收契税；与原企业全部职工签订服务年限不少于3年的劳动用工合同的，免征契税。⑦其他。经国务院批准实施债权转股权的企业，对债权转股权后新设立的公司承受原企业的土地、房屋权属，免征契税。

政府主管部门对国有资产进行行政性调整和划转过程中发生的土地、房屋权属转移，不征收契税。

企业改制重组过程中，同一投资主体内部所属企业之间土地、房屋权属的无偿划转，包括母公司与其全资子公司之间，同一公司所属全资子公司之间，同一自然人与其设立的个人独资企业、一人有限公司之间土地、房屋权属的无偿划转，不征收契税。

（9）财政部规定的其他减征、免征契税的项目。

14.1.5 申报与缴纳

契税纳税义务发生时间，为纳税人签订土地、房屋权属转移合同的当天，或者纳税人取得其他具有土地、房屋权属转移合同性质凭证的当天。

纳税人应当自纳税义务发生之日起10日内，向土地、房屋所在地的契税征收机关办理纳税申报，并在契税征收机关核定的期限内缴纳税款。

纳税人符合减征或者免征契税规定的，应当在签订土地、房屋权属转移合同后10日内，向土地、房屋所在地的契税征收机关办理减征或者免征契税手续。

契税征收机关为土地、房屋所在地的财政机关或者地方税务机关。具体征收机关由省、自治区、直辖市人民政府确定。契税纳税申报表如下。

契税纳税申报表

填表日期：　　年　月　日　　　　单位：元、平方米

<table>
<tr><td rowspan="2">承受方</td><td>名称</td><td colspan="2"></td><td>识别号</td><td></td></tr>
<tr><td>地址</td><td colspan="2"></td><td>联系电话</td><td></td></tr>
<tr><td rowspan="2">转让方</td><td>名称</td><td colspan="2"></td><td>识别号</td><td></td></tr>
<tr><td>地址</td><td colspan="2"></td><td>联系电话</td><td></td></tr>
<tr><td rowspan="5">土地、房屋
权属转移</td><td>合同签订时间</td><td colspan="4"></td></tr>
<tr><td>土地、房屋地址</td><td colspan="4"></td></tr>
<tr><td>权属转移类别</td><td colspan="4"></td></tr>
<tr><td>权属转移面积</td><td colspan="4">平方米</td></tr>
<tr><td>成交价格</td><td colspan="4">元</td></tr>
<tr><td>适用税率</td><td colspan="5"></td></tr>
<tr><td>计征税额</td><td colspan="5">元</td></tr>
<tr><td>减免税额</td><td colspan="5">元</td></tr>
<tr><td>应纳税额</td><td colspan="5">元</td></tr>
<tr><td>纳税人员
签　章</td><td colspan="2"></td><td colspan="2">经办人员
签　章</td><td></td></tr>
<tr><td colspan="6">以下部分由征收机关负责填写</td></tr>
<tr><td>征收机关
收到日期</td><td></td><td>接收人</td><td></td><td>审核日期</td><td></td></tr>
<tr><td>审核记录</td><td colspan="5"></td></tr>
<tr><td>审核人员
签　章</td><td colspan="2"></td><td colspan="2">征收机关
签　章</td><td></td></tr>
</table>

（本表 A4 竖式，一式两份：第一联由纳税人保存；第二联由主管征收机关留存。）

14.2 印花税

14.2.1 税种设置

印花税是对书立和领受的应税凭证征收的一种税。由于采用在应税凭证上粘贴印花税票的方式作为完税凭证，故称印花税。

印花税 1624 年始创于欧洲的荷兰。我国在 1950 年颁发《印花税暂行条例草案》，

在全国开征印花税，1958年工商税制改革，将印花税并入了工商统一税中，此后一段时期未再单独征收印花税。1988年国务院公布《印花税暂行条例》并自1988年10月1日起在全国恢复征收印花税。

（1）保证社会主义市场经济的有序发展。

（2）有助于提高纳税人的法制观念和纳税自觉性。

（3）有利于维护国家权益，取得财政收入。1994～2007年中国印花税收入情况见表14-1。

表14-1　　1994～2007年中国印花税收入情况　　单位：亿元

项　目	1994年	1995年	1996年	1997年	1998年	1999年	2000年
印花税收入	61.8	46.8	146.7	266.3	238.5	282.3	521.9
项　目	2001年	2002年	2003年	2004年	2005年	2006年	2007年
印花税收入	337.0	179.4	215.0	290.2	226.8	376.6	2 261.7

资料来源：国家税务总局网站，http：//www.chinatax.gov.cn/，税收收入统计。

14.2.2　征税对象和纳税人

印花税的征税对象即条例所列举的各种应纳税凭证，具体划分为5大类13个税目。

（1）合同或者具有合同性质的凭证。合同是指根据有关合同法规订立的合同。具有合同性质的凭证，是指具有合同效力的协议、契约、合约、单据、确认书及其他各种名称的凭证。

①购销合同。包括供应、预购、采购、购销结合及协作、调剂、补偿、贸易等合同。此外，还包括出版单位与发行单位之间订立的图书、报纸、期刊和音像制品的应税凭证，例如订购单、订数单等。

②加工承揽合同。包括加工、定作、修缮、修理、印刷、广告、测绘、测试等合同。

③建设工程勘察设计合同。包括勘察、设计合同。

④建筑安装工程承包合同。包括建筑、安装工程承包合同。承包合同，包括总承包合同、分包合同和转包合同。

⑤财产租赁合同。包括租赁房屋、船舶、飞机、机动车辆、机械、器具、设备等合同，还包括企业、个人出租门店、柜台等签订的合同。

⑥货物运输合同。包括民用航空、铁路运输、海上运输、公路运输和联运合同，以及作为合同使用的单据。

⑦仓储保管合同。包括仓储、保管合同，以及作为合同作用的仓单、栈单等。

⑧借款合同。银行及其他金融组织与借款人（包括银行同业拆借）所签订的合同，以及只填开借据并作为合同使用、取得银行借款的借据。银行及其他金融机构经营的融资租赁业务所签订的融资租赁合同，属于借款合同。

⑨财产保险合同。包括财产、责任、保证、信用保险合同，以及作为合同使用的单据。财产保险合同，分为企业财产保险、机动车辆保险、货物运输保险、家庭财产保险和农牧业保险五类。“家庭财产两全保险”属于家庭财产保险性质，其合同在财产保险合同之列，应照章纳税。

⑩技术合同。包括技术开发、转让、咨询、服务等合同，以及作为合同使用的单据。技术转让，包括专利权转让、专利申请权转让、专利实施许可和非专利技术转让。专利申请权转让和非专利技术转让，按技术合同计税；专利权转让和专利实施许可转让，按产权转移书据计税。技术咨询合同，是当事人就有关项目的分析、论证、预测和调查订立的技术合同。但一般的法律、会计、审计等方面的咨询不属于技术咨询，其所立合同不贴印花。技术服务合同，是当事人一方委托另一方就解决有关特定技术问题所订立的技术合同，包括技术服务合同、技术培训合同和技术中介合同。但不包括以常规手段或者为生产经营目的进行一般加工、修理、修缮、广告、印刷、测绘、标准化测试，以及勘察、设计等所书立的合同。一般加工、修理、修缮、广告、印刷、测绘、标准化测试所书立的合同，属加工承揽合同；勘察、设计等所书立的合同，属建设工程勘察设计合同。

（2）产权转移书据。产权转移书据是指单位和个人产权的买卖、继承、赠与、交换、分割等所立的书据，包括财产所有权和版权、商标专用权、专利权、专有技术使用权等转移书据。“财产所有权”转移书据，是指经政府管理机关登记注册的动产、不动产的所有权转移所立的书据，以及企业股权转让所立的书据。

（3）营业账簿。营业账簿是指单位或者个人记载生产经营活动的财务会计核算账簿，分为记载资金的账簿和其他账簿。记载资金的账簿，是指反映生产经营单位资本金数额增减变化的账簿，具体是指“实收资本”和“资本公积”。其他账簿，是指除上述账簿以外的有关其他生产经营活动内容的账簿，包括日记账簿和各明细分类账簿。

（4）权利、许可证照。权利、许可证照包括政府部门发给的房屋产权证、工商营业执照、商标注册证、专利证、土地使用证。

（5）经财政部确定征税的其他凭证。

在中国境内书立、领受所列举凭证的单位和个人，都是印花税的纳税人。具体包括：各类合同的立合同人（指合同的当事人），产权转移书据的立据人，营业账簿的立账簿人，权利、许可证照的领受人。

在国外书立、领受，但在国内使用的应税凭证，其纳税人是使用人。同一凭证，由两方或两方以上当事人签订并各执一份的，应当由各方就所执的一份各自全额贴花纳税。

14.2.3 税基、税率和应纳税额的计算

印花税的税基有以下几种：

（1）按计税金额计税贴花。①购销合同的计税依据是购销金额。采用以货换货方式进行商品交易签订的合同，应按合同所载的购、销合计金额计税贴花；合同未列明金额的，应按合同所载购、销数量依照国家牌价或者市场价格计算应纳税额。②加工承揽合同的计税依据是加工或承揽收入。加工或承揽收入额，是指合同中规定的受托方的加工费收入和提供的辅助材料金额之和。③建设工程勘察设计合同的计税依据是收取的费用。④建筑安装工程承包合同的计税依据是承包金额。施工单位将自己承包的建设项目分包或转包给其他施工单位，其所签订的分包或转包合同仍应再按新的合同所载金额另行贴花。⑤财产租赁合同的计税依据是租赁金额。经计算，税额不足1元的，按1元贴花。⑥货物运输合同的计税依据是运输费用，但不包括装卸费用。对国内货物联运，在起运地统一结算全程运费的，应以全程运费作为计税依据，由起运地运费结算双方缴纳印花税；分程结算运费的，以分程的运费作为计税依据，分别由办理运费结算的各方缴纳印花税。对国际货运，由我国运输企业运输的，不论在我国境内、境外起运或中转分程运输，我国运输企业所持的一份运费结算凭证，均按本程运费计算应纳税额；托运方所持的一份运费结算凭证，按全程运费计算应纳税额。由外国运输企业运输进出口货物的，外国运输企业所持的一份运费结算凭证免缴印花税；托运方所持的一份运费结算凭证应缴纳印花税。国际货运运费结算凭证在国外办理的，应在凭证转回我国时按规定缴纳印花税。⑦仓储保管合同的计税依据是仓储保管费用。⑧借款合同的计税依据是借款金额，其纳税范围不包括银行同业拆借所签订的借款合同。⑨财产保险合同的计税依据是保险费收入。⑩技术合同的计税依据是合同所载金额。⑪产权转移书据的计税依据是所载金额。⑫营业账簿税目中记载资金的账簿的计税依据是“实收资本”与“资本公积”两项的合计金额。

（2）按计税件数计税贴花。①权利许可证照的计税依据是应税凭证件数。②营业账簿税目中其他账簿的计税依据是应税凭证件数。

印花税的税率采用比例税率和定额税率两种形式。在印花税的13个税目中，各类合同以及具有合同性质的凭证、产权转移书据、营业账簿中记载资金的账簿，适用比例税率如下：

（1）借款合同适用税率为万分之零点五。

（2）购销合同、建筑安装工程承包合同、技术合同，适用税率为万分之三。

（3）加工承揽合同、建筑工程勘察设计合同、货物运输合同、产权转移书据、营业账簿中记载资金的账簿，适用税率为万分之五。

（4）财产租赁合同、仓储保管合同、财产保险合同，适用税率为1‰。

（5）股权转让书据，适用税率为2‰。

从2008年9月19日起，调整证券（股票）交易印花税征收方式调整为单边征税，即对买卖、继承、赠与所书立的A股、B股股权转让书据的出让方按1‰的税率征收证券（股票）交易印花税，对受让方不再征税。权利、认可证照和营业账簿税目中的其他账簿，适用定额税率，均为按件贴花，税额为每件5元。

（1）一般规定。应纳税额计算公式为：

应纳税额＝应纳税凭证记载的金额（或费用、收入额）×适用税率

应纳税额＝应纳税凭证的件数×适用税额

甲、乙两家企业签订了一份购销合同，购销金额为300万元，印花税适用率为万分之三，两家企业分别应纳印花税税额是多少？

分析：应纳税额＝3 000 000×0.03%＝900（元）

（2）特殊规定。①按金额比例贴花的应税凭证，未标明金额，应按照凭证所载数量及国家牌价计算金额；没有国家牌价的，按市场价格计算金额，然后按规定税率计算应纳税额。②所载金额为外国货币，纳税人应按照凭证书立当日的国家外汇管理局公布的外汇牌价折合人民币，计算应纳税额。③同一凭证，因载有两个或者两个以上经济事项而适用不同税目税率，如分别记载金额，应分别计算应纳税额，相加后按合计税额贴花；如未分别记载金额的，按税率高的计税贴花。④已贴花的凭证，修改后所载金额增加，其增加部分应当补贴印花税票。对已履行并贴花的合同，所载金额与合同履行后实际结算金额不一致的，只要双方未修改合同金额，一般不再办理完税手续。⑤对在签订时无法确定金额的应税合同，应采取两次计税的办法：在合同签订时，先按定额5元贴花；以后结算时再按实际金额计税，补贴印花。⑥对有经营收入的事业单位，凡属由国家财政拨付事业经费、实行差额预算管理的单位，其记载经营业务的账簿，按其他账簿定额贴花，不记载经营业务的账簿不贴花；凡属经费来源实行自收自支的单位，其营业账簿应分别资金账簿和其他账簿计税贴花。⑦跨地区经营

的分支机构使用的营业账簿，应由分支机构于其所在地计税贴花。对上级单位核拨资金的分支机构，其记载资金的账簿按核拨的账面资金额计税贴花，其他账簿按定额贴花；此时，对上级单位记载资金的账簿，应按扣除拨给下属机构资金数额后的其余部分计税贴花。对上级单位不核拨资金的分支机构，只就其他账簿按件定额贴花。企业发生分立、合并和联营等变更后，凡依法办理法人登记的新企业所设立的资金账簿，应于启用时计税贴花；凡毋须重新进行法人登记的企业原有资金账簿，已贴印花继续有效。⑧应纳税额不足一角的，免纳印花税。应纳税额在1角以上的，其税额尾数不满5分的不计，满5分的按1角计算缴纳。

14.2.4　税收优惠

下列凭证免纳印花税：

（1）已缴纳印花税的凭证的副本或者抄本。

（2）财产所有人将财产赠给政府、社会福利单位、学校所立的书据。

（3）国家指定的收购部门与村民委员会、农民个人书立的农副产品收购合同。

（4）无息、贴息贷款合同。

（5）外国政府或者国际金融组织向我国政府及国家金融机构提供优惠贷款所书立的合同。

（6）房地产管理部门与个人签订的用于生活居住的租赁合同。

（7）农牧业保险合同。

（8）自2008年11月1日起，对个人销售或购买住房暂免征收印花税。

（9）对于企业集团内具有平等法律地位的主体之间自愿订立、明确双方购销关系、据以供货和结算、具有合同性质的凭证，应按规定征收印花税。对于企业集团内部执行计划使用的、不具有合同性质的凭证，不征收印花税。

14.2.5　申报与缴纳

应税凭证应当于书立或领受时贴花。书立和领受时贴花，是指在合同的签订时、书据的立据时、账簿的启用时和证照的领受时贴花。如果合同在国外签订的，应在国内使用时贴花。

（1）“三自”缴纳方法。即由纳税人自行计算应纳税额，自行购买并贴足印花税票，自行注销或画销的缴纳办法。这种办法一般适用于应税凭证较少或者贴花次数较少的纳税人。纳税人支付了税款并不等于已履行了纳税义务。纳税人必须在贴花并注销或画销后，才算完整地完成了纳税义务。已贴用的印花税票不得重用。凡多贴印花税票者，不得申请退税或者抵用。

（2）汇贴或汇缴办法。即由纳税人向税务机关提出申请，采取以缴款书代替贴花或者按期汇总缴纳的办法。这种办法，一般适用于应纳税额较大或者贴花次数频繁的纳税人。一份凭证应纳税额超过500元的，应向当地税务机关申请填写缴款书或者完税证，将其中一联粘贴在凭证上或者由税务机关在凭证上加注完税标记代替贴花。同一种类应纳税凭证，需频繁贴花的，应向当地税务机关申请按期汇总缴纳印花税。税务机关对核准汇总缴纳印花税的单位，应发给汇缴许可证。汇总缴纳的限期限额由当地税务机关确定，但最长期限不得超过1个月。

（3）委托代征办法。凡通过国家有关单位发放、签证、公证的应税凭证，可由税务机关委托这些单位代为征收印花税款。税务机关应与代征单位签订代征委托书，按代售印花税票金额的5%支付代售手续费。无论采用哪一种缴纳方办法，纳税人对纳税凭证应妥善保存。凭证的保存期限，凡国家已有明确规定的，按规定办理；其余凭证均应在履行完毕后保存1年。

①

（1）加强对印花税应税凭证的管理。各级地方税务机关应加强对印花税应税凭证的管理，要求纳税人统一设置印花税应税凭证登记簿，保证各类应税凭证及时、准确、完整地进行登记；应税凭证数量多或内部多个部门对外签订应税凭证的单位，要求其制定符合本单位实际的应税凭证登记管理办法。有条件的纳税人应指定专门部门、专人负责应税凭证的管理。印花税应税凭证应按照《税收征管法实施细则》的规定保存10年。

（2）完善按期汇总缴纳办法。各级地方税务机关应加强对按期汇总缴纳印花税单位的纳税管理，对核准实行汇总缴纳的单位，应发给汇缴许可证，核定汇总缴纳的限期；同时应要求纳税人定期报送汇总缴纳印花税情况报告，并定期对纳税人汇总缴纳印花税情况进行检查。

（3）加强对印花税代售人的管理。各级税务机关应加强对印花税代售人代售税款的管理，根据本地代售情况进行一次清理检查，对代售人违反代售规定的，可视其情节轻重，取消代售资格，发现代售人各种影响印花税票销售的行为要及时纠正。税务机关要根据本地情况，选择制度比较健全、管理比较规范、信誉比较可靠的单位或个人委托代售印花税票，并应对代售人经常进行业务指导、检查和监督。

（4）核定征收印花税。根据《税收征管法》第三十五条规定和印花税的税源特

① 国家税务总局：《关于进一步加强印花税征收管理有关问题的通知》，国税函［2004］150号。

征，为加强印花税征收管理，纳税人有下列情形的，地方税务机关可以核定纳税人印花税计税依据：①未按规定建立印花税应税凭证登记簿，或未如实登记和完整保存应税凭证的；②拒不提供应税凭证或不如实提供应税凭证致使计税依据明显偏低的；③采用按期汇总缴纳办法的，未按地方税务机关规定的期限报送汇总缴纳印花税情况报告，经地方税务机关责令限期报告，逾期仍不报告的或者地方税务机关在检查中发现纳税人有未按规定汇总缴纳印花税情况的。

地方税务机关核定征收印花税，应向纳税人发放核定征收印花税通知书，注明核定征收的计税依据和规定的税款缴纳期限。地方税务机关核定征收印花税，应根据纳税人的实际生产经营收入，参考纳税人各期印花税纳税情况及同行业合同签订情况，确定科学合理的数额或比例作为纳税人印花税计税依据。各级地方税务机关应逐步建立印花税基础资料库，包括：分行业印花税纳税情况、分户纳税资料等，确定科学合理的评估模型，保证核定征收的及时、准确、公平、合理。

①

自2004年1月29日起，纳税人有下列行为之一的，由税务机关根据情节轻重，予以处罚：

（1）在应纳税凭证上未贴或者少贴印花税票的或者已粘贴在应税凭证上的印花税票未注销或者未划销的，适用《税收征管法》第六十四条的处罚规定。

（2）已贴用的印花税票揭下重用造成未缴或少缴印花税的，适用《税收征管法》第六十三条的处罚规定。

（3）伪造印花税票的，适用《税收征管法实施细则》第九十一条的处罚规定。

（4）按期汇总缴纳印花税的纳税人，超过税务机关核定的纳税期限，未缴或少缴印花税款的，视其违章性质，适用《税收征管法》第六十三条或第六十四条的处罚规定，情节严重的，同时撤销其汇缴许可证。

（5）纳税人违反以下规定的，由税务机关责令限期改正，可处以2 000元以下的罚款；情节严重的，处以2 000元以上10 000元以下的罚款：①违反《印花税条例施行细则》第二十三条的规定："凡汇总缴纳印花税的凭证，应加注税务机关指定的汇缴戳记、编号并装订成册，将已贴印花或者缴款书的一联粘附册后，盖章注销，保存备查"；②违反《印花税条例施行细则》第二十五条的规定："纳税人对纳税凭证应妥善保存。凭证的保存期限，凡国家已有明确规定的，按规定办；没有明确规定的其余凭证均应在履行完毕后保存一年。"

（6）对代售户违法行为的处罚。代售户对取得的税款逾期不缴或者挪作他用；或者违反合同将所领印花税票转托他人代售或者转至其他地区销售；或者未按规定详

① 国家税务总局：《关于印花税违章处罚有关问题的通知》，国税发［2004］15号。

细提供领、售印花税票情况的，税务机关可视其情节轻重，给予警告处分或者取消代售资格的处罚。

印花税纳税申报表如下。

印花税纳税申报表

纳税代码（地税）： 申报日期 年 月 日 企业编码：

税务登记证号 金额单位：元

纳税人名称						地址		
电话		开户银行				账号		
税目 （1）	应税凭证 名称（2）	件数 （3）	计税金额 （4）	税率 （5）	应纳税额 （6）	被扣税额 （7）	缴纳税额 （8）	备 注
合同								
书据				0.05%				
				0.05%				
账簿	资金类			0.05%				
	其他类			5元/本				
证照				5元/本				
				5元/本				

印花税票购买贴花情况			
上期库存	本期购买	本期贴花	本期库存

纳税人声明：本表所填数据真实、完整、愿意承担法律责任		如委托代理填报，由代理人填写以下各栏			
会计主管 办税人员	纳税单位（人）（签章）	代理人名称			代理人（签章）
		代理人地址			
（签章） （签章）	年 月 日	经办人		电话	年 月 日

以下由税务机关填写			
收到申请表日期		接收人	

说明：1. 本表按月申报，一式四份，第一联申报联；第二联收执联；第三联回执联；第四联留存联。

2. 申报时应附（应税合同纳税明细登记表），按本月发生数填写：（8）=（6）-（7）。

本章小结

1. 契税是在土地产权、房屋权属发生转移时，按当事人双方订立的契约，向承受人征收的一种税。1997 年 7 月 7 日国务院重新制定并颁布了新的《契税暂行条例》，并于 1997 年 10 月 1 日开始施行。

2. 契税的征税对象是境内转移土地、房屋权属。

3. 契税在境内转移土地、房屋权属的税种，承受的单位和个人为契税的纳税人。

4. 契税纳税义务发生时间，为纳税人签订土地、房屋权属转移合同的当天，或者纳税人取得其他具有土地、房屋权属转移合同性质凭证的当天。

5. 税基确定如下：（1）国有土地使用权出让、土地使用权出售、房屋买卖，为成交价格。（2）土地使用权赠与、房屋赠与，由征收机关参照土地使用权出售、房屋买卖的市场价格核定。（3）土地使用权交换、房屋交换，为所交换的土地使用权、房屋的价格的差额。交换价格相等的，免征契税。（4）以划拨方式取得土地使用权的，其税基为补缴的土地使用权出让费用或者土地收益。

6. 契税税率为 3% ~5%。契税的适用税率，由省、自治区、直辖市人民政府在前款规定的幅度内按照本地区的实际情况确定，并报财政部和国家税务总局备案。

7. 纳税人应当自纳税义务发生之日起 10 日内，向土地、房屋所在地的契税征收机关办理纳税申报，并在契税征收机关核定的期限内缴纳税款。

8. 纳税人符合减征或者免征契税规定的，应当在签订土地、房屋权属转移合同后 10 日内，向土地、房屋所在地的契税征收机关办理减征或者免征契税手续。

9. 契税征收机关为土地、房屋所在地的财政机关或者地方税务机关。具体征收机关由省、自治区、直辖市人民政府确定。

10. 印花税是对书立和领受的应税凭证征收的一种税。1988 年国务院公布《印花税暂行条例》并自 1988 年 10 月 1 日起在全国恢复征收印花税。

11. 印花税的征税对象为列举的各种应纳税凭证。包括：合同或者具有合同性质的凭证；产权转移书据；营业账簿，包括记载资金的账簿和其他账簿；权利、许可证照，包括政府部门发给的房屋产权证、工商营业执照、商标注册证、专利证、土地使用证；经财政部确定征税的其他凭证。

12. 在中国境内书立、领受所列举凭证的单位和个人，都是印花税的纳税人。具体包括：各类合同的立合同人（指合同的当事人），产权转移书据的立据人，营业账簿的立账簿人，权利、许可证照的领受人。

13. 应税凭证应当于书立或领受时贴花。书立和领受时贴花，是指在合同的签订时、书据的立据时、账簿的启用时和证照的领受时贴花。

14. 印花税的税率采用比例税率和定额税率两种形式。在印花税的13个税目中，各类合同以及具有合同性质的凭证、产权转移书据、营业账簿中记载资金的账簿，适用比例税率；权利、认可证照和营业账簿税目中的其他账簿，适用定额税率，均为按件贴花，税额为每件5元。

15. 印花税的缴纳办法有三种："三自"缴纳方法；汇贴或汇缴办法；委托代征办法。

思 考 题

1. 什么是契税？征收契税有何作用？
2. 契税的征税对象是如何规定的？
3. 契税的税率是如何规定的？
4. 什么是印花税？征收印花税有何作用？
5. 印花税的征税对象是如何规定的？
6. 印花税的税率是如何规定的？

第十五章　税收征收管理法

学习目标

1. 了解税收征收管理法的基本概念。
2. 熟悉税务管理和纳税申报的内容。
3. 掌握税款征收、税务检查和法律责任的内容。
4. 熟悉纳税评估、纳税担保的基本规定。

关键名词

税收征管法　税务机关　税务登记　开业税务登记　变更税务登记　注销税务登记　直接申报　邮寄申报　数据电文　延期申报　税款优先原则　滞纳金　税额核定制度　税收保全措施　税收强制执行　纳税担保　欠税清缴制度　偷税　逃避追缴欠税　骗取出口退税　抗税　纳税评估　纳税担保

15.1　征管法概述

15.1.1　征管法的立法目的

1992 年颁布《中华人民共和国税收征收管理法》，自 1993 年 1 月 1 日实施。1995 年 8 届人大常委会第 12 次会议进行修正。2001 年 4 月修订税收征管法，自同年 5 月 1 日起实施。2002 年 9 月公布《中华人民共和国税收征收管理法实施细则》，自 2002 年 10 月 15 日起施行。

《税收征收管理法》第一条规定：为了加强税收征收管理，规范税收征收和缴纳行为，保障国家税收收入，保护纳税人的合法权益，促进经济和社会发展，制定本法。此规定高度概括了我国现行税收征收管理法的立法目的。

15.1.2 征管法的适用范围

凡依法由税务机关征收的各种税收的征收管理，均适用税收征管法及细则；税收征管法及细则没有规定的，依照其他有关税收法律、行政法规的规定执行。农业四税，部分地区由税务机关征收，部分地区由财政机关征收。征收管理由国务院另行规定。海关征收的关税及代征的增值税、消费税，适用海关法和海关进出口条例等法律、法规。有些收费（如教育费附加）虽由税务机关征收，但不适用征管法。

15.1.3 征管法的遵守主体

国务院税务主管部门主管全国税收征收管理工作。各地国家税务局和地方税务局应当按照国务院规定的税收征收管理范围分别进行征收管理。税务机关是指各级税务局、税务分局、税务所和按照国务院规定设立的并向社会公告的税务机构。按照国务院规定设立的并向社会公告的税务机构，是指省以下税务局的稽查局。稽查局专司偷税、逃避追缴欠税、骗税、抗税案件的查处。

法律、行政法规规定负有纳税义务的单位和个人为纳税人。法律、行政法规规定负有代扣代缴、代收代缴税款义务的单位和个人为扣缴义务人。纳税人、扣缴义务人必须依照法律、行政法规的规定缴纳税款、代扣代缴、代收代缴税款。

地方各级人民政府应当依法加强对本行政区域内税收征收管理工作的领导或者协调，支持税务机关依法执行职务，依照法定税率计算税额，依法征收税款。

各有关部门和单位应当支持、协助税务机关依法执行职务。

15.2 税务登记

15.2.1 税务登记的概念

税务登记是税务机关对纳税人的经济活动的具体事项进行登记并据此对纳税人实

施税收管理的一项法定制度。税务登记是税收征纳双方法律关系成立的依据和证明，是建立正常税收征纳秩序的首要环节。

企业、企业在外地设立的分支机构和从事生产、经营的场所，个体工商户和从事生产、经营的事业单位，自领取营业执照之日起30日内，持有关证件，向生产、经营地或者纳税义务发生地税务机关申报办理税务登记。这些规定以外的纳税人，除国家机关和个人外，应当自纳税义务发生之日起30日内，持有关证件向所在地的主管税务机关申报办理税务登记。

个人所得税的纳税人办理税务登记的办法由国务院另行规定。

扣缴义务人应当自扣缴义务发生之日起30日内，向所在地的主管税务机关申报办理扣缴税款登记，领取扣缴税款登记证件；税务机关对已办理税务登记的扣缴义务人，可以只在其税务登记证件上登记扣缴税款事项，不再发给扣缴税款登记证件。

从事生产、经营的纳税人到外县（市）临时从事生产、经营活动的，应当持税务登记证副本和所在地税务机关填开的外出经营活动税收管理证明，向营业地税务机关报验登记，接受税务管理。从事生产、经营的纳税人外出经营，在同一地累计超过180天的，应当在营业地办理税务登记手续。

15.2.2　开业税务登记

领取营业执照从事生产、经营的纳税人。包括：企业、企业在外地设立的分支机构和从事生产、经营的场所，个体工商户和从事生产、经营的事业单位。

其他纳税人，即不从事生产、经营的纳税人，但依照法律、法规负有纳税义务的，除国家机关和个人外，应当自纳税义务发生之日起30日内，持有关证件向所在地的主管税务机关申报办理税务登记。

（1）单位名称、法定代表人或业主姓名及其居民身份证、护照或者其他证明身份的合法证件。

（2）住所、经营地点。

（3）登记注册类型及所属主管单位。

（4）核算方式。

（5）行业、经营范围、经营方式。

（6）注册资金（资本）、投资总额、开户银行及账号。

（7）经营期限、从业人数、营业执照号码。

(8) 财务负责人、办税人员。

(9) 其他有关事项。

企业在外地的分支机构或者从事生产、经营的场所，还应当登记总机构名称、地址、法人代表、主要业务范围、财务负责人。

15.2.3 变更税务登记

纳税人办理税务登记后，如发生下列情形之一，应当办理变更税务登记：

(1) 发生改变名称、改变法定代表人、改变经济性质或经济类型、改变住所和经营地点（不涉及主管税务机关变动的）、改变生产经营或经营方式、增减注册资金（资本）、改变隶属关系、改变生产经营期限、改变或增减银行账号、改变生产经营权属以及改变其他税务登记内容的。

(2) 纳税人税务登记内容发生变化的，应当自工商行政管理机关或者其他机关办理变更登记之日起30日内，持有关证件向原税务登记机关申报办理变更税务登记。

(3) 纳税人税务登记内容发生变化，不需要到工商行政管理机关或者其他机关办理变更登记的，应当自发生变化之日起30日内，持有关证件向原税务登记机关申报办理变更税务登记。

15.2.4 注销税务登记

如发生下列情形之一，纳税人办理注销税务登记。

(1) 纳税人发生解散、破产、撤销以及其他情形，依法终止纳税义务的，应当在向工商行政管理机关或者其他机关办理注销登记前，持有关证件向原税务登记机关申报办理注销税务登记；按照规定不需要在工商行政管理机关或者其他机关办理注册登记的，应当自有关机关批准或者宣告终止之日起15日内，持有关证件向原税务登记机关申报办理注销税务登记。

(2) 纳税人因住所、经营地点变动，涉及改变税务登记机关的，应当在向工商行政管理机关或者其他机关申请办理变更或者注销登记前或者住所、经营地点变动前，向原税务登记机关申报办理注销税务登记，并在30日内向迁达地税务机关申报办理税务登记。

(3) 纳税人被工商行政管理机关吊销营业执照或者被其他机关予以撤销登记的，应当自营业执照被吊销或者被撤销登记之日起15日内，向原税务登记机关申报办理注销税务登记。

(4) 纳税人在办理注销税务登记前，应当向税务机关结清应纳税款、滞纳金、罚款，缴销发票、税务登记证件和其他税务证件。

15.2.5 税务登记的使用

除按照规定不需要发给税务登记证件的以外，纳税人办理下列事项时，必须持税务登记证件：

（1）开立银行账户。

（2）申请减税、免税、退税。

（3）申请办理延期申报、延期缴纳税款。

（4）领购发票。

（5）申请开具外出经营活动税收管理证明。

（6）办理停业、歇业。

（7）其他有关税务事项。

税务机关对税务登记证件实行定期验证和换证制度。纳税人应当在规定的期限内持有关证件到主管税务机关办理验证或者换证手续。纳税人遗失税务登记证件的，应当在15日内书面报告主管税务机关，并登报声明作废。

15.3 账簿、凭证管理

15.3.1 账簿、凭证管理

从事生产、经营的纳税人应当自领取营业执照或者发生纳税义务之日起15日内，按照国家有关规定设置账簿。所称账簿，是指总账、明细账、日记账以及其他辅助性账簿。总账、日记账应当采用订本式。

扣缴义务人应当自税收法律、行政法规规定的扣缴义务发生之日起10日内，按照所代扣、代收的税种，分别设置代扣代缴、代收代缴税款账簿。生产、经营规模小又确无建账能力的纳税人，可以聘请经批准从事会计代理记账业务的专业机构或者经税务机关认可的财会人员代为建账和办理账务。

聘请上述机构或者人员有实际困难的，经县以上税务机关批准，可以按照税务机关的规定，建立收支凭证粘贴簿、进货销货登记簿或者使用税控装置。

从事生产、经营的纳税人应当自领取税务登记证件之日起 15 日内，将其财务、会计制度或者财务、会计处理办法报送主管税务机关备案。

纳税人使用计算机记账的，应当在使用前将会计电算化系统的会计核算软件、使用说明书及有关资料报送主管税务机关备案。纳税人建立的会计电算化系统应当符合国家有关规定，并能正确、完整核算其收入或者所得。

从事生产经营纳税人、扣缴义务人所使用的财务会计制度和具体的财务会计处理办法，与国务院和财政部、国家税务总局有关税收方面的规定不一致时，纳税人可以继续使用原来的财务会计制度和具体的财务会计处理办法，进行会计核算，但在计算应纳税额时，必须按照国务院制定的税收法规的规定或者财政部、国家税务总局制定的有关税收的规定计缴税款。

从事生产、经营的纳税人、扣缴义务人必须按照国务院财政、税务主管部门规定的保管期限保管账簿、记账凭证、完税凭证及其他有关资料。账簿、记账凭证、报表、完税凭证、发票、出口凭证以及其他有关涉税资料应当保存 10 年；但是，法律、行政法规另有规定的除外。

15.3.2 发票管理

发票管理是指税务机关依法对发票的印制、领购、使用、保管及违法处理全过程进行组织、监督、控制所开展各项活动的总称。税务机关是发票的主管机关，负责发票的印制、领购、开具、取得、保管、缴销的管理和监督。

《税收征管法》第 22 条规定：增值税专用发票由国务院和税务主管部门指定的企业印制，其他发票，按照国务院税务主管部门的规定分别由省、自治区、直辖市国家税务局、地方税务局指定企业印制。未经前款的税务机关指定，不得印制发票。

依法办理税务登记的单位和个人，在领取税务登记证件后，向主管税务机关申请领购发票。对无固定经营场地或者财务制度不健全的纳税人申请领购发票，主管税务机关有权要求其提供担保人，不能提供担保人的，可以视其情况，要求其提供保证金，并限期缴销发票。对发票保证金应设专户储存，不得挪作他用。纳税人可以根据自己的需要申请领购普通发票。增值税专用发票只限于增值税一般纳税人领购使用。

根据发票管理的要求，发票保管按不同范围、对象分为两个层次：一是税务机关在印制发票成品以后，向社会供应使用实行“集中分级保管”的原则。二是用票单位和个人在领购发票以后的保管。

发票缴销包括发票收缴和发票销毁。发票收缴是指用票单位和个人按照规定向税务机关上缴已经使用或者未使用的发票；发票销毁是指由税务机关统一将自己或者他人已使用或者未使用的发票进行销毁。发票收缴与发票销毁既有联系又有区别，发票销毁首先必须收缴；但收缴的发票不一定都要销毁，一般都要按照法律保存一定时期后才能销毁。

15.3.3　税控管理

纳税人应当按照税务机关的要求安装、使用税控装置，并按照税务机关的规定报送有关数据和资料。不能按照规定安装、使用税控装置，或者损毁或者擅自改动税控装置的，由税务机关责令限期改正，可以处以 2 000 元以下的罚款；情节严重的处 2 000 元以上 1 万元以下的罚款。

15.4　纳税申报

15.4.1　纳税申报基本要求

纳税人必须依照法律、行政法规规定确定的申报期限、申报内容，如实办理纳税申报，报送纳税申报表、财务会计报表以及税务机关根据实际需要要求纳税人报送的其他纳税资料。扣缴义务人必须依照法律、行政法规规定或者税务机关依照法律、行政法规的规定确定的申报期报、申报内容如实报送代扣代缴、代收代缴税款报告表以及税务机关根据实际需要要求扣缴义务人报送的其他有关资料。

15.4.2　纳税申报的形式

纳税人、扣缴义务人可以直接到税务机关办理纳税申报，也可以按照规定采取邮寄、数据电文或者其他方式办理纳税申报、报送事项。实行定期定额缴纳税款的纳税人，可以实行简易申报、简并征期等申报纳税方式。数据电文方式，是指税务机关确定的电话语音、电子数据交换和网络传输等电子方式。纳税人采取邮寄方式办理纳税申报的，应当使用统一的纳税申报专用信封，并以邮政部门收据作为申报凭据。邮寄申报以寄出的邮戳日期为实际申报日期。纳税人采取电子方式办理纳税申报的，应当按照税务机关规定的期限和要求保存有关资料，并定期书面报送主管税务机关。

15.4.3　纳税申报的期限

纳税人、扣缴义务人按照规定的期限办理纳税申报或者报送代扣代缴、代收代缴税款报告表。纳税人在纳税期内没有应纳税款的，也应当按照规定办理纳税申报。纳税人享受减税、免税待遇的，在减税、免税期间应当按照规定办理纳税申报。纳税人、扣缴义务人不能按期办理纳税申报或者报送代扣代缴、代收代缴税款报告表的，经税务机关核准，可以延期申报，经核准延期办理纳税申报的，应当在纳税期内按照上期实际缴纳的税额或者税务机关核定的税额预缴税款，并在核准的延期内办理纳税结算。

15.4.4　纳税申报内容

纳税人、扣缴义务人的纳税申报或者代扣代缴、代收代缴税款报告表的主要内容包括：税种、税目，应纳税项目或者应代扣代缴、代收代缴税款项目，计税依据，扣除项目及标准，适用税率或者单位税额，应退税项目及税额、应减免税项目及税额，应纳税额或者应代扣代缴、代收代缴税额，税款所属期限、延期缴纳税款、欠税、滞纳金等。

15.5　税款征收

15.5.1　税款征收原则

除税务机关，税务人员以及经税务机关依照法律、行政法规委托的单位或个人外，任何单位和个人不得进行税款征收活动。采取税收保全措施，强制执行措施的权利，不得由法定的税务机关以外的单位和个人行使。通过上述规定可以看出，代表国家行使征税权力的主体是税务机关。

是税收法定原则在税款征收过程的具体运用。具体是指税款征收过程中一切活动都必须由法律确定，税务机关必须依法征税。税款征收法定主要体现在：

(1) 税权法定。是指税收立法权和执法权都是法定的。征管法第28条规定：税务机关依照法律、行政法规的规定征收税款，不得违反法律、行政法规的规定开征、停征、多征或者少征、提前征收、延缓征收或者摊派税款。

(2) 征税法定。税收的征收程序必须依照法律事先确定的内容进行。

《税收征管法》第53条规定：国家税务局和地方税务局应当按照国家规定的税收征管范围和税款入库预算级次，将征收的税款缴入国库。

征管法第53条第2款规定：对审计机关、财政机关依法查出的税收违法行为，税务机关应当根据有关机关的决定、意见书，依法将应收的税款、滞纳金按照税款入库预算级次缴入国库，并将结果及时回复有关机关。

包含了以下三层含义：

(1) 税收优先于无担保债权。这里所说的税收优先于无担保债权是有条件的。也就是说并不是优先于所有的无担保债权，对于法律上另有规定的无担保债权，不能行使税收优先权。如，法律规定破产企业支付给职工的工资、生活保障费等优先于税收。

(2) 纳税人发生欠税在前的，税收优先于抵押权、质权和留置权的执行。纳税人在有欠税的情况下设置抵押权、质权、留置权时，纳税人应当向抵押权人、质权人说明其欠税情况。抵押权人、质权人可以请求税务机关提供有关的欠税情况。纳税人以其财产设定抵押、质押或被留置的，并不是纳税人财产所有权的转移，但当抵押权、质权、留置权被执行时，就可能发生财产所有权的转移。因此为保障税收的安全，规定纳税人发生欠税在前的，税收优先于抵押权、质权、留置权的执行。

(3) 税收优先于罚款、没收非法所得。①纳税人欠缴税款，同时被税务机关决定处以罚款、没收非法所得的，税收优先于罚款、没收非法所得。②纳税人欠缴税款，同时又被税务机关以外的其他行政部门处以罚款、没收非法所得的，税款优先于罚款、没收非法所得。

15.5.2 税款征收方式

税款征收方式如下：

(1) 查账征收。

(2) 查定征收。

(3) 查验征收。

(4) 定期定额征收。

(5) 委托代征税款。

(6) 邮寄纳税。

(7) 其他方式。

15.5.3 税款征收制度

(1) 纳税人有下列情形之一的，税务机关有权核定其应纳税额：①依照法律、行政法规规定可以不设置账簿的；②依照法律、行政法规的规定应当设置但未设置账簿的；③擅自销毁账簿或者拒不提供纳税资料的；④虽设账簿，但账目混乱或者成本资料、收入凭证、费用凭证残缺不全，难以查账的；⑤发生纳税义务，未按照规定的期限办理纳税申报，经税务机关责令限期申报，逾期仍不申报的；⑥纳税人申报的计税依据明显偏低，又无正当理由的。

(2) 税款核定方法。税款核定一般按下列方法进行：①参照当地同类行业或者类似行业中经营规模和收入水平相近的纳税人的税负水平核定；②按照成本加合理费用和利润核定；③按照耗用的原材料、燃料、动力等推算或者测算核定；④按照其他合理的方法核定。

(3) 关联企业的税收调整。税收征管法规定，企业或者外国企业在中国境内设立的从事生产、经营的机构、场所与其关联企业之间的业务往来，应当按照独立企业之间的业务往来收取或者支付价款、费用；不按照独立企业之间的业务往来收取或者支付价款、费用而减少其纳税收入或者所得额的，税务机关有权进行合理调整。其调整方法主要有：①按照独立企业之间进行相同或类似业务活动的价格；②按照再销售给无关联的第三者的价格所应取得的收入和利润进行调整；③按照成本加合理的费用和利润进行调整；④按照其他合理方法。

(1) 代扣代缴是指持有纳税人收入的单位和个人从持有的纳税人收入中扣缴其应纳税款并向税务机关解缴的行为。

(2) 代收代缴是指与纳税人有经济往来关系的单位和个人借助经济往来关系向纳税人收取其应纳税款并向税务机关解缴的行为。

扣缴义务人应扣未扣、应收未收税款的，由税务机关向纳税人追缴税款，对扣缴义务人处应扣未扣、应收未收税款50%以上3倍以下的罚款。

纳税人因有特殊困难，不能按期缴纳税款的，经省、自治区、直辖市国家税务局、地方税务局批准，可以延期缴纳税款，但最长不得超过3个月。所称特殊困难，是指因不可抗力，导致纳税人发生较大损失，正常生产经营活动受到较大影响的；当期货币资金在扣除应付职工工资、社会保险费后，不足以缴纳税款的。

计划单列市国家税务局、地方税务局可以参照《税收征管法》第31条第二款的批准权限，审批纳税人延期缴纳税款。纳税人需要延期缴纳税款的，应当在缴纳税款期限届满前提出申请，并报送下列材料：申请延期缴纳税款报告；当期货币资金余额情况及所有银行存款账户的对账单；资产负债表；应付职工工资和社会保险费等税务机关要求提供的支出预算。税务机关应当自收到申请延期缴纳税款报告之日起20日内作出批准或者不予批准的决定；不予批准的，从缴纳税款期限届满之日起加收滞纳金。

纳税人未按照法律、行政法规规定或者税务机关依照法律、行政法规的规定确定的期限缴纳税款，扣缴义务人未按照上述规定解缴税款的，属于税款的滞纳。为了保证纳税人、扣缴义务人按照法定期限履行纳税义务，对纳税人、扣缴义务人发生滞纳税款的，税务机关除责令限期缴纳外，从滞纳之日起，按日加收滞纳税款万分之五的滞纳金。

对未按照规定办理税务登记的从事生产、经营的纳税人，以及临时从事生产、经营的纳税人，由税务机关核定其应纳税额，责令缴纳；不缴纳的，税务机关可以扣押其价值相当于应纳税款的商品、货物。扣押后缴纳应纳税款的，税务机关必须立即解除扣押，并归还所扣押的商品、货物；扣押后仍不缴纳应纳税款的，经县以上税务局（分局）局长批准，依法拍卖或者变卖所扣押的商品、货物；以变卖或者拍卖所得抵缴税款。

具体程序：

（1）核定应纳税额。税务机关要按一定的标准，尽可能合理地确定纳税人应纳税额。

（2）责令缴纳。税务机关核定应纳税额后，应责令纳税人按核定的税款缴纳税款。

（3）扣押商品、货物。对经税务机关责令缴纳而不缴纳税款的纳税人，税务机关可以扣押其价值相当于应纳税款的商品、货物。

（4）解除扣押或者拍卖、变卖所扣押的商品、货物。扣押后缴纳应纳税款的，税务机关必须立即解除扣押，并归还所扣押的商品、货物。

（5）抵缴税款。税务机关拍卖或者变卖所扣押的商品、货物后，拍卖或者变卖所得抵缴税款。

税务机关采取税收保全措施必须同时符合下列条件：

(1) 责令限期缴纳税款。税务机关采取税收保全措施的前提是，税务机关有根据认为从事生产、经营的纳税人有逃避纳税义务行为的，可以在规定的纳税期之前，责令限期缴纳税款。

(2) 提供纳税担保。在税务机关责令纳税人缴纳税款，限期内发现纳税人有明显的转移、隐匿其应纳税的商品、货物以及其他财产迹象的，税务机关应责令其提供纳税担保。

(3) 进行税收保全。如果纳税人不能提供纳税担保，经县以上税务局长（分局）局长批准，税务机关可以采取税收保全措施。税收保全具体措施：①书面通知纳税人开户银行或其他金融机构冻结纳税人金额相当于应纳税款的存款。②扣押、查封纳税人的价值相当于应纳税款的商品、货物或者其他财产。税收保全措施的终止，有两种情况：①纳税人在规定的期限内缴纳了应纳税款的，税务机关必须立即解除税收保全措施；②纳税人超过规定的期限仍不缴纳税款的，经税务局（分局）局长批准，终止保全措施，转入强制执行措施，即：书面通知纳税人开户银行或者其他金融机构从其冻结的存款中扣缴税款，或者拍卖、变卖所扣押、查封的商品、货物或其他财产，以拍卖或者变卖所得抵缴税款。

税收保全措施采取应注意的问题：①税收保全必须经县以上税务局（分局）局长批准。②个人及其扶养家属维持生活必需的住房和用品，不在税收保全措施范围之内。机动车辆、金银饰品、古玩字画、豪华住宅或者一处以外的住房不属于所称个人及其所扶养家属维持生活必需的住房和用品。税务机关对单价 5 000 元以下的其他生活用品，不采取税收保全措施和强制执行措施。③纳税人在限期内已缴纳税款，税务机关未立即解除税收保全措施，使纳税人的合法利益遭受损失的，税务机关应当承担赔偿责任。

(1) 税收强制执行的适用范围。①《税收征管法》第 38 条规定：税务机关对纳税人实施税收保全措施后，纳税人仍未按照规定的限期缴纳税款。②《税收征管法》第 40 条规定：从事生产、经营的纳税人、扣缴义务人未按照规定的期限缴纳或者解缴税款，纳税担保人未按照规定的期限缴纳所担保的税款，税务机关责令限期缴纳，逾期仍未缴纳的。

(2) 税收强制执行的具体措施。①书面通知其开户银行或者其他金融机构从其存款中扣缴税款；②扣押、查封、依法拍卖或者变卖其价值相当于应纳税款的商品、货物或者其他财产，以拍卖或者变卖所得抵缴税款。

(3) 采取税收强制执行措施应注意的问题。①坚持告诫在先的原则。②采取强制执行措施前，应报经县以上税务局（分局）局长批准。③采取强制执行措施时，对未缴纳的滞纳金，必须同时强制执行，但不包括罚款。④扣押、查封、拍卖或者变卖被执行人的商品、货物或者其他财产，应当以应纳税额为限。对于被执行人必要的生产工具，本人及所供养家属的生活必需品应当予以保留，不得对其进行扣押、查封、拍卖或者变卖。⑤个人及其所扶养家属维持生活必需的住房和用品，不在强制执行措施的范围之内。机动车辆、金银饰品、古玩字画、豪华住宅或者一处以外的住房不属于个人及其所扶养家属维持生活必需的住房和用品。税务机关对单价 5 000 元以下的其他生活用品，不采取税收保全措施和强制执行措施。

(1) 加征滞纳金。纳税人未按照规定期限缴纳税款的，扣缴义务人未按照规定期限解缴税款的，税务机关除责令限期缴纳外，从滞纳税款之日起，按日加收滞纳税款万分之五的滞纳金。

(2) 税款优先原则。《税收征管法》第 45 条规定了三个方面的税收优先权：①税收优先于无担保债权；②纳税人欠缴的税款发生在纳税人以其财产设定抵押、质押或者纳税人的财产被留置之前的，税收应当先于抵押权、质权和留置权执行；③税收优先于罚款、没收违法所得，就是纳税人欠缴税款，同时又被行政机关决定处以罚款、没收违法所得的，税收优先于罚款、没收违法所得。

(3) 离境清缴税款制度。离境清税是对欠缴税款的纳税人在离开国境前必须缴清应纳税款才准许出境的税收管理制度。《税收征管法》第 44 条规定：欠缴税款纳税人或者欠缴税款单位的法定代表人需要出境的，也应结清税款、滞纳金或者提供担保。未结清税款、滞纳金，又不提供担保的，税务机关可以通知出境管理机关阻止其出境。

(4) 改制纳税人欠税的清缴制度。《税收征管法》第 48 条规定，纳税人有合并、分立情形的，应当向税务机关报告，并依法缴清税款。纳税人合并时未缴清税款的，应当由合并后的纳税人继续履行未履行的纳税义务。纳税人分立时未缴清税款的，分立后的纳税人对未履行的纳税义务应当承担连带责任。连带责任是指原欠税纳税人分立后的每个纳税人都具有全部缴纳原纳税人欠税的义务。

(5) 大额欠税处分财产报告制度。《税收征管法》第 49 条规定：欠缴税款数额较大的纳税人在处分其不动产或者大额资产之前，应当向税务机关报告。这一规定有利于税务机关及时掌握欠税企业处置不动产和大额资产的动向。税务机关可以根据其是否侵害了国家税收，是否有转移资产、逃避纳税义务的情形，决定是否行使税收优先权，是否采取税收保全措施或者强制执行措施。税务机关可以对欠缴税款的纳税人行使代位权、撤销权，即对纳税人的到期债权等财产权利，税务机关可以依法向第三者追索以抵缴税款。新征管法第50条规定如果欠税的纳税人，怠于行使其到期的债权，怠于收回其到期的资产、款项等，税务机关可以向人民法院请求以自己的名义代位行使债权。

(6) 欠税公告制度。《税收征管法》第45条规定，税务机关应当对纳税人欠缴税款的情况定期予以公告。定期公告是指税务机关定期向社会公告纳税人的欠税情况。同时税务机关还可以根据实际情况和实际需要，制定纳税人的纳税信用等级评比制度。

(1) 税款的退还。《税收征管法》第51条规定，纳税人超过应纳税额缴纳的税款，税务机关发现后，应当立即退还；纳税人自结算缴纳税款之日起3年内发现的，可以向税务机关要求退还多缴的税款并加算银行同期存款利息，税务机关及时查实后应当立即退还，涉及从国库中退库的，依照法律、行政法规中有关国库管理的规定退还。

加算银行同期存款利息的多缴税款退税，不包括依法预缴税款形成的结算退税、出口退税和各种减免退税。退税利息按照税务机关办理退税手续当天中国人民银行规定的活期存款利率计算。税务机关发现纳税人多缴税款的，应当自发现之日起10日内办理退还手续。纳税人发现多缴税款，要求退还的，税务机关应当自接到纳税人退还申请之日起30日内查实并办理退还手续。当纳税人既有应退税款又有欠缴税款的，税务机关可以将应退税款和利息先抵扣欠缴税款；抵扣后有余额的，退还纳税人。

(2) 税款的追征。《税收征管法》第52条规定：因税务机关责任，致使纳税人、扣缴义务人未缴或者少缴税款的，税务机关在3年内可要求纳税人、扣缴义务人补缴税款，但是不得加收滞纳金；因纳税人、扣缴义务人计算等失误，未缴或者少缴税款的，税务机关在3年内可以追征税款、滞纳金；有特殊情况的追征期可以延长到5年；特殊情况，是指纳税人或者扣缴义务人因计算错误等失误，未缴或者少缴、未扣或者少扣、未收或者少收税款，累计数额在10万元以上的。补缴和追征税款、滞纳金的期限，自纳税人、扣缴义务人应缴未缴或者少缴税款之日起计算。对偷税、抗税、骗税的，税务机关在追征其未缴或者少缴的税款、滞纳金或者所骗取的税款，不受前款规定期限的限制。

15.6　税务检查

15.6.1　税务检查范围

税务机关有权进行下列税务检查:

(1) 检查纳税人的账簿、记账凭证、报表和有关资料，检查扣缴义务人代扣代缴、代收代缴税款账簿、记账凭证和有关资料。

(2) 到纳税人的生产、经营场所和货物存放地检查纳税人应纳税的商品、货物或者其他财产。

(3) 检查扣缴义务人与代扣代缴、代收代缴税款有关的经营情况。

(4) 责成纳税人、扣缴义务人提供与纳税或者代扣代缴、代收代缴税款有关文件、证明材料和有关资料。

(5) 询问纳税人、扣缴义务人与纳税或者代扣代缴、代收代缴税款有关问题的情况。

(6) 到车站、码头、机场、邮政企业及其分支机构检查纳税人托运、邮寄、应税商品、货物或者其他财产的有关单据和有关资料。

经县以上税务局（分局）局长批准，凭全国统一格式的检查存款账户许可证明，查询从事生产、经营的纳税人、扣缴义务人在银行或者其他金融机构的存款账户，税务机关在调查税收违法案件时，经过区的市、自治州以上税务局（分局）局长批准，可以查询案件涉嫌人员的储蓄存款。税务机关查询所获得的资料，不得用于税收以外的用途。

15.6.2　税务检查职责

税务机关对纳税人以前纳税情况依法进行税务检查，发现纳税人有逃避纳税义务行为，并有明显的转移、隐匿其应纳税的商品、货物以及其他财产或者应纳税收入迹象的，可以按照规定的批准权限采取税收保全措施或者强制执行措施。批准权限是指县级以上税务局（分局）局长批准。税务机关在行使这项检查权时，必须注意前提条件：一是必须是以前纳税期，即对当期的不能按本条行使。对当期可按照税款征收一章中规定的程序办理；二是必须发现纳税人有逃避纳税义务行为，并有明显的转移、隐匿其应纳税的商品、货物以及其他财产或者应纳税的收入迹象的；三是按照本法规定的批准权限可直接采取税收保全措施或者强制执行措施。

税务机关依法进行税务检查时，有权向有关单位和个人调查纳税人、扣缴义务人和其他当事人与纳税或者代扣代缴、代收代缴税款有关的情况，有关单位和个人有义务向税务机关如实提供有关资料及证明材料。

税务机关调查税务违法案件时，对与案件有关情况和资料，可以记录、录音、录像、照相和复制。

税务机关采取记录、录音、录像、照相和复制手段是有范围限制的，有关规定仅在调查税务违法案件时使用。

税务机关派出的人员进行税务检查时，应当出示税务检查证和税务检查通知书，并有责任为被检查人保守秘密，未出示税务检查证和税务检查通知书的，被检查人有权拒绝检查。

15.7 法律责任

15.7.1 违反税务管理基本规定行为的处罚

(1) 纳税人有下列行为之一的，由税务机关责令限期改正，可以处2 000元以下的罚款；情节严重的，处2 000元以上1万元以下的罚款：①未按照规定的期限申报办理税务登记、变更或者注销登记的。②未按照规定设置、保管账簿或者保管记账凭证和有关资料的。③未按照规定将财务、会计制度或者财务、会计处理办法和会计核算软件报送税务机关备查的。④未按照规定将其全部银行账号向税务机关报告的。⑤未按照规定安装、使用税控装置，或者损毁，或者擅自改动税控装置的。⑥纳税人未按规定期限办理纳税申报和报送纳税资料，或者扣缴义务人未按照规定的期限向税务机关报送代扣代缴税款报告表和有关资料的。

(2) 纳税人不办理税务登记的，由税务机关责令限期改正；逾期不改正的，由工商行政管理机关吊销其营业执照。

(3) 纳税人未按照规定使用税务登记证件，或者转借、涂改、损毁、买卖、伪造税务登记证件的，处2 000元以上1万元以下的罚款；情节严重的，处1万元以上5万元以下的罚款。

(4) 扣缴义务人未按照规定设置、保管代扣代缴、代收代缴税款账簿或者保管代扣代缴、代收代缴税款记账凭证及有关资料的，由税务机关责令限期改正，可以处2 000元以下的罚款；情节严重的，处2 000元以上5 000元以下的罚款。

扣缴义务人采取前款所列手段，不缴或者少缴已扣、已收税款，由税务机关追缴其不缴或者少缴的税款、滞纳金，并处不缴或者少缴的税款50%以上5倍以下的罚款；构成犯罪的，依法追究刑事责任。

15.7.2　违反《税收征管法》的法律责任

《税收征管法》第63条规定：纳税人伪造、变造、隐匿、擅自销毁账簿、记账凭证，或者在账簿上多列支出或者不列、少列收入，或者经税务机关通知申报而拒不申报或者进行虚假的纳税申报，不缴或者少缴应纳税款的，是偷税。对纳税人偷税行为，由税务机关追缴其不缴或者少缴的税款、滞纳金，并处不缴或者少缴的税款50%以上5倍以下的罚款；构成犯罪的，依法追究刑事责任。

编造虚假计税依据是指纳税人或扣缴人采取一定手段人为减少税基的行为，只是行为发生后没有直接影响应入库税额；不进行纳税申报，是指税收征管范围特定的纳税人，在纳税申报期未办理纳税申报，造成不缴或少缴税款的行为，或不进行申报行为的法律责任。

《税收征管法》第64条规定：纳税人、扣缴义务人编造虚假计税依据的，由税务机关责令限期改正，并处5万元以下罚款。

纳税人不进行纳税申报，不缴或者少缴应纳税款的，由税务机关追缴其不缴或者少缴的税款、滞纳金，并处不缴或者少缴税款50%以上5倍以下的罚款。

欠缴税款是纳税人、扣缴义务人在规定期限内不缴或者少缴应纳或者应解缴的税款，经税务机关责令限期缴纳，逾期仍为缴纳的。《税收征管法》第68条规定对纳税出现的上述欠缴税款行为，税务机关可以采取强制执行措施追缴其不缴或少缴的税款，同时处不缴或者少缴税款50%以上5倍以下的罚款。

逃避追缴欠税。逃避追缴欠税，是指负有纳税义务的单位和个人，超过税务机关核定的纳税期限，没有按时缴纳税款，并在税务机关追缴税款期间，采取转移或者隐匿财产的手段，妨碍税务机关追缴欠缴税款的行为。《税收征管法》第65条规定：纳税人欠缴应纳税款，采取转移或者隐匿财产的手段，妨碍税务机关追缴欠缴税款的，由税务机关追缴欠缴的税款、滞纳金，并处欠缴税款50%以上5倍以下的罚款；

构成犯罪的，依法追究刑事责任。

骗取出口退税是指一些不法企业和个人利用现行增值税出口退税的政策，采用假报出口或其他欺骗手段，骗取国家出口退税款，导致税款流失，扰乱市场经济秩序的行为。《税收征管法》第66条规定：对骗取国家出口退税款，由税务机关追缴其骗取的退税款，并处骗取税款1倍以上5倍以下的罚款；构成犯罪的，依法追究刑事责任。对骗取国家出口退税款的，税务机关可以在规定期间内停止为其办理出口退税。

抗税是纳税人以暴力、威胁方法拒不缴纳税款的行为。抗税不仅严重扰乱了正常的税收秩序和社会秩序，影响了税收收入的实现，而且妨碍了国家税务人员依法执行公务，给税务人员的人身安全带来了威胁。《税收征管法》第67条规定：抗税情节轻微，未构成犯罪的，由税务机关追缴其拒缴的税款、滞纳金，处拒缴税款1倍以上5倍以下的罚款。

源泉扣缴是根据有关税收实体法和程序法规定，在特定税种的特定征税范围中，对纳税人的应缴税款不需纳税人自行申报缴纳，而是由扣缴义务人在支付收入或收取款项时代税务机关扣缴或收缴税款。扣缴义务人扣缴税款义务是法律赋予的。因此不履行扣缴义务的扣缴义务人应承担相应的法律责任。《税收征管法》第69条规定：扣缴义务人应扣未扣、应收而不收税款的，由税务机关向纳税人追缴税款，对扣缴义务人处应扣未扣、应收未收税款50%以上3倍以下的罚款。

不配合税务依法检查的行为，具体包括：第一，逃避税务机关检查。第二，拒绝税务机关检查。第三，如其他方式，不让税务人员进入生产经营地，转移账簿等，致使税务人员无法检查的行为。《税收征管法》第70条规定：纳税人、扣缴义务人逃避、拒绝或者以其他方式阻挠税务机关检查的，由税务机关责令改正，可以处1万元以下的罚款；情节严重的，处1万元以上5万元以下的罚款。

违反法律非法印制发票的行为，包括不是税务机关指定的企业或个人私自印制发票，不按税务机关的要求印制发票等违法行为。《税收征管法》第71条规定：非法印制发票的，由税务机关销毁非法印制的发票，没收违法所得和作案工具，并处一万元以上五万元以下的罚款；构成犯罪的，依法追究刑事责任。

《税收征管法》第72条规定：从事生产、经营的纳税人、扣缴义务人有本法规定的税收违法行为，拒不接受税务机关处理的，税务机关可以收缴其发票或者停止向其发售发票。

纳税人、扣缴义务人开户银行和其他金融机构采取不配合行为造成税款流失的，由税务机关处10万元以上50万元以下罚款，对直接负责的主管人员和其他直接责任人员处1 000元以上1万元以下的罚款，构成犯罪的，依法追究刑事责任。

《税收征管法》第76条规定：税务机关违反规定擅自改变税收征收管理范围和税款入库预算级次的，责令限期改正，对直接负责的主管人员和其他直接责任人员依法给予降级或者撤职的行政处分。

《刑事诉讼法》规定了涉税犯罪的标准，税务机关发现在征收管理中，发现税收相对人违法行为，一旦达到犯罪标准，就应当移交司法机关查处，不能以罚代刑，对应移送不移送的要追究法律责任。

《税收征管法》第77条规定：纳税人、扣缴义务人有本法规定的行为涉嫌犯罪的，税务机关应当依法移送司法机关追究刑事责任；税务人员徇私舞弊，对依法应当移交司法机关追究刑事责任不移交的，情节严重的，依法追究刑事责任。

《税收征管法》第80条规定：税务人员与纳税人、扣缴义务人勾结，唆使或者协助纳税人、扣缴义务人有本法第六十三条、第六十五条、第六十六条规定的行为，构成犯罪的，按照《刑法》关于共同犯罪的规定处罚；尚不构成犯罪的，依法给予行政处分。

渎职行为，是执法主体和执法人员在执法中，发生下列违法行为：

（1）税务人员利用职务上的便利，收受或者索取纳税人、扣缴义务人财物的行为。

（2）税务人员玩忽职守，不征或者少征应纳税款，致使国家税收遭受重大损失的行为。

（3）税务人员滥用职权，故意刁难纳税人、扣缴义务人的行为。

（4）税务人员对控告、检举税收违纪行为的纳税人、扣缴义务人及其他检举人进行打击、报复的行为。这些行为结果都会扰乱税收征管秩序，侵害国家和其他人的利益。

《税收征管法》第81条规定：税务人员利用职务上的便利，收受或者索取纳税人、扣缴义务人财物或者谋取其他不正当利益，构成犯罪的，按照受贿罪追究刑事责任；尚不构成犯罪的，依法给予行政处分。《税收征管法》第82条规定：税务人员徇私舞弊或者玩忽职守，不征或者少征应征税款，致使国家税收遭受重大损失，构成犯罪的，依法追究刑事责任；尚不构成犯罪的，依法给予行政处分。

税务人员滥用职权，故意刁难纳税人、扣缴义务人的，调离税收工作岗位，并依法给予行政处分。税务人员对控告、检举税收违法违纪行为的纳税人、扣缴义务人以及其他检举人进行打击报复的，依法给予行政处分；构成犯罪的，依法追究刑事责任。

不按规定征收税款的行为具体指管理机关违反法律、行政法规的规定，擅自做出税收的开征、停征或者减税、免税、退税、补税以及其他同税收法律、行政法规相抵触决定的行为。

《税收征管法》第84条规定：除撤销其擅自做出的决定外，补征应征未征税款，退还不应征收而征收的税款，并由上级机关追究直接负责的主管人员和其他直接责任人员的行政责任，构成犯罪的，依法追究刑事责任。

税务行政处罚行为除了以《行政处罚法》为基本法律依据外，《税收征管法》中对有关问题也作出了规定：

（1）税务行政处罚的权限。罚款额在2 000元以下，可以由税务所决定。

（2）处罚罚没收入的入库。税务机关和司法机关的涉税罚没收入，应当按照税款的预算级次上缴国库。

（3）税务行政处罚追溯时效。违反税收法规、行政法应当给予处罚的行为，在5年内未被发现的，不再给予行政处罚。

15.8 纳税评估管理办法

15.8.1 纳税评估的含义

纳税评估是指税务机关运用数据信息对比分析的方法，对纳税人和扣缴义务人（以下简称纳税人）纳税申报（包括减免缓抵退税申请，下同）情况的真实性和准确性作出定性和定量的判断，并采取进一步征管措施的管理行为。纳税评估工作遵循强化管理、优化服务；分类实施、因地制宜；人机结合、简便易行的原则。

纳税评估工作主要由基层税务机关的税源管理部门及其税收管理员负责，重点税源和重大事项的纳税评估也可由上级税务机关负责。基层税务机关是指直接面向纳税人负责税收征收管理的税务机关；税源管理部门是指基层税务机关所属的税务分局、税务所或内设的税源管理科（股）。对汇总合并缴纳企业所得税企业的纳税评估，由其汇总合并纳税企业申报所在地税务机关实施，对汇总合并纳税成员企业的纳税评估，由其监管的当地税务机关实施；对合并申报缴纳外商投资和外国企业所得税企业分支机构的纳税评估，由总机构所在地的主管税务机关实施。

开展纳税评估工作原则上在纳税申报到期之后进行，评估的期限以纳税申报的税款所属当期为主，特殊情况可以延伸到以往期或以往年度。

纳税评估主要工作内容包括：根据宏观税收分析和行业税负监控结果以及相关数据设立评估指标及其预警值；综合运用各类对比分析方法筛选评估对象；对所筛选出的异常情况进行深入分析并作出定性和定量的判断；对评估分析中发现的问题分别采取税务约谈、调查核实、处理处罚、提出管理建议、移交稽查部门查处等方法进行处理；维护更新税源管理数据，为税收宏观分析和行业税负监控提供基础信息等。

15.8.2 纳税评估指标

纳税评估指标是税务机关筛选评估对象、进行重点分析时所选用的主要指标，分为通用分析指标和特定分析指标两大类，使用时可结合评估工作实际不断细化和完善。

纳税评估指标的功能、计算公式及其分析使用方法参照《纳税评估通用分析指标及其使用方法》、《纳税评估分税种特定分析指标及其使用方法》。

纳税评估分析时，要综合运用各类指标，并参照评估指标预警值进行配比分析。评估指标预警值是税务机关根据宏观税收分析、行业税负监控、纳税人生产经营和财务会计核算情况以及内外部相关信息，运用数学方法测算出的算术、加权平均值及其合理变动范围。测算预警值，应综合考虑地区、规模、类型、生产经营季节、税种等因素，考虑同行业、同规模、同类型纳税人各类相关指标的若干年度的平均水平，以使预警值更加真实、准确和具有可比性。纳税评估指标预警值由各地税务机关根据实际情况自行确定。

15.8.3 纳税评估对象

（1）纳税评估的对象为主管税务机关负责管理的所有纳税人及其应纳所有税种。

（2）纳税评估对象可采用计算机自动筛选、人工分析筛选和重点抽样筛选等方法。

（3）筛选纳税评估对象，要依据税收宏观分析、行业税负监控结果等数据，结合各项评估指标及其预警值和税收管理员掌握的纳税人实际情况，参照纳税人所属行业、经济类型、经营规模、信用等级等因素进行全面、综合的审核对比分析。

（4）综合审核对比分析中发现有问题或疑点的纳税人要作为重点评估分析对象；重点税源户、特殊行业的重点企业、税负异常变化、长时间零税负和负税负申报、纳税信用等级低下、日常管理和税务检查中发现较多问题的纳税人要列为纳税评估的重点分析对象。

15.8.4 纳税评估的方法

纳税评估工作根据国家税收法律、行政法规、部门规章和其他相关经济法规的规定，按照属地管理原则和管户责任开展；对同一纳税人申报缴纳的各个税种的纳税评估要相互结合、统一进行，避免多头重复评估。

（1）"一户式"存储的纳税人各类纳税信息资料，主要包括：纳税人税务登记的基本情况，各项核定、认定、减免缓抵退税审批事项的结果，纳税人申报纳税资料，财务会计报表以及税务机关要求纳税人提供的其他相关资料，增值税交叉稽核系统各类票证比对结果等。

（2）税收管理员通过日常管理所掌握的纳税人生产经营实际情况，主要包括：生产经营规模、产销量、工艺流程、成本、费用、能耗、物耗情况等各类与税收相关的数据信息。

（3）上级税务机关发布的宏观税收分析数据，行业税负的监控数据，各类评估指标的预警值。

（4）本地区的主要经济指标、产业和行业的相关指标数据，外部交换信息，以及与纳税人申报纳税相关的其他信息。

纳税评估可根据所辖税源和纳税人的不同情况采取灵活多样的评估分析方法，主要有：

（1）对纳税人申报纳税资料进行案头的初步审核比对，以确定进一步评估分析的方向和重点。

（2）通过各项指标与相关数据的测算，设置相应的预警值，将纳税人的申报数据与预警值相比较。

（3）将纳税人申报数据与财务会计报表数据进行比较，与同行业相关数据或类似行业同期相关数据进行横向比较。

(4) 将纳税人申报数据与历史同期相关数据进行纵向比较。

(5) 根据不同税种之间的关联性和钩稽关系，参照相关预警值进行税种之间的关联性分析，分析纳税人应纳相关税种的异常变化。

(6) 应用税收管理员日常管理中所掌握的情况和积累的经验，将纳税人申报情况与其生产经营实际情况相对照，分析其合理性，以确定纳税人申报纳税中存在的问题及其原因。

(7) 通过对纳税人生产经营结构，主要产品能耗、物耗等生产经营要素的当期数据、历史平均数据、同行业平均数据以及其他相关经济指标进行比较，推测纳税人实际纳税能力。

对纳税人申报纳税资料进行审核分析时，要包括以下重点内容：

(1) 纳税人是否按照税法规定的程序、手续和时限履行申报纳税义务，各项纳税申报附送的各类抵扣、列支凭证是否合法、真实、完整。

(2) 纳税申报主表、附表及项目、数字之间的逻辑关系是否正确，适用的税目、税率及各项数字计算是否准确，申报数据与税务机关所掌握的相关数据是否相符。

(3) 收入、费用、利润及其他有关项目的调整是否符合税法规定，申请减免缓抵退税，亏损结转、获利年度的确定是否符合税法规定并正确履行相关手续。

(4) 与上期和同期申报纳税情况有无较大差异。

(5) 税务机关和税收管理员认为应进行审核分析的其他内容。

对实行定期定额（定率）征收税款的纳税人以及未达起征点的个体工商户，可参照其生产经营情况，利用相关评估指标定期进行分析，以判断定额（定率）的合理性和是否已经达到起征点并恢复征税。

15.8.5 纳税评估结果的处理

(1) 对纳税评估中发现的计算和填写错误、政策和程序理解偏差等一般性问题，或存在的疑点问题经约谈、举证、调查核实等程序认定事实清楚，不具有偷税等违法嫌疑，无需立案查处的，可提请纳税人自行改正。需要纳税人自行补充的纳税资料，以及需要纳税人自行补正申报、补缴税款、调整账目的，税务机关应督促纳税人按照税法规定逐项落实。

(2) 对纳税评估中发现的需要提请纳税人进行陈述说明、补充提供举证资料等问题，应由主管税务机关约谈纳税人。①税务约谈要经所在税源管理部门批准并事先发出《税务约谈通知书》，提前通知纳税人。②税务约谈的对象主要是企业财务会计人员。因评估工作需要，必须约谈企业其他相关人员的，应经税源管理部门批准并通过企业财务部门进行安排。③纳税人因特殊困难不能按时接受税务约谈的，可向税务机关说明情况，经批准后延期进行。④纳税人可以委托具有执业资格的税务代理人进行税务约谈。税务代理人代表纳税人进行税务约谈时，应向税务机关提交纳税人委托代理合法证明。

(3) 对评估分析和税务约谈中发现的必须到生产经营现场了解情况、审核账目凭证的，应经所在税源管理部门批准，由税收管理员进行实地调查核实。对调查核实的情况，要做认真记录。需要处理处罚的，要严格按照规定的权限和程序执行。

(4) 发现纳税人有偷税、逃避追缴欠税、骗取出口退税、抗税或其他需要立案查处的税收违法行为嫌疑的，要移交税务稽查部门处理。

对税源管理部门移交稽查部门处理的案件，税务稽查部门要将处理结果定期向税源管理部门反馈。

发现外商投资和外国企业与其关联企业之间的业务往来不按照独立企业业务往来收取或支付价款、费用，需要调查、核实的，应移交上级税务机关国际税收管理部门（或有关部门）处理。

(5) 对纳税评估工作中发现的问题要作出评估分析报告，提出进一步加强征管工作的建议，并将评估工作内容、过程、证据、依据和结论等记入纳税评估工作底稿。纳税评估分析报告和纳税评估工作底稿是税务机关内部资料，不发纳税人，不作为行政复议和诉讼依据。

15.8.6 纳税评估工作管理

(1) 基层税务机关及其税源管理部门要根据所辖税源的规模、管户的数量等工作实际情况，结合自身纳税评估的工作能力，制定评估工作计划，合理确定纳税评估工作量，对重点税源户，要保证每年至少重点评估分析一次。

(2) 基层税务机关及其税源管理部门要充分利用现代化信息手段，广泛收集和积累纳税人各类涉税信息，不断提高评估工作水平；要经常对评估结果进行分析研究，提出加强征管工作的建议；要作好评估资料整理工作，本着“简便、实用”的原则，建立纳税评估档案，妥善保管纳税人报送的各类资料，并注重保护纳税人的商业秘密和个人隐私；要建立健全纳税评估工作岗位责任制、岗位轮换制、评估复查制和责任追究制等各项制度，加强对纳税评估工作的日常检查与考核；要加强对从事纳税评估工作人员的培训，不断提高纳税评估工作人员的综合素质和评估能力。

(3) 各级税务机关的征管部门负责纳税评估工作的组织协调工作，制定纳税评估工作业务规程，建立健全纳税评估规章制度和反馈机制，指导基层税务机关开展纳税评估工作，明确纳税评估工作职责分工并定期对评估工作开展情况进行总结和交流。

①各级税务机关的计划统计部门负责对税收完成情况、税收与经济的对应规律、总体税源和税负的增减变化等情况进行定期的宏观分析，为基层税务机关开展纳税评估提供依据和指导。

②各级税务机关的专业管理部门（包括各税种、国际税收、出口退税管理部门以及县级税务机关的综合业务部门）负责进行行业税负监控、建立各税种的纳税评估指标体系、测算指标预警值、制定分税种的具体评估方法，为基层税务机关开展纳税评估工作提供依据和指导。

（4）从事纳税评估的工作人员，在纳税评估工作中徇私舞弊或者滥用职权，或为有涉嫌税收违法行为的纳税人通风报信致使其逃避查处的，或瞒报评估真实结果、应移交案件不移交的，或致使纳税评估结果失真、给纳税人造成损失的，不构成犯罪的，由税务机关按照有关规定给予行政处分；构成犯罪的，要依法追究刑事责任。

（5）各级国家税务局、地方税务局要加强纳税评估工作的协作，提高相关数据信息的共享程度，简化评估工作程序，提高评估工作实效，最大限度地方便纳税人。

15.8.7 纳税评估通用分析指标及其使用方法

（1）收入类评估分析指标及其计算公式和指标功能。

主营业务收入变动率 =（本期主营业务收入 – 基期主营业务收入）÷基期主营业务收入 ×100%

如主营业务收入变动率超出预警值范围，可能存在少计收入问题和多列成本等问题，运用其他指标进一步分析。

（2）成本类评估分析指标及其计算公式和功能。

单位产成品原材料耗用率 = 本期投入原材料 ÷ 本期产成品成本 ×100%

分析单位产品当期耗用原材料与当期产出的产成品成本比率，判断纳税人是否存在账外销售问题；是否错误使用存货计价方法；是否人为调整产成品成本或应纳所得额等问题。

主营业务成本变动率 =（本期主营业务成本 – 基期主营业务成本）÷基期主营业务成本 ×100%

其中：主营业务成本率 = 主营业务成本 ÷ 主营业务收入。

主营业务成本变动率超出预警值范围，可能存在销售未计收入、多列成本费用、扩大税前扣除范围等问题。

（3）费用类评估分析指标及其计算公式和指标功能。

主营业务费用变动率 =（本期主营业务费用 - 基期主营业务费用）÷ 基期主营业务费用 ×100%

其中：主营业务费用率 =（主营业务费用 ÷ 主营业务收入）×100%

与预警值相比，如相差较大，可能存在多列费用问题。

营业（管理、财务）费用变动率 =［本期营业（管理、财务）费用 - 基期营业（管理、财务）费用］÷ 基期营业（管理、财务）费用 ×100%

如果营业（管理、财务）费用变动率与前期相差较大，可能存在税前多列支营业（管理、财务）费用问题。

成本费用率 =（本期营业费用 + 本期管理费用 + 本期财务费用）÷ 本期主营业务成本 ×100%

分析纳税人期间费用与销售成本之间关系，与预警值相比较，如相差较大，企业可能存在多列期间费用问题。

成本费用利润率 = 利润总额 ÷ 成本费用总额 ×100%

其中：成本费用总额 = 主营业务成本总额 + 费用总额。

与预警值比较，如果企业本期成本费用利润率异常，可能存在多列成本、费用等问题。

税前列支费用评估分析指标：工资扣除限额、“三费”（职工福利费、工会经费、职工教育经费）扣除限额、交际应酬费列支额（业务招待费扣除限额）、公益救济性捐赠扣除限额、开办费摊销额、技术开发费加计扣除额、广告费扣除限额、业务宣传费扣除限额、财产损失扣除限额、呆（坏）账损失扣除限额、总机构管理费扣除限额、社会保险费扣除限额、无形资产摊销额、递延资产摊销额等。

如果申报扣除（摊销）额超过允许扣除（摊销）标准，可能存在未按规定进行纳税调整，擅自扩大扣除（摊销）基数等问题。

（4）利润类评估分析指标及其计算公式和指标功能。

主营业务利润变动率 =（本期主营业务利润 - 基期主营业务利润）÷ 基期主营业务利润 ×100%

其他业务利润变动率 =（本期其他业务利润 - 基期其他业务利润）÷ 基期其他业务利润 ×100%

上述指标若与预警值相比相差较大，可能存在多结转成本或不计、少计收入问题。税前弥补亏损扣除限额，按税法规定审核分析允许弥补的亏损数额，如申报弥补亏损额大于税前弥补亏损扣除限额，可能存在未按规定申报税前弥补等问题。营业外收支增减额，营业外收入增减额与基期相比减少较多，可能存在隐瞒营业外收入问题。营业外支出增减额与基期相比支出增加较多，可能存在将不符合规定支出列入营业外支出。

(5) 资产类评估分析指标及其计算公式和指标功能。

净资产收益率 = 净利润 ÷ 平均净资产 × 100%

分析纳税人资产综合利用情况。如指标与预警值相差较大，可能存在隐瞒收入，或闲置未用资产计提折旧问题。

总资产周转率 =（利润总额 + 利息支出）÷ 平均总资产 × 100%

存货周转率 = 主营业务成本 ÷ [（期初存货成本 + 期末存货成本）÷ 2] × 100%

分析总资产和存货周转情况，推测销售能力。如总资产周转率或存货周转率加快，而应纳税税额减少，可能存在隐瞒收入、虚增成本的问题。

应收（付）账款变动率 = [期末应收（付）账款 − 期初应收（付）账款] ÷ 期初应收（付）账款 × 100%

分析纳税人应收（付）账款增减变动情况，判断其销售实现和可能发生坏账情况。如应收（付）账款增长率增高，而销售收入减少，可能存在隐瞒收入、虚增成本的问题。

$$\text{固定资产综合折旧率} = \text{基期固定资产折旧总额} \div \text{基期固定资产原值总额} \times 100\%$$

固定资产综合折旧率高于与基期标准值，可能存在税前多列支固定资产折旧额问题。要求企业提供各类固定资产的折旧计算情况，分析固定资产综合折旧率变化的原因。

资产负债率 = 负债总额 ÷ 资产总额 × 100%

其中：负债总额 = 流动负债 + 长期负债，资产总额是扣除累计折旧后的净额。

分析纳税人经营活力，判断其偿债能力。如果资产负债率与预警值相差较大，则企业偿债能力有问题，要考虑由此对税收收入产生的影响。

(1) 主营业务收入变动率与主营业务利润变动率配比分析。正常情况下，二者基本同步增长。①当比值 <1，且相差较大，二者都为负时，可能存在企业多列成本费用、扩大税前扣除范围问题。②当比值 >1 且相差较大、二者都为正时，可能存在企业多列成本费用、扩大税前扣除范围等题。③当比值为负数，且前者为正后者为负时，可能存在企业多列成本费用、扩大税前扣除范围等问题。

对产生疑点的纳税人可从以下三方面进行分析：结合“主营业务利润率”指标进行分析，了解企业历年主营业务利润率的变动情况；对“主营业务利润率”指标也异常的企业，应通过年度申报表及附表分析企业收入构成情况，以判断是否存在少计收入问题；结合《资产负债表》中“应付账款”、“预收账款”和“其他应付款”

等科目的期初、期末数进行分析，如出现“应付账款”和“其他应付账款”红字和“预收账款”期末大幅度增长等情况，应判断存在少计收入问题。

（2）主营业务收入变动率与主营业务成本变动率配比分析。正常情况下二者基本同步增长，比值接近1。①当比值<1，且相差较大，二者都为负时，可能存在企业多列成本费用、扩大税前扣除范围等问题。②当比值>1且相差较大，二者都为正时，可能存在企业多列成本费用、扩大税前扣除范围等问题。③当比值为负数，且前者为正后者为负时，可能存在企业多列成本费用、扩大税前扣除范围等问题。

对产生本疑点的纳税人可以从以下三个方面进行分析：结合“主营业务收入变动率”指标，对企业主营业务收入情况进行分析，通过分析企业年度申报表及附表《营业收入表》，了解企业收入的构成情况，判断是否存在少计收入的情况；结合《资产负债表》中“应付账款”、“预收账款”和“其他应付账款”等科目的期初、期末数额进行分析，如“应付账款”和“其他应付账款”出现红字和“预收账款”期末大幅度增长情况，应判断存在少计收入问题；结合主营业务成本率对年度申报表及附表进行分析，了解企业成本的结转情况，分析是否存在改变成本结转方法、少计存货（含产成品、在产品和材料）等问题。

（3）主营业务收入变动率与主营业务费用变动率配比分析。正常情况下，二者基本同步增长。①当比值<1且相差较大，二者都为负时，可能存在企业多列成本费用、扩大税前扣除范围等问题。②当比值>1且相差较大，二者都为正时，可能企业存在多列成本费用、扩大税前扣除范围等题。③当比值为负数，且前者为正后者为负时，可能存在企业多列成本费用、扩大税前扣除范围等问题。

对产生疑点的纳税人可从以下三个方面进行分析：结合《资产负债表》中“应付账款”、“预收账款”和“其他应付账款”等科目的期初、期末数进行分析。如“应付账款”和“其他应付账款”出现红字和“预收账款”期末大幅度增长等情况，应判断存在少计收入问题；结合主营业务成本，通过年度申报表及附表分析企业成本的结转情况，以判断是否存在改变成本结转方法、少计存货（含产成品、在产品和材料）等问题；结合“主营业务费用率”、“主营业务费用变动率”两项指标进行分析，与同行业的水平比较；通过损益表对营业费用、财务费用、管理费用的若干年度数据分析三项费用中增长较多的费用项目，对财务费用增长较多的，结合资产负债表中短期借款、长期借款的期初、期末数进行分析，以判断财务费用增长是否合理，是否存在基建贷款利息列入当期财务费用等问题。

（4）主营业务成本变动率与主营业务利润变动率配比分析。当两者比值大于1，都为正时，可能存在多列成本的问题；前者为正，后者为负时，视为异常，可能存在多列成本、扩大税前扣除范围等问题。

（5）资产利润率、总资产周转率、销售利润率配比分析。综合分析本期资产利润率与上年同期资产利润率，本期销售利润率与上年同期销售利润率，本期总资产周转率与上年同期总资产周转率。如本期总资产周转率 - 上年同期总资产周转率 >0，本期销售利润率 - 上年同期销售利润率 =0，而本期资产利润率 - 上年同期资产利润率 =0 时，说明本期的资产使用效率提高，但收益不足以抵补销售利润率下降造成的损失，可能存在隐匿销售收入、多列成本费用等问题。如本期总资产周转率 - 上年同期总资产周转率 =0，本期销售利润率 - 上年同期销售利润率 >0，而本期资产利润率 - 上年同期资产利润率 =0 时，说明资产使用效率降低，导致资产利润率降低，可能存在隐匿销售收入问题。

(6) 存货变动率、资产利润率、总资产周转率配比分析。比较分析本期资产利润率与上年同期资产利润率，本期总资产周转率与上年同期总资产周转率。若本期存货增加不大，即存货变动率 =0，本期总资产周转率 - 上年同期总资产周转率 =0，可能存在隐匿销售收入问题。

15.9 纳税担保试点办法

15.9.1 纳税担保的含义

纳税担保是指经税务机关同意或确认，纳税人或其他自然人、法人、经济组织以保证、抵押、质押的方式，为纳税人应当缴纳的税款及滞纳金提供担保的行为。

15.9.2 纳税保证

纳税保证是指纳税保证人向税务机关保证，当纳税人未按照税收法律、行政法规规定或者税务机关确定的期限缴清税款、滞纳金时，由纳税保证人按照约定履行缴纳税款及滞纳金的行为。税务机关认可的，保证成立；税务机关不认可的，保证不成立。

纳税保证人是指在中国境内具有纳税担保能力的自然人、法人或者其他经济组织。法人或其他经济组织财务报表资产净值超过需要担保的税额及滞纳金 2 倍以上的，自然人、法人或其他经济组织所拥有或者依法可以处分的未设置担保的财产的价值超过需要担保的税额及滞纳金的，为具有纳税担保能力。国家机关、学校、幼儿园、医院等事业单位、社会团体不得作为纳税保证人。企业法人的职能部门不得为纳税保证人。企业法人的分支机构有法人书面授权的，可以在授权范围内提供纳税担保。有以下情形之一的，不得作为纳税保证人：

（1）有偷税、抗税、骗税、逃避追缴欠税行为被税务机关、司法机关追究过法律责任未满2年的。

（2）因有税收违法行为正在被税务机关立案处理或涉嫌刑事犯罪被司法机关立案侦查的。

（3）纳税信誉等级被评为C级以下的。

（4）在主管税务机关所在地的市（地、州）没有住所的自然人或税务登记不在本市（地、州）的企业。

（5）无民事行为能力或限制民事行为能力的自然人。

（6）与纳税人存在担保关联关系的。

（7）有欠税行为的。

纳税担保范围包括税款、滞纳金和实现税款、滞纳金的费用。费用包括抵押、质押登记费用，质押保管费用，以及保管、拍卖、变卖担保财产等相关费用支出。

用于纳税担保的财产、权利的价值不得低于应当缴纳的税款、滞纳金，并考虑相关的费用。纳税担保的财产价值不足以抵缴税款、滞纳金的，税务机关应当向提供担保的纳税人或纳税担保人继续追缴。纳税人有下列情况之一的，适用纳税担保：

（1）税务机关有根据认为从事生产、经营的纳税人有逃避纳税义务行为，在规定的纳税期之前经责令其限期缴纳应纳税款，在限期内发现纳税人有明显的转移、隐匿其应纳税的商品、货物以及其他财产或者应纳税收入的迹象，责成纳税人提供纳税担保的。

（2）欠缴税款、滞纳金的纳税人或者其法定代表人需要出境的。

（3）纳税人同税务机关在纳税上发生争议而未缴清税款，需要申请行政复议的。

（4）税收法律、行政法规规定可以提供纳税担保的其他情形。

纳税保证为连带责任保证，纳税人和纳税保证人对所担保的税款及滞纳金承担连带责任。当纳税人在税收法律、行政法规或税务机关确定的期限届满未缴清税款及滞纳金的，税务机关即可要求纳税保证人在其担保范围内承担保证责任。缴纳担保的税款及滞纳金，用于纳税担保的财产、权利的价值不得低于应当缴纳的税款、滞纳金，并考虑相关的费用。纳税担保的财产价值不足以抵缴税款、滞纳金的，税务机关应当向提供担保的纳税人或纳税担保人继续追缴。

用于纳税担保的财产、权利的价格估算，除法律、行政法规另有规定外，由税务机关按照税收征管法实施细则第六十四条规定的方式，参照同类商品的市场价、出厂价或者评估价估算。

纳税保证人同意为纳税人提供纳税担保的，应当填写纳税担保书。纳税担保书应当包括以下内容：

（1）纳税人应缴纳的税款及滞纳金数额、所属期间、税种、税目名称。

（2）纳税人应当履行缴纳税款及滞纳金的期限。

（3）保证担保范围及担保责任。

（4）保证期间和履行保证责任的期限。

（5）保证人的存款账号或者开户银行及其账号。

（6）税务机关认为需要说明的其他事项。

5. 纳税担保时限。

（1）保证期间为纳税人应缴纳税款期限届满之日起60日，即税务机关自纳税人应缴纳税款的期限届满之日起60日内有权要求纳税保证人承担保证责任，缴纳税款、滞纳金。

（2）履行保证责任的期限为15日，即纳税保证人应当自收到税务机关的纳税通知书之日起15日内履行保证责任，缴纳税款及滞纳金。纳税保证期间内税务机关未通知纳税保证人缴纳税款及滞纳金以承担担保责任的，纳税保证人免除担保责任。

（3）纳税人在规定的期限届满未缴清税款及滞纳金，税务机关在保证期限内书面通知纳税保证人的，纳税保证人应按照纳税担保书约定的范围，自收到纳税通知书之日起15日内缴纳税款及滞纳金，履行担保责任。纳税保证人未按照规定的履行保证责任的期限缴纳税款及滞纳金的，由税务机关发出责令限期缴纳通知书，责令纳税保证人在限期15日内缴纳；逾期仍未缴纳的，经县以上税务局（分局）局长批准，对纳税保证人采取强制执行措施，通知其开户银行或其他金融机构从其存款中扣缴所担保的纳税人应缴纳的税款、滞纳金，或扣押、查封、拍卖、变卖其价值相当于所担保的纳税人应缴纳的税款、滞纳金的商品、货物或者其他财产，以拍卖、变卖所得抵缴担保的税款、滞纳金。

15.9.3　纳税抵押

纳税抵押是指纳税人或纳税担保人不转移对本办法第十五条所列财产的占有，将该财产作为税款及滞纳金的担保。纳税人逾期未缴清税款及滞纳金的，税务机关有权依法处置该财产以抵缴税款及滞纳金。纳税人或者纳税担保人为抵押人，税务机关为抵押权人，提供担保的财产为抵押物。

（1）抵押人所有的房屋和其他地上定着物。

（2）抵押人所有的机器、交通运输工具和其他财产。

（3）抵押人依法有权处分的国有的房屋和其他地上定着物。

（4）抵押人依法有权处分的国有的机器、交通运输工具和其他财产。

（5）经设区的市、自治州以上税务机关确认的其他可以抵押的合法财产。

依法取得的国有土地上的房屋抵押的，该房屋占用范围内的国有土地使用权同时抵押。以乡（镇）、村企业的厂房等建筑物抵押的，其占用范围内的土地使用权同时抵押。

（1）土地所有权。

（2）土地使用权，但本办法第十六条规定的除外。

（3）学校、幼儿园、医院等以公益为目的的事业单位、社会团体、民办非企业单位的教育设施、医疗卫生设施和其他社会公益设施。

（4）所有权、使用权不明或者有争议的财产。

（5）依法被查封、扣押、监管的财产。

（6）依法定程序确认为违法、违章的建筑物。

（7）法律、行政法规规定禁止流通的财产或者不可转让的财产。

（8）经设区的市、自治州以上税务机关确认的其他不予抵押的财产。

（1）填写纳税担保书和纳税担保财产清单。纳税担保书应当包括以下内容：①担保的纳税人应缴纳的税款及滞纳金数额、所属期间、税种名称、税目；②纳税人履行应缴纳税款及滞纳金的期限；③抵押物的名称、数量、质量、状况、所在地、所有权权属或者使用权权属；④抵押担保的范围及担保责任；⑤税务机关认为需要说明的其他事项。

纳税担保财产清单应当写明财产价值以及相关事项。纳税担保书和纳税担保财产清单须经纳税人签字盖章并经税务机关确认。

（2）提供抵押登记的证明及其复印件。纳税抵押财产应当办理抵押物登记。纳税抵押自抵押物登记之日起生效。纳税人应向税务机关提供由以下部门出具的抵押登记的证明及其复印件（以下简称证明材料）：①以城市房地产或者乡（镇）、村企业的厂房等建筑物抵押的，提供县级以上地方人民政府规定部门出具的证明材料；②以船舶、车辆抵押的，提供运输工具的登记部门出具的证明材料；③以企业的设备和其他动产抵押的，提供财产所在地的工商行政管理部门出具的证明材料或者纳税人所在地的公证部门出具的证明材料。

抵押期间，经税务机关同意，纳税人可以转让已办理登记的抵押物，并告知受让人转让物已经抵押的情况。纳税人转让抵押物所得的价款，应当向税务机关提前缴纳所担保的税款、滞纳金。超过部分，归纳税人所有；不足部分由纳税人缴纳或提供相应的担保。

（3）抵押财产的处理。①在抵押物灭失、毁损或者被征用的情况下，税务机关应该就该抵押物的保险金、赔偿金或者补偿金要求优先受偿，抵缴税款、滞纳金。抵押物灭失、毁损或者被征用的情况下，抵押权所担保的纳税义务履行期未满的，税务机关可以要求将保险金、赔偿金或补偿金等作为担保财产。②纳税人在规定的期限内未缴清税款、滞纳金的，税务机关应当依法拍卖、变卖抵押物，变价抵缴税款、滞纳金。③纳税担保人以其财产为纳税人提供纳税抵押担保的，按照纳税人提供抵押担保的规定执行；纳税担保书和纳税担保财产清单须经纳税人、纳税担保人签字盖章并经税务机关确认。④纳税人在规定的期限届满未缴清税款、滞纳金的，税务机关应当在期限届满之日起 15 日内书面通知纳税担保人自收到纳税通知书之日起 15 日内缴纳担保的税款、滞纳金。纳税担保人未按照前款规定的期限缴纳所担保的税款、滞纳金的，由税务机关责令限期在 15 日内缴纳；逾期仍未缴纳的，经县以上税务局（分局）局长批准，税务机关依法拍卖、变卖抵押物，抵缴税款、滞纳金。

（1）纳税质押。纳税质押，是指经税务机关同意，纳税人或纳税担保人将其动产或权利凭证移交税务机关占有，将该动产或权利凭证作为税款及滞纳金的担保。纳税人逾期未缴清税款及滞纳金的，税务机关有权依法处置该动产或权利凭证以抵缴税款及滞纳金。纳税质押分为动产质押和权利质押。动产质押包括现金以及其他除不动产以外的财产提供的质押。汇票、支票、本票、债券、存款单等权利凭证可以质押。对于实际价值波动很大的动产或权利凭证，经设区的市、自治州以上税务机关确认，税务机关可以不接受其作为纳税质押。

（2）动产质押。纳税人提供质押担保的，应当填写纳税担保书和纳税担保财产清单并签字盖章。纳税担保书应当包括以下内容：①担保的税款及滞纳金数额、所属期间、税种名称、税目；②纳税人履行应缴纳税款、滞纳金的期限；③质物的名称、数量、质量、价值、状况、移交前所在地、所有权权属或者使用权权属；④质押担保的范围及担保责任；⑤纳税担保财产价值；⑥税务机关认为需要说明的其他事项。

纳税担保财产清单应当写明财产价值及相关事项。纳税质押自纳税担保书和纳税担保财产清单经税务机关确认和质物移交之日起生效。

（3）权利质押。以汇票、支票、本票、公司债券出质的，税务机关应当与纳税人背书清单记载“质押”字样。以存款单出质的，应由签发的金融机构核押。以载明兑现或者提货日期的汇票、支票、本票、债券、存款单出质的，汇票、支票、本票、债券、存款单兑现日期先于纳税义务履行期或者担保期的，税务机关与纳税人约定将兑现的价款用于缴纳或者抵缴所担保的税款及滞纳金。

（4）质押的处理。①纳税担保人以其动产或财产权利为纳税人提供纳税质押担保的，按照纳税人提供质押担保的规定执行；纳税担保书和纳税担保财产清单须经纳税人、纳税担保人签字盖章并经税务机关确认。②纳税人在规定的期限内缴清税款、滞纳金的，税务机关应当在3个工作日内将质物返还给纳税担保人，解除质押关系。纳税人在规定的期限内未缴清税款、滞纳金的，税务机关应当在期限届满之日起15日内书面通知纳税担保人自收到纳税通知书之日起15日内缴纳担保的税款、滞纳金。③纳税担保人未按照前款规定的期限缴纳所担保的税款、滞纳金，由税务机关责令限期在15日内缴纳；缴清税款、滞纳金的，税务机关自纳税担保人缴清税款及滞纳金之日起3个工作日内返还质物、解除质押关系；逾期仍未缴纳的，经县以上税务局（分局）局长批准，税务机关依法拍卖、变卖质物，抵缴税款、滞纳金。

15.9.4　法律责任

（1）纳税人、纳税担保人采取欺骗、隐瞒等手段提供担保的，由税务机关处以1 000元以下的罚款；属于经营行为的，处以1万元以下的罚款。

（2）非法为纳税人、纳税担保人实施虚假纳税担保提供方便的，由税务机关处以1 000元以下的罚款。

（3）纳税人采取欺骗、隐瞒等手段提供担保，造成应缴税款损失的，由税务机关按照《税收征管法》第六十八条规定处以未缴、少缴税款50%以上5倍以下的罚款。

（4）税务机关负有妥善保管质物的义务。因保管不善致使质物灭失或者毁损，或未经纳税人同意擅自使用、出租、处分质物而给纳税人造成损失的，税务机关应当对直接损失承担赔偿责任。纳税义务期限届满或担保期间，纳税人或者纳税担保人请求税务机关及时行使权力，而税务机关怠于行使权力致使质物价格下跌造成损失的，税务机关应当对直接损失承担赔偿责任。

（5）税务机关工作人员有下列情形之一的，根据情节轻重给予行政处分：①违反本办法规定，对符合担保条件的纳税担保，不予同意或故意刁难的。②违反本办法规定，对不符合担保条件的纳税担保，予以批准，致使国家税款及滞纳金遭受损失的。③私分、挪用、占用、擅自处分担保财物的。④其他违法情形。

本章小结

1. 现行税收征管法是2001年4月修订发布的，自同年5月1日起实施；2002年9月公布《中华人民共和国税收征收管理法实施细则》，自2002年10月15日起施行。

2. 凡依法由税务机关征收的各种税收的征收管理，均适用税收征管法及细则；税收征管法及细则没有规定的，依照其他有关税收法律、行政法规的规定执行。

3. 税务登记是税务机关对纳税人的经济活动的具体事项进行登记并据此对纳税人实施税收管理的一项法定制度。

4. 企业、企业在外地设立的分支机构和从事生产、经营的场所，个体工商户和从事生产、经营的事业单位，自领取营业执照之日起30日内，持有关证件，向生产、经营地或者纳税义务发生地税务机关申报办理税务登记。

5. 纳税人税务登记内容发生变化的，应当自工商行政管理机关或者其他机关办理变更登记之日起30日内，持有关证件向原税务登记机关申报办理变更税务登记。

6. 从事生产、经营的纳税人应当自领取营业执照或者发生纳税义务之日起15日内，按照国家有关规定设置账簿。

7. 从事生产、经营的纳税人应当自领取税务登记证件之日起15日内，将其财务、会计制度或者财务、会计处理办法报送主管税务机关备案。

8. 增值税专用发票由国务院和税务主管部门指定的企业印制，其他发票，按照国务院税务主管部门的规定分别由省、自治区、直辖市国家税务局、地方税务局指定企业印制。

9. 依法办理税务登记的单位和个人，在领取税务登记证件后，向主管税务机关申请领购发票。

10. 根据发票管理的要求，发票保管按不同范围、对象分为两个层次：一是税务机关在印制发票成品以后，向社会供应使用实行“集中分级保管”的原则。二是用票单位和个人在领购发票以后的保管。

11. 纳税人应当按照税务机关的要求安装、使用税控装置，并按照税务机关的规定报送有关数据和资料。

12. 纳税人必须依照法律、行政法规规定确定的申报期限、申报内容，如实办理纳税申报，报送纳税申报表、财务会计报表以及税务机关根据实际需要要求纳税人报送的其他纳税资料。

13. 纳税人、扣缴义务人可以直接到税务机关办理纳税申报，也可以按照规定采取邮寄、数据电文或者其他方式办理纳税申报、报送事项。实行定期定额缴纳税款的纳税人，可以实行简易申报、简并征期等申报纳税方式。

14. 纳税人、扣缴义务人按照规定的期限办理纳税申报或者报送代扣代缴、代收代缴税款报告表。

15. 税款征收制度有：①税额核定和税收调整制度；②代缴税款制度；③税款延期缴纳制度；④滞纳金征收制度；⑤未办理税务登记或临时从事经营纳税人的税款征收制度；⑥税收保全制度；⑦税收强制执行制度；⑧欠税清缴制度；⑨税款的退还和追征制度。

16. 税务机关有权进行下列税务检查：检查纳税人的账簿、记账凭证、报表和有关资料，检查扣缴义务人代扣代缴、代收代缴税款账簿、记账凭证和有关资料。

17. 税务机关对纳税人以前纳税情况依法进行税务检查，发现纳税人有逃避纳税义务行为，并有明显的转移、隐匿其应纳税的商品、货物以及其他财产或者应纳税收入迹象的，可以按照规定的批准权限采取税收保全措施或者强制执行措施。

18. 违反税务管理基本规定行为的处罚。对纳税人偷税的，由税务机关追缴其不缴或者少缴的税款、滞纳金，并处不缴或者少缴的税款50%以上5倍以下的罚款；构成犯罪的，依法追究刑事责任。

19. 对骗取国家出口退税款，由税务机关追缴其骗取的退税款，并处骗取税款一倍以上五倍以下的罚款；构成犯罪的，依法追究刑事责任。对骗取国家出口退税款的，税务机关可以在规定期间内停止为其办理出口退税。

20. 抗税，是纳税人以暴力、威胁方法拒不缴纳税款的行为。抗税情节轻微，未构成犯罪的，由税务机关追缴其拒缴的税款、滞纳金，处拒缴税款一倍以上五倍以下的罚款。

21. 扣缴义务人应扣未扣、应收而不收税款的，由税务机关向纳税人追缴税款，对扣缴义务人处应扣未扣、应收未收税款50%以上3倍以下的罚款。

22. 纳税人、扣缴义务人逃避、拒绝或者以其他方式阻挠税务机关检查的，由税务机关责令改正，可以处1万元以下的罚款；情节严重的，处1万元以上5万元以下的罚款。

23. 非法印制发票的，由税务机关销毁非法印制的发票，没收违法所得和作案工具，并处1万元以上5万元以下的罚款；构成犯罪的，依法追究刑事责任。

24. 从事生产、经营的纳税人、扣缴义务人有本法规定的税收违法行为，拒不接受税务机关处理的，税务机关可以收缴其发票或者停止向其发售发票。

25. 纳税人、扣缴义务人开户银行和其他金融机构采取不配合行为造成税款流失的，由税务机关处10万元以上50万元以下罚款，对直接负责的主管人员和其他直接责任人员处1 000元以上1万元以下的罚款，构成犯罪的，依法追究刑事责任。

26. 税务机关违反规定擅自改变税收征收管理范围和税款入库预算级次的，责令限期改正，对直接负责的主管人员和其他直接责任人员依法给予降级或者撤职的行政处分。

27. 纳税人、扣缴义务人有本法规定的行为涉嫌犯罪的，税务机关应当依法移送司法机关追究刑事责任；税务人员徇私舞弊，对依法应当移交司法机关追究刑事责任的不移交，情节严重的，依法追究刑事责任。

28. 税务人员与纳税人、扣缴义务人勾结，唆使或者协助纳税人、扣缴义务人有本法第六十三条、第六十五条、第六十六条规定的行为，构成犯罪的，按照刑法关于共同犯罪的规定处罚；尚不构成犯罪的，依法给予行政处分。

29. 税务人员利用职务上的便利，收受或者索取纳税人、扣缴义务人财物或者谋取其他不正当利益，构成犯罪的，按照受贿罪追究刑事责任；尚不构成犯罪的，依法给予行政处分。税务人员徇私舞弊或者玩忽职守，不征或者少征应征税款，致使国家税收遭受重大损失，构成犯罪的，依法追究刑事责任；尚不构成犯罪的，依法给予行政处分。

30. 纳税评估是指税务机关运用数据信息对比分析的方法，对纳税人和扣缴义务人纳税申报（包括减免缓抵退税申请）情况的真实性和准确性作出定性和定量的判断，并采取进一步征管措施的管理行为。

31. 纳税担保，是指经税务机关同意或确认，纳税人或其他自然人、法人、经济组织以保证、抵押、质押的方式，为纳税人应当缴纳的税款及滞纳金提供担保的行为。

思 考 题

1. 纳税人如何办理税务登记？
2. 纳税申报的内容有哪些？
3. 税收保全措施有哪些规定？
4. 实施强制执行措施的内容有哪些？
5. 税务机关享有哪些税务检查权利？
6. 纳税主体的法律责任有哪些？
7. 纳税评估的指标有哪些？
8. 纳税评估的对象是什么？
9. 纳税评估的方法有哪些？
10. 纳税担保的范围。
11. 纳税抵押可以作为抵押财产的范围。
12. 抵押财产的处理方法有哪些？
13. 纳税担保书的内容。
14. 纳税抵押的处理方法。

附录1　关于“纳税人的权利与义务”和“税务机关的权利与义务”

一、纳税人的权利与义务

（一）根据《税收征管法》规定，纳税人享有下列权利：

1. 知悉权。

《税收征管法》第8条规定：纳税人、扣缴义务人有权向税务机关了解国家税收法律、行政法规的规定以及与纳税程序有关的情况。

2. 要求保密权。

《税收征管法》第八条第二款规定：纳税人、扣缴义务人有权要求税务机关为纳税人、扣缴义务人的情况保密。税务机关应当依法为纳税人、扣缴义务人的情况保密。

3. 申请减税权。

根据《税收征管法》第八条、第三十三条规定，纳税人可以依照法律、行政法规的规定书面申请减税。

4. 申请免税权。

根据《税收征管法》第八条、第三十三条规定，纳税人可以依照法律、行政法规的规定书面申请免税。

5. 申请退税权。

根据《税收征管法》第八条、第五十一条规定，纳税人超过应纳税额缴纳的税款，税务机关发现后应当立即退还；纳税人自结算缴纳税款之日起三年内发现的，可以向税务机关要求退还多缴的税款并加算银行同期存款利息，税务机关及时查实后应当立即退还。

6. 陈述、申辩权。

《税收征管法》第八条第四款规定：纳税人、扣缴义务人对税务机关所作出的决定，享有陈述权、申辩权。

7. 复议和诉讼权。

根据《税收征管法》第八条、第八十八条规定，纳税人、扣缴义务人对税务机关所作出的决定，依法享有申请行政复议、提起行政诉讼的权利。

8. 请求国家赔偿权。

根据《税收征管法》第八条、第三十九条、第四十三条规定，纳税人、扣缴义务人对税务机关所作出的决定，享有请求国家赔偿的权利；税务机关滥用职权违法采取税收保全措施、强制执行措施，或者采取税收保全措施、强制执行措施不当，使纳税人、扣缴义务人或者纳税担保人的合法权益遭受损失的，应当依法承担赔偿责任。

9. 控告、检举权。

《税收征管法》第八条第五款规定：纳税人、扣缴义务人有权控告和检举税务机关、税务人员的违法违纪行为。

10. 请求回避权。

《税收征管法》第十二条规定：税务人员征收税款和查处税收违法案件，与纳税人、扣缴义务人或者税收违法案件有利害关系的，应当回避。

11. 举报权。

《税收征管法》第十三条规定：任何单位和个人都有权检举违反税收法律、行政法规的行为。收到检举的机关和负责查处的机关应当为检举人保密。税务机关应当按照规定给予奖励。

12. 申请延期申报权。

《税收征管法》第二十七条第一款规定：纳税人、扣缴义务人不能按期办理纳税申报或者报送代扣代缴、代收代缴税款报告表的，经税务机关核准，可以延期申报。

13. 取得代扣、代收手续费权。

《税收征管法》第三十条第三款规定：税务机关按照规定付给扣缴义务人代扣、代收手续费。

14. 申请延期缴纳税款权。

《税收征管法》第三十一条第二款规定：纳税人因有特殊困难，不能按期缴纳税款的，经省、自治区、直辖市国家税务局、地方税务局批准，可以延期缴纳税款；但最长不得超过三个月。

15. 索取完税凭证权。

《税收征管法》第三十四条规定：税务机关征收税款时，必须给纳税人开具完税凭证。扣缴义务人代扣、代收税款时，纳税人要求扣缴义务人开具代扣、代收税款凭证时，扣缴义务人应当开具。

16. 索取收据或清单权。

《税收征管法》第四十七条规定：税务机关扣押商品、货物或其他财产时，必须开付收据；查封商品、货物或者其他财产时，必须开付清单。

17. 拒绝检查权。

《税收征管法》第五十九条规定：税务机关派出的人员进行税务检查时，应当出示税务检查证和税务检查通知书，并有责任为被检查人保守秘密；未出示税务检查证和税务检查通知书的，被检查人有权拒绝检查。

18. 委托税务代理权。

《税收征管法》第八十九条规定：纳税人、扣缴义务人可以委托税务代理人代为办理税务事宜。

（二）根据《税收征管法》规定，纳税人应当履行以下义务：

1. 按时缴纳或解缴税款的义务。

根据《税收征管法》第四条、第三十一条的规定，纳税人、扣缴义务人应按照法律、行政法规规定或者税务机关依照法律、行政法规的规定确定的期限，缴纳或者解缴税款。

2. 代扣、代收税款的义务。

《税收征管法》第四条第二款规定：法律、行政法规规定负有代扣代缴、代收代缴税款义务的单位和个人为扣缴义务人。

《税收征管法》第三十条规定：扣缴义务人应依照法律、行政法规的规定履行代扣、代收税款的义务。

3. 依法办理税务登记的义务。

根据《税收征管法》第十五条、第十六条有关规定，纳税人在发生纳税事宜时，有义务在规定期限内申报办理税务登记；在税务登记内容发生变化时，有义务按规定办理变更或注销税务登记。

4. 按照规定使用税务登记证件的义务。

《税收征管法》第十八条规定：纳税人按照国务院税务主管部门的规定使用税务登记证件。税务登记证件不得转借、涂改、损毁、买卖或者伪造。

5. 依法设置账簿、进行核算并保管账簿和有关资料的义务。

根据《税收征管法》第十九条、第二十四条规定，纳税人、扣缴义务人按照有关法律、行政法规和国务院财政、税务主管部门的规定设置账簿，根据合法、有效凭证记账、进行核算；保管账簿、记账凭证、完税凭证及其有关资料；账簿、记账凭证、完税凭证及其他有关资料不得伪造、变造或者擅自损毁。

6. 财务会计制度或办法、会计核算软件备案的义务。

《税收征管法》第二十条规定：从事生产、经营的纳税人的财务、会计制度、会计处理办法和会计核算软件，应当报送税务机关备案。

纳税人、扣缴义务人的财务、会计制度或者财务、会计处理办法与国务院或者财政、税务主管部门有关税收的规定抵触的，依照国务院或者国务院财政、税务主管部门有关税收的规定计算应纳税款、代扣代缴和代收代缴税款。

7. 按规定开具、使用、取得发票的义务。

《税收征管法》第二十一条第二款规定：单位、个人在购销商品、提供或者接受经营服务以及从事其他经营活动中，应当按照规定开具、使用、取得发票。

8. 按照规定安装、使用税控装置的义务。

《税收征管法》第二十三条规定：国家根据税收征收管理的需要，积极推广使用税控装置。纳税人应当按照规定安装、使用税控装置，不得损毁或者擅自改动税控装置。

9. 办理纳税申报和报送纳税资料的义务。

《税收征管法》第二十五条规定：纳税人有义务在税法规定的申报期限内如实办理纳税申报，报送纳税申报表、财务会计报表以及税务机关根据实际需要要求纳税人报送的其他纳税资料。扣缴义务人也有在规定的申报期限内如实报送代扣代缴、代收代缴税款报告表以及其他需要报送资料的义务。

10. 延期申报必须预缴税款的义务。

《税收征管法》第二十七条第二款规定：经核准延期办理前款规定的申报、报送事项的，应当在纳税期内按照上期实际缴纳的税额或者税务机关核定的税额预缴税款，并在核准的延期内办理税款结算。

11. 不得拒绝扣缴义务人代扣、代收税款的义务。

《税收征管法》第三十条第二款规定：扣缴义务人依法履行代扣、代收税款义务时，纳税人不得拒绝。纳税人拒绝的，扣缴义务人应当及时报告税务机关处理。

12. 依法计价核算与关联企业之间的业务往来的义务。

《税收征管法》第三十六条规定：企业或者外国企业在中国境内设立的从事生产、经营的机构、场所与其关联企业之间的业务往来，应当按照独立企业之间的业务往来收取或者支付价款、费用。

13. 结清税款或提供担保的义务。

《税收征管法》第三十八条规定：税务机关有根据认为从事生产、经营的纳税人有逃避纳税义务行为的，可以在规定的纳税期之前，责令限期缴纳应纳税款；在限期内发现纳税人有明显的转移、隐匿其应纳税的商品、货物以及其他财产或者应纳税的收入的迹象的，税务机关可以责成纳税人提供纳税担保。

《税收征管法》第四十四条规定：欠缴税款的纳税人或者它的法定代表人需要出境的，应当在出境前向税务机关结清应纳税款、滞纳金或者提供担保。

《税收征管法》第四十八条规定：纳税人有合并、分立情形的，应当向税务机关报告，并依法结清税款。

14. 欠税人应当向抵押权人、质权人说明欠税情况的义务。

《税收征管法》第四十六条规定：纳税人有欠税情形而以其财产设定抵押、质押的，应当向抵押权人、质权人说明其欠税情况。

15. 继续纳税和承担连带责任的义务。

《税收征管法》第四十八条规定：纳税人合并时未缴清税款的，应当由合并后的纳税人继续履行未履行的纳税义务；纳税人分立时未缴清税款的，分立后的纳税人对未履行纳税义务应当承担连带责任。

16. 向税务机关提供税务信息的义务。

根据《税收征管法》第六条、第十七条、第四十八条、第四十九条规定，纳税人、扣缴义务人和其他有关单位应当按照国家有关规定如实向税务机关提供与纳税人和代扣代缴、代收代缴税款有关的信息；从事生产经营的纳税人应当将全部银行账号向税务机关报告；有合并、分立情形应当向税务机关报告；欠缴税款数额较大的纳税人在处分其不动产或者大额资产之前，应当向税务机关报告。

17. 接受税务检查的义务。

《税收征管法》第五十六条规定：纳税人、扣缴义务人必须接受税务机关依法进行的税务检查，如实反映情况，提供有关资料，不得拒绝、隐瞒。

18. 发生纳税争议先缴纳税款或提供担保的义务。

《税收征管法》第八十八条规定：纳税人、扣缴义务人、纳税担保人同税务机关在纳税上发生争议时，必须先依照税务机关的纳税决定缴纳或者解缴税款及滞纳金或者提供相应的担保，然后可以依法申请行政复议。对行政复议决定不服的，可以依法向人民法院起诉。

二、税务机关的权利与义务

（一）税务机关的权利

1. 税务管理权。

（1）税务登记管理权。①企业，企业在外地设立的分支机构和从事生产、经营的场所，个体工商户和从事生产、经营的事业单位，自领取营业执照之日起三十日内，持有关证件，向税务机关申报办理税务登记。税务机关审核后发给税务登记证件。②从事生产、经营的纳税人，税务登记内容发生变化的，自工商行政管理机关办理变更登记之日起三十日内或者在向工商行政管理机关申请办理注销登记之前，持有关证件向地方税务机关申报办理变更或者注销税务登记。

（2）账簿、凭证管理权。从事生产、经营的纳税人、扣缴义务人按照国务院财政、税务主管部门的规定设置账簿，根据合法、有效凭证记账，进行核算。个体工商户确实不能设置账簿的，经税务机关核准，可以不设置账簿。

（3）纳税申报管理权。纳税人必须在法律、行政法规规定或者税务机关依照法律、行政法规的规定确定的申报期限内办理纳税申报，报送纳税申报表、财务会计报表以及税务机关根据实际需要要求纳税人报送的其他纳税资料。扣缴义务人必须在法律、行政法规规定或者税务机关依照法律、行政法规的规定确定的申报期限内报送代扣代缴、代收代缴税款报告表以及税务机关根据实际需要要求扣缴义务人报送的其他有关资料。

(4) 发票管理权。除增值税专用发票外的其他发票，按照国务院税务主管部门的规定，分别由省、自治区、直辖市国家税务局、地方税务局指定企业印制。否则，不得印制发票。依法办理税务登记的单位和个人，在领取登记证件后，向主管税务机关申请领购发票；开具发票的单位和个人应当按照税务机关的规定存放和保管发票，不得擅自损毁。已经开具的发票存根联和发票登记簿，应当保存五年。保存期满，报经税务机关查验后销毁。

2. 征收管理权。

(1) 税款征收权。税务机关依照法律、行政法规的规定征收税款，不得违反法律、行政法规的规定开征、停征、多征或者少征税款。税务机关征收税款，必须给纳税人开具完税凭证。

(2) 税务检查权。①税务机关有权进行下列税务检查：检查纳税人的账簿、记账凭证、报表和有关资料，检查扣缴义务人代扣代缴、代收代缴税款、账簿、记账凭证和有关资料；到纳税人的生产、经营场所和货物存放地检查纳税人应纳税的商品、货物或者其他财产，检查扣缴义务人与代扣代缴、代收代缴税款有关的经营情况；责成纳税人、扣缴义务人提供与纳税或者代扣代缴、代收代缴税款有关的文件、证明材料和有关资料；询问纳税人、扣缴义务人与纳税或者代扣代缴、代收代缴税款有关的问题和情况；到车站、码头、机场、邮政企业及其分支机构检查纳税人托运、邮寄应纳税商品、货物或者其他财产的有关单据、凭证和有关资料；经县以上税务局（分局）局长批准，凭全国统一格式的检查存款账户许可证明，查核从事生产、经营的纳税人、扣缴义务人在银行或者其他金融机构的存款账户；查核从事生产、经营的纳税人储蓄存款，须经银行县、市支行或者市分行的区办事处核对，指定所属储蓄所提供资料。税务机关进行纳税检查时，可以在纳税人、扣缴义务人的业务场所进行；必要时，经县以上税务局（分局）局长批准，也可以将纳税人、扣缴义务人以前会计年度的账簿、记账凭证、报表和其他有关资料调回税务机关检查，但是税务机关必须向纳税人、扣缴义务人开付清单，并在三个月内完整退还。②税务机关在发票管理中有权进行下列检查：检查印制、领购、开具、取得和保管发票的情况；调出发票查验；查阅、复制与发票有关的凭证、资料；向当事各方询问与发票有关的问题和情况；在查处发票案件时，对与案件有关的情况和资料，可以记录、录音、录像、照相和复制。税务机关需要将已开具的发票调出查验时应当向被查验的单位和个人开具发票换票证。发票换票证与调出查验的发票有同等的效力。被调出查验发票的单位和个人不得拒绝接受。税务机关需要将空白发票调出查验时，应当开具收据；经查无问题的，应当及时返还。③税务人员依法进行税务检查时，必须出示税务检查证或行政执法证，并有责任为被检查人保守秘密。

（3）应纳税额的核定权。税务机关有权核定纳税人以下情形的应纳税额：纳税人依照规定可以不设置账簿的；应当设置但未设置账簿的；虽设置账簿，但账目混乱或者成本资料、收入凭证、费用凭证残缺不全，难以查账的；发生纳税义务，未按照规定期限办理纳税申报，经税务机关责令申报，逾期仍不申报的。

（4）责令限期纳税权。①纳税人未按照规定期限缴纳税款的，扣缴义务人未按照规定期限解缴税款的，税务机关有权责令限期缴纳。②税务机关有根据认为从事生产、经营的纳税人有逃避纳税义务行为的，可以在规定的纳税期之前，责令限期缴纳应纳税款。③从事生产、经营的纳税人、扣缴义务人未按照规定的期限缴纳或者解缴税款，纳税担保人未按照规定的期限缴纳所担保的税款，由税务机关责令限期缴纳。

（5）加收滞纳金权。①纳税人未按照规定期限缴纳税款的，扣缴义务人未按照规定期限解缴税款的，税务机关除责令限期缴纳外，从滞纳税款之日起，按日加收滞纳税款万分之五的滞纳金。加收税款滞纳金的起止时间，为法律、行政法规规定或者税务机关依照法律、行政法规的规定确定的税款缴纳期限届满次日起至纳税人、扣缴义务人实际缴纳或者解缴税款之日止。②因税务机关的责任，致使纳税人、扣缴义务人未缴或者少缴税款的，税务机关在三年内可以要求纳税人、扣缴义务人补缴税款，但是不得加收滞纳金。

（6）责令提供纳税担保权。①税务机关有根据认为从事生产、经营的纳税人有逃避纳税义务行为的，可以在规定的纳税期之前，责令限期缴纳应纳税款；在限期内发现纳税人有明显的转移、隐匿其应纳税的商品、货物以及其他财产或者应纳税收入的迹象的，税务机关可以责成纳税人提供纳税担保。②欠缴税款的纳税人需要出境的，应当在出境前向税务机关结清应纳税款或者提供担保。

纳税担保，包括由纳税人提供并经税务机关认可的纳税担保人以及纳税人所拥有的未设置抵押权的财产。纳税担保人是指在中国境内具有纳税担保能力的公民、法人或者其他经济组织。国家机关不得作纳税担保人。

（7）责令提交纳税保证金权。

对未领取营业执照从事工程承包或者提供劳务的单位和个人，税务机关可以责令其提交纳税保证金。有关单位和个人应当在规定的期限内到税务机关进行纳税清算；逾期未清算的，以保证金抵缴税款。

3. 强制执行权。

（1）实施查封、扣押财产权。①对未取得营业执照从事经营的单位或者个人，除由工商行政管理机关依法处理外，由税务机关核定其应纳税额，责令缴纳；不缴纳的，税务机关可以扣押其价值相当于应纳税款的商品、货物。当事人应当自扣押之日起十五日内缴纳税款。对扣押的鲜活、易腐烂变质或易失效的商品、货物，税务机关可在其保质期内先行拍卖，以拍卖所得抵缴税款。②税务机关可以责成纳税人提供纳税担保。如果纳税人不能提供纳税担保，经县以上税务局（分局）局长批准，税务机关可扣押、查封纳税人的价值相当于应纳税的商品、货物或者其他财产。③从事生产、经营的纳税人、扣缴义务人未按照规定的期限缴纳或者解缴税款，纳税担保人未按照规定的期限缴纳所担保的税款，由税务机关责令限期缴纳，逾期仍未缴纳的，经县以上税务局（分局）局长批准，税务机关可扣押、查封、拍卖其价值相当于应纳税款的商品、货物或者其他财产，以拍卖所得抵缴税款。

（2）实施税收保全措施权。税务机关有根据认为从事生产、经营的纳税人有逃避纳税义务行为的，可以在规定的纳税期之前，责令限期缴纳应纳税款；在限期内发现纳税人有明显的转移、隐匿其应纳税的商品、货物以及其他财产或者应纳税收入迹象的，税务机关可以责成纳税人提供纳税担保，纳税人不能提供纳税担保，经县以上税务局（分局）局长批准，税务机关可以书面通知纳税人开户银行或者其他金融机构暂停支付纳税人的金额相当于应纳税款的存款；扣押、查封纳税人的价值相当于应纳税款的商品、货物或者其他财产。纳税人在规定的限期内缴纳税款的，税务机关必须立即解除税收保全措施；期限期满仍未缴纳税款的，经县以上税务局（分局）局长批准，税务机关可以书面通知纳税人开户银行或者其他金融机构从其暂停支付的存款中扣缴税款，或者拍卖所扣押、查封的商品、货物或者其他财产，以拍卖所得抵缴税款。采取税收保全措施不当，或者纳税人在限期内已缴税款，税务机关未立即解除税收保全措施，使纳税人的合法利益遭受损失的，税务机关应当承担赔偿责任。

（3）实施强制执行措施权。从事生产、经营的纳税人、扣缴义务人未按照规定的期限缴纳或者解缴税款，纳税担保人未按照规定的期限缴纳所担保的税款，由税务机关责令限期缴纳，逾期仍未缴纳的，经县以上税务局（分局）局长批准，税务机关可以书面通知其开户银行或者其他金融机构从其存款中扣缴税款；扣押、查封、拍卖其价值相当于应纳税款的商品、货物或者其他财产，以拍卖所得抵缴税款。税务机关采取强制执行措施时，对上述所列纳税人、扣缴义务人、纳税担保人未缴纳的滞纳金同时强制执行。

4. 税务行政处罚权。

（1）对违反税务管理行为的处罚。①纳税人未按照规定的期限申报办理税务登记、变更或者注销登记的；未按照规定设置、保管账簿或者保管记账凭证和有关资料的；未按照规定将财务、会计制度或者财务、会计处理办法报送税务机关备查的。由税务机关责令限期改正，逾期不改正的，可以处以二千元以下的罚款；情节严重的，处以二千元以上一万元以下的罚款。②扣缴义务人未按照规定设置、保管代扣代缴、代收代缴税款账簿或者保管代扣代缴、代收代缴税款记账凭证及有关资料的，由税务机关责令限期改正，逾期不改正的，可以处以二千元以下的罚款；情节严重的，处以二千元以上五千元以下的罚款。③纳税人未按照规定的期限办理纳税申报的，或者扣缴义务人未按照规定的期限向税务机关报送代扣代缴、代收代缴税款报表的，由税务机关责令限期改正，可以处二千元以下的罚款；逾期不改正的，可以处以二千元以上一万元以下的罚款。

（2）对违反发票管理行为的处罚。①违反发票管理法规的行为包括：未按照规定印制发票或者生产发票防伪专用品的；未按照规定领购发票的；未按照规定开具发票的；未按照规定取得发票的；未按照规定保管发票的；未按照规定接受税务机关检查的。对有以上所列行为之一的单位和个人，由税务机关责令限期改正，没收非法所得，可以并处一万元以下的罚款。有以上所列两种或者两种以上行为的，可以分别处罚。②非法携带、邮寄、运输或者存放空白发票的，由税务机关收缴发票，没收非法所得，可以并处一万元以下的罚款。③私自印制、伪造变造、倒买倒卖发票，私自制作发票监制章、发票防伪专用品的，由税务机关依法予以查封、扣押或者销毁，没收非法所得和作案工具，可以并处一万元以上五万元以下的罚款。（构成犯罪的，依法追究刑事责任）④违反发票管理法规，导致其他单位或个人未缴、少缴或者骗取税款的，由税务机关没收非法所得，可以并处未缴、少缴或者骗取的税款一倍以下的罚款。

（3）对偷税行为的处罚。纳税人采取伪造、变造、隐匿、擅自销毁账簿、记账凭证，在账簿上多列支出或者不列、少列收入，或者进行虚假的纳税申报的手段，不缴或者少缴应纳税款的，是偷税。偷税数额不满一万元或者偷税数额占应纳税额不到百分之十的，由税务机关追缴其偷税款，处以偷税数额五倍以下的罚款。扣缴义务人采取偷税手段，不缴或者少缴已扣、已收税款，数额不满一万元或者数额占应缴数额不到百分之十的，由税务机关追缴其不缴或者少缴的税款，处以不缴或者少缴的税款五倍以下的罚款。为纳税人、扣缴义务人非法提供银行账户、发票、证明或者其他方便，导致未缴、少缴税款的，税务机关除没收其非法所得外，并可处以未缴、少缴税款一倍以下的罚款。

（4）对抗税行为的处罚。以暴力、威胁方法拒不缴纳税款的，是抗税，情节轻微，未构成犯罪的，由税务机关追缴其拒缴的税款，处以拒缴税款五倍以下的罚款。

（5）对逃避追缴欠税行为处罚。纳税人欠缴应纳税款，采取转移或者隐匿财产的手段，致使税务机关无法追缴欠缴的税款，数额不满一万元的，由税务机关追缴欠缴税款，处以欠缴税款五倍以下的罚款。

（6）对税务代理人违法行为的处罚。税务代理人超越代理权限、违反税收法律、行政法规，造成纳税人未缴或者少缴税款的，除由纳税人缴纳或者补缴应纳税款、滞纳金外，对税务代理人处以二千元以下的罚款。

（二）税务机关的义务

1. 宣传、贯彻、执行税收法规，辅导纳税人依法纳税的义务。

税务部门作为重要的行政执法部门宣传、贯彻、执行国家税收法律、法规、规章和其他规定，辅导纳税人依法纳税是税务机关执法活动的组成部分，是其法定职责，也是其应尽的义务。

2. 为检举人保密的义务。

任何单位和个人都有权举报违反税收法律、行政法规的行为。税务机关应当为检举人保密，并按照规定给予奖励。

3. 为纳税人办理税务登记、发给税务登记证件的义务。

税务机关对纳税人填报的税务登记表、提供的证件和资料，税务机关应当自收到之日起三十日内审核完毕；符合规定的，予以登记，并发给税务登记证件。

4. 受理减、免、退税及延期缴纳税款申请的义务。

税务机关对纳税人提出的减免退税和延期缴纳税款申请，符合规定的，税务机关应依法给予减、免、退税，批准延期缴纳税款，但最长不得超过3个月。

5. 受理税务行政复议的义务。

对纳税人提出的税务行政复议申请，税务机关应在规定的时间内受理、审理并作出裁、决定。

6. 举行听证的义务。

纳税人对符合听证条件的税务行政处罚，要求听证的，税务机关必须依法组织听证，且不得向听证当事人收取或变相收取任何费用。

7. 受理行政赔偿申请的义务。

对纳税人提出的税务行政赔偿，税务机关应在规定的时间内作出决定。应予赔偿的，要在规定的时间全面予以赔偿。

8. 保护纳税人合法权益的义务。

税务人员必须秉公执法，忠于职守；不得索贿受贿、徇私舞弊、玩忽职守、不征或者少征应征税款；不得滥用职权多征税款或者故意刁难纳税人和扣缴义务人。法律、行政法规没有规定负有代扣、代缴税款义务的单位和个人，税务机关不得要求其履行代扣代缴税款义务。

9. 国家规定的其他义务。

附录2　增值税部分货物征税范围注释

国税发［1993］151号

一、粮食

粮食是各种主食食料的总称。本货物的范围包括小麦、稻谷、玉米、高粱、谷子、大豆和其他杂粮（如大麦、燕麦）及经加工的面粉、大米、玉米等。不包括粮食复制品（如挂面、切面、馄饨皮等）和各种熟食品和副食品。

二、食用植物油

植物油是从植物根、茎、叶、果实、花或胚芽组织中加工提取的油脂。

食用植物油仅指：芝麻油、花生油、豆油、菜籽油、米糠油、葵花籽油、棉籽油、玉米胚油、茶油、胡麻油，以及以上述油为原料生产的混合油。

三、自来水

自来水是指自来水公司及工矿企业经抽取、过滤、沉淀、消毒等工序加工后，通过供水系统向用户供应的水。

农业灌溉用水、引水工程输送的水等不属于本货物的范围。

四、暖气、热水

暖气、热水是指利用各种燃料（如煤、石油、其他各种气体或固体、液体燃料）和电能将水加热，使之生成的气体和热水，以及开发自然热能，如开发地热资源或用太阳能生产的暖气、热气、热水。

利用工业余热生产，回收的暖气、热气和热水也属于本货物的范围。

五、冷气

冷气是指为了调节室内温度，利用制冷设备生产的，并通过供风系统向用户提供的低温气体。

六、煤气

煤气是指由煤、焦炭、半焦和重油等经干馏或汽化等生产过程所得气体产物的总称。煤气的范围包括：

（一）焦炉煤气：是指煤在炼焦炉中进行干馏所产生的煤气。

（二）发生炉煤气：是指用空气（或氧气）和少量的蒸气将煤或焦炭、半焦，在煤气发生炉中进行汽化所产生的煤气、混合煤气、水煤气、单水煤气、双水煤气等。

（三）液化煤气：是指压缩成液体的煤气。

七、石油液化气

石油液化气是指由石油加工过程中所产生的低分子量的烃类炼厂气经压缩成的液体。主要成分是丙烷、丁烷、丁烯等。

八、天然气

天然气是蕴藏在地层内的碳氢化合物可燃气体。主要含有甲烷、乙烷等低分子烷烃和丙烷、丁烷、戊烷及其他重质气态类。

天然气包括气田天然气、油田天然气、煤矿天然气和其他天然气。

九、沼气

沼气主要成分为甲烷，由植物残体在与空气隔绝的条件下经自然分解而成，沼气主要作燃料。

本货物的范围包括：天然沼气和人工生产的沼气。

十、居民用煤炭制品

居民用煤炭制品是指煤球、煤饼、蜂窝煤和引火炭。

十一、图书、报纸、杂志

图书、报纸、杂志是采用印刷工艺，按照文字、图画和线条原稿印刷成的纸制品。本货物的范围包括：

（一）图书。是指由国家新闻出版署批准的出版单位出版，采用国际标准书号编序的书籍，以及图片。

（二）报纸。是指经国家新闻出版署批准，在各省、自治区、直辖市新闻出版部门登记，具有国内统一刊号（CN）的报纸。

（三）杂志。是指经国家新闻出版署批准，在省、自治区、直辖市新闻出版管理部门登记，具有国内统一刊号（CN）的刊物。

十二、饲料

饲料是指用于动物饲养的产品或其加工品。

本货物的范围包括：

（一）单一饲料：指作饲料用的某一种动物、植物、微生物产品或其加工品。

（二）混合饲料：指采用简单方法，将两种以上的单一饲料混合到一起的饲料。

（三）配合饲料：指根据不同的饲养对象，饲养对象的不同生长发育阶段对各种营养成分的不同需要量，采用科学的方法，将不同的饲料按一定的比例配合到一起，并均匀地搅拌，制成一定料型的饲料。

直接用于动物饲养的粮食、饲料添加剂不属于本货物的范围。

十三、化肥

化肥是指经化学和机械加工制成的各种化学肥料。

化肥的范围包括：

（一）化学氮肥。主要品种有尿素和硫酸铵、硝酸铵、碳酸氢铵、氯化铵、石灰氨、氨水等。

（二）磷肥。主要品种有磷矿粉、过磷酸钙（包括普通过磷酸钙和重过磷酸钙两种）、钙镁磷肥、钢渣磷肥等。

（三）钾肥。主要品种有硫酸钾、氯化钾等。

（四）复合肥料。是用化学方法合成或混配制成含有氮、磷、钾中的两种或两种以上的营养元素的肥料。含有两种的称二元复合肥，含有三种的称三元复合肥料，也有含三种元素和某些其他元素的叫多元复合肥料。主要产品有硝酸磷肥、磷酸铵、磷酸二氢钾肥、钙镁磷钾肥、磷酸一铵、磷粉二铵、氮磷钾复合肥等。

（五）微量元素肥。是指含有一种或多种植物生长所必需的，但需要量又极少的营养元素的肥料，如硼肥、锰肥、锌肥、铜肥、钼肥等。

（六）其他肥。是指上述列举以外的其他化学肥料。

十四、农药

农药是指用于农林业防治病虫害、除草及调节植物生长的药剂。

农药包括农药原药和农药制剂。如杀虫剂、杀菌剂、除草剂、植物生长调节剂、植物性农药、微生物农药、卫生用药、其他农药原药、制剂等等。

十五、农膜

农膜是指用于农业生产的各种地膜、大棚膜。

十六、农机

农机是指用于农业生产（包括林业、牧业、副业、渔业）的各种机器和机械化和半机械化农具，以及小农具。

农机的范围包括：

（一）拖拉机。是以内燃机为驱动牵引机具从事作业和运载物资的机械。包括轮拖拉机、履带拖拉机、手扶拖拉机、机耕船。

（二）土壤耕整机械。是对土壤进行耕翻整理的机械。包括机引犁、机引耙、旋耕机、镇压器、联合整地器、合壤器、其他土壤耕整机械。

（三）农田基本建设机械。是指从事农田基本建设的专用机械。包括开沟筑埂机、开沟铺管机、铲抛机、平地机、其他农田基本建设机械。

（四）种植机械。是指将农作物种子或秧苗移植到适于作物生长的苗床机械。包括播作机、水稻插秧机、栽植机、地膜覆盖机、复式播种机、秧苗准备机械。

（五）植物保护和管理机械。是指农作物在生长过程中的管理、施肥、防治病虫害的机械。包括机动喷粉机、喷雾机（器）、弥雾喷粉机、修剪机、中耕除草机、播种中耕机、培土机具、施肥机。

（六）收获机械。是指收获各种农作物的机械。包括粮谷、棉花、薯类、甜菜、甘蔗、茶叶、油料等收获机。

（七）场上作业机械。是指对粮食作物进行脱粒、清选、烘干的机械设备。包括各种脱粒机、清选机、粮谷干燥机、种子精选机。

（八）排灌机械。是指用于农牧业排水、灌溉的各种机械设备。包括喷灌机、半机械化提水机具、打井机。

（九）农副产品加工机械。是指对农副产品进行初加工，加工后的产品仍属农副产品的机械。包括茶叶机械、剥壳机械、棉花加工机械（包括棉花打包机）、食用菌机械（培养木耳、蘑菇等）、小型粮谷机械。

以农副产品为原料加工工业产品的机械，不属于本货物的范围。

（十）农业运输机械。是指农业生产过程中所需的各种运输机械。包括人力车（不包括三轮运货车）、畜力车和拖拉机挂车。

农用汽车不属于本货物的范围。

（十一）畜牧业机械。是指畜牧业生产中所需的各种机械。包括草原建设机械、牧业收获机械、饲料加工机械、畜禽饲养机械、畜产品采集机械。

（十二）渔业机械。是指捕捞、养殖水产品所用的机械。包括捕捞机械、增氧机、饵料机。

机动渔船不属于本货物的范围。

（十三）林业机械。是指用于林业的种植、育林的机械。包括清理机械、育林机械、树苗栽植机械。

森林砍伐机械、集材机械不属于本货物征收范围。

（十四）小农具。包括畜力犁、畜力耙、锄头和镰刀等农具。

农机零部件不属于本货物的征收范围。

附录3　增值税纳税申报相关表

增值税纳税申报表

（适用于增值税一般纳税人）

根据《中华人民共和国增值税暂行条例》第二十二条和第二十三条的规定制定本表。纳税人不论有无销售额，均应按主管税务机关核定的纳税期限按期填报本表，并于次月1日起10日内，向当地税务机关申报。

税款所属时间：自　年　月　日至　年　月　日		填表日期：　年　月　日			
纳税人识别号					
纳税人名称	（公章）	法定代表人姓名		注册地址	营业地址
开户银行及账号		企业登记注册类型		电话号码	

项目		栏次	一般货物及劳务		即征即退货物及劳务	
			本月数	本年累计	本月数	本年累计
销售额	（一）按适用税率征税货物及劳务销售额	1				
	其中：应税货物销售额	2				
	应税劳务销售额	3				
	纳税检查调整的销售额	4				
	（二）按简易征收办法征税货物销售额	5				
	其中：纳税检查调整的销售额	6				
	（三）免、抵、退办法出口货物销售额	7			—	—
	（四）免税货物及劳务销售额	8			—	—
	其中：免税货物销售额	9			—	—
	免税劳务销售额	10			—	—
税款计算	销项税额	11				
	进项税额	12				
	上期留抵税额	13		—		—
	进项税额转出	14				
	免抵退货物应退税额	15			—	—
	按适用税率计算的纳税检查应补缴税额	16			—	—
	应抵扣税额合计	17＝12＋13－14－15＋16		—		—
	实际抵扣税额	18（如17＜11，则为17，否则为11）				
	应纳税额	19＝11－18				
	期末留抵税额	20＝17－18		—		—
	简易征收办法计算的应纳税额	21				

续表

	项　目	栏　次	一般货物及劳务		即征即退货物及劳务	
			本月数	本年累计	本月数	本年累计
税款缴纳	按简易征收办法计算的纳税检查应补缴税额	22			—	—
	应纳税额减征额	23				
	应纳税额合计	24 = 19 + 21 − 23				
	期初未缴税额（多缴为负数）	25				
	实收出口开具专用缴款书退税额	26			—	—
	本期已缴税额	27 = 28 + 29 + 30 + 31				
	①分次预缴税额	28		—		—
	②出口开具专用缴款书预缴税额	29		—	—	—
	③本期缴纳上期应纳税额	30				
	④本期缴纳欠缴税额	31				
	期末未缴税额（多缴为负数）	32 = 24 + 25 + 26 − 27				
	其中：欠缴税额（≥0）	33 = 25 + 26 − 27		—		—
	本期应补（退）税额	34 = 24 − 28 − 29		—		—
	即征即退实际退税额	35	—	—		
	期初未缴查补税额	36			—	—
	本期入库查补税额	37			—	—
	期末未缴查补税额	38 = 16 + 22 + 36 − 37			—	—

授权声明	如果你已委托代理人申报，请填写下列资料： 为代理一切税务事宜，现授权（地址） 为本纳税人的代理申报人，任何与本申报表有关的往来文件，都可寄予此人。 授权人签字：	申报人声明	此纳税申报表是根据《中华人民共和国增值税暂行条例》的规定填报的，我相信它是真实的、可靠的、完整的。 声明人签字：

以下由税务机关填写：

收到日期：　　　　　　　　　　　　　　接收人：

增值税纳税申报表附列资料（表一）

（本期销售情况明细）

税款所属时间：　年　月

纳税人名称：（公章）　　填表日期：　年　月　日　　金额单位：元

一、按适用税率征收增值税货物及劳务的销售额和销项税额明细

项　目	栏　次	应税货物						应税劳务			小　计		
		17%税率			13%税率								
		份数	销售额	销项税额	份数	销售额	销项税额	份数	销售额	销项税额	份数	销售额	销项税额
防伪税控系统开具的增值税专用发票	1												
非防伪税控系统开具的增值税专用发票	2												
开具普通发票	3												
未开具发票	4	—			—			—			—		
小　计	5 = 1 + 2 + 3 + 4	—			—			—			—		
纳税检查调整	6	—			—			—			—		
合　计	7 = 5 + 6	—			—			—			—		

二、简易征收办法征收增值税货物的销售额和应纳税额明细

项　目	栏　次	6%征收率			4%征收率			小　计		
		份数	销售额	应纳税额	份数	销售额	应纳税额	份数	销售额	应纳税额
防伪税控系统开具的增值税专用发票	8									
非防伪税控系统开具的增值税专用发票	9									
开具普通发票	10									
未开具发票	11	—			—			—		
小　计	12 = 8 + 9 + 10 + 11	—			—			—		
纳税检查调整	13	—			—			—		
合　计	14 = 12 + 13	—			—			—		

续表

三、免征增值税货物及劳务销售额明细										
项 目	栏 次	免税货物			免税劳务			小 计		
		份数	销售额	税额	份数	销售额	税额	份数	销售额	税额
防伪税控系统开具的增值税专用发票	15				—	—	—			
开具普通发票	16			—			—			—
未开具发票	17	—		—	—		—	—		—
合 计	18 = 15 + 16 + 17	—			—		—	—		

增值税纳税申报表附列资料（表二）

（本期进项税额明细）

税款所属时间： 年 月

纳税人名称：(公章) 填表日期： 年 月 日 金额单位：元

一、申报抵扣的进项税额				
项 目	栏 次	份数	金额	税额
(一) 认证相符的防伪税控增值税专用发票	1 = 2 + 3			
其中：本期认证相符且本期申报抵扣	2 = 35 − 24			
前期认证相符且本期申报抵扣	3 = 23 + 24 − 25			
(二) 非防伪税控增值税专用发票及其他扣税凭证	4 = 5 + 6 + 7 + 8 + 9 + 10			
其中：17% 税率	5			
13% 税率或扣除率	6			
10% 扣除率	7			
7% 扣除率	8			
6% 征收率	9			
4% 征收率	10			
(三) 期初已征税款	11	—	—	
当期申报抵扣进项税额合计	12 = 1 + 4 + 11			
二、进项税额转出额				
项 目	栏 次	份数	金额	税额
本期进项税转出额	13 = 14 + 15 + 16 + 17 + 18 + 19 + 20 + 21			
其中：免税货物用	14			
非应税项目用	15			
非正常损失	16			

续表

项　目	栏　次	份数	金额	税额
按简易征收办法征税货物用	17			
免抵退税办法出口货物不得抵扣进项税额	18			
纳税检查调减进项税额	19			
未经认证已抵扣的进项税额	20			
	21			
三、待抵扣进项税额				
项　目	栏　次	份数	金额	税额
（一）认证相符的防伪税控增值税专用发票	22	—	—	—
期初已认证相符但未申报抵扣	23			
本期认证相符且本期未申报抵扣	24			
期末已认证相符但未申报抵扣	25			
其中：按照税法规定不允许抵扣	26			
（二）非防伪税控增值税专用发票及其他扣税凭证	27 = 28 + 29 + 30 + 31 + 32 + 33 + 34			
其中：17% 税率	28			
13% 税率及扣除率	29			
10% 扣除率	30			
7% 扣除率	31			
6% 征收率	32			
4% 征收率	33			
	34			
四、其他				
项　目	栏　次	份数	金额	税额
本期认证相符的全部防伪税控增值税专用发票	35			
期初已征税款挂账额	36	—	—	
期初已征税款余额	37	—	—	
代扣代缴税额	38	—	—	

固定资产进项税额抵扣情况表

纳税人识别号：

纳税人名称：（公章）

填表日期： 年 月 日 金额单位：元

项目	当期申报抵扣的固定资产进项税额	当期申报抵扣的固定资产进项税额累计
增值税专用发票		
海关进口增值税专用缴款书		
合 计		

注：本表一式二份，一份纳税人留存，一份主管税务机关留存

增值税纳税申报表

（适用小规模纳税人）

纳税人识别号：

纳税人名称（公章）： 金额单位：元（列至角分）

税款所属期： 年 月 日至 年 月 日 填表日期： 年 月 日

	项 目	栏次	本月数	本年累计
一、计税依据	应征增值税货物及劳务不含税销售额	1		
	其中：税务机关代开的增值税专用发不含税销售额	2		
	税控器具开具的普通发票不含税销售额	3		
	销售使用过的应税固定资产不含税销售额	4		
	其中：税控器具开具的普通发票不含税销售额	5		
	（三）免税货物及劳务销售额	6		
	其中：税控器具开具的普通发票销售额	7		
	（四）出口免税货物销售额	8		
	其中：税控器具开具的普通发票销售额	9		
二、税款计算	本期应纳税额	10		
	本期应纳税额减征额	11		
	应纳税额合计	12 = 10 - 11		
	本期预缴税额	13		—
	本期应补（退）税额	14 = 12 - 13		—

续表

纳税人或代理人声明： 此纳税申报表是根据国家税收法律的规定填报的，我确定它是真实的、可靠的、完整的。	如纳税人填报，由纳税人填写以下各栏： 办税人员（签章）： 财务负责人（签章）： 法定代表人（签章）： 联系电话： 如委托代理人填报，由代理人填写以下各栏： 代理人名称： 经办人（签章）： 联系电话： 代理人（公章）：

受理人： 受理日期： 年 月 日 受理税务机关（签章）：

本表为 A3 竖式一式三份，一份纳税人留存，一份主管税务机关留存、一份征收部门留存

附录4 消费税新增和调整税目征收范围注释

一、高尔夫球及球具

高尔夫球及球具是指从事高尔夫球运动所需的各种专用装备，包括高尔夫球、高尔夫球杆及高尔夫球包（袋）等。

高尔夫球是指重量不超过45.93克、直径不超过42.67毫米的高尔夫球运动比赛、练习用球；高尔夫球杆是指被设计用来打高尔夫球的工具，由杆头、杆身和握把三部分组成；高尔夫球包（袋）是指专用于盛装高尔夫球及球杆的包（袋）。

本税目征收范围包括高尔夫球、高尔夫球杆、高尔夫球包（袋）。高尔夫球杆的杆头、杆身和握把属于本税目的征收范围。

二、高档手表

高档手表是指销售价格（不含增值税）每只在10 000元（含）以上的各类手表。

本税目征收范围包括符合以上标准的各类手表。

三、游艇

游艇是指长度大于8米小于90米，船体由玻璃钢、钢、铝合金、塑料等多种材料制作，可以在水上移动的水上浮载体。按照动力划分，游艇分为无动力艇、帆艇和机动艇。

本税目征收范围包括艇身长度大于8米（含）小于90米（含），内置发动机，可以在水上移动，一般为私人或团体购置，主要用于水上运动和休闲娱乐等非牟利活动的各类机动艇。

四、木制一次性筷子

木制一次性筷子，又称卫生筷子，是指以木材为原料经过锯段、浸泡、旋切、刨切、烘干、筛选、打磨、倒角、包装等环节加工而成的各类一次性使用的筷子。

本税目征收范围包括各种规格的木制一次性筷子。未经打磨、倒角的木制一次性筷子属于本税目征税范围。

五、实木地板

实木地板是指以木材为原料，经锯割、干燥、刨光、截断、开榫、涂漆等工序加工而成的块状或条状的地面装饰材料。实木地板按生产工艺不同，可分为独板（块）实木地板、实木指接地板、实木复合地板三类；按表面处理状态不同，可分为未涂饰地板（白坯板、素板）和漆饰地板两类。

本税目征收范围包括各类规格的实木地板、实木指接地板、实木复合地板及用于装饰墙壁、天棚的侧端面为榫、槽的实木装饰板。未经涂饰的素板属于本税目征税范围。

六、成品油

本税目包括汽油、柴油、石脑油、溶剂油、航空煤油、润滑油、燃料油七个子目。

汽油、柴油的征收范围仍按原规定执行。

（一）石脑油。

石脑油又叫轻汽油、化工轻油。是以石油加工生产的或二次加工汽油经加氢精制而得的用于化工原料的轻质油。

石脑油的征收范围包括除汽油、柴油、煤油、溶剂油以外的各种轻质油。

（二）溶剂油。

溶剂油是以石油加工生产的用于涂料和油漆生产、食用油加工、印刷油墨、皮革、农药、橡胶、化妆品生产的轻质油。

溶剂油的征收范围包括各种溶剂油。

（三）航空煤油。

航空煤油也叫喷气燃料，是以石油加工生产的用于喷气发动机和喷气推进系统中作为能源的石油燃料。

航空煤油的征收范围包括各种航空煤油。

（四）润滑油。

润滑油是用于内燃机、机械加工过程的润滑产品。润滑油分为矿物性润滑油、植物性润滑油、动物性润滑油和化工原料合成润滑油。

润滑油的征收范围包括以石油为原料加工的矿物性润滑油，矿物性润滑油基础油。植物性润滑油、动物性润滑油和化工原料合成润滑油不属于润滑油的征收范围。

（五）燃料油。

燃料油也称重油、渣油。

燃料油征收范围包括用于电厂发电、船舶锅炉燃料、加热炉燃料、冶金和其他工业炉燃料的各类燃料油。

七、小汽车

汽车是指由动力驱动，具有四个或四个以上车轮的非轨道承载的车辆。

本税目征收范围包括含驾驶员座位在内最多不超过9个座位（含）的，在设计和技术特性上用于载运乘客和货物的各类乘用车和含驾驶员座位在内的座位数在10～23座（含23座）的在设计和技术特性上用于载运乘客和货物的各类中轻型商用客车。

用排气量小于1.5升（含）的乘用车底盘（车架）改装、改制的车辆属于乘用车征收范围。用排气量大于1.5升的乘用车底盘（车架）或用中轻型商用客车底盘（车架）改装、改制的车辆属于中轻型商用客车征收范围。

含驾驶员人数（额定载客）为区间值的（如8～10人；17～26人）小汽车，按其区间值下限人数确定征收范围。

电动汽车不属于本税目征收范围。

八、化妆品

本税目征收范围包括各类美容、修饰类化妆品、高档护肤类化妆品和成套化妆品。

美容、修饰类化妆品是指香水、香水精、香粉、口红、指甲油、胭脂、眉笔、唇笔、蓝眼油、眼睫毛以及成套化妆品。

舞台、戏剧、影视演员化妆用的上妆油、卸装油、油彩，不属于本税目的征收范围。

附录5　进口环节消费税应税商品税目税率表

标记	税则号列	商品名称	税　率	备　注
	21069020	制造饮料用的复合酒精制品	5%	
		麦芽酿造的啤酒，进口完税价格 ≥ 370 美元/吨	250 元/吨	1 千克 = 0.988 升
	22030000	麦芽酿造的啤酒，进口完税价格 < 370 美元/吨	220 元/吨	
	22041000	葡萄汽酒	10%	
	22042100	小包装的鲜葡萄酿造的酒	10%	
	22042900	其他包装的鲜葡萄酿造的酒	10%	
	22043000	其他酿酒葡萄汁	10%	
	22051000	小包装的味美思酒及类似酒	10%	
	22059000	其他包装的味美思酒及类似酒	10%	
		黄酒	240 元/吨	1 千克 = 0.962 升
	22060000	其他发酵饮料	10%	
	22071000	浓度在 80% 及以上的未改性乙醇	5%	
	22072000	任何浓度的改性乙醇及其他酒精	5%	
	22082000	蒸馏葡萄酒制得的烈性酒	20% +1 元/公斤	1 升 = 0.912 千克
	22083000	威士忌酒	20% +1 元/公斤	
	22084000	朗姆酒及其他甘蔗蒸馏酒	20% +1 元/公斤	
	22085000	杜松子酒	20% +1 元/公斤	
	22086000	伏特加酒	20% +1 元/公斤	
	22087000	利口酒及柯迪尔酒	20% +1 元/公斤	
	22089010	龙舌兰酒	20% +1 元/公斤	
		酒精浓度在 80% 以下的未改性乙醇	5%	
	22089090	薯类蒸馏酒	20% +1 元/公斤	1 升 = 0.912 千克
		其他蒸馏酒及酒精饮料	20% +1 元/公斤	
	24021000	烟草制的雪茄烟	40%	
		烟草制的卷烟，每标准条进口完税价格 ≥ 50 元人民币	45% + 150 元/标准箱	1 标准条 = 200 支；1 标准箱 = 5 万支
	24022000	烟草制的卷烟，每标准条进口完税价格 < 50 元人民币	30% + 150 元/标准箱	
		烟草代用品制的卷烟，每标准条进口完税价格 ≥ 50 元人民币	45% + 150 元/标准箱	
	24029000	烟草代用品制的卷烟，每标准条进口完税价格 < 50 元人民币	30% + 150 元/标准箱	

续表

标记	税则号列	商品名称	税 率	备 注
		烟草代用品制的雪茄烟	40%	
	24031000	供吸用的烟草	30%	
	24039100	“均化”或“再造”烟草	30%	
ex	24039900	其他烟草及烟草代用品的制品（烟草精汁除外）	30%	
	27101110	车用汽油及航空汽油	0.2 元/升	1 千克 =1.388 升
	27101921	轻柴油	0.1 元/升	1 千克 =1.176 升
	27101911	航空煤油	0.1 元/升，暂缓征收	1 千克 =1.246 升
	27101120	石脑油	0.2 元/升，减按 0.06 元/升征收	1 千克 =1.385 升
	27101130	橡胶溶剂油、油漆溶剂油、抽提溶剂油	0.2 元/升，减按 0.06 元/升征收	1 千克 =1.282 升
	27101991	润滑油	0.2 元/升，减按 0.06 元/升征收	1 千克 =1.126 升
	27101922	5 –7 号燃料油	0.1 元/升，减按 0.03 元/升征收	1 千克 =1.015 升
ex	27101929	其他燃料油（蜡油除外）	0.1 元/升，减按 0.03 元/升征收	蜡油：350℃以下馏出物体积百分比小于 20%，550℃以下馏出物体积百分比大于 80%
ex	33021090	生产食品、饮料用混合香料及制品，按容量计酒精浓度在 0.5% 以上	5%	
	33030000	香水及花露水	30%	
	33041000	唇用化妆品	30%	
	33042000	眼用化妆品	30%	
	33043000	指（趾）甲化妆品	30%	
	33049100	香粉，不论是否压紧	30%	
ex	33049900	其他美容化妆品（护肤品除外）	30%	
	36041000	烟花，爆竹	15%	

续表

标记	税则号列	商品名称	税 率	备 注
	40111000	机动小客车用新的充气子午线轮胎	0	子午线轮胎是指在轮胎结构中，胎体帘子线按子午线方向排列，并有钢丝帘线排列几乎接近圆周方向的带束层束紧胎体的轮胎
		机动小客车用新充气非子午线轮胎	3%	
	40112000	客或货运车用新的充气子午线轮胎	0	
		客或货车用新的充气非子午线轮胎	3%	
	40114000	摩托车用新的充气橡胶轮胎	3%	
	40116100	其他人字形胎面子午线轮胎	0	
		其他人字形胎面非子午线轮胎	3%	
	40116200	其他人字形胎面子午线轮胎	0	
		其他人字形胎面非子午线轮胎	3%	
		其他人字形胎面子午线轮胎	0	
	40116300	其他人字形胎面非子午线轮胎	3%	
		其他人字形胎面子午线轮胎	0	
	40116900	其他人字形胎面非子午线轮胎	3%	
		其他新的充气橡胶子午线轮胎	0	
	40119200	其他新的充气橡胶非子午线轮胎	3%	
		其他新的充气橡胶子午线轮胎	0	
	40119300	其他新的充气橡胶非子午线轮胎	3%	
		其他新的充气橡胶子午线轮胎	0	
	40119400	其他新的充气橡胶非子午线轮胎	3%	
		其他新的充气橡胶子午线轮胎	0	
	40119900	其他新的充气橡胶非子午线轮胎	3%	
		汽车用旧的充气橡胶子午线轮胎	0	
	40122010	汽车用旧的充气橡胶非子午线轮胎	3%	
		其他用途旧的充气橡胶子午线轮胎	0	
	40122090	其他用旧的充气橡胶非子午线轮胎	3%	
		汽车用实心或半实心子午线轮胎	0	
	40129020	汽车用实心或半实心非子午线轮胎	3%	
		其他用实心或半实心子午线轮胎	0	
	40129090	其他用实心或半实心非子午线轮胎	3%	
	40131000	汽车轮胎用橡胶内胎	3%	
	40139090	其他橡胶内胎	3%	
	44091010	针叶木地板条（块）	5%	
	44092019	非针叶木地板条（块）	5%	
	44190031	木制一次性筷子	5%	
	71011011	未分级的天然黑珍珠	10%	
	71011019	其他未分级的天然珍珠	10%	
	71011091	其他天然黑珍珠	10%	

续表

标记	税则号列	商品名称	税 率	备 注
	71011099	其他天然珍珠	10%	
	71012110	未分级，未加工的养殖珍珠	10%	
	71012190	其他未加工的养殖珍珠	10%	
	71012210	未分级，已加工的养殖珍珠	10%	
	71012290	其他已加工的养殖珍珠	10%	
	71031000	未加工宝石或半宝石	10%	
	71039100	经其他加工的红，蓝，绿宝石	10%	
	71039910	经其他加工的翡翠	10%	
	71039990	经其他加工的其他宝石或半宝石	10%	
	71042090	未加工合成或再造其他宝石半宝石	10%	
	71049019	其他工业用合成或再造宝石半宝石	10%	
	71049099	其他非工业用合成宝石或半宝石	10%	
	71059000	其他天然或合成宝石或半宝石粉末	10%	
	71132090	其他贱金属为底的包贵金属制首饰	10%	
	71161000	天然或养殖珍珠制品	10%	
	71162000	宝石或半宝石制品	10%	
ex	87021092	20≤座≤23 柴油客车	5%	
	87021093	10≤座≤19 柴油客车	5%	
ex	87029020	20≤座≤23 非柴油客车	5%	
	87029030	10≤座≤19 非柴油客车	5%	
	87032130	排气量≤1 升的小轿车	3%	
	87032190	排气量≤1 升的其他车辆	3%	
	87032230	1 升＜排气量≤1.5 升的小轿车	3%	
	87032240	1 升＜排气量≤1.5 升的越野车	3%	
	87032250	1 升＜排气量≤1.5 升，≤9 座的小客车	3%	
	87032290	1 升＜排气量≤1.5 升的其他载人车辆	3%	
		1.5 升＜排气量≤2 升的小轿车	5%	
	87032314	2 升＜排气量≤2.5 升的小轿车	9%	
		1.5 升＜排气量≤2 升的越野车	5%	

续表

标记	税则号列	商品名称	税 率	备 注
	87032315	2 升 < 排气量≤2.5 升的越野车	9%	
		1.5 升 < 排气量≤2 升，≤9 座的小客车	5%	
	87032316	2 升 < 排气量≤2.5 升≤9 座的小客车	9%	
		1.5 升 < 排气量≤2 升的其他载人车辆	5%	
	87032319	2 升 < 排气量≤2.5 升的其他载人车辆	9%	
	87032334	2.5 升 < 排气量≤3 升的小轿车	12%	
	87032335	2.5 升 < 排气量≤3 升的越野车	12%	
	87032336	2.5 升 < 排气量≤3 升，≤9 座的小客车	12%	
	87032339	2.5 升 < 排气量≤3 升的其他载人车辆	12%	
		3 升 < 排气量≤4 升的小轿车	15%	
	87032430	4 升 < 排气量的小轿车	20%	
		3 升 < 排气量≤4 升的越野车	15%	
	87032440	4 升 < 排气量的越野车	20%	
		3 升 < 排气量≤4 升，≤9 座的小客车	15%	
	87032450	4 升 < 排气量，≤9 座的小客车	20%	
	87032490	3 升 < 排气量≤4 升的其他载人车辆	15%	
		4 升 < 排气量的其他载人车辆	20%	
	87033130	排气量≤1.5 升的小轿车	3%	
	87033140	排气量≤1.5 升的越野车	3%	
	87033150	排气量≤1.5 升，≤9 座的小客车	3%	
	87033190	排气量≤1.5 升的其他载人车辆	3%	
		1.5 升 < 排气量≤2 升的小轿车	5%	
	87033230	2 升 < 排气量≤2.5 升的小轿车	9%	
		1.5 升 < 排气量≤2 升的越野车	5%	
	87033240	2 升 < 排气量≤2.5 升的越野车	9%	
		1.5 升 < 排气量≤2 升，≤9 座的小客车	5%	
	87033250	2 升 < 排气量≤2.5 升，≤9 座的小客车	9%	

续表

标记	税则号列	商品名称	税 率	备 注
		1.5升<排气量≤2升的其他载人车辆	5%	
	87033290	2升<排气量≤2.5升的其他载人车辆	9%	
		2.5升<排气量≤3升的小轿车	12%	
	87033330	3升<排气量≤4升的小轿车	15%	
		4升<排气量的小轿车	20%	
		2.5升<排气量≤3升的越野车	12%	
	87033340	3升<排气量≤4升的越野车	15%	
		4升<排气量的越野车	20%	
		2.5升<排气量≤3升，≤9座的小客车	12%	
	87033350	3升<排气量≤4升，≤9座的小客车	15%	
		4升<排气量，≤9座的小客车	20%	
		2.5升<排气量≤3升的其他载人车辆	12%	
	87033390	3升<排气量≤4升的其他载人车辆	15%	
		4升<排气量的其他载人车辆	20%	
		其他型排气量≤1.5升的其他载人车辆	3%	
		其他型1.5升<排气量≤2升的其他载人车辆	5%	
		其他型2升<排气量≤2.5升的其他载人车辆	9%	
	87039000	其他型2.5升<排气量≤3升的其他载人车辆	12%	
		其他型3升<排气量≤4升的其他载人车辆	15%	
		其他型4升<排气量的其他载人车辆	20%	
		电动汽车和其他无法区分排气量的载人车辆	0	
	87111000	排气量≤50毫升摩托车及脚踏两用车	3%	
	87112010	50毫升<排气量≤100毫升摩托车及脚踏两用车	3%	

续表

标记	税则号列	商品名称	税 率	备 注
	87112020	100 毫升＜排气量≤125 毫升摩托车及脚踏两用车	3%	
	87112030	125 毫升＜排气量≤150 毫升摩托车及脚踏两用车	3%	
	87112040	150 毫升＜排气量≤200 毫升摩托车及脚踏两用车	3%	
	87112050	200 毫升＜排气量≤250 毫升摩托车及脚踏两用车	3%	
	87113010	250 毫升＜排气量≤400 毫升摩托车及脚踏两用车	10%	
	87113020	400 毫升＜排气量≤500 毫升摩托车及脚踏两用车	10%	
	87114000	500 毫升＜排气量≤800 毫升摩托车及脚踏两用车	10%	
	87115000	排气量＞800 毫升摩托车及脚踏两用车	10%	
	87119010	电动摩托车及脚踏两用车	0	
		排气量≤250 毫升摩托车及脚踏两用车	3%	
		排气量＞250 毫升摩托车及脚踏两用车	10%	
	87119090	其他无法区分排气量的摩托车及脚踏两用车	3%	
ex	89039100	机动帆船	10%	长度大于 8 米小于 90 米
ex	89039200	汽艇	10%	
ex	89039900	娱乐或运动用其他机动船舶或快艇	10%	
ex	91011100	机械指示式的贵金属电子手表，进口完税价格≥10 000 元人民币/块	20%	
ex	91011200	光电显示式的贵金属电子手表，进口完税价格≥10 000 元人民币/块	20%	
ex	91011900	其他贵金属电子手表，进口完税价格≥10 000 元人民币/块	20%	
ex	91012100	自动上弦的贵金属机械手表，进口完税价格≥10 000 元人民币/块	20%	
ex	91012900	非自动上弦贵金属机械手表，进口完税价格≥10 000 元人民币/块	20%	

续表

标记	税则号列	商品名称	税　率	备　注
ex	91021100	机械指示式的其他电子手表，进口完税价格≥10 000 元人民币/块	20%	
ex	91021200	光电显示式的其他电子手表，进口－完税价格≥10 000 元人民币/块	20%	
ex	91021900	其他电子手表，进口完税价格≥10 000 元人民币/块	20%	
ex	91022100	其他自动上弦的机械手表，进口完税价格≥10 000 元人民币/块	20%	
ex	91022900	其他非自动上弦的机械手表，进口完税价格≥10 000 元人民币/块	20%	
	95063100	全套高尔夫球棍	10%	
	95063200	高尔夫球	10%	

注："ex"标识表示非全税目商品。

附录 6　消费税纳税申报相关表

烟类应税消费品消费税纳税申请表

税款所属时期：　　年　月　日至　　年　月　日　　　　填表日期：　　年　月　日

纳税人名称（公章）：

纳税人识别号：| | | | | | | | | | | | | | |

填表日期：　年　月　日　　　　单位：卷烟万支、雪茄烟支、烟丝千克；金额单位：元

<table>
<tr><th rowspan="2">项目
应税消费品名称</th><th colspan="2">适用税率</th><th rowspan="2">销售数量</th><th rowspan="2">销售额</th><th rowspan="2">应纳税额</th></tr>
<tr><th>定额税率</th><th>比例税率</th></tr>
<tr><td>卷烟</td><td>30 元/万支</td><td>45%</td><td></td><td></td><td></td></tr>
<tr><td>卷烟</td><td>30 元/万支</td><td>30%</td><td></td><td></td><td></td></tr>
<tr><td>雪茄烟</td><td>——</td><td>25%</td><td></td><td></td><td></td></tr>
<tr><td>烟丝</td><td>——</td><td>30%</td><td></td><td></td><td></td></tr>
<tr><td>合计</td><td>——</td><td>——</td><td>——</td><td>——</td><td></td></tr>
<tr><td colspan="5"></td><td rowspan="5">声明
此纳税申报表是根据国家税收法律的规定填报的，我确定它是真实的、可靠的、完整的。
经办人（签章）：
财务负责人（签章）：
联系电话：</td></tr>
<tr><td colspan="5">本期准予扣除税额：</td></tr>
<tr><td colspan="5">本期减（免）税额：</td></tr>
<tr><td colspan="5">期初未缴税额：</td></tr>
<tr><td colspan="5">本期缴纳前期应纳税额：</td></tr>
<tr><td colspan="5">本期预缴税额：</td><td rowspan="3">（如果你已委托代理人申报，请填写）
授权声明
为代理一切税务事宜，现授权________________（地址）________ 为本纳税人的代理申报人，任何与本申报表有关的往来文件，都可寄予此人。
授权人签章：</td></tr>
<tr><td colspan="5">本期应补（退）税额：</td></tr>
<tr><td colspan="5">期末未缴税额：</td></tr>
</table>

以下由税务机关填写

受理人（签章）：　　　　受理日期：　　年　月　日　　　　受理税务机关（章）：

本期准予扣除税额计算表

税款所属时期： 年 月 日至 年 月 日 填表日期： 年 月 日

纳税人名称（公章）：

纳税人识别号：□□□□□□□□□□□□□□

填表日期： 年 月 日 金额单位：元（列至角分）

一、当期准予扣除的委托加工烟丝已纳税款计算
1. 期初库存委托加工烟丝已纳税款：
2. 当期收回委托加工烟丝已纳税款：
3. 期末库存委托加工烟丝已纳税款：
4. 当期准予扣除的委托加工烟丝已纳税款：
二、当期准予扣除的外购烟丝已纳税款计算
1. 期初库存外购烟丝买价：
2. 当期购进烟丝买价：
3. 期末库存外购烟丝买价：
4. 当期准予扣除的外购烟丝已纳税款：
三、本期准予扣除税款合计：

本期代收代缴税额计算表

税款所属时期： 年 月 日至 年 月 日

纳税人名称（公章）：

纳税人识别号：□□□□□□□□□□□□□□

填表日期： 年 月 日 金额单位：元（列至角分）

项目＼应税消费品名称		卷烟	卷烟	雪茄烟	烟丝	合计
适用税率	定额税率	30 元/万支	30 元/万支	——	——	——
	比例税率	45%	30%	25%	30%	——
受托加工数量						——
同类产品销售价格						——

续表

项目＼应税消费品名称	卷烟	卷烟	雪茄烟	烟丝	合计
材料成本					——
加工费					——
组成计税价格					
本期代收代缴税款					

卷烟销售明细表

所属时期：　　年　月　日至　　年　月　日

纳税人名称（公章）：

纳税人识别号：□□□□□□□□□□□□□□□

填表日期：　　年　月　日　　　　　　　　　　　　单位：万支、元、元/条（200 支）

卷烟牌号	烟支包装规格	产量	销量	消费税计税价格	销售额	备注
合计	——			——	——	——

酒及酒精消费税纳税申报表

税款所属时期：　　年　月　日至　　年　月　日

纳税人名称（公章）：

纳税人识别号：

填表日期：　年　月　日　　　　　　　　　　　　　　　金额单位：元

应税消费品名称＼项目	适用税率		销售数量	销售额	应纳税额
	定额税率	比例税率			
粮食白酒	0.5元/斤	20%			
薯类白酒	0.5元/斤	20%			
啤酒	250元/吨	——			
啤酒	220元/吨	——			
黄酒	240元/吨	——			
其他酒	——	10%			
酒精	——	5%			
合计	——	——	——	——	——

	声明
本期准予抵减税额：	此纳税申报表是根据国家税收法律的规定填报的，我确定它是真实的、可靠的、完整的。
本期减（免）税额：	经办人（签章）： 财务负责人（签章）： 联系电话：
期初未缴税额：	
本期缴纳前期应纳税额：	（如果你已委托代理人申报，请填写） **授权声明** 为代理一切税务事宜，现授权＿＿＿＿＿＿（地址）＿＿＿＿＿＿为本纳税人的代理申报人，任何与本申报表有关的往来文件，都可寄予此人。 授权人签章：
本期预缴税额：	
本期应补（退）税额：	
期末未缴税额：	

以下由税务机关填写

受理人（签章）：　　　受理日期：　　年　月　日　　　受理税务机关（章）：

本期准予抵减税额计算表

税款所属时期：　　年　月　日至　　年　月　日

纳税人名称（公章）：

纳税人识别号：□□□□□□□□□□□□□□□

填表日期：　年　月　日　　　　　　　　　　　　　　　　　　　　金额单位：元

<table>
<tr><td colspan="6">一、当期准予抵减的外购啤酒液已纳税款计算</td></tr>
<tr><td colspan="6">1. 期初库存外购啤酒液数量：</td></tr>
<tr><td colspan="6">2. 当期购进啤酒液数量：</td></tr>
<tr><td colspan="6">3. 期末库存外购啤酒液数量：</td></tr>
<tr><td colspan="6">4. 当期准予抵减的外购啤酒液已纳税款：</td></tr>
<tr><td colspan="6">二、当期准予抵减的进口葡萄酒已纳税款：</td></tr>
<tr><td colspan="6">三、本期准予抵减税款合计：</td></tr>
<tr><td colspan="6">附：准予抵减消费税凭证明细</td></tr>
<tr><td rowspan="7">啤酒
（增值税专用发票）</td><td>号码</td><td>开票日期</td><td>数量</td><td>单价</td><td>定额税率
（元/吨）</td></tr>
<tr><td></td><td></td><td></td><td></td><td></td></tr>
<tr><td></td><td></td><td></td><td></td><td></td></tr>
<tr><td></td><td></td><td></td><td></td><td></td></tr>
<tr><td></td><td></td><td></td><td></td><td></td></tr>
<tr><td></td><td></td><td></td><td></td><td></td></tr>
<tr><td>合计</td><td>——</td><td></td><td>——</td><td>——</td></tr>
<tr><td rowspan="7">葡萄酒
（海关进口消费税专用缴款书）</td><td>号码</td><td>开票日期</td><td>数量</td><td>完税价格</td><td>税款金额</td></tr>
<tr><td></td><td></td><td></td><td></td><td></td></tr>
<tr><td></td><td></td><td></td><td></td><td></td></tr>
<tr><td></td><td></td><td></td><td></td><td></td></tr>
<tr><td></td><td></td><td></td><td></td><td></td></tr>
<tr><td></td><td></td><td></td><td></td><td></td></tr>
<tr><td>合计</td><td>——</td><td></td><td></td><td></td></tr>
</table>

本期代收缴税额计算表

税款所属时期：　　年　月　日至　　年　月　日

纳税人名称（公章）：

纳税人识别号：□□□□□□□□□□□□□□

填表日期：　年　月　日　　　　　　　　　　　　金额单位：元（列至角分）

项目 \ 应税消费品名称		粮食白酒	薯类白酒	啤酒	啤酒	黄酒	其他酒	酒精	合计
适用税率	定额税率	0.5 元/斤	0.5 元/斤	250 元/吨	220 元/吨	240 元/吨	——	——	——
	比例税率	20%	20%	——	——	——	10%	5%	——
受托加工数量									——
同类产品销售价格						——			——
材料成本						——			——
加工费						——			——
组成计税价格						——			——
本期代收代缴税款									

生产经营情况表

税款所属时期：　　年　月　日至　　年　月　日

纳税人名称（公章）：

纳税人识别号：□□□□□□□□□□□□□□

填表日期：　　年　月　日　　　　　　　　　　　　金额单位：元（列至角分）

项目 \ 应税消费品名称	粮食白酒	薯类白酒	啤酒（适用税率 250 元/吨）	啤酒（适用税率 220 元/吨）	黄酒	其他酒	酒精
生产数量							
销售数量							
委托加工收回酒及酒精直接销售数量							
委托加工收回酒及酒精直接销售额							
出口免税销售数量							
出口免税销售额							

成品油消费税纳税申报表

税款所属时期： 年 月 日至 年 月 日

纳税人名称（公章）：

纳税人识别号：□□□□□□□□□□□□□□

填表日期： 年 月 日　　　　计量单位：升；单位：元（列至角分）

项目 应税消费品名称	适用税率（元/升）	销售数量	应纳税额
汽油	1.0		
柴油	0.8		
石脑油	1.0		
溶剂油	1.0		
润滑油	1.0		
燃料油	0.8		
航空煤油	0.8		
合计	——	——	

本期准予扣除税额： 本期减（免）税额： 期初未缴税额： 本期缴纳前期应纳税额：	**声明** 此纳税申报表是根据国家税收法律的规定填报的，我确定它是真实的、可靠的、完整的。 经办人（签章）： 财务负责人（签章）： 联系电话：
本期预缴税额： 本期应补（退）税额： 期末未缴税额：	（如果你已委托代理人申报，请填写） **授权声明** 为代理一切税务事宜，现授权 ＿＿＿＿＿＿（地址）＿＿＿＿＿＿为本纳税人的代理申报人，任何与本申报表有关的往来文件，都可寄予此人。 授权人签章：

以下由税务机关填写

受理人（签章）：　　受理日期： 年 月 日　　受理税务机关（章）：

本期准予扣除税额计算表

税款所属时期：　　年　月　日至　　年　月　日

纳税人名称（公章）：

纳税人识别号：

填表日期：　　年　月　日　　　　　　　　　　　　计算单位：升；金额单位：元

应税消费品名称 项　目	石脑油	润滑油	燃料油
一、当期准予扣除的委托加工收回应税消费品已纳税款计算	——	——	——
1. 期初库存委托加工应税消费品已纳税款			
2. 当期收回委托加工应税消费品已纳税款			
3. 期末库存委托加工应税消费品已纳税款			
4. 当期准予扣除的委托加工应税消费品已纳税款			
二、当期准予扣除的外购应税消费品已纳税款计算	——	——	——
1. 期初库存外购应税消费品数量			
2. 当期购进应税消费品数量			
3. 期末库存外购应税消费品数量			
4. 当期准予扣除的外购应税消费品数量			
5. 当期准予扣除的外购应税消费品税款			
三、以外购和委托加工收回石脑油为原料在同一生产过程中既生产非应税消费品，同时又生产应税消费品的，外购和委托加工收回石脑油扣除已纳税款计算			
1. 当期应税消费品的产出量：			
2. 生产当期应税消费品所有原料投入数量：			
3. 收率：			
4. 当期准予扣除的外购和委托加工石脑油已纳税款：			
四、本期准予扣除税款合计：			

本期代收代缴税额计算表

税款所属时期：　　年　月　日至　　年　月　日

纳税人名称（公章）：

纳税人识别号：□□□□□□□□□□□□□□□□□□□□

填表日期：　　年　月　日　　　　　　　　　　　　　　　计算单位：升；金额单位：元

项目＼应税消费品名称	汽油	柴油	石脑油	溶剂油	润滑油	燃料油	航空煤油	合计
适用税率（元/升）	1.0	0.8	1.0	1.0	1.0	0.8	0.8	——
受托加工数量								——
本期代收代缴税款								

成品油销售明细表

税款所属时期：　　年　月　日至　　年　月　日

纳税人名称（公章）：

纳税人识别号：□□□□□□□□□□□□□□□□□□□□

填表日期：　　年　月　日　　　　　　　　　　　　　　　数量单位：升；金额单位：元

成品油名称	发票代码	发票号码	销量	销售额	购货方纳税人名称	购货方纳税人识别号	备注
合计	——			——	——	——	

小汽车消费税纳税申请表

税款所属时期：　　年　月　日至　　年　月　日

纳税人名称（公章）：

纳税人识别号：

填表日期：　　年　月　日　　　　　　　　　　　　单位：辆；金额单位：元

应税消费品名称 \ 项目		适用税率	销售数量	销售额	应纳税额
乘用车	气缸容量≤1.0升	1%			
	1.0升<气缸容量≤1.5升	3%			
	1.5升<气缸容量≤2.0升	5%			
	2.0升<气缸容量≤2.5升	9%			
	2.5升<气缸容量≤3.0升	12%			
	3.0升<气缸容量≤4.0升	25%			
	气缸容量>4.0升	40%			
中轻型商用客车		5%			
合计		——	——	——	

	声明
本期准予扣除税额：	此纳税申报表是根据国家税收法律的规定填报的，我确定它是真实的、可靠的、完整的。 经办人（签章）： 财务负责人（签章）： 联系电话：
本期减（免）税额：	
期初未缴税额：	
本期缴纳前期应纳税额：	
本期预缴税额：	（如果你已委托代理人申报，请填写） **授权声明** 为代理一切税务事宜，现授权________（地址）________为本纳税人的代理申报人，任何与本申报表有关的往来文件，都可寄予此人。 授权人签章：
本期应补（退）税额：	
期末未缴税额：	

以下由税务机关填写

受理人（签章）：　　　受理日期：　　年　月　日　　　受理税务机关（章）：

本期代收代缴税额计算表

税款所属时期：　　年　月　日至　　年　月　日

纳税人名称（公章）：

纳税人识别号：□□□□□□□□□□□□□□□□□□□□

填表日期：　年　月　日　　　　　　　　　　　　　　　　金额单位：元

应税消费品名称 项目	乘用车：气缸容量≤1.5升	乘用车：1.5升＜气缸容量≤2.0升	乘用车：2.0升＜气缸容量≤2.5升	乘用车：2.5升＜气缸容量≤3.0升	乘用车：3.0升＜气缸容量≤4.0升	乘用车：气缸容量＞4.0升	中轻型商用客车	合计
适用税率	3%	5%	9%	12%	15%	20%	5%	
受托加工数量								——
同类产品销售价格								——
材料成本								——
加工费								——
组成计税价格								——
本期代收代缴税款								

生产经营情况表

税款所属时期：　　年　月　日至　　年　月　日

纳税人名称（公章）：

纳税人识别号：□□□□□□□□□□□□□□□□□□□□

填表日期：　年　月　日　　　　　　　　　　　　　　　　金额单位：元

应税消费品名称 项目	乘用车：气缸容量≤1.0升	乘用车：1.0升＜气缸容量≤1.5升	乘用车：1.5升＜气缸容量≤2.0升	乘用车：2.0升＜气缸容量≤2.5升	乘用车：2.5升＜气缸容量≤3.0升	乘用车：3.0升＜气缸容量≤4.0升	乘用车：气缸容量＞4.0升	中轻型商用客车
生产数量								
销售数量								
委托加工收回应税消费品直接销售数量								

续表

项目＼应税消费品名称	乘用车：气缸容量≤1.0升	乘用车：1.0升＜气缸容量≤1.5升	乘用车：1.5升＜气缸容量≤2.0升	乘用车：2.0升＜气缸容量≤2.5升	乘用车：2.5升＜气缸容量≤3.0升	乘用车：3.0升＜气缸容量≤4.0升	乘用车：气缸容量＞4.0升	中轻型商用客车
委托加工收回应税消费品直接销售额								
出口免税销售数量								
出口免税销售额								

其他应税消费品消费税纳税申报表

税款所属时期：　　年　月　日至　　年　月　日

纳税人名称（公章）：

纳税人识别号：□□□□□□□□□□□□□□□□□□□□

填表日期：　　年　月　日　　　　　　　　　　　　金额单位：元（列至角分）

应税消费品名称＼项目	适用税率	销售数量	销售额	应纳税额
合计	——	——	——	

<table>
<tr><td></td><td rowspan="4">声明
此纳税申报表是根据国家税收法律的规定填报的，我确定它是真实的、可靠的、完整的。
经办人（签章）：
财务负责人（签章）：
联系电话：</td></tr>
<tr><td>本期准予抵减税额：</td></tr>
<tr><td>本期减（免）税额：</td></tr>
<tr><td>期初未缴税额：</td></tr>
<tr><td>本期缴纳前期应纳税额：</td><td rowspan="4">（如果你已委托代理人申报，请填写）
授权声明
为代理一切税务事宜，现授权＿＿＿＿＿＿（地址）＿＿＿＿＿＿为本纳税人的代理申报人，任何与本申报表有关的往来文件，都可寄予此人。
授权人签章：</td></tr>
<tr><td>本期预缴税额：</td></tr>
<tr><td>本期应补（退）税额：</td></tr>
<tr><td>期末未缴税额：</td></tr>
</table>

以下由税务机关填写

受理人（签章）：　　　　受理日期：　　年　月　日　　　　受理税务机关（章）：

本期准予扣除税额计算表

税款所属时期：　　年　月　日至　　年　月　日

纳税人名称（公章）：

纳税人识别号：

填表日期：　　年　月　日　　　　　　　　　　　　　　金额单位：元

项目 \ 应税消费品名称					合计
当期准予扣除的委托加工应税消费品已纳税款计算	期初库存委托加工应税消费品已纳税款				——
	当期收回委托加工应税消费品已纳税款				——
	期末库存委托加工应税消费品已纳税款				——
	当期准予扣除委托加工应税消费品已纳税款				
当期准予扣除的外购应税消费品已纳税款计算	期初库存外购应税消费品买价				——
	当期购进应税消费品买价				——
	期末库存外购应税消费品买价				——
	外购应税消费品适用税率				——
	当期准予扣除外购应税消费品已纳税款				
本期准予扣除税款合计					

准予扣除税额凭证明细表

税款所属时期：　　年　月　日至　　年　月　日

纳税人名称（公章）：

纳税人识别号：□□□□□□□□□□□□□□□□□□□□

填表日期：　年　月　日　　　　　　　　　　　　　　　　金额单位：元

应税消费品名称	凭证类别	凭证号码	开票日期	数量	金额	适用税率	消费税税额
合计	——	——	——	——	——	——	

本期代收代缴税额计算表

税款所属时期： 年 月 日至 年 月 日

纳税人名称（公章）：

纳税人识别号：

填表日期： 年 月 日 金额单位：元

应税消费品名称 / 项目				合计
适用税率				——
委托加工数量				——
同类产品销售价格				——
材料成本				——
加工费				——
组成计税价格				——
本期代收代缴税款				

生产经营情况表

税款所属时期： 年 月 日至 年 月 日

纳税人名称（公章）：

纳税人识别号：

填表日期： 年 月 日 金额单位：元

应税消费品名称 / 项目				合计
生产数量				
销售数量				
委托加工收回应税消费品直接销售数量				
委托加工收回应税消费品直接销售额				
出口免税销售数量				
出口免税销售额				

附录 7

营业税纳税申报相关表

营业税纳税申报表

（适用于查账征收的营业税纳税人）

纳税人识别名：

纳税人名称（公章）

税款所属时间：自　　年　月　日至　　年　月　日　填表日期：　　年　月　日　　　　金额单位：元

税目	营业额				税率（%）	本期税款计算			税款缴纳								
	应税收入	应税减除项目金额	应税营业额	免税收入		小计	本期应纳税额	免（减）税额	期初欠缴税额	前期多缴税额	本期已缴税额				本期应缴税额计算		
											小计	已缴本期应纳税额	本期已被扣缴税额	本期已缴欠缴税额	小计	本期期末应缴税额	本期期末应缴欠缴税额
1	2	3	4 = 2 − 3	5	6	7 = 8 + 9	8 = (4 − 5) × 7	9 = 5 × 7	10	11	12 = 13 + 14 + 15	13	14	15	16 = 17 + 18	17 = 8 − 13 − 14	18 = 10 − 11 − 15
交通运输业																	
建筑业																	
邮电通讯业																	
服务业																	
娱乐业																	
金融保险业																	
文化体育业																	
销售不动产																	

续表

税目	营业额				税率（%）	本期税款计算			税款缴纳								
											本期已缴税额				本期应缴税额计算		
	应税收入	应税减除项目金额	应税营业额	免税收入		小计	本期应纳税额	免（减）税额	期初欠缴税额	前期多缴税额	小计	已缴本期应纳税额	本期已被扣缴税额	本期已缴欠缴税额	小计	本期期末应缴税额	本期期末应缴欠缴税额
1	2	3	4=2-3	5	6	7=8+9	8=(4-5)×7	9=5×7	10	11	12=13+14+15	13	14	15	16=17+18	17=8-13-14	18=10-11-15
转让无形资产																	
合计																	
代扣代缴项目																	
总计																	

纳税人或代理人声明：	如纳税人填报，由纳税人填写以下各栏：							
此纳税申报表是根据国家税收法律的规定填报的，我确定它是真实的、可靠的、完整的。	办税人员（签章）		财务负责人（签章）		法定代表人（签章）		联系电话	
	如委托代理人填报，由代理人填写以下各栏：							
	代理人名称		经办人（签章）		联系电话		代理人（公章）	

以下由税务机关填写：

受理人：　　受理日期：　　年　月　日　受理税务机关（签章）：

本表为 A3 横式一式三份，一份纳税人留存，一份主管税务机关留存，一份征收部门留存。

交通运输业营业税纳税申报表

（适用于交通运输业营业税纳税人）

纳税人识别名：

纳税人名称（公章）

税款所属时间： 自　　年　月　日至　　年　月　日　　填表日期：　　年　月　日　　　　金额单位：元（列至角分）

应税项目	营业额						税率（%）	本期税款计算			税款缴纳							
	应税收入	应税减除项目金额			应税营业额	免税收入		小计	本期应纳税额	免（减）税额	期初欠缴税额	前期多缴税额	本期已缴税额			本期应缴税额计算		
		小计	支付合作运输方运费金额	其他减除项目金额									小计	已缴本期应纳税额	本期已缴欠缴税额	小计	本期期末应缴税额	本期期末应缴欠缴税额
1	2	3 =4 +5	4	5	6 =2 −3	7	8	9 =10 +11	10 =(6 −7)×8	11 =7 ×9	12	13	14 =15 +16	15	16	17 =18 +19	18 =10 −15	19 =12 −13 −16
铁路运输																		
其中：货运																		
客运																		
公路运输																		
其中：货运																		
客运																		
水路运输																		

续表

应税项目	营业额						税率（%）	本期税款计算			税款缴纳							
	应税收入	应税减除项目金额			应税营业额	免税收入					期初欠缴税额	前期多缴税额	本期已缴税额			本期应缴税额计算		
		小计	支付合作运输方运费金额	其他减除项目金额				小计	本期应纳税额	免（减）税额			小计	已缴本期应纳税额	本期已缴欠缴税额	小计	本期期末应缴税额	本期期末应缴欠缴税额
1	2	3 =4 +5	4	5	6 =2 −3	7	8	9 =10 +11	10 =(6 −7) ×8	11 =7 ×9	12	13	14 =15 +16	15	16	17 =18 +19	18 =10 −15	19 =12 −13 −16
其中：货运																		
客运																		
航空运输																		
其中：货运																		
客运																		
管道运输																		
装卸搬运																		
合计																		

以下由税务机关填写：

受理人：　受理日期：　　年　月　日　受理税务机关（签章）：

本表为 A3 横式一式三份，一份纳税人留存，一份主管税务机关留存，一份征收部门留存。

娱乐业营业税纳税申报表

（适用于娱乐业营业税纳税人）

纳税人识别名：

纳税人名称（公章）

税款所属时间：自　　年　月　日至　　年　月　日　　填表日期：　　年　月　日　　　　金额单位：元（列至角分）

应税项目	营业额				税率（%）	本期税款计算			税款缴纳							
											本期已缴税额			本期应缴税额计算		
	应税收入	应税减除项目金额	应税营业额	免税收入		小计	本期应纳税额	免（减）税额	期初欠缴税额	前期多缴税额	小计	已缴本期应纳税额	本期已缴欠缴税额	小计	本期期末应缴税额	本期期末应缴欠缴税额
1	2	3	4 =2 −3	5	6	7 =8 +9	8 =（4 −5）×6	9 =5 ×6	10	11	12 =13 +14	13	14	15 =16 +17	16 =8 −13	17 =10 −11 −14
歌厅																
舞厅																
卡拉OK歌舞厅 夜总会																
卡拉OK歌舞厅 练歌房																
卡拉OK歌舞厅 恋歌房																
卡拉OK歌舞厅																
卡拉OK歌舞厅																
音乐茶座 酒吧																
音乐茶座																
音乐茶座																
音乐茶座																

续表

应税项目	营业额				税率（%）	本期税款计算			税款缴纳							
											本期已缴税额			本期应缴税额计算		
	应税收入	应税减除项目金额	应税营业额	免税收入		小计	本期应纳税额	免（减）税额	期初欠缴税额	前期多缴税额	小计	已缴本期应纳税额	本期已缴欠缴税额	小计	本期期末应缴税额	本期期末应缴欠缴税额
1	2	3	4=2-3	5	6	7=8+9	8=(4-5)×6	9=5×6	10	11	12=13+14	13	14	15=16+17	16=8-13	17=10-11-14
高尔夫球																
台球、保龄球																
游艺场																
网吧																
其他																
合计																

以下由税务机关填写：

受理人：　　受理日期：　　年　月　日　受理税务机关（签章）：

本表为 A3 横式一式三份，一份纳税人留存，一份主管税务机关留存，一份征收部门留存。

服务业营业税纳税申报表

（适用于服务业营业税纳税人）

纳税人识别名：

纳税人名称（公章）

税款所属时间：自 年 月 日至 年 月 日 填表日期： 年 月 日 金额单位：元（列至角分）

应税项目	营业额				税率（%）	本期税款计算			税款缴纳							
											本期已缴税额			本期应缴税额计算		
	应税收入	应税减除项目金额	应税营业额	免税收入		小计	本期应纳税额	免（减）税额	期初欠缴税额	前期多缴税额	小计	已缴本期应纳税额	本期已缴欠缴税额	小计	本期期末应缴税额	本期期末应缴欠缴税额
1	2	3	4=2-3	5	6	7=8+9	8=(4-5)×6	9=5×6	10	11	12=13+14	13	14	15=16+17	16=8-13	17=10-11-14
旅店业																
饮食业																
旅游业																
仓储业																
租赁业																
广告业																

续表

应税项目		营业额				税率（%）	本期税款计算			税款缴纳							
												本期已缴税额			本期应缴税额计算		
		应税收入	应税减除项目金额	应税营业额	免税收入		小计	本期应纳税额	免（减）税额	期初欠缴税额	前期多缴税额	小计	已缴本期应纳税额	本期已缴欠缴税额	小计	本期期末应缴税额	本期期末应缴欠缴税额
1		2	3	4 = 2 − 3	5	6	7 = 8 + 9	8 = (4 − 5) × 6	9 = 5 × 6	10	11	12 = 13 + 14	13	14	15 = 16 + 17	16 = 8 − 13	17 = 10 − 11 − 14
代理业																	
其他服务业																	
合计																	

以下由税务机关填写：

受理人：　受理日期：　　年　月　日　受理税务机关（签章）：

本表为 A3 横式一式三份，一份纳税人留存，一份主管税务机关留存，一份征收部门留存。

服务业减除项目金额明细申报表

纳税人识别名：

纳税人名称（公章）

税款所属时间：自　　年　月　日至　　年　月　日　填表日期：年　月　日

金额单位：元（列至角分）

应税项目	项　　目	减除项目名称及金额							金额小计
旅游业	减除项目								—
	金额								
广告业	减除项目								—
	金额								
代理业	减除项目								—
	金额								
	减除项目								—
	金额								
	减除项目								—
	金额								
	减除项目								—
	金额								
	减除项目								—
	金额								
合计	金额	—	—	—	—	—	—	—	

填表说明：1. 该表填列服务业应税收入中按照营业税有关规定允许减除的项目名称及金额；2. 每个应税项目按照减除项目名称分别填列允许减除的金额，“小计”金额为该应税项目所有减除项目金额的合计数；3. 代理业应区分不同代理事项允许减除的项目填写“减除项目名称”、“金额”和“小计金额”；4. 本表“合计”行的“金额小计”数应与附4《服务业营业税纳税申报表》第3栏“应税减除项目金额”的“合计”数相等。

以下由税务机关填写：

受理人：　　受理日期：　　年　月　日　受理税务机关（签章）：

本表为A3横式一式三份，一份纳税人留存，一份主管税务机关留存，一份征收部门留存。

建筑业营业税纳税申报表

（适用于建筑业营业税纳税人）

纳税人识别名：

纳税人名称（公章）

税款所属时间：自　年　月　日至　年　月　日　填表日期：　年　月　日　金额单位：元（列至角分）

申报项目	应税项目	营业额							税率（%）	本期税款计算			税款缴纳								
		应税收入	应税减除项目金额				应税营业额	免税收入		小计	本期应纳税额	免（减）税额	期初欠缴税额	前期多缴税额	本期已缴税额				本期应缴税额计算		
			小计	支付给分(转)包人工程价款	减除设备价款	其他减除项目金额									小计	已缴本期应纳税额	本期已被扣缴税额	本期已缴欠缴税额	小计	本期期末应缴税额	本期期末应缴欠缴税额
1	2	3	4 =5 +6 +7	5	6	7	8 =3 −4	9	10	11 =12 +13	12 =（8 −9）×10	13 =9 ×10	14	15	16 =17 +18 +19	17	18	19	20 =21 +22	21 =12 −17 −18	22 =14 −15 −19
本地提供建筑业应税劳务申报事项	建筑																				
	安装																				
	修缮																				
	装饰																				
	其他工程作业																				
	自建行为																				

续表

申报项目	应税项目	营业额							税率(%)	本期税款计算			税款缴纳								
		应税收入	应税减除项目金额				应税营业额	免税收入		小计	本期应纳税额	免（减）税额	期初欠缴税额	前期多缴税额	本期已缴税额				本期应缴税额计算		
			小计	支付给分(转)包人工程价款	减除设备价款	其他减除项目金额									小计	已缴本期应纳税额	本期已被扣缴税额	本期已缴欠缴税额	小计	本期期末应缴税额	本期期末应缴欠缴税额
1	2	3	4 = 5 + 6 + 7	5	6	7	8 = 3 − 4	9	10	11 = 12 + 13	12 = (8 − 9) × 10	13 = 9 × 10	14	15	16 = 17 + 18 + 19	17	18	19	20 = 21 + 22	21 = 12 − 17 − 18	22 = 14 − 15 − 19
	合计																				
	代扣代缴项目																				
	总计																				
异地提供建筑业应税劳务申报事项	建筑																				
	安装																				
	修缮																				
	装饰																				
	其他工程作业																				

续表

申报项目	应税项目	营业额							税率（%）	本期税款计算			税款缴纳								
		应税收入	应税减除项目金额				应税营业额	免税收入		小计	本期应纳税额	免（减）税额	期初欠缴税额	前期多缴税额	本期已缴税额				本期应缴税额计算		
			小计	支付给分(转)包人工程价款	减除设备价款	其他减除项目金额									小计	已缴本期应纳税额	本期已被扣缴税额	本期已缴欠缴税额	小计	本期期末应缴税额	本期期末应缴欠缴税额
1	2	3	4 =5 +6 +7	5	6	7	8 =3 −4	9	10	11 =12 +13	12 =（8 −9）×10	13 =9 ×10	14	15	16 =17 +18 +19	17	18	19	20 =21 +22	21 =12 −17 −18	22 =14 −15 −19
	自建行为																				
	合计																				
	代扣代缴项目																				
	总计																				

以下由税务机关填写：

受理人：　　受理日期：　　年　月　日　受理税务机关（签章）：

本表为 A3 横式一式三份，一份纳税人留存，一份主管税务机关留存，一份征收部门留存。

异地提供建筑业劳务税款缴纳情况申报表

纳税人识别名：

纳税人名称（公章）

税款所属时间： 自 年 月 日至 年 月 日

填表日期： 年 月 日 金额单位：元（列至角分）

应税项目	本期应纳税额情况		本期收到扣缴税款通知书情况					本期收到税收缴款书情况				本期收到减免税批准文书情况			
	应缴纳税款金额	税收缴款凭证号	本期已被代扣代缴税额	税收缴款凭证号	税款所属时间		扣缴单位纳税人识别号	已入库税收缴款书所列营业税税额	已入库税收缴款凭证号	税款所属时间		核准减免税税额	税务减免批准文书号	批准文书有效期	
					起始月份	终止月份				起始月份	终止月份			起始月份	终止月份
1	2	3	4	5	6	7	8	9	10	11	12	13	14	15	16
合计															
代扣代缴项目															
总计															

以下由税务机关填写：

受理人： 受理日期： 年 月 日 受理税务机关（签章）：

本表为 A3 横式一式三份，一份纳税人留存，一份主管税务机关留存，一份征收部门留存。

附录 8　　资源税税目税额明细表

税　　目		税额	课税数量单位
一、原油	大庆石油管理局	24 元	吨
	胜利石油管理局、辽河石油勘探局、大港石油管理局、河南石油勘探局、新疆石油管理局、塔里木石油会战指挥部、吐哈石油勘探开发会战指挥部	12 元	吨
	华北石油管理局、吉林省油田管理局、中原石油勘探局、江苏石油勘探局、长庆石油勘探局、冀东石油勘探开发公司、江汉石油管理局、玉门石油管理局、青海石油管理局、四川石油管理局、滇黔桂石油勘探局、延长油矿管理局、其他陆上石油开采企业	8 元	吨
	各企业的稠油、高凝油	8 元	吨
	海上石油开采企业	8 元	吨
二、天然气	四川石油管理局	15 元	千立方米
	大庆石油管理局	12 元	千立方米
	胜利石油管理局、辽河石油勘探局	8 元	千立方米
	华北石油管理局、大港石油管理局、中原石油勘探局、河南石油勘探局、新疆石油管理局、冀东石油勘探开发公司、塔里木石油会战指挥部、吐哈石油勘探开发会战指挥部、吉林省油田管理局	4 元	千立方米
	其他开采天然气企业	2 元	千立方米
三、煤炭	统配矿　北京矿务局	0.50 元	吨
	开滦矿务局	0.55 元	吨
	峰峰矿务局	0.50 元	吨
	井陉矿务局	0.40 元	吨
	兴隆矿务局	0.40 元	吨
	邢台矿务局	1.20 元	吨
	邯郸矿务局	0.80 元	吨
	大同矿务局	2.40 元	吨
	阳泉矿务局	0.80 元	吨
	下花园煤矿	0.50 元	吨
	八宝山煤矿	0.50 元	吨
	西山矿务局	0.80 元	吨
	汾西矿务局	1.20 元	吨

续表

税 目		税额	课税数量单位
	潞安矿务局	2.00 元	吨
	轩岗矿务局	0.50 元	吨
	晋城矿务局	2.00 元	吨
	包头矿务局	0.40 元	吨
	乌达矿务局	0.40 元	吨
	渤海湾煤矿	0.30 元	吨
	宝日希勒煤矿	0.30 元	吨
	平庄矿务局	0.30 元	吨
	扎赉诺尔矿务局	0.30 元	吨
	霍林河煤矿	0.30 元	吨
	伊敏河煤矿	0.30 元	吨
	大雁矿务局	0.30 元	吨
	萍乡矿务局	0.50 元	吨
	丰城矿务局	0.80 元	吨
	英岗岭矿务局	0.60 元	吨
	洛市矿务局	0.30 元	吨
	淄博矿务局	0.50 元	吨
	新汶矿务局	0.90 元	吨
	枣庄矿务局	1.20 元	吨
	肥城矿务局	0.90 元	吨
	兖州矿务局	1.20 元	吨
	坊子煤矿	0.50 元	吨
	龙口矿务局	0.50 元	吨
	临沂矿务局	0.70 元	吨
	澄合矿务局	0.50 元	吨
	崔家沟煤矿	0.60 元	吨
	窑街矿务局	0.40 元	吨
	靖远矿务局	0.30 元	吨
	阿干镇煤矿	0.30 元	吨
	石咀山矿务局	0.40 元	吨
	石炭井矿务局	0.40 元	吨
	淮南矿务局	0.80 元	吨
	淮北矿务局	0.90 元	吨
	哈密矿务局	0.30 元	吨
	乌鲁木齐矿务局	0.30 元	吨
	艾维尔沟煤矿	0.40 元	吨

续表

税目		税额	课税数量单位
	抚顺矿务局	0.60 元	吨
	阜新矿务局	0.40 元	吨
	北票矿务局	0.30 元	吨
	沈阳矿务局	0.30 元	吨
	辽源矿务局	0.50 元	吨
	通化矿务局	0.40 元	吨
	舒兰矿务局	0.30 元	吨
	珲春煤矿	0.30 元	吨
	鸡西矿务局	0.50 元	吨
	鹤岗矿务局	0.60 元	吨
	双鸭山矿务局	0.50 元	吨
	平顶山矿务局	1.30 元	吨
	焦作矿务局	0.70 元	吨
	鹤壁矿务局	0.70 元	吨
	义乌矿务局	0.60 元	吨
	郑州矿务局	0.90 元	吨
	大屯煤电公司	1.00 元	吨
	徐州矿务局	1.00 元	吨
	涟邵矿务局	0.50 元	吨
	资兴矿务局	0.30 元	吨
	白沙矿务局	0.50 元	吨
	广旺矿务局	0.50 元	吨
	芙蓉矿务局	0.40 元	吨
	攀枝花矿务局	0.70 元	吨
	南桐矿务局	0.70 元	吨
	天府矿务局	0.50 元	吨
	松藻矿务局	0.50 元	吨
	中梁山矿务局	0.50 元	吨
	永荣矿务局	0.70 元	吨
	六枝矿务局	0.40 元	吨
	盘江矿务局	0.70 元	吨
	水城矿务局	0.60 元	吨
	铜川矿务局	0.40 元	吨
	蒲白矿务局	0.40 元	吨
	七台河矿务局	0.60 元	吨
	烟台矿务局	0.40 元	吨

续表

税　目			税额	课税数量单位
		八道壕矿务局	0.40 元	吨
		霍县矿务局	1.60 元	吨
		东山煤矿	1.60 元	吨
		荫营煤矿	1.60 元	吨
		韩城矿务局	0.60 元	吨
		苍村煤矿	0.40 元	吨
		南庄煤矿	1.60 元	吨
		西峪煤矿	1.60 元	吨
		南票矿务局	0.30 元	吨
		铁法矿务局	0.30 元	吨
		固庄煤矿	1.60 元	吨
		小峪煤矿	1.60 元	吨
	非统配矿	北京市	0.60 元	吨
		河北省	0.90 元	吨
		山西省	1.60 元	吨
		内蒙古自治区	0.50 元	吨
		辽宁省	0.60 元	吨
		黑龙江省	0.80 元	吨
		江苏省	1.00 元	吨
		浙江省	0.50 元	吨
		安徽省	1.00 元	吨
		江西省	0.60 元	吨
		福建省	0.50 元	吨
		山东省	1.20 元	吨
		河南省	1.00 元	吨
		湖北省	0.50 元	吨
		湖南省	0.50 元	吨
		广西壮族自治区	0.50 元	吨
		广东省	0.50 元	吨
		四川省	0.60 元	吨
		云南省	0.60 元	吨
		贵州省	0.60 元	吨
		陕西省	0.50 元	吨
		甘肃省	0.50 元	吨
		宁夏回族自治区	0.50 元	吨
		青海省	0.50 元	吨

续表

税　目		税额	课税数量单位
	新疆维吾尔自治区	0.50 元	吨
	吉林省	0.60 元	吨
四、其他非金属矿原矿			
（一）宝石、宝石级金刚石		10.00 元	克拉
（二）玉石、膨润土		5.00 元	吨
（三）石墨、石英、萤石、重晶石、毒重石、蛭石、长石、沸石、滑石、白云石、硅灰石、凹凸棒石粘土、高岭土（瓷土）、耐火粘土、云母		3.00 元	吨
（四）大理石、花岗石		3.00 元	立方米
（五）石灰石、菱镁矿、天然碱、石膏、硅线石		2.00 元	吨
（六）工业用金刚石		2.00 元	克拉
（七）石棉	一等	2.00 元	吨
	二等	1.70 元	吨
	三等	1.40 元	吨
	四等	1.10 元	吨
	五等	0.80 元	吨
	六等	0.50 元	吨
（八）硫铁矿、自然硫、磷铁矿		1.00 元	吨
（九）未列举名称的其他非金属矿原矿		0.50 – 3.00 元	吨或立方米
五、黑色金属矿原矿			吨

续表

税目		税额	课税数量单位
(一) 铁矿石	入选露天矿（重点矿山） 一等	16.50元	吨
	二等	16.00元	吨
	三等	15.50元	吨
	四等	15.00元	吨
	五等	14.50元	吨
	六等	14.00元	吨
	入选地下矿（重点矿山） 二等	15.00元	吨
	三等	14.50元	吨
	四等	14.00元	吨
	五等	13.50元	吨
	六等	13.00元	吨
	入炉露天矿（重点矿山） 一等	25.00元	吨
	二等	24.00元	吨
	三等	23.00元	吨
	四等	22.00元	吨
	入炉地下矿（重点矿山） 二等	23.00元	吨
	三等	22.00元	吨
	四等	21.00元	吨
	入选露天矿（非重点矿山） 二等	16.00元	吨
	四等	15.00元	吨
	五等	14.50元	吨
	六等	14.00元	吨
	入选地下矿（非重点矿山） 三等	11.50元	吨
	四等	11.00元	吨
	五等	10.50元	吨
	六等	10.00元	吨
	入炉露天矿（非重点矿山） 二等	23.00元	吨
	三等	22.00元	吨
	四等	21.00元	吨
	入炉地下矿（非重点矿山） 三等	21.00元	吨
	四等	20.00元	吨
(二) 锰矿石		2.00元	吨
(三) 铬矿石		3.00元	吨
六、有色金属矿原矿			

续表

税目		税额	课税数量单位
（一）铜矿石	一等	1.60元	吨
	二等	1.50元	吨
	三等	1.40元	吨
	四等	1.30元	吨
	五等	1.20元	吨
（二）铅锌矿石	一等	4.00元	吨
	二等	3.50元	吨
	三等	3.00元	吨
	四等	2.50元	吨
	五等	2.00元	吨
（三）铝土矿石	三等	20.00元	吨
（四）乌矿石	三等	0.60元	吨
	四等	0.50元	吨
	五等	0.50元	吨
（五）锡矿石	一等	1.00元	吨
	二等	0.90元	吨
	三等	0.80元	吨
	四等	0.70元	吨
	五等	0.60元	吨
（六）锑矿石	一等	1.00元	吨
	二等	0.90元	吨
	三等	0.80元	吨
	四等	0.70元	吨
	五等	0.60元	吨
（七）钼矿石	三等	0.60元	吨
	四等	0.50元	吨
	五等	0.40元	吨
（八）镍矿石	二等	12.00元	吨
	三等	11.00元	吨
	四等	10.00元	吨
	五等	9.00元	吨
（九）黄金矿石			
1. 岩金矿石	一等	2.50元	吨
	二等	2.30元	吨
	三等	2.10元	吨
	四等	1.90元	吨

续表

税目		税额	课税数量单位
	五等	1.70 元	吨
	六等	1.50 元	吨
	七等	1.30 元	吨
2. 砂金矿石	一等	2.00 元	50 立方米挖出量
	二等	1.80 元	50 立方米挖出量
	三等	1.60 元	50 立方米挖出量
	四等	1.40 元	50 立方米挖出量
	五等	1.20 元	50 立方米挖出量
（十）其他有色金属矿原矿		0.40－3.00 元	吨
七、盐	北方海盐	25.00 元	吨
	南方海盐、井矿盐、湖盐	12.00 元	吨
	液体盐	3.00 元	吨

注：近年来，某些应税资源的市场价格或企业生产经营状况发生了变化，为进一步促进这些资源的合理开发利用，财政部、国家税务总局对煤炭、天然气、钒矿石、岩金矿、铅锌矿石、铜矿石、钨矿石、盐等资源税适用税额进行了不同程度的调整。

附录 9　　土地增值税纳税申报相关表

土地增值税项目登记表

（从事房地产开发的纳税人适用）

纳税人编码：　　　　　　　　填表日期：______年___月___日

金额单位：人民币元；面积单位：平方米

纳税人名称		项目名称		项目地址			
业　别		经济性质		主管部门			
开户银行		银行账号					
地　址		邮政编码		电话			
土地使用权受让（行政划拨）合同号		受让（行政划拨）时间					
建设项目起讫时间		总预算成本		单位预算成本			
项目详细坐落地点							
开发土地总面积		开发建筑总面积		房地产转让合同名称			
转让土地面积（按次填写）		转让建筑面积（按次填写）		转让合同签订日期（按次填写）			
第 1 次							
第 2 次							
……							
纳税人盖章		法人代表签章		经办人员（代理申报人）签章		备注	
（以下部分由主管税务机关负责填写）							
税务机关受理登记日期		税务机关受理登记意见					
主管税务人员签字							
主管税务机关盖章							

土地增值税纳税申报表（一）

（从事房地产开发的纳税人适用）

税款所属时间：　　年　　月　　日　　填表日期：　　年　　月　　日

纳税人编码：　　　　　　　　　　　　金额单位：人民币元；面积单位：平方米

纳税人名称		项目名称		项目地址			
业　　别		经济性质		纳税人地址		邮政编码	
开户银行		银行账号		主管部门		电　　话	
项　　目					行次	金　额	
一、转让房地产收入总额　1 =2 +3					1		

续表

<table>
<tr><th colspan="2">项　目</th><th>行次</th><th>金　额</th></tr>
<tr><td rowspan="2">其中</td><td>货币收入</td><td>2</td><td></td></tr>
<tr><td>实物收入及其他收入</td><td>3</td><td></td></tr>
<tr><td colspan="2">二、扣除项目金额合计　4 = 5 + 6 + 13 + 16 + 20</td><td>4</td><td></td></tr>
<tr><td colspan="2">1. 取得土地使用权所支付的金额</td><td>5</td><td></td></tr>
<tr><td colspan="2">2. 房地产开发成本　6 = 7 + 8 + 9 + 10 + 11 + 12</td><td>6</td><td></td></tr>
<tr><td rowspan="6">其中</td><td>土地征用及拆迁补偿费</td><td>7</td><td></td></tr>
<tr><td>前期工程费</td><td>8</td><td></td></tr>
<tr><td>建筑安装工程费</td><td>9</td><td></td></tr>
<tr><td>基础设施费</td><td>10</td><td></td></tr>
<tr><td>公共配套设施费</td><td>11</td><td></td></tr>
<tr><td>开发间接费用</td><td>12</td><td></td></tr>
<tr><td colspan="2">3. 房地产开发费用　13 = 14 + 15</td><td>13</td><td></td></tr>
<tr><td rowspan="2">其中</td><td>利息支出</td><td>14</td><td></td></tr>
<tr><td>其他房地产开发费用</td><td>15</td><td></td></tr>
<tr><td colspan="2">4. 与转让房地产有关的税金等　16 = 17 + 18 + 19</td><td>16</td><td></td></tr>
<tr><td rowspan="3">其中</td><td>营业税</td><td>17</td><td></td></tr>
<tr><td>城市维护建设税</td><td>18</td><td></td></tr>
<tr><td>教育费附加</td><td>19</td><td></td></tr>
<tr><td colspan="2">5. 财政部规定的其他扣除项目</td><td>20</td><td></td></tr>
<tr><td colspan="2">三、增值额　21 = 1 − 4</td><td>21</td><td></td></tr>
<tr><td colspan="2">四、增值额与扣除项目金额之比（%）22 = 21 ÷ 4</td><td>22</td><td></td></tr>
<tr><td colspan="2">五、适用税率（%）</td><td>23</td><td></td></tr>
<tr><td colspan="2">六、速算扣除系数（%）</td><td>24</td><td></td></tr>
<tr><td colspan="2">七、应缴土地增值税税额　25 = 21 × 23 − 4 × 24</td><td>25</td><td></td></tr>
<tr><td colspan="2">八、已缴土地增值税税额</td><td>26</td><td></td></tr>
<tr><td colspan="2">九、应补（退）土地增值税税额　27 = 25 − 26</td><td>27</td><td></td></tr>
</table>

<table>
<tr><td>授权代理人</td><td>（如果你已委托代理申报人，请填写下列资料）
为代理一切税务事宜，现授权______（地址）________为本纳税人的代理申报人，任何与本报表有关的来往文件都可寄与此人。
授权人签字：____________</td><td>声明</td><td>我声明：此纳税申报表是根据《中华人民共和国土地增值税暂行条例》及其《实施细则》的规定填报的。我确信它是真实的、可靠的、完整的。
声明人签字：____________</td></tr>
</table>

纳税人签　章		法人代表签　章		经办人员（代理申报人）签章		备注	

续表

<table>
<tr><td colspan="6">项　目</td><td>行次</td><td>金　额</td></tr>
<tr><td colspan="8">（以下部分由主管税务机关负责填写）</td></tr>
<tr><td colspan="2">主管税务机关收到日期</td><td></td><td>接收人</td><td></td><td>审核日期</td><td>税务审核人员签章</td><td></td></tr>
<tr><td>审核记录</td><td colspan="5"></td><td>主管税务机关盖章</td><td></td></tr>
</table>

土地增值税纳税申报表（二）

（非从事房地产开发的纳税人适用）

税款所属时间：　　年　　月　　日　填表日期：　　年　　月　　日

纳税人编码：　　　　　　　　　　　　　金额单位：人民币元；面积单位：平方米

纳税人名称		项目名称		项目地址	
业　　别		经济性质		纳税人地址		邮政编码	
开户银行		银行账号		主管部门		电　　话	

项　目		行次	金　额
一、转让房地产收入总额　1 =2 +3		1	
其中	货币收入	2	
	实物收入及其他收入	3	
二、扣除项目金额合计　4 =5 +6 +9		4	
1. 取得土地使用权所支付的金额		5	
2. 旧房及建筑物的评估价格　6 =7 ×8		6	
其中	旧房及建筑物的重置成本价	7	
	成新度折扣率	8	
3. 与转记房地产有关的税金等　9 =10 +11 +12 +13		9	
其中	营业税	10	
	城市维护建设税	11	
	印花税	12	
	教育费附加	13	
三、增值额　14 =1 −4		14	
四、增值额与扣除项目金额之比（%）15 =14 ÷4		15	
五、适用税率（%）		16	
六、速算扣除系数（%）		17	
七、应缴土地增值税税额　18 =14 ×16 −4 ×17		18	

续表

<table>
<tr><td colspan="8">项　目</td><td>行次</td><td colspan="3">金　额</td></tr>
<tr><td>授权代理人</td><td colspan="5">（如果你已委托代理申报人，请填写下列资料）
为代理一切税务事宜，现授权______（地址）________为本纳税人的代理申报人，任何与本报表有关的来往文件都可寄与此人。
授权人签字：__________</td><td>声明</td><td colspan="5">我声明：此纳税申报表是根据《中华人民共和国土地增值税暂行条例》及其《实施细则》的规定填报的。我确信它是真实的、可靠的、完整的。
声明人签字：__________</td></tr>
<tr><td>纳税人签　章</td><td></td><td>法人代表签　章</td><td></td><td colspan="3">经办人员（代理申报人）签章</td><td></td><td>备注</td><td colspan="3"></td></tr>
<tr><td colspan="12">（以下部分由主管税务机关负责填写）</td></tr>
<tr><td>主管税务机关收到日期</td><td></td><td>接收人</td><td></td><td>审核日期</td><td></td><td colspan="2">税务审核人员签章</td><td colspan="4"></td></tr>
<tr><td>审核记录</td><td colspan="5"></td><td colspan="2">主管税务机关盖章</td><td colspan="4"></td></tr>
</table>

参考文献

1. 中国注册会计师协会编：2007 年度注册会计师全国统一考试辅导教材《税法》，经济科学出版社 2007 年版。

2. 中国注册会计师教育教材编审委员会：注册会计师专门化系列教材《税法》，东北财经大学出版社 1999 年版。

3. 马国强主编：《中国税收》，东北财经大学出版社 2008 年版。

4. 国家税务总局：http：//www. chinatax. gov. cn/index. htm

5. 中国税务信息网：http：//www. chinesetax. net

6. 中国税法数据库：http：//www. chinesetax. net/tax_laws

7. WTO 信息查询中心：http：//www. wtoinfo. net. cn

8. 中国税务网：http：//www. wtoinfo. net. cn

《税法（第二版）》
操作与习题手册

王春雷　编

经 济 科 学 出 版 社

前　言

《〈税法〉操作与习题手册》是现代远程教育系列教材《税法》的配套学习用手册。本练习手册突出税法教材的重点与难点。强调实用性、适用性和操作性，可作为高等财经院校税法教学的辅助教材。

为了使读者更好地学习掌握税法教材的内容，本练习手册的章节内容安排与教材完全一致，便于读者随学随练。每章练习题后附有参考答案，供读者学习时自行对照检查。为提高分析问题、解决问题和综合运用所学知识的能力，本练习册中还有部分带※的习题，属于综合跨章节的练习题。这部分内容也属于学习税法应知应会的范围，可以拓宽读者的知识面。

在编写本练习手册过程中，得到了东北财经大学财政税务学院和网络学院许多老师的支持和帮助，在此一并表示衷心地感谢。

限于作者的理论水平和实践经验，本习题手册难免存在疏漏和不足之处，恳请各位专家和读者不吝赐教，以便于我们今后不断改进和完善。

编　者

2006 年 6 月

《税法（第二版）》操作与习题手册
修订说明

2006以来我国税制改革不断深入，特别是2008年11月修订了增值税、消费税、营业税暂行条例。为及时反应我国税收制度的变化情况，对《税法》教材进行修订。本操作与习题手册依据修订教材内容重新编写而成。

由于税收法规变动较大，某些操作性规定正在陆续制定和公布，加之时间仓促，在本操作与习题手册修订中，难免存在疏漏和不足之处，恳请各位专家和读者不吝赐教，以便于我们今后不断改进和完善。

编　者

2009年1月

目　录

第一章 税法概述

一、练习题

1. 设A、B两个纳税人应纳税所得额分别为3 000元、5 200元。根据下列超额累进税率表计算A、B各自应纳税额。

级数	应纳税所得额	税率%	速算扣除数
1	不超过500元	5	0
2	500~2 000元的部分	10	25
3	2 000~5 000元的部分	15	125
4	5 000~20 000元的部分	20	375
—	—	—	—

2. 依据下列五级超额累进税率表已知数据，①填写表中所空缺X、Y的数值；②假定李某2005年应纳税所得额为40 000元，计算其应纳税额；③若按照全额累进税率计算，李某应纳税额为多少?

级数	全年应纳税所得额	税率（%）	速算扣除数（元）
1	不超过5 000元的	5	0
2	超过5 000元~10 000元的部分	10	250
3	超过10 000元~30 000元的部分	20	X
4	超过30 000元~50 000元的部分	Y	4 250
5	超过50 000元的部分	35	6 750

二、参考答案

1.（1）A应纳税额 = 3 000 × 15% − 125 = 325（元）

（2）B应纳税额 = 5 200 × 25% − 375 = 925（元）

2. 根据本级速算扣除数 = 上一级最高所得额 ×（本级税率 − 上一级税率）+ 上一级速算扣除数，可得：

（1）X = 10 000 ×（20% − 10%）+ 250 = 1 250（元）

（2）4 250 = 30 000 ×（Y − 20%）+ 1 250

解得 Y = 30%

（3）李某应纳税额 = 40 000 × 30% − 4 250 = 7 750（元）

（4）若按照全额累进税率计算，

李某应纳税额 = 40 000 × 30% = 12 000（元）

第二章 增值税

一、练习题

1. 某机械制造厂（地处西北地区，一般纳税人）增值税纳税期限为1个月。2009年1月该厂有关业务资料如下：①购进生产用钢材一批，取得增值税专用发票，发票上注明的价款、税款分别为200 000元、34 000元；支付运杂费2 300元，其中，运费及建设基金2 000元、装卸费200元、保险费100元，取得运输部门开具的运输发票和相关部门的票据；该批钢材已运抵企业，款项已转账付讫。②购进生产经营用低值易耗品（工器具）一批，取得增值税专用发票，发票上注明的价款、税款分别为5 000元、850元；工器具已验收入库并部分地投入使用，款项已转账付讫。③进口质量检测用设备一台，取得海关进口增值税专用缴款书上注明的增值税额为6 800元；该台设备已运抵企业投入使用。④购进办公用消耗性材料一批，取得增值税专用发票，发票上注明的价款、税款分别为1 000元、170元；该批办公用材料直接交付办公科室使用，货款已付讫。⑤生产用设备发生故障，交付某厂修理。支付修理费时取得增值税专用发票，发票上注明的修理费、增值税分别为800元、136元。⑥支付水费，取得自来水公司开具的增值税专用发票，发票中注明的价款、税款分别为20 000元、1 200元；支付电费，取得供电部门开具的增值税专用发票，发票中注明的价款、税款分别为25 000元、4 250元；上述水电均为生产、经营管理耗用。⑦销售已使用过的设备一台，向购买方开具普通发票，价税合计为52 000元；该设备为2006年购入，原值48 000元，已提取折旧15 000元。⑧扩建厂房领用上月购进的生产用钢材一批，实际成本50 000元；该批钢材在购进时已取得增值税专用发票。⑨销售自制货物向购买方开具普通发票，价税合计为702 000元；结算时给予购买方5%的现金折扣。⑩销售设备配件，开具的增值税专用发票上列明的销售额（不含税）2 000元，款项已收讫。⑪其他资料：该厂上月无留抵税额；本例涉及的增值税专用发票已纳入防伪税控系统，在本申报期均通过主管税务机关认证。

要求：根据上述资料，回答下列问题：(1) 该厂本月实现的销项税额是多少？(2) 该厂本月可申报抵扣的进项税额是多少？(3) 该厂本月应纳的增值税税额是多少？

2. 某商场为增值税一般纳税人，2009年1月发生以下业务：①购入服装两批，均取得增值税专用发票。两张专用发票上注明的货款分别20万元和36万元，进项税额分别为3.4万元和6.12万元，货款均于当月付清。另外，购进这两批货物时已分别支付两笔运费1万元和3万元，并取得承运单位开具的普通发票。②批发销售服装一批，取得不含税销售额18万元，采用委托银行收款方式结算，货已发出并办妥托收手续，货款尚未收回。③零售各种服装，取得含税销售额38万元，同时将零售价为17.8万元的服装作为礼品赠送给了顾客。④采取以旧换新方式销售家用电脑20台，每台零售价6 500元，另支付顾客每台旧电脑收购款500元。⑤零售各种日用百货，取得含税销售额46.8万元。（注：本月购销各环节所涉及到的相关票据已通过主管税务机关认证）

要求：计算该商场2006年3月应缴的增值税。

3. 某电器制造厂（增值税一般纳税人）2009 年 1 月份有关购销情况如下：①购进生产用原材料 1 批，取得增值税专用发票；发票中注明的价款、增值税款分别为 300 000 元、51 000 元；货款已转账付讫，材料已运抵企业。②购进生产用辅助材料 1 批，取得增值税专用发票；发票中注明的价款、增值税款分别为 10 000 元、1 700 元；货款已付，材料已运抵企业。③收回委托加工经营用包装物 1 批，取得增值税专用发票；发票中注明的价款、税款分别为 20 000 元、3 400 元；货款已付，包装物已运抵企业。④支付水费，取得自来水公司开具的增值税专用发票，发票中注明的价款、增值税款分别为 10 000 元、600 元；支付电费，取得供电部门开具的增值税专用发票，发票中注明的价款、增值税款分别为 21 000 元、3 570 元；上述水电均为生产、经营管理耗用。⑤购进生产用设备 2 台，取得增值税专用发票；发票中注明的价款、税款分别为 46 800 元、7 956 元；货款已付，设备已运抵企业。⑥向某商厂销售自制产品，取得销售额（不含增值税）900 000 元。⑦向某百货公司（小规模纳税人）销售自制产品，取得销售额（含增值税）35 100 元。⑧由于管理不善，致使上月购进的生产用原材料发生损失，实际成本 5 000 元；该厂在购进该批低值易耗品时已取得增值税专用发票，其进项税额已在购进月份申报抵扣。该厂本月取得的增值税法定扣税凭证已在当月通过税务机关的认证。

要求：（1）计算该厂本月实现的销项税额。（2）计算该厂本月可申报抵扣的进项税额。（3）计算该厂本月应纳增值税额。

4. A 卷烟厂为增值税一般纳税人，2009 年 2 月有关经营情况如下：①期初库存外购已税烟丝 300 万元，本期外购已税烟丝取得防伪控系统开具的增值税专用发票，注明价款 2 000 万元，增值税 340 万元；支付本期外购烟丝运输费用 50 万元，取得经税务机关认证的运输公司开具的普通发票。②生产领用库存烟丝 2 100 万元，分别生产卷烟 2 500 标准箱（每标准条 200 支，调拨价格均大于 50 元）、雪茄烟 500 箱。③经专卖局批准，销售卷烟给各商场 1 200 箱，取得不含税销售收入 3 600 万元，由于货款收回及时给了各商场 2% 的折扣，销售给各卷烟专卖店 800 箱，取得不含税销售收入 2 400 万元，支付销货运输费用 120 万元并取得运输公司开具的普通发票。④取得专卖店购买卷烟延期付款的补贴收入 21.06 万元，已向对方开具了普通发票。⑤销售给各专卖店雪茄烟 300 箱，取得不含税销售收入 600 万元；零售雪茄烟 15 箱，并取得含税收入 35.1 万元；取得雪茄烟过期的包装物押金收入 7.02 万元。⑥月末盘存发现库存烟丝短缺 32.79 万元（其中含运费成本 2.79 万元），经认定短缺的烟丝属于非正常损失。（注：本月购销各环节所涉及到的相关票据已通过主管税务机关认证）

要求：按下列顺序回答问题，均为共计金额：（1）计算 2 月份销售卷烟与取得延期付款补贴收入的销项税额；（2）计算 2 月份销售雪茄烟与押金收入的销项税额；（3）计算 2 月份非正常损失烟丝应转出的进项税额；（4）计算 2 月份应抵扣的进项税额；（5）计算 2 月份应缴纳的增值税。（6）将计算结果填写到增值税纳税申报表中。

二、参考答案

1.（1）计算本月实现的销项税额：

销项税额 $=702\ 000\div(1+17\%)\times17\%+2\ 000\times17\%=102\ 340$（元）

（2）计算本月可申报抵扣的进项税额：

进项税额 = 34 000 + 2 000 × 7% + 850 + 6 800 + 170 + 136 + 1 200 + 4 250 − 50 000 × 17%

= 39 046（元）

（3）计算该厂本月应纳的增值税税额：

应纳税额 = 102 340 − 39 046 = 63 294（元）

销售已使用过的固定资产应纳税额 = 52 000 ÷（1 + 4%）× 4% × 50% = 1 000（元）

该厂本月应纳的增值税税额 = 63 294 + 1 000 = 64 294（元）

2.（1）确定销售额

销售额 = 18 +（38 + 17.8）÷（1 + 17%）+（0.65 × 20）÷（1 + 17%）+ 46.8 ÷（1 + 17%）

= 116.8（万元）

（2）确定销项税

销项税额 = 116.8 × 17% = 19.856（万元）

（3）确定进项税

可抵扣的进项税额 = 6.12 + 3.4 +（1 + 3）× 7% = 9.8（万元）

（4）计算当期应纳税额

当期应纳税额 = 19.856 − 9.8 = 10.056（万元）

3.（1）本期销项税额 = 900 000 × 17% + 35 100 ÷（1 + 17%）× 17% = 158 100（元）

（2）可抵扣的进项税额 = 51 000 + 1 700 + 3 400 + 600 + 3 570 + 7 956 − 5 000 × 17%

= 67 376（元）

（3）本期应纳增值税额 = 158 100 − 67 376 = 90 724（元）

4.（1）2 月份销售卷烟与取得延期付款补贴收入的销项税额：

3 600 × 17% + 2 400 × 17% + 21.06/1.17 × 17% = 6 018 × 17%

= 1 023.06（万元）

（2）2 月份销售雪茄烟与押金收入的销项税额：

600 × 17% + 35.1/(1 + 17) × 17% + 7.02/(1 + 17) × 17%

= 636 × 17%

= 108.12（万元）

（3）2 月份非正常损失烟丝应转出的进项税额：

(32.79 − 2.79) × 17% + 2.79/(1 − 7%) × 7%

= 5.1 + 0.21

= 5.31（万元）

（4）2 月份应抵扣的进项税额：

340 + 50 × 7% + 120 × 7% − 5.31 = 346.59（万元）

（5）2 月份应缴纳的增值税：

1 023.06 + 108.12 − 346.59 = 784.59（万元）

增值税纳税申报表

（适用于增值税一般纳税人）

根据《中华人民共和国增值税暂行条例》第二十二条和第二十三条的规定制定本表。纳税人不论有无销售额，均应按主管税务机关核定的纳税期限按期填报本表，并于次月一日起十日内，向当地税务机关申报。

税款所属时间：自2009年2月1日至2009年2月28日　　　　填表日期：2009年3月12日

纳税人识别号	* * * * * * * * * * *				
纳税人名称	A卷烟厂（公章）	法定代表人姓名	***	注册地址	营业地址
开户银行及账号		企业登记注册类型	*	电话号码	

	项目	栏次	一般货物及劳务 本月数	一般货物及劳务 本年累计	即征即退货物及劳务 本月数	即征即退货物及劳务 本年累计
销售额	（一）按适用税率征税货物及劳务销售额	1	66 540 000.00			
	其中：应税货物销售额	2	66 540 000.00			
	应税劳务销售额	3	0			
	纳税检查调整的销售额	4	0			
	（二）按简易征收办法征税货物销售额	5	0			
	其中：纳税检查调整的销售额	6	0			
	（三）免、抵、退办法出口货物销售额	7	0		—	—
	（四）免税货物及劳务销售额	8	0		—	—
	其中：免税货物销售额	9	0		—	—
	免税劳务销售额	10	0		—	—
税款计算	销项税额	11	11 311 800.00			
	进项税额	12	3 519 000.00			
	上期留抵税额	13	0		—	—
	进项税额转出	14	53 100.00			
	免抵退货物应退税额	15	0		—	—
	按适用税率计算的纳税检查应补缴税额	16	0		—	—
	应抵扣税额合计	17 = 12 + 13 - 14 - 15 + 16	3 465 900.00	—		—
	实际抵扣税额	18（如17 < 11，则为17，否则为11）	3 465 900.00			
	应纳税额	19 = 11 - 18				
	期末留抵税额	20 = 17 - 18	0	—		—
	简易征收办法计算的应纳税额	21	0			

续表

纳税人识别号	* * * * * * * * * * *				
纳税人名称	A卷烟厂（公章）	法定代表人姓名	***	注册地址	营业地址
开户银行及账号		企业登记注册类型	*	电话号码	

	项目	栏次	一般货物及劳务 本月数	一般货物及劳务 本年累计	即征即退货物及劳务 本月数	即征即退货物及劳务 本年累计
	按简易征收办法计算的纳税检查应补缴税额	22	0		—	—
	应纳税额减征额	23	0			
	应纳税额合计	24 = 19 + 21 − 23	7 845 900.00			
税款缴纳	期初未缴税额（多缴为负数）	25	0			
	实收出口开具专用缴款书退税额	26	0		—	—
	本期已缴税额	27 = 28 + 29 + 30 + 31	0			
	①分次预缴税额	28	0	—		—
	②出口开具专用缴款书预缴税额	29	0	—	—	—
	③本期缴纳上期应纳税额	30	0			
	④本期缴纳欠缴税额	31	0			
	期末未缴税额（多缴为负数）	32 = 24 + 25 + 26 − 27	0			
	其中：欠缴税额（≥0）	33 = 25 + 26 − 27	0	—		—
	本期应补（退）税额	34 = 24 − 28 − 29	7 845 900.00	—		—
	即征即退实际退税额	35	—	—		
	期初未缴查补税额	36	0		—	—
	本期入库查补税额	37	0		—	—
	期末未缴查补税额	38 = 16 + 22 + 36 − 37	0		—	—

授权声明	如果你已委托代理人申报，请填写下列资料： 为代理一切税务事宜，现授权（地址）为本纳税人的代理申报人，任何与本申报表有关的往来文件，都可寄予此人。 授权人签字：***	申报人声明	此纳税申报表是根据《中华人民共和国增值税暂行条例》的规定填报的，我相信它是真实的、可靠的、完整的。 声明人签字：***

（以下由税务机关填写）

收到日期：2009 年 3 月 12 日　　　　接收人：***

第三章 消费税

一、练习题

1. 某化妆品生产公司系增值税一般纳税人，2009 年 2 月份有关购销情况如下：① 从农业生产者购入 1 批农产品作生产用材料，填开的收购发票上列明的买价 200 000 元；发生运输费用 2 000 元，取得运输部门开具的运输发票；该批农产品已运抵企业。② 从某生产企业购进生产用材料并取得增值税专用发票，发票上注明的价款、税款分别为 400 000 元、68 000 元；发生 运输费用 5 000 元，取得运输公司开具的运输发票；该批材料已运抵企业。③将订做的生产经营用包装物运回企业并取得增值税专用发票，发票上注明的价款、税款分别为 2 000 元、340 元。④支付生产设备修理费并取得增值税专用发票，发票上注明的修理费、增值税分别为 800 元、136 元。⑤从国外进口生产用设备一套，取得海关开具的增值税专用缴款书注明增值税额 4 584 元。⑥支付水费，取得自来水公司开具的增值税专用发票，发票中注明的价款、税款分别为 30 000 元、1 800 元；支付电费，取得供电部门开具的增值税专用发票，发票中注明的价款、税款分别为 45 000 元、7 650 元；上述水电均为生产经营管理耗用。⑦向某大型商场销售化妆品，开具的增值税专用发票上注明的销售额为 800 000 元；结算时，给予对方 5% 的现金折扣，另开红字发票入账。⑧ 向某日用品零售商店销售化妆品，开具的普通发票上注明的金额为 70 200 元，货款已收讫。该厂上月无留抵税额；涉及的增值税专用发票已纳入防伪税控系统，均通过主管税务机关认证；化妆品消费税税率为 30%。

要求：根据上述资料，回答下列问题：（1）该厂本月应纳的增值税额是多少？（2）该厂本月应纳的消费税额是多少？

2. 某国家计划内卷烟厂主要生产 A、B 两种牌号的卷烟，确定的调拨价格分别为每标准条 120 元和 45 元。2009 年 2 月经营情况如下：①销售给某烟酒批发公司 A 种牌号的卷烟 100 标准箱，每标准箱实际售价 30 000 元，收入 3 000 000 元；B 种牌号的卷烟 200 标准箱，每标准箱实际售价 10 000 元，收入 2 000 000 元，开具增值税专用发票。②销售给某专卖店 A 种牌号的卷烟 20 标准箱，每标准箱实际售价 31 250 元，收入 625 000 元，B 种牌号的卷烟 30 标准箱，每标准箱实际售价 11 250 元，收入 337 500 元，开具增值税专用发票。

要求：计算该企业本月应纳消费税。

※3. 某化妆品生产企业为增值税一般纳税人，2009 年 2 月上旬从国外进口一批散装化妆品，支付给国外的货价 120 万元、相关税金 10 万元、卖方佣金 2 万元、运抵我国海关前的运杂费和保险费 18 万元；进口机器设备一套，支付给国外的货价 35 万元、运抵我国海关前的运杂费和保险费 5 万元；散装化妆品和机器设备均验收入库。本月内企业将进口的散装化妆品的 80% 生产加工为成套化妆品 7 800 件，对外批发销售 6 000 件，取得不含税销售额 390 万元；向消费者零售 800 件，取得含税销售额 51.48 万元。（化妆品的进口关税税率 40%、消费税税率 30%；机器设备的进口关税税率 20%）

要求：（1）计算该企业在进口环节应缴纳的消费税、增值税。（2）计算该企业国内生产销售环节应缴纳的增值税、消费税。

※4. 某公司2009年1月从境外进口一批卷烟100标准箱，已知核定的关税完税价格为15 000元/箱，进口关税税率为25%。

要求： 计算该公司在进口环节应纳的消费税、增值税税额。

5. 某炼油厂2009年1月销售汽油140吨、柴油90吨，润滑油30吨，航空煤油50吨。（注：根据消费税法规定，适用税率：汽油、润滑油为1.0元/升，柴油为0.8元/升，航空煤油为0.8元/升）

要求： 计算该厂本月应纳消费税税额。

二、参考答案

1. （1）销项税额 = 800 000 × 17% + 70 200 ÷（1 + 17%）× 17%
= 136 000 + 10 200
= 146 200（元）

进项税额 = 200 000 × 13% + 2 000 × 7% + 68 000 + 5 000 × 7% + 340 + 136 + 1 800 + 7 650
= 26 000 + 140 + 68 000 + 350 + 340 + 136 + 4584 + 1 800 + 7 650
= 109 000（元）

应纳增值税额 = 146 200 − 109 000 = 37 200（元）

（2）应纳消费税额 = 800 000 × 30% + 70 200 ÷（1 + 17%）× 30%
= 240 000 + 18 000 = 258 000（元）

2. （1）销售给某烟酒批发公司A种牌号的卷烟每标准条实际售价为30 000/250 = 120元，计税价格为120元；B种牌号的卷烟每标准条实际售价为10 000/250 = 40元，计税价格为45元。

（2）应纳税额 = 100 × 150 + 3 000 000 × 45% + 200 × 150 + 200 × 250 × 45 × 30%
= 15 000 + 1 350 000 + 30 000 + 675 000
= 2 070 000（元）

（3）销售给某专卖店A种牌号的卷烟每标准条实际售价为31 250/250 = 125元，计税价格为125元；B种牌号的卷烟每标准条实际售价为11 250/250 = 45元，计税价格为45元。

应纳税额 = 20 × 150 + 625 000 × 45% + 30 × 150 + 337 500 × 30%
= 3 000 + 281 250 + 4 500 + 101 250
= 390 000（元）

（4）应纳税额 = 2 070 000 + 390 000 = 2 460 000（元）

※3. （1）进口散装化妆品应缴纳关税：（120 + 10 + 2 + 18）× 40% = 60（万元）

进口散装化妆品消费税的组成计税价格：（120 + 10 + 2 + 18 + 60）/（1 − 30%）= 300（万元）

进口散装化妆品应缴纳消费税：300 × 30% = 90（万元）

进口散装化妆品应缴增值税：（120 + 10 + 20 + 18 + 60 + 90）× 17% = 51（万元）

进口机器设备应缴纳关税：（35 + 5）× 20% = 8（万元）

进口机器设备应缴纳增值税：（35 + 5 + 8）× 17% = 8.16（万元）

（2）生产销售化妆品应缴纳增值税额：[390 + 51.48/（1 + 17%）] × 17% −（51 + 8.16）
= 14.62（万元）

当月抵扣的消费税额：300 × 80% × 30% = 72（万元）或90 × 80% = 72（万元）

生产销售化妆品应缴纳的消费税额：[390 + 51.48/（1 + 17%）] × 30% − 72 = 58.2（万元）

※4. （1）每标准条到岸价格 = 15 000/250 = 60（元/条）

（2）每标准条关税 = 60 × 25% = 15（元）

（3）每标准条组成计税价格 =（60 + 15 + 0.6）÷（1 − 30%）= 108（元）

每标准条计税价格大于 50 元，所以适用税率为 45%

（4）关税 = 15 000 × 100 × 25% = 375 000（元）

（5）组成计税价格 =（15 000 × 100 + 375 000 + 100 × 150）÷（1 − 45%）

= 3 436 363.63（元）

（6）应纳消费税额 = 3 436 363.63 × 45% + 100 × 150

= 1 561 363.63（元）

（7）应纳增值税额 = 3 436 363.63 × 17% = 584 181.81（元）

5. （1）汽油应纳消费税税额 = 140 × 1 388 × 1.0 = 187 320（元）

（2）柴油应纳消费税税额 = 90 × 1 176 × 0.8 = 84 672（元）

（3）润滑油应纳消费税税额 = 30 × 1 126 × 0.8 = 27 024（元）

（4）航空煤油暂缓征收消费税。

（5）应纳消费税税额合计 = 187 320 + 84 672 + 27 024 = 299 016（元）

第四章　营业税

一、练习题

1. 某运输公司2009年2月份经营情况如下：①取得客运收入20万元；取得货运收入40万元，其中应支付给其他联运公司运费15万元；②取得装卸搬运收入5万元；③车辆出租，取得租金收入6万元；④经营仓库、堆场业务，取得收入4万元；⑤转让土地使用权，取得收入300万元；⑥按房改成本价向职工出售住房，取得收入200万元。⑦对外提供汽车修理修配服务，取得收入4.12万元。提示：上述收入均分别核算；增值税适用简易办法计算。

要求：根据税法规定，计算该运输公司本月应纳的营业税、增值税。

2. 某市一娱乐公司2008年1月1日开业，经营范围包括娱乐、餐饮及其他服务，当年收入情况如下：①歌舞厅收入600万元，游戏厅收入120万元；②保龄球馆自7月1日开馆，至当年年底取得收入120万元；③美容美发、中医按摩收入150万元；④非独立核算的小卖部销售收入60万元；⑤餐饮收入600万元（其中包括销售自制的180吨啤酒所取得的收入）；⑥与某公司签订租赁协议书，将部分空闲的歌舞厅出租，分别取得租金76万元、赔偿金4万元；⑦派出5名员工赴国外提供中医按摩服务取得收入70万元；⑧经批准从事代销福利彩票业务取得手续费10万元。（注：除税法统一规定的特殊项目外，该公司所在地省政府规定，其他娱乐业项目的营业税税率为5%）

要求：按下列顺序回答问题，均为共计金额：（1）计算娱乐公司当年应缴纳的营业税；（2）计算娱乐公司当年应缴纳的消费税。

3. 某市游览场所2009年1月发生如下经济业务：①取得门票收入85 000元。②为某杂技团提供演出场地，取得收入15 000元。③出租账篷，取得收入8 500元。④经营餐饮提供餐饮服务，取得收入75 000元。⑤经营射击项目，取得收入23 000元。⑥经营索道项目，取得收入60 000元。⑦经营跑马场，取得收入8 800元。提示：上述收入均分别核算；娱乐业适用税率为20%。

要求：（1）根据税法规定，计算该游览场所本月应纳的营业税。（2）将计算结果填入下列营业税纳税申报表中。

二、参考答案

1. （1）（20 + 40 − 15）× 3% = 1.35（万元）

（2）5 × 3% = 0.15（万元）

（3）6 × 5% = 0.3（万元）

（4）4 × 5% = 0.2（万元）

（5）300 × 5% = 15（万元）

（6）按房改成本价向职工出售住房不征税

（7）对外提供汽车修理修配服务，应纳增值税 = 4.12/（1 + 3%）× 3% = 0.12（万元）

该运输公司本月应纳营业税 = 1.35 + 0.15 + 0.3 + 0.2 + 15 = 17（万元）

2.（1）歌舞厅收入应缴纳的营业税：600×20%=120（万元）

游戏厅收入应缴纳的营业税：120×20%=24（万元）

保龄球收入应缴纳的营业税：120×5%=6（万元）

美容美发、中医按摩收入应缴纳的营业税：150×5%=7.5（万元）

非独立核算小卖部是兼营行为，不缴纳营业税，缴纳增值税。

应缴纳的增值税：60/(1+3%)×3%=1.75（万元）

餐饮收入应缴纳的营业税：600×5%=30（万元）（注：销售自制的180吨啤酒所取得的收入属于营业税的混合销售行为，征收营业税）

将部分空闲的歌舞厅出租应缴纳的营业税：(76+4)×5%=4（万元）

赴国外提供中医按摩服务取得收入属于境外发生的劳务，不是营业税的征收范围。

代销福利彩票业务手续费收入应缴纳的营业税：10×5%=0.5（万元）

该娱乐公司当年应缴纳的营业税合计=120+24+6+7.5+30+4+0.5=192（万元）

（2）该娱乐公司销售自制啤酒应缴纳的消费税=180×250/10 000=4.5（万元）

（3）该娱乐公司当年应缴纳的城市维护建设城建税=(192+1.75+4.5)×7%=13.88（万元）

（4）该娱乐公司当年应缴纳的教育费附加=(192+1.75+4.5)×3%=5.95（万元）

3. 计算应纳营业税税额：

（1）门票收入应纳税额=85 000×3%=2 550（元）

（2）提供场地应纳税额=15 000×3%=450（元）

（3）出租账篷应纳税额=8 500×5%=425（元）

（4）餐饮收入应纳税额=75 000×5%=3 750（元）

（5）经营射击应纳税额=23 000×20%=4 600（元）

（6）经营索道应纳税额=60 000×5%=3 000（元）

（7）经营跑马场应纳税额=8 800×20%=1 760（元）

应纳税额合计=2 550+450+425+3 750+4 600+3 000+1 760=16 535（元）

营业税纳税申报表

填表日期：2009年2月7日

纳税人识别号：| * | * | * | * | * | * | * | * | * | * | * | * | * | * | * |

金额单位：元

纳税人名称		×游览场所							税款所属时期	2006年5月	
税目	经营项目	营业额					税率	本期			
		全部收入	不征税项目	减除项目	减免税项目	应税营业额		应纳税额	减免税额	已纳税额	应补（退）税额
1	2	3	4	5	6	7=3−4−5−6	8	9=7×8	10=6×8	11	12
文化体育业		100 000	0	0	0	100 000	3%	3 000	0	0	3 000
服务业		143 500	0	0	0	143 500	5%	7 175	0	0	7 175
娱乐业		31 800	0	0	0	31 800	20%	6 360	0	0	6 360
			—	—	—	—	—	—	—	—	—

续表

<table>
<tr><td colspan="2">纳税人名称</td><td colspan="6">×游览场所</td><td colspan="2">税款所属时期</td><td colspan="2">2006 年 5 月</td></tr>
<tr><td rowspan="2">税目</td><td rowspan="2">经营项目</td><td colspan="5">营业额</td><td rowspan="2">税率</td><td colspan="4">本期</td></tr>
<tr><td>全部收入</td><td>不征税项目</td><td>减除项目</td><td>减免税项目</td><td>应税营业额</td><td>应纳税额</td><td>减免税额</td><td>已纳税额</td><td>应补（退）税额</td></tr>
<tr><td>1</td><td>2</td><td>3</td><td>4</td><td>5</td><td>6</td><td>7 = 3 − 4 − 5 − 6</td><td>8</td><td>9 = 7 × 8</td><td>10 = 6 × 8</td><td>11</td><td>12</td></tr>
<tr><td colspan="2">合计</td><td>275 300</td><td>0</td><td>0</td><td>0</td><td>275 300</td><td>—</td><td>16 535</td><td>0</td><td>0</td><td>16 535</td></tr>
<tr><td colspan="4">如纳税人填报，由纳税人填写以下各栏</td><td colspan="6">如委托代理人填报，由代理人填写以下各栏</td><td colspan="2">备注</td></tr>
<tr><td colspan="2" rowspan="3">会计主管
（签章）</td><td colspan="2" rowspan="3">纳税人
（公章）</td><td colspan="2">代理人名称</td><td colspan="2"></td><td colspan="2" rowspan="3">代理人
（公章）</td><td colspan="2" rowspan="3"></td></tr>
<tr><td colspan="2">地址</td><td colspan="2"></td></tr>
<tr><td colspan="2">经办人</td><td>电话</td><td></td></tr>
<tr><td colspan="12">以下由税务机关填写</td></tr>
<tr><td colspan="2">收到申报表日期</td><td colspan="4">2009 年 2 月 7 日</td><td colspan="2">接收人</td><td colspan="4">***</td></tr>
</table>

第五章　车辆购置税

一、练习题

1. 某客车制造厂2009年1月，对外销售A型号的客车20辆，单价（不含增值税）为43 000元。将2辆自产的A型号的客车，用于本厂销售公司。在向主管税务机关申报缴纳车辆购置税时，该厂申报的价格为43 000元。经主管税务机关审核，A型车国家税务总局核定的最低计税价格为50 000元。

要求：计算应纳的车辆购置税，并填写车辆购置税纳税申报表。

2. 某外贸进出口公司2009年2月，从国外进口了8辆某型号的小轿车。该公司报关进口这批小轿车时，经报关地口岸海关审定，确定其关税完税价格为人民币200 000元/辆，关税税率为30%，消费税税率为5%。由于业务工作需要，该公司将其中的3辆小轿车用于本单位使用。

要求：计算该公司应纳的车辆购置税。

二、参考答案

1. 计税价格为50 000元

应纳税额 = 50 000 × 2 × 10% = 10 000（元）

车辆购置税纳税申报表（简表）

填表日期：2009年2月8日

纳税人名称：×客车制造厂　　　　金额单位：元

<table>
<tr><td>纳税人证件名称</td><td colspan="2">******</td><td>证件号码</td><td>***************</td></tr>
<tr><td>联系电话</td><td>********</td><td>邮政编码</td><td>******</td><td>地址　********</td></tr>
<tr><td colspan="5">车辆基本情况</td></tr>
<tr><td>车辆类别</td><td colspan="4">1. 汽车、2. 摩托车、3. 电车、4. 挂车、5. 农用运输车</td></tr>
<tr><td>生产企业名称</td><td colspan="2">×客车制造厂</td><td>机动车销售统一发票（或有效凭证）价格</td><td></td></tr>
<tr><td>厂牌型号</td><td colspan="2">A</td><td>关税完税价格</td><td></td></tr>
<tr><td>发动机号码</td><td colspan="2">*</td><td>关税</td><td></td></tr>
<tr><td>车辆识别代号（车架号码）</td><td colspan="2">******
******</td><td>消费税</td><td></td></tr>
<tr><td>购置日期</td><td colspan="2"></td><td>免（减）税条件</td><td></td></tr>
<tr><td>申报计税价格</td><td>计税价格</td><td>税率</td><td>免税、减税额</td><td>应纳税额</td></tr>
<tr><td>1</td><td>2</td><td>3</td><td>4 = 2 × 3</td><td>5 = 1 × 3 或 2 × 3</td></tr>
<tr><td>86 000</td><td>100 000</td><td>10%</td><td></td><td>10 000</td></tr>
<tr><td></td><td></td><td></td><td></td><td></td></tr>
</table>

2. （1）组成计税价格 = 关税完税价格 + 关税 + 消费税

= 200 000 + 200 000 × 30% +（200 000 + 60 000/1 − 5%）× 5%

= 273 684（元）

（2）应纳税额 = 自用数量 × 组成计税价格 × 税率

= 3 × 273 684 × 10% = 82 105（元）

第六章　烟叶税及商品税附加

一、练习题

1. 某国有企业地处某市区，2009 年 1 月份实际缴纳增值税 80 000 元，消费税 60 000 万元。

要求：计算该企业应纳的城市维护建设税和教育费附加。

2. 某商贸企业地处县城，2009 年 2 月份缴纳增值税 10 000 元，营业税 5 000 元。

要求：计算该企业应纳的城市维护建设税和教育费附加。

3. 2008 年 8 月，某烟草公司向烟农（与烟草公司签订了烟叶收购合同）收购烟叶 5 000 千克，款项已付并开具了收购凭证。已知该地区该类型的烟叶国家统一收购价格为 12 元/千克。

要求：计算该烟草公司应纳的烟叶税。

二、参考答案

1. （1）应纳城市维护建设税额 =（80 000 + 60 000）×7% = 9 800（元）

（2）应纳教育费附加 =（80 000 + 60 000）×3% = 5 200（元）

2. （1）应纳城市维护建设税额 =（10 000 + 5 000）×5% = 750（元）

（2）应纳教育费附加 =（10 000 + 5 000）×3% = 450（元）

3. 应纳烟叶税税额 = 5 000 × 12 ×（1 + 10%）×20% = 13 200（元）

第七章 关税和保税制度

一、练习题

※1. 有进出口经营权的某外贸公司，2009 年 1 月发生以下经营业务：①经有关部门批准从境外进口新轿车 30 辆，每辆小轿车货价 15 万元，运抵我国海关前发生的运输费用、保险费用无法确定，经海关查实其他运输公司相同业务的运输费用占货价的比例为 2%。向海关缴纳了相关税款，并取得完税凭证。公司委托运输公司将小轿车从海关运回本单位，支付运输公司运输费用 9 万元，取得了运输公司开具的普通发票。当月售出 24 辆，每辆取得含税销售额 40.95 万元，公司自用 2 辆并作为本企业固定资产。②月初将上月购进的库存材料价款 40 万元，经海关核准委托境外公司加工一批货物，月末该批加工货物的海关规定的期限内复运进境供销售，支付给境外公司的加工费 20 万元、进境前的运输费和保险费共 3 万元。向海关缴纳了相关税款，并取得了完税凭证。（提示：小轿车关税税率 30%、货物关税税率 20%、增值税税率 17%、消费税税率 9%。）

要求：（1）计算小轿车在进口环节应缴纳的关税、消费税和增值税。（2）计算加工货物在进口环节应缴纳的关税、增值税。（3）计算国内销售环节 1 月份应缴纳的增值税。（4）计算应缴纳的车辆购置税。

2. C 外贸进出口公司，向乙国出口某种货物 100 箱，贸易合同的结汇价为人民币 600 000 元，该货物出口关税税率为 20%。

要求：计算该外贸进出口公司应缴纳的出口关税。

二、参考答案

1. （1）轿车在进口环节应缴纳的关税、消费税和增值税：

确定关税的完税价格 $=15\times30\times(1+2\%)\times(1+0.3\%)=460.38$（万元）

确定关税应缴税额 $=460.38\times30\%=138.11$（万元）

确定增值税、消费税的组成计税价格 $=(460.38+138.11)/(1-9\%)=657.68$（万元）

确定消费税税额 $=657.68\times9\%=59.19$（万元）

确定增值税税额 $=657.68\times17\%=111.81$（万元）

（2）加工货物在进口环节应缴纳的关税、增值税：

确定关税的完税价格 $=20+3=23$（万元）

确定关税税额 $=23\times20\%=4.6$（万元）

确定增值税的组成计税价格 $=23+4.6=27.6$（万元）

确定增值税税额 $=27.6\times17\%=4.69$（万元）

（3）国内销售环节 10 月份应缴纳的增值税：

确定销售额 $=40.95/(1+17\%)\times24=840$（万元）

确定销项税 $=840\times17\%=142.8$（万元）

确定可抵扣的进项税 = 111.81 + 9 × 7% − (111.81 + 9 × 7%)/30 × 2 + 4.69 = 109.63（万元）

确定增值税税额 = 142.8 − 109.63 = 33.17（万元）

（4）自用 2 辆小轿车应缴纳车辆购置税 = 657.68 ÷ 30 × 2 × 10% = 4.38（万元）

2. 出口产品完税价格 = 600 000/(1 + 20%) = 500 000（元）

应纳出口关税 = 500 000 × 20% = 100 000（元）

第八章 资源税

一、练习题

※1. 某联合企业为增值税一般纳税人，2009 年 2 月生产经营情况如下：①专门开采的天然气 45 000 千立方米，开采原煤 450 万吨，采煤过程中生产天然气 2 800 千立方米。②销售原煤 280 万吨，取得不含税销售额 22 400 万元。③以原煤直接加工洗煤 110 万吨，对外销售 90 万吨，取得不含税销售额 15 840 万元。④企业职工食堂和供热等用原煤 2 500 吨。⑤销售天然气 37 000 千立方米（含采煤过程中生产的 2 000 千立方米），取得不含税销售额 6 660 万元。⑥购入采煤用原材料和低值易耗品，取得增值税专用发票，注明支付货款 7 000 万元、增值税税额 1 190 万元。支付购原材料运输费 200 万元，取得运输公司开具的普通发票，原材料和低值易耗品验收入库。⑦购进采煤机械设备 10 台，取得增值税专用发票，注明每台设备支付货款 25 万元、增值税 4.25 万元，已全部投入使用。（提示：资源税单位税额，原煤 3 元/吨，天然气 8 元/千立方米；洗煤与原煤的选矿比为 60%）

要求：（1）计算该联合企业 2009 年 2 月应缴纳的资源税。（2）计算该联合企业 2009 年 2 月应缴纳的增值税。

2. 某铁矿山（联合企业）2009 年 2 月份销售铁矿石原矿 6 万吨，移送入选精矿 0.5 万吨，选矿比为 40%，适用税额为 10 元/吨。

要求：计算该铁矿山本月应缴纳的资源税。

3. 某采矿企业 2009 年 1 月共开采锡矿石 50 000 吨，销售锡矿石 40 000 吨，适用税额每吨 6 元。

要求：计算该企业 1 月应缴纳的资源税。

二、参考答案

1. （1）2009 年 2 月应缴纳的资源税：

外销原煤应纳资源税 = 280 × 3 = 840（万元）

外销洗煤应纳资源税 = 90 ÷ 60% × 3 = 450（万元）

食堂用煤应纳资源税 = 0.25 × 3 = 0.75（万元）

外销天然气应纳资源税 =（37 000 − 2 000）× 8 = 28（万元）

应缴纳资源税合计 = 840 + 450 + 0.75 + 28 = 1 318.75（万元）

（2）2009 年 2 月应缴纳的增值税：

销售原煤销项税额 = 22 400 × 17% = 3 808（万元）

销售洗煤销项税额 = 15 840 × 17% = 2 692.8（万元）

自用原煤销项税额 =（22 400 ÷ 280 × 0.25）× 17% = 3.4（万元）

销售天然气销项税额 = 6 660 × 13% = 865.8（万元）

销项税额合计 = 3 808 + 2 692.8 + 3.4 + 865.8 = 7 361（万元）

进项税额 = 1 190 + 200 × 7% + 4.25 × 10 = 1 246.5（万元）

应缴纳增值税 = 7 361 − 1 246.5 = 6 114.5（万元）

2. 当月应缴纳的资源税 =（6 + 0.5/40%）× 10 × 40% = 29（万元）

3. 应纳资源税 = 40 000 × 6 ×（1 − 30%）= 168 000（元）

说明：对有色金属矿的资源税在规定基础上减征 30%。

第九章　企业所得税

一、练习题

1. 某国有控股企业2008年度有关生产经营资料如下：①主营业务收入9 800万元，主营业务成本6 900万元，营业税金及附加62万元。②销售费用379万元，其中广告费和业务宣传费280万元。③管理费用350万元，其中：业务招待费50万元；新技术研究开发费120万元。④财务费用账户借方余额16万元。该账户贷方记载：存款利息收入5万元；借方记载：手续费支出1万元，借款利息支出20万元。企业借款情况是：本年初向银行借款100万元，年利率为6%；年初又向其他企业拆借资金140万元，年利率为10%；两项借款均用于生产经营，年底尚未归还。⑤营业外支出15万元，其中税收滞纳金、罚款5.40万元，财产净损失（经税务机关核实）9.60万元。⑥投资收益2万元，系国库券利息收入。其他资料：该厂全年发放并列入成本费用的工资支出200万元，发生职工福利费31万元，拨缴工会经费4万元，发生职工教育经费4.50万元。

要求：计算该厂2008年度应纳的企业所得税额。

2. 某电冰箱制造厂系大型国有控股企业。2008年度有关生产经营资料如下：①主营业务收入9 800万元，主营业务成本6 800万元，营业税金及附加48万元。②销售费用850万元，其中广告费和业务宣传费720万元。③管理费用350万元，其中：业务招待费90万元；新技术研究开发费200万元。④财务费用账户借方余额21万元。该账户贷方记载：存款利息收入10万元；借方记载：手续费支出2万元，借款利息支出29万元。企业借款情况是：本年初向银行借款150万元，年利率为6%；年初又向其他企业拆借资金200万元，年利率为10%；两项借款均用于生产经营，年底尚未归还。⑤营业外支出15万元，其中税收滞纳金、罚款5万元。⑥投资收益5万元，系国债利息收入。其他资料：该厂全年发放并列入成本费用的工资540万元；发生的工会经费15万元、职工福利费82万元、职工教育经费18万元。

要求：计算该厂2008年度应纳的企业所得税额。

3. 某机械制造厂2008年度有关经营业务如下：①主营业务收入3 000万元，主营业务成本1 300万元。②其他业务收入100万元，其他业务成本80万元。③营业税金及附加30万元。④销售费用680万元，其中：广告费和业务宣传费490万元。⑤管理费用350万元，其中：业务招待费65万元。⑥财务费用45万元，其中含向非金融企业借款500万元所支付的年利息40万元（当年金融企业贷款的年利率为5.8%）。⑦营业外支出100万元，系通过公益性社会团体向贫困山区的捐款。⑧投资收益5万元，系国债利息收入。全年发生工资支出210万元、职工福利费38万元、职工教育经费8.55万元，拨缴工会经费4.20万元；上述支出已计入成本费用。

要求：根据上述资料，计算以下各问题：(1) 该厂2008年度实现的会计利润是多少？(2) 该厂2008年度实现的应纳税所得额是多少？(3) 该厂2008年度应纳的企业所得税是多少？

※4. 某市一家居民企业为增值税一般纳税人，主要生产销售彩色电视机，假定2008年度有关经营业务如下：①销售采取得不含税收入8600万元，与彩电配比的销售成本5660万元；②转让技术所有权取得收入700万元，直接与技术所有权转让有关的成本和费用100万元；③出租设备取得

租金收入200万元，接受原材料捐赠取得增值税专用发票注明材料金额50万元、增值税进项税金8.5万元，取得国债利息收入30万元；④购进原材料共计3000万元，取得增值税专用发票注明进项税税额510万元；支付购料运输费用共计230万元，取得运输发票；⑤销售费用1650万元，其中广告费1400万元；⑥管理费用850万元，其中业务招待费90万元；⑦财务费用80万元，其中含向非金融企业借款500万元所支付的年利息40万元（当年金融企业贷款的年利率为5.8%）；⑧计入成本、费用中的实发工资540万元；发生的工会经费15万元、职工福利费82万元、职工教育经费18万元；⑨营业外支出300万元，其中包括通过公益性社会团体向贫困山区的捐款150万元。（注：上述销售费用、管理费用和财务费用不涉及转让费用；取得的相关票据均通过主管税务机关认证。）

要求：根据上述资料，按下列计算回答总问题，每问需计算出合计数：（1）企业2008年应缴纳的增值税；（2）企业2008年应缴纳的营业税；（3）企业2008年应缴纳的城市维护建设税和教育费附加；（4）企业2008年实现的会计利润；（5）广告费用应调整的应纳税所得额；（6）业务招待费应调整的应纳税所得额；（7）财务费用应调整的应纳税所得额；（8）职工工会经费、职工福利费、职工教育经费应调整的应纳税所得额；（9）公益性捐赠应调整的应纳税所得额；（10）企业2008年度企业所得税的应纳税所得额；（11）企业2008年度应缴纳的企业所得税。

二、参考答案

1.（1）收入总额 = 9 800 + 5 + 2 = 9 807（万元）；其中：免税收入2万元

（2）实际发生的成本、费用、税金和损失金额 = 6 900 + 62 + 379 + 350 +（1 + 20）+ 15 = 7 727（万元）

利润总额 = 9 807 − 7 727 = 2 080（万元）

（3）测算各项扣除额：

广告费和业务宣传费扣除限额 = 9 800 × 15% = 1 470（万元）；实际发生额280万元小于扣除限额1 470万元，准予据实扣除。

业务招待费最高扣除额 = 9 800 × 5‰ = 49（万元）；实际发生额的60% = 50 × 60% = 30（万元）< 49万元

故准予在税前扣除的业务招待费为30万元，应调增所得额20万元。

技术开发费加计扣除额 = 120 × 50% = 60（万元）；应调减所得额60万元。

不得在税前扣除的利息支出 = 140 ×（10% − 6%）= 5.60（万元）；应调增所得额5.60万元。

税收滞纳金和罚款不得在税前扣除，应调增所得额5.40万元。

职工福利费扣除限额 = 200 × 14% = 28（万元）；应调增所得额 = 31 − 28 = 3（万元）

工会经费扣除限额 = 200 × 2% = 4（万元）；实际拨缴额4万元未超标准，准予据实扣除。

职工教育经费扣除限额 = 200 × 2.5% = 5（万元）；实际发生额4.50万元未超标准，准予据实扣除。

应纳税所得额 = 2080 − 2 + 20 − 60 + 5.60 + 5.40 + 3 = 2 052（万元）

应纳税额 = 2 052 × 25% = 513（万元）

2.（1）收入总额 = 9 800 + 10 + 5 = 9 815（万元）；其中：免税收入5万元

（2）实际发生的成本、费用、税金和损失金额 = 6 800 + 48 + 850 + 350 +（2 + 29）+ 15 = 8 094（万元）

（3）测算各项扣除额：

广告费和业务宣传费扣除限额 =9 800×15% =1 470（万元）；实际发生额720万元小于扣除限额1 470万元，准予据实扣除。

业务招待费最高扣除额 =9 800×5‰ =49（万元）；实际发生额的60% =90×60% =54（万元）

故准予在税前扣除的业务招待费为49万元，应调增所得额41万元。

技术开发费加计扣除额 =200×50% =100（万元）；应调减所得额100万元。

不得在税前扣除的利息支出 =200×(10% −6%) =8（万元）；应调增所得额8万元。

税收滞纳金和罚款支出不得在税前扣除，应调增所得额5万元。

职工福利费扣除限额 =540×14% =75.6（万元）；应调增所得额 =82 −75.6 =6.4（万元）

工会经费扣除限额 =540×2% =10.8（万元）；应调增所得额 =15 −10.8 =4.2（万元）

职工教育经费扣除限额 =540×2.5% =13.5（万元）；应调增所得额 =18 −13.5 =4.5（万元）

应纳税所得额 =9 815 −5 −8 094 +41 −100 +8 +5 +6.4 +4.2 +4.5 =1 685.1（万元）

应纳所得税额 =1 685.1×25% =421.28（万元）

3.（1）会计利润3 000 −1 300 +100 −80 −30 −680 −350 −45 −100 +5 =520（万元）

（2）计算应纳税所得额：

广告费和业务宣传费扣除限额 =（3 000 +100）×15% =465（万元）

应调增所得额 =490 −465 =25（万元）

业务招待费最高扣除额 =（3 000 +100）×5‰ =15.50（万元）

业务招待费×60% =65×60% =39（万元）>15.50万元

应调增所得额 =65 −15.5 =49.50（万元）

财务费用应调增所得额 =40 −500×5.8% =11（万元）

公益性捐赠扣除限额 =520×12% =62.40（万元）；应调增所得额 =100 −62.40 =37.60（万元）

国债利息收入免征所得税，故调减所得额5万元。

职工福利费扣除限额 =210×14% =29.4（万元）；应调增所得额38 −29.4 =8.60（万元）

职工教育经费扣除限额 =210×2.5% =5.25（万元）；应调增所得额 =8.55 −5.25 =3.30（万元）

工会经费扣除限额 =210×2% =4.2（万元）实际拨缴数未超限额，可以据实扣除。

应纳税所得额 =520 +25 +49.50 +11 +37.60 −5 +8.60 +3.30 =650（万元）

（3）应纳企业所得税额 =650×25% =162.50（万元）

4.（1）应缴纳的增值税 =8 600×17% −8.5 −510 −230×7% =927.4（万元）

（2）应缴纳的营业税 =200×5% =10（万元）

（3）应缴纳的城市维护建设税和教育费附加 =(927.4 +10)×(7% +3%) =93.74（万元）

（4）会计利润 =8 600 −5 660 +700 −100 +200 +50 +8.5 +30 −1650 −850 −80 −300 −10 −93.74 =844.76（万元）

（5）销售（营业）收入 =8 600 +200 =8 800（万元）

广告费用应调整的应纳税所得额 =1 400 −8 800×15% =80（万元）

（6）业务招待费×60% =90×60% =54（万元）

销售（营业）收入×0.5% =8 800×0.5% =44（万元）

业务招待费应调整的应纳税所得额 =90 −44 =46（万元）

（7）财务费用应调整的应纳税所得额 =40 −500×5.8% =11（万元）

（8）工会经费扣除限额 =540×2% =10.8（万元），调增15 −10.8 =4.2（万元）

职工福利费扣除限额 =540×14% =75.6（万元），调增82 −75.6 =6.4（万元）

职工教育经费 $=540\times2.5\%=13.5$（万元），调增 $18-13.5=4.5$（万元）

职工工会经费、职工福利费、职工教育经费应调整的应纳税所得额 $=4.2+6.4+4.5$

$=15.1$（万元）

（9）公益性捐赠应调整的应纳税所得额 $=150-844.76\times12\%=48.63$（万元）

（10）企业所得税的应纳税所得额 $=844.76+80+46+11+15.1+48.63-30=1\,015.49$（万元）

（11）应缴纳的企业所得税 $=(1\,015.49-600)\times25\%+100\times25\%\times50\%=116.37$（万元）

第十章　个人所得税

一、练习题

1. 中国公民李某为一文工团演员，2008 年 1 ~ 12 月收入情况如下：①每月取得工薪收入 6 000 元（不含"三费一金"），12 月取得年终奖金 24 000 元；②每月参加赴郊县乡村文艺演出一次，每一次收入 3 000 元，每次均通过当地教育局向农村义务教育捐款 2 000 元；③取得定期存款利息 10 000元，其中 2008 年 10 月 9 日后的利息 2 000 元；④在 A 国讲学一次，取得收入 50 000 元，已按该国税法规定在该国缴纳了个人所得税 8 000 元；⑤在 B 国出版自传作品一部，取得稿酬160 000 元，已按 B 国税法规定在该国缴纳了个人所得税 16 000 元。

要求：按下列顺序回答问题：（1）计算 2008 年的工资和奖金收入应缴纳的个人所得税总和；（2）计算 2008 年赴郊县乡村文艺演出收入应缴纳的个人所得税总和；（3）计算存款利息收入应缴纳的个人所得税；（4）计算 A 国讲学收入在我国应缴纳的个人所得税；（5）计算 B 国出版作品收入在我国应缴纳的个人所得税。

2. 王某的一篇论文被编入某论文集出版，取得稿酬 5 000 元，当年因添加印数又取得追加一笔稿酬 2 000 元。

要求：计算王某所获稿酬应缴纳的个人所得税。

3. 王某（中国公民，系国内某单位职工）2008 年全年收入情况如下：①1 ~ 12 月份，每月工资、奖金收入（不含"三费一金"）4 500 元。②4 月份，创作的一部作品在市文化部门举办的优秀作品评选中获特等奖，奖金 1 500 元。③6 月份，为某公司设计软件，取得报酬 10 000 元。④8 月份，因购买住房，领取原提存的住房公积金 20 000 元。⑤10 月份，取得本单位兑现集资利息 5 000 元。

要求：（1）说明上述收入中，哪些需缴纳个人所得税，哪些不需缴纳个人所得税？（2）计算各支付单位应代扣代缴的个人所得税。

4. 某中国公民李某 2008 年 5 月份收入情况如下：①工资收入 2 900 元；②参加商场有奖销售中奖 4 000 元；③担任兼职律师取得收入 20 000 元，通过民政部门从中捐给"希望工程"（教育）基金会 10 000 元；④取得稿酬所得 5 800 元；⑤国债到期，利息收入 1 000 元。

要求：请按上述条件分项计算 5 月份该公民应缴纳的个人所得税。

5. 刘先生（中国公民，国内某单位职工）2008 年度 8 月份收入情况如下：①当月应税工资收入（不含按规定缴纳的基本养老保险费、基本医疗保险费、失业保险费和住房公积金）为 3 600 元。②利用业余时间为甲企业设计图纸，报酬 1 500 元。③因拥有某上市公司的股票取得股息6 000 元。④取得省政府颁发的教育奖 3 000 元。⑤在某出版社出版一部小说，稿酬 20 000 元。⑥因交通事故，获得保险赔偿 30 000 元。上述收入均为税前收入。

要求：根据上述资料，回答下列问题：（1）上述收入中，哪些不需要缴纳个人所得税？（2）各支付单位应扣缴的个人所得税额是多少？

二、参考答案

1. （1）工资和奖金收入应缴纳的个人所得税：

[(6 000 - 1 600) ×15% - 125] ×2 + [(6 000 - 2 000) ×15% - 125] ×10 = 5 820（元）

注：自2008年3月1日起，费用扣除标准由1 600元调整为2 000元。

24 000 ÷ 12 = 2 000（元），适用税率为10%

24 000 ×10% - 25 = 2 375（元）

工资和奖金收入应缴纳个人所得税共计：5 820 + 2 375 = 8 195（元）

（2）(3 000 - 800 - 2 000) ×20% ×12 = 480（元）

（3）(10 000 - 2 000) ×5% = 400（元）

注：2007年8月15日（含当日）后的储蓄存款利息所得，按照5%的税率征收个人所得税。2008年10月9日（含当日）后的利息所得，免征个人所得税。

（4）A国讲学所得个人所得税扣除限额 = 50 000 × (1 - 20%) ×30% - 2 000 = 10 000（元）

因此在我国应缴纳个人所得税 = 10 000 - 8 000 = 2 000（元）

（5）B国稿酬所得个人所得税扣除限额 = 160 000 × (1 - 20%) ×20% × (1 - 30%) = 17 920（元）

因此在我国应缴纳个人所得税 = 17 920 - 16 000 = 1 920（元）

2. 王某所获稿酬应缴纳的个人所得税：

税额 = (5 000 + 2 000) × (1 - 20%) ×20% × (1 - 30%) = 784（元）

注：同一作品出版、发表后，因添加印数而追加稿酬的，应与以前出版、发表时取得的稿酬合并计算为一次，计征个人所得税。

3. （1）第1、2、3、5项收入需缴纳个人所得税，第4项收入不需缴纳个人所得税。

（2）本单位1、2月每月应扣缴税额：(4 500 - 1 600) ×15% - 125 = 310（元）

（3）市文化部门应扣缴税额：1 500 ×20% = 300（元）

（4）某公司应扣缴税额：10 000 × (1 - 20%) ×20% = 1 600（元）

（5）本单位应扣缴税额：5 000 ×20% = 1 000（元）

4. （1）工资应纳税额：(2 900 - 200) ×10% - 25 = 65（元）

（2）中奖应纳税额：4 000 ×20% = 800（元）

（3）兼职律师取得收入：

应纳税所得额 = 20 000 × (1 - 20%) = 16 000（元）

公益救济性捐赠限额 = 16 000 ×30% = 4 800（元）

应纳税额 = (16 000 - 4 800) ×20% = 2 240（元）

（4）稿酬应纳税额 = 5 800 × (1 - 20%) ×20% × (1 - 30%) = 649.6（元）

（5）免税

（6）共应纳税额 = 65 + 800 + 2 240 + 649.6 = 3 754.6（元）

5. （1）在刘先生的收入中，第（4）（6）项不需缴纳个人所得税。

（2）各支付单位应扣缴的个人所得税额

任职单位代扣税款：(3 600 - 2 000) ×10% - 25 = 135（元）

甲企业代扣税款：(1 500 - 800) ×20% = 140（元）

上市公司代扣税款：6 000 ×50% ×20% = 600（元）

出版社代扣税款：20 000 × (1 - 20%) ×20% × (1 - 30%) = 2 240（元）

第十一章　土地增值税

一、练习题

1. 某房地产开发公司购买一片土地用于普通标准住宅的建造，共支付地价款及有关费用 2 000 万元，开发成本 1 800 万元。建成后对外出售，共取得货币收入 6 000 万元，实物收入 500 万元，销售环节的营业税率为 5%，城建税和教育费附加按营业税额的 7%、3% 征收，印花税税率为 5‰。该公司发生的开发费用为 500 万元，其中 200 万元为利息支出，能提供金融机构证明。

要求：请计算该单位应交的土地增值税为多少？

2. 2008 年 5 月 28 日，某房地产开发公司销售其新建商品房一幢，取得销售收入 1.4 亿元，已知该公司支付与商品相关的土地使用权费 1 800 万元，开发成本为 3 000 万元，该公司没有按房地产项目计算分摊银行借款利息，该商品所在地的省政府规定计征土地增值税时房地产开发费用扣除比例为 10%，销售商品缴纳有关税金 770 万元。

要求：计算该公司销售商品房应缴纳的土地增值税，并填写土地增值税纳税申报表。

二、参考答案

1. （1）收入总额 = 6 000 + 500 = 6 500（万元）

（2）允许扣除税金 = 6 500 × 5% ×（1 + 7% + 3%）= 357.50（万元）

（3）开发费用的扣除额 = 200 +（2 000 + 1 800）× 5% = 390（万元）

（4）扣除项目合计 = 2 000 + 1 800 + 390 + 357.5 +（2 000 + 1 800）× 20% = 5 307.5（万元）

（5）增值额 = 6 500 − 5 307.5 = 1 192.5（万元）

（6）1 192.5 ÷ 5 307.5 × 100% = 22.47%

适用税率为 30%

（7）应纳土地增值税 = 1 192.5 × 30% = 357.75（万元）

2. （1）销售收入 = 14 000（万元）

（2）土地使用权费及开发成本 = 4 800（万元）

（3）房地产开发费用 = 4 800 × 10% = 480（万元）

（4）税金 = 770（万元）

（5）加计扣除费用 = 4 800 × 20% = 960（万元）

（6）扣除项目合计 = 4 800 + 480 + 770 + 960 = 7 010（万元）

（7）增值额 = 14 000 − 7 010 = 6 990（万元）

（8）增值额与扣除项目比例 = 6 990/7 010 = 99.71% < 100%

（9）土地增值税额 = 6 990 × 40% − 7 010 × 5% = 2 445.50（万元）

土地增值税纳税申报表（一）

（从事房地产开发的纳税人适用）

税款所属时间：2008 年 5 月　日　填表日期：2008 年　6 月 5 日

纳税人编码：********　　金额单位：人民币元　　面积单位：*** 平方米

<table>
<tr><td>纳税人名称</td><td colspan="2">×房地产开发公司</td><td>项目名称</td><td colspan="2">***</td><td>项目地址</td><td>*****</td></tr>
<tr><td>业　别</td><td>**</td><td>经济性质</td><td>**</td><td>纳税人地址</td><td>**</td><td>邮政编码</td><td>******</td></tr>
<tr><td>开户银行</td><td>****</td><td>银行账号</td><td>********</td><td>主管部门</td><td>******</td><td>电　话</td><td>********</td></tr>
</table>

项　目		行次	金　额
一、转让房地产收入总额　1 = 2 + 3		1	140 000 000
其中	货币收入	2	140 000 000
	实物收入及其他收入	3	0
二、扣除项目金额合计　4 = 5 + 6 + 13 + 16 + 20		4	70 100 000
1. 取得土地使用权所支付的金额		5	18 000 000
2. 房地产开发成本　6 = 7 + 8 + 9 + 10 + 11 + 12		6	30 000 000
其中	土地征用及拆迁补偿费	7	
	前期工程费	8	
	建筑安装工程费	9	
	基础设施费	10	
	公共配套设施费	11	
	开发间接费用	12	
3. 房地产开发费用　13 = 14 + 15		13	4 800 000
其中	利息支出	14	
	其他房地产开发费用	15	
4. 与转让房地产有关的税金等　16 = 17 + 18 + 19		16	7 700 000
其中	营业税	17	
	城市维护建设税	18	
	教育费附加	19	
5. 财政部规定的其他扣除项目		20	9 600 000
三、增值额　21 = 1 − 4		21	69 900 000
四、增值额与扣除项目金额之比（%）22 = 21 ÷ 4		22	99.71
五、适用税率（%）		23	40
六、速算扣除系数（%）		24	5
七、应缴土地增值税税额　25 = 21 × 23 − 4 × 24		25	24 455 000
八、已缴土地增值税税额		26	0
九、应补（退）土地增值税税额　27 = 25 − 26		27	24 455 000

<table>
<tr><td>授权代理人</td><td colspan="3">（如果你已委托代理申报人，请填写下列资料）
为代理一切税务事宜，现授权______（地址）______为本纳税人的代理申报人，任何与本报表有关的来往文件都可寄与此人。
授权人签字：__________</td><td>声明</td><td colspan="3">我声明：此纳税申报表是根据《中华人民共和国土地增值税暂行条例》及其《实施细则》的规定填报的。我确信它是真实的、可靠的、完整的。
声明人签字：__________</td></tr>
<tr><td>纳税人
签　章</td><td>**</td><td>法人代表
签　章</td><td>***</td><td>经办人员（代理申报人）
签章</td><td>***</td><td>备注</td><td></td></tr>
</table>

第十二章　城镇土地使用税、耕地占用税

一、练习题

1. 设在某城市的一内资企业使用土地面积为20 000平方米，经税务机关核定，免税土地为200平方米。（注：所在地规定每平方米年税额为10元。）

要求：请计算其全年应纳的土地使用税额。

2. 甲企业（国有企业）生产经营用地分布于A、B、C三个地域，A区域的土地使用权属于甲企业，面积10 000平方米，其中幼儿园占地1 000平方米，厂区绿化占地2 000平方米；B区域的土地使用权属甲企业与乙企业共同拥有，面积5 000平方米，实际使用面积各半；C区域面积3 000平方米，甲企业一直使用但土地使用权未确定。假设A、B、C的城镇土地使用税的单位税额为每平方米15元。

要求：计算甲企业全年应纳城镇土地使用税。

3. 某房屋开发公司经批准房屋开发建设而占用耕地5 000平方米。（注：所在地规定每平方米年税额为20元。）

要求：请计算其应纳的耕地占用税额。

二、参考答案

1. 年应纳土地使用税税额 = (20 000 − 200) × 10 = 19 800（元）
2. 年应纳土地使用税税额 = (10 000 − 1 000 + 5 000 + 3 000) × 15 = 217 500（元）
3. 应纳耕地占用税税额 = 5 000 × 20 = 100 000（元）

第十三章　房产税、车船税

一、练习题

1. 某内资企业自有办公楼一栋，原值 8 500 万元，共 20 000 平方米。其中自用 18 000 平方米，出租 2 000 平方米，每年租金 148 万元。（按该公司当地政府的规定减除比例为 30%。）

要求：请计算该企业每年应缴的房产税税金。

2. 赵某拥有两处房产，一处原值 60 万元的房产供自己及家人居住，另一处原值 40 万元的房产于 2008 年 7 月 1 日出租给王某居住，按市场价每月取得租金收入 1 200 元。

要求：计算赵某当年应缴纳的房产税。

3. 某企业有一处房产原值 1 000 万元，2008 年 7 月 1 日用于投资联营（收取固定收入，不承担联营风险），投资期为 5 年。已知该企业当年取得固定收入 50 万元，当地政府规定的扣除比例为 20%。

要求：计算该企业 2008 年应缴纳房产税。

4. 某货运公司 2005 年拥有自重吨位为 10 吨的载货汽车 25 辆、自重吨位为 4 吨的挂车 10 辆，净吨位均为 20 吨；3 辆四门六座客货两用车，自重吨位为 5 吨；小轿车 2 辆。该公司所在省规定载货汽车年纳税额每吨 96 元，9 座以下乘人汽车年纳税额每辆 420 元。

要求：计算该公司 2008 年应缴的车船使用税。

※5. 某公司广告部 2008 年经营情况如下：①取得广告收入 560 万元，支付外单位广告制作费 70 万元。又支付设计费、劳务费 4.9 万元。支付电视台广告发布费 80 万元。②房产开发部自建同质量、同标准的楼房三栋，建筑总成本 4 500 万元（成本利润率 10%）一栋自用，另两栋出售。取得收入 5 120 万元。③7 月 20 日公司购入客货两用车 2 辆，投入使用，每辆车的自重吨位为 10 吨，（当地规定载货汽车每吨位税额 96 元）

要求：根据以上资料，计算公司本年应缴纳的营业税、车船税。

二、参考答案

1.（1）自用房产的原值 = 8 500/2 × 1.8 = 7 650（万元）

（2）自用房产应纳房产税 = 7 650 ×（1 − 30%）× 1.2% = 64.26（万元）

（3）出租房应纳房产税 = 148 × 12% = 17.76（万元）

（4）全年应纳房产税 = 64.26 + 17.76 = 82.02（万元）

2. 应缴纳房产税 = 1 200 × 4% × 6 = 288（元）

说明：个人所有非营业用房免征房产税，原值 60 万元的房产供自己及家人居住的用房是免房产税的，另外一处，也只就其出租期间缴纳房产税；出租后仍用于居住的，减按 4% 税率征收。

3. 应纳房产税 = 1 000 ×（1 − 20%）× 1.2% ÷ 12 × 6 + 50 × 12% = 10.8（万元）

4. 应缴纳车船使用税 = 10 × 25 × 96 + 4 × 10 × 96 + 3 × 5 × 96 + 420 × 2

= 30 120（元）

说明：机动车挂车按机动载货汽车税额征收；客货两用汽车按机动载货汽车税额征收。

5. (1) 广告收入应纳营业税 = (568 − 80) × 5% = 24 (万元)

(2) 自建建筑物销售应纳营业税 = 4 500 × 2/3 × (1 + 10%) ÷ (1 − 3%) × 3% + 5 120 × 5%

= 3 300 ÷ 97% × 3% + 256

= 358.06 (万元)

(3) 应缴纳的车船使用税 = (2 × 10 × 96) ÷ 12 × 6 = 960 (元)

说明：新购置车辆从当月起纳税。客货两用汽车按机动载货汽车税额征收。

第十四章　契税、印花税

一、练习题

1. 某公司购买一土地使用权，成交价格为200万元。（注：当地规定的契税适用税率为3%。）

要求：计算该公司应纳契税。

2. 公民甲与公民乙交换房屋，甲房屋价格为100万元，乙房屋价格为120万元。成交后，甲支付乙20万元的房屋差价款。（注：当地规定契税税率为5%。）

要求：公民甲、乙应如何缴纳契税？

3. 某高新技术企业2008年5月份开业，注册资金220万元，当年发生经营活动如下：①领受工商营业执照、房屋产权证、土地使用证和税务登记证各一份；②建账时共设8个账簿，其中资金账簿中记载实体资本220万元；③签订购销合同4份，共记载金额280万元；④签订借款合同1份，记载金额50万元，当年取得利息0.8万元；⑤与广告公司签订广告制作合同1份，分别记载加工费3万元，广告公司提供的原材料7万元；⑥签订技术服务合同1份，记载金额60万元；⑦签订租赁合同1份，记载租赁费金额50万元；⑧签订转让专有技术使用权合同1份，记载金额150万元。

要求：按下列顺序回答问题，均为共计金额：（1）计算领受权利许可证照应缴纳的印花税；（2）计算设置账簿应缴纳的印花税；（3）计算签订购销合同应缴纳的印花税；（4）计算签订借款合同应缴纳的印花税；（5）计算签订广告制作合同应缴纳的印花税；（6）计算签订技术服务合同应缴纳的印花税；（7）计算签订租赁合同应缴纳的印花税；（8）计算签订专有技术使用权转让合同应缴纳的印花税。

二、参考答案

1. 应纳契税税额 $= 2\ 000\ 000 \times 3\% = 60\ 000$（元）

2. 甲应纳契税税额 $= 200\ 000 \times 5\% = 10\ 000$（元）

乙不需纳税。

3. （1）领受权利许可证执照应缴纳的印花税 $= 5 + 5 + 5 = 15$（元）

（2）设置账簿应缴纳的印花税 $= 7 \times 5 + 2\ 200\ 000 \times 0.05\% = 35 + 1\ 100 = 1\ 135$（元）

（3）签订购销合同应缴纳的印花税 $= 2\ 800\ 000 \times 0.03\% = 840$（元）

（4）借款合同应缴纳的印花税 $= 500\ 000 \times 0.005\% = 25$（元）

注：利息不缴纳印花税。

（5）广告制作合同应缴纳的印花税 $= 30\ 000 \times 0.05\% + 70\ 000 \times 0.3‰ = 36$（元）

注：这里原材料是由广告公司提供的，也就是承揽方提供，应当按照购销合同计算贴花。

（6）技术服务合同应缴纳的印花税 $= 600\ 000 \times 0.03\% = 180$（元）

（7）租赁合同应缴纳的印花税 $= 500\ 000 \times 0.1\% = 500$（元）

（8）专有技术使用权转让合同应缴纳的印花 $= 1\ 500\ 000 \times 0.05\% = 750$（元）

第十五章　税收征收管理法

一、练习题

1. 东方娱乐城成立于2008年1月1日，是某市一家专门经营歌厅舞厅、游戏游艺、保龄球台球业务的娱乐企业。2009年2月，娱乐城向当地主管税务机关报送了《企业所得税年度纳税申报表》等纳税资料。资料显示的财务收支及纳税情况如下：①取得门票收入150万元，点歌费收入50万元，提供小食品收入30万元，烟酒饮料收入70万元，会员卡费收入100万元。②成本支出168万元。③销售税金及附加71.5万元，其中营业税65万元，城市维护建设税4.55万元，教育费附加1.95万元。④发生期间费用160.5万元，其中以经营租赁方式租入的固定资产折旧2万元，广告费用82万元，支付给本企业雇员业余时间联系客户的佣金30万元（未代扣代缴个人所得税），支付利息40万元（金融机构同期、同类贷款利息为25万元）。⑤应纳税所得额为0。

要求：（1）逐一找出娱乐城在税款计算方面存在的问题，并正确计算应纳的各种税款及教育费附加。（2）依据《税收征收管理法》及《刑法》的有关规定，指出娱乐城所应承担的法律责任。

2. 甲某是某剧团演职人员，乙某是剧团聘请的个体演员。2008年4月29日至5月3日该剧团在A市演出五场每天一场，支付乙某的出场费为每场12 000元按规定将收入的10%上交A市文化局管理费。5月10日，乙某又在B市参加该剧团演出一场，取得出场费8 000元，按10%上交B市文化局管理费。甲某4月份领取工资4 500元，因参加演出领取奖金1 000元。5月份甲某又委托乙某编写了一段相声，支付了乙某1 000元。乙某将自己购买后居住了4年的普通住房出售，取得售房收入30万元，原购房支出18万元。经税务机关检查，剧团没有扣缴乙某的个人所得税，乙某的其他收入也没有纳税。便通知乙某申报，乙某拒不申报。对甲某剧团代扣了4月的个人所得税250元。

要求：根据以上资料分析计算，甲某4月份，乙某4、5月份各应缴纳的个人所得税。并分析指出剧团和甲某、乙某演员的纳税行为有何错误，按征管法应如何处罚。

3. 某城市税务分局对辖区内一家内资企业进行税务检查时，发现该企业故意少缴营业税58万元，遂按相关执法程序对该企业作出补缴营业税、城建税和教育费附加并加收滞纳金（滞纳时间50天）和罚款（与税款等额）的处罚决定。该企业于当日接受了税务机关的处罚。

要求：计算该企业补缴的营业税、城建税及滞纳金、罚款合计为。

二、参考答案

1. （1）存在问题及税费计算：

部分收入因适用税率不正确，致使营业税计算有误。

$$营业税=(150+50+100+30+70)\times 20\% =400\times 20\% =80（万元）$$

因营业税计算不正确，致使城建税计算有误。

$$城建税=80\times 7\% =5.6（万元）$$

因营业税计算不正确，致使教育费附加计算有误。

教育费附加 $=80\times3\%=2.4$（万元）

以经营租赁方式租入固定资产，不得提取折旧，因而不能在税前扣除；广告费支出超过税法规定的税前列支标准。

不能在税前列支的金额 $=82-400\times15\%=22$（万元）

支付给本企业雇员的佣金30万元在税前列支不正确。

利息在税前全额扣除不正确，应按税法规定扣除。

不能在税前扣除的金额 $=40-25=15$（万元）

应纳税所得额计算不正确

应纳税所得额 $=150+50+30+70+100-168-(160.5-2)+22+30+15-80-5.6-2.4$
$=52.5$（万元）

应纳企业所得税 $=52.5\times25\%=13.125$（万元）

支付佣金未代扣代缴个人所得税不正确。

（2）应承担的法律责任：

偷税数额 $=80+5.6-65-4.55+13.125=29.175$（万元）

应纳税额 $=80+5.6+13.125=98.725$（万元）

偷税数额 ÷ 应纳税额 $=29.175\div98.725\times100\%\approx29.55\%$

说明：因偷税数额占应纳税额的比例在30%以下，虽偷税数额超过10万元，但不构成偷税罪。首先由税务机关追缴娱乐城所偷的税款、滞纳金，并处以偷税款50%以上5倍以下的罚款；然后对娱乐城支付给本企业雇员的佣金未代扣代缴个人所得税问题，应由税务机关向其雇员追缴税款，并对娱乐城处以应扣未扣税款50%以上3倍以下的罚款。

2. 甲某4月应纳个人所得税：$(4\,500+1\,000-2\,000)\times15\%-125=400$（元）

乙某4月份应纳个人所得税：$(2\times12\,000-2\times12\,000\times10\%)\times(1-20\%)\times20\%=3\,456$（元）

乙某5月演出应纳个人所得税（A市）：$(3\times12\,000-3\times12\,000\times10\%)\times(1-20\%)\times30\%-2\,000=5\,776$（元）

乙某5月演出应纳个人所得税（B市）：$(8\,000-8\,000\times10\%)\times(1-20\%)\times20\%=1\,152$（元）

乙某劳务收入应纳个人所得税（为甲某写相声段子）：$(1\,000-800)\times20\%=40$（元）

乙某卖房免征营业税应征个人所得税：$(30-18)\times20\%=2.4$（万元）

说明：（1）剧团代扣甲某4月应纳税款错误，应将奖金并入工资计征，少扣缴了150元。

（2）剧团未扣缴乙某的税款共10 384元（3 456+5 776+1 152）。

按征管法规定对剧团应处应扣未扣税款 $(30+10\,384)\times50\%=5\,207$ 元以上3倍以下罚款。

（3）甲某、乙某纳税人应将自己少缴税款和未缴税款补缴，乙某少缴税款（4月、5月）共34 424元，已构成偷税罪，处偷税数额1倍以上5倍以下罚金，并判处3年以下有期徒刑或拘役。

（4）甲某、乙某补交税款时，还应同时计算缴纳滞纳金。

3. （1）补交的营业税城建税及其罚款 $=(58+58\times7\%)\times2=124.12$（万元）

说明：补缴的城建税以纳税人实际缴纳的营业税为计税依据，罚款与补缴税款等额

（2）两税滞纳金 $=(58+58\times7\%)\times50\times0.5‰=1.5515$（万元）

说明：滞纳金按滞纳天数的0.5‰征收

（3）补缴的营业税、城建税及滞纳金、罚款 $=124.12+1.5515=125.6715$（万元）

附录1：2008年注册会计师全国统一考试《税法》试题及答案分析

一、单项选择题（本题型共20题，每题1分，共20分。每题只有一个正确答案，请从每题的备选答案中选出一个你认为正确的答案，在答题卡相应的位置上用2B铅笔填涂相应的答案代码。答案写在试题卷上无效。）

1.《中华人民共和国营业税暂行条例》的法律级次属于（　　）。

A. 财政部制定的部门规章

B. 全国人大授权国务院立法

C. 国务院制定的税收行政法规

D. 全国人大制定的税收法律

答案：B

解析：授权立法是指全国人民代表大会及其常务委员会根据需要授权国务院制定某些具有法律效力的暂行规定或者条例。授权立法与制定行政法规不同。国务院从1994年1月1日起实施工商税制改革，制定实施了增值税、营业税、消费税、资源税、土地增值税等5个现行的暂行条例。

2. 根据税收征收管理法及其他相关规定，对税务机关的征税行为提起诉讼，必须先经过复议，对复议决定不服的，可以在接到复议决定书之日起的一定时限内向人民法院起诉。下列各项中，符合上述时限规定的是（　　）。

A. 15日

B. 30日

C. 60日

D. 90日

答案：A

解析：根据《征管法》第八十八条及其他相关规定，对税务机关的征税行为提起诉讼，必须先经过复议；对复议决定不服的，可以在接到复议决定书之日起15日内向人民法院起诉。

3. 下列各项中，符合增值税纳税人放弃免税权有关规定的是（　　）。

A. 纳税人可以根据不同的销售对象选择部分货物放弃免税权

B. 纳税人应以书面形式提出放弃免税申请，报主管税务机关审批

C. 纳税人自税务机关受理其放弃免税声明的当月起12个月内不得申请免税

D. 符合条件但尚未认定为增值税一般纳税人的纳税人放弃免税权，应当认定为一般纳税人

答案：D

解析：选项A，纳税人一经放弃免税权，其生产销售的全部增值税应税货物或劳务均应按照适用税率征税，不得选择某一免税项目放弃免税权，也不得根据不同的销售对象选择部分货物或劳务放弃免税权。选项B，纳税人应以书面形式提出放弃免税申请，报主管税务机关备案。选项C，纳税人自税务机关受理纳税人放弃免税权声明的次月起12个月内不得申请免税。

4. 某生产企业属增值税小规模纳税人，2008年6月对部分资产盘点后进行处理：销售边角废

料，由税务机关代开增值税专用发票，取得不含税收入8万元；销售使用过的小汽车1辆，取得含税收入5.2万元（原值为4万元）。该企业上述业务应缴纳增值税（ ）。

A. 0.42万元

B. 0.48万元

C. 0.54万元

D. 0.58万元

答案： D

解析： 销售小汽车售价超过原值，按4%计算减半征收增值税。增值税 = 8 × 6% + 5.2 ÷ (1 + 4%) × 4% × 50% = 0.58（万元）

5. 下列各项中，应同时征收增值税和消费税的是（ ）。

A. 批发环节销售的卷烟

B. 零售环节销售的金基合金首饰

C. 生产环节销售的普通护肤护发品

D. 进口环节取得外国政府捐赠的小汽车

答案： B

解析： 选项A，消费税征税环节包括生产环节、委托加工环节、进口环节、零售环节，不包括批发环节。选项B，金基合金属于金银首饰，在零售环节征收增值税和消费税。选项C，普通护肤护发品不属于消费品。选项D，外国政府、国际组织无偿援助的进口物资和设备属于增值税免税项目。

6. 下列外购商品中已缴纳的消费税，可以从本企业应纳消费税额中扣除的是（ ）。

A. 从工业企业购进已税汽车轮胎生产的小汽车

B. 从工业企业购进已税酒精为原料生产的勾兑白酒

C. 从工业企业购进已税溶剂油为原料生产的溶剂油

D. 从工业企业购进已税高尔夫球杆握把为原料生产的高尔夫球杆

答案： D

解析： 选项A，用于生产汽车轮胎才能扣除；选项B，已经停止扣除；选项C，溶剂油用于连续生产不得抵扣。

7. 下列各项中，符合营业税计税依据规定的是（ ）

A. 远洋运输企业从事程租业务以实际收取租赁费为计税依据

B. 纳税人从事无船承运业务应以其向委托人收取的全部价款和价外费用为计税依据

C. 远洋运输企业从事期租业务以实际收取租赁费扣除发生的固定费用的余额为计税依据

D. 运输企业从事联运业务以实际收取营业额扣除支付给其他企业款项后的余额为计税依据

答案： A

解析： 选项A，程租业务，是指远洋运输企业为租船人完成某一特定航次的运输任务并收取租赁费的业务。选项B，纳税人从事无船承运业务，以其向委托人收取的全部价款和价外费用扣除其支付的海运费以及报关、港杂、装卸费用后的余额为计税营业额申报缴纳营业税。选项C，期租业务均按天向承租方收取租赁费，发生的固定费用（如人员工资、维修费用等）均由船东负担的业务。选项D，运输企业从事联运业务，以实际取得的营业额为计税依据。

8. 2006年6月1日，某公司经批准进口一台符合国家特定免征关税的科研设备用于研发项目，设备进口时经海关审定的完税价格折合人民币800万元（关税税率为10%），海关规定的监管年限为5年；2008年5月31日，公司研发项目完成后，将已计提折旧200万元的免税设备出售给国内另一家企业。该公司应补缴关税（　　）。

A. 24万元

B. 32万元

C. 48万元

D. 80万元

答案：C

解析：完税价格＝海关审定的该货物原进口时的价格×［1－申请补税时实际已使用的时间（月）÷（监管年限×12）］＝800×10%×（1－2÷5）＝48（万元）

9. 某油田2007年12月生产原油6 400吨，当月销售6 100吨，自用5吨，另有2吨在采油过程中用于加热、修井。原油单位税额为每吨8元，该油田当月应缴纳资源税（　　）。

A. 48 840元

B. 48 856元

C. 51 200元

D. 51 240元

答案：A

解析：开采原油过程中用于加热、修井的原油，免税。资源税＝（6 100＋5）×8＝48 840（元）。

10. 下列各项中，符合城市维护建设税相关规定的是（　　）。

A. 跨省开采的油田应按照油井所在地适用税率纳城市维护建设税

B. 营业税纳税人跨省承包工程应按劳务发生地适用税率缴纳城市维护建设税

C. 流动经营的单位应随同缴纳“三税”的经营地的适用税率缴纳城市维护建设税

D. 代扣代缴的城市维护建设税应按照被扣缴纳税人所在地适用税率缴纳城市维护建设税

答案：C

解析：选项A，跨省开采的应当选择核算地的税率。选项B，纳税人从事跨省工程的，应向其机构所在地主管地方税务机关申报纳税。选项D，代扣代缴、代收代缴的城建税按受托方（扣缴方）所在地适用税率执行。

11. 某国有企业2006年5月在市区购置一栋办公楼，支付8 000价款万元。2008年5月，该企业将办公楼转让，取得收入10 000万元，签订产权转移书据。办公楼经税务机关认定的重置成本价为12 000万元，成新率70%. 该企业在缴纳土地增值税时计算的增值额为（　　）。

A. 400万元

B. 1 485万元

C. 1 490万元

D. 200万元

答案：B

解析：评估价格＝12 000×70%＝8 400（万元），税金＝（10 000－8 000）×5%（1＋7%＋3%）＋10 000×0.05%＝115（万元），增值额＝10 000－8 400－115＝1 485（万元）

12. 某人民团体A、B两栋办公楼，A栋地3000平方米，B占地1000平方米。2007年3月30日至12月31日该团体将B栋出租。当地城镇土地使用税的税率为每平方米15元，该团体2007年应缴纳城镇土地使用税（　　）

A. 3 750元

B. 11 250 元

C. 12 500 元

D. 15 000 元

答案：B

解析：人民团体自用的 A 楼免税。城镇土地使用税 = 1 000 × 15 × 9 ÷ 12 = 11 250（元）

13. 某供热企业 2007 年拥有的生产用房原值 5 000 万元，全年取得供热总收入 2 500 万元，其中直接向居民供热的收入 800 万元。企业所在省规定计算房产余值的扣除比例为 30%，该企业 2007 年应缴纳房产税（　　）

A. 13.44 万元

B. 28.56 万元

C. 42 万元

D. 60 万元

答案：B

解析：对于兼营供热的企业，可按向居民供热收取的收入占其生产经营总收入的比例划分征免税界限。房产税 = 5 000 ×（1 – 30%）× 1.2% × 1 700 ÷ 2 500 = 28.56（万元）

14. 某航运公司 2007 年拥有机动船 4 艘，每艘净吨位为 3 000 吨；拖船 1 艘，发动机功率为 1 800马力。其所在省车船税计税标准为净吨位 2 000 吨以下的，每吨 4 元；2 001 ~ 10 000 吨的，每吨 5 元。该航运公司 2007 年应缴纳车船税（　　）。

A. 60 000 元

B. 61 800 元

C. 63 600 元

D. 65 400 元

答案：B

解析：2 马力折合净吨位 1 吨，拖船和按船舶税额的 50% 计算。车船税 = 4 × 3 000 × 5 + 1 800 × 50% × 4 × 50% = 61 800（元）

15. 下列各项中，不属于印花各应税凭证的是（　　）。

A. 无息、贴息贷款合同

B. 发电厂与电网之间签订的电力购售合同

C. 财产所有人将财产赠与社会福利单位的书据

D. 银行因内部管理 需要设置的现金收付登记簿

答案：D

解析：选项 A，对无息、贴息贷款合同免税；选项 D，对财产所有人将财产赠给政府、社会福利单位、学校所立的书据免税。选项 D，不属于印花税征税范围。

16. 居民甲某共有三套房产，2007 年将第一套市价为 80 万元的房产与乙某交换，并支付给乙某 15 万元；将第二套市价为 60 万元的房产折价给丙某抵偿了 50 万元的债务；将第三套市价为 30 万元的房产作股投入本人独资经营的企业。若当地确定的契税税率为 3%，甲某应缴纳契税（　　）

A. 0.45 万元

B. 1.95 万元

C. 2.25 万元

D. 2.85 万元

答案：A

解析：以自有房产作股投入本人独资经营企业，免纳契税。土地使用权交换、房屋交换，支付补价的一方纳税。契税 = 15 × 3% = 0.45（万元）

17. 依据企业所得税法的规定，下列各项中按负担所得的所在地确定所得来源地的是（　　）

A. 销售货物所得

B. 权益性投资所得

C. 动产转让所得

D. 特许权使用费所得

答案：D

解析：利息所得、租金所得、特许权使用费所得，按照负担、支付所得的企业或者机构、场所所在地确定，或者按照负担、支付所得的个人的住所地确定

18. 下列各项中，依据企业所得税法相关规定可计提折旧的生物资产是（　　）

A. 经济林

B. 防风固沙林

C. 用材林

D. 存栏待售特为牲畜

答案：A

解析：生物资产分为消耗性生物资产、生产性生物资产和公益性生物资产。其中生产性生物资产可计提折旧。生产性生物资产，是指为产出农产品、提供劳务或出租等目的而持有的生物资产，包括经济林、薪炭林、产畜和役畜等。

19. 王某持有某上市公司的股票10 000股，该上市公司2007年度的利润方案为每10股送3股，并于2008年6月份实施，该股票的面值为每股1元。上市公司庆扣缴王某的个人所得税（　　）。

A. 300元

B. 600元

C. 1 500元

D. 3 000元

答案：A

解析：对个人投资者从上市公司取得的股息、红利所得，自2005年6月13日起暂减按50%计入个人应纳税所得额，依照现行税法规定计征个人所得税。个人所得税 = 10 000 ÷ 10 × 3 × 1 × 20% × 50% = 300（元）

20. 作家马某2007年2月初在杂志上发表一篇小说，取得稿酬3800元，自2月15日起又将该小说在晚报上连载10天，每天稿酬450元。马某当月需缴纳个人所得税（　　）。

A. 420元

C. 924元

C. 929.6元

D. 1 320元

答案：B

解析：出版再连载视为两次稿酬，（3 800 − 800）× 20% × 70% + 450 × 10 ×（1 − 20%）× 20% × 70% = 924（万元）

二、多项选择题（本题型共20题，每题1分，共20分，每题均有多个正确答案，请从每题的备选答案中选出你认为正确的答案，在答题卡相应位置上用2B铅笔填涂相应的答案代码，每题所有答案选择正确的得分；不答、错答、漏答均不得分。答案写在试题卷上无效。）

1. 下列各项中，属于我国现行税法的有（　　）。

A. 税收基本法

B. 企业所得税法

C. 进出口关税条例

D. 中央与地方共享税条例

答案：BC

解析：《进出口关税条例》是构成我国现行税法体系的组成部分。

2. 根据税收征收管理法和税务登记管理办法的有关规定，下列各项中应当进行税务登记的有（　　）。

A. 从事生产经营的事业单位

B. 企业在境内其他城市设立的分支机构

C. 不从事生产经营只缴纳车船税的社会团体

D. 有来源于中国境内所得但未在中国境内设立机构、场所的非居民企业

答案：AB

解析：非从事生产经营的纳税人，除临时取得应税收入或发生应税行为以及只缴纳个人所得税、车船使用税的外，都应该申报办理税务登记。选项C属于只缴纳个人所得税、车船使用税的纳税人，不需要办理税务登记。

3. 下列各项中，符合税务行政一级复议具体规定的有（　　）。

A. 对国家税务总局做出的具体行政行为不服的，应向国家税务总局申请复议

B. 对省级地方税务局做出的具体行政行为不服的，可以向省级人民政府申请复议

C. 对受税务机关委托的单位做出的代征税款行为不服的，向委托代征的税务机关申请复议

D. 对国家税务局和地方税务局共同做出的具体行政行为不服的，可以向当地县级以上人民政府申请复议

答案：ABD

解析：对省级地方税务局作出的具体行政行为不服的，向国家税务总局或省级人民政府申请复议。对受税务机关委托的单位作出的代征税款行为不服的，向委托税务机关的上一级税务机关申请复议。对国家税务局和地方税务局共同作出的具体行政行为不服的，向国家税务总局申请复议，为方便纳税人，按《行政复议法》有关规定，在上述情况下，复议申请人也可以向具体行政行为发生地的县级地方人民政府提出行政复议申请，由接受申请的县级地方人民政府依法进行转送。

4. 下列关于软件产品的税务处理中，正确的有（　　）。

A. 纳税人转让计算机软件著作权取得的收入应征收增值税

B. 纳税人随同软件产品销售一并收取的维护费应征收增值税

C. 软件产品交付使用后，纳税人按期收取的维护费收入应征收营业税

D. 纳税人受托开发软件产品且著作权属于受托方的，其收入应征收增值税

答案：BCD

解析：对经过国家版权局注册登记，在销售时一并转让著作权、所有权的计算机软件征收营业税。纳税人受托开发软件产品，著作权属于受托方的征收增值税，著作权属于委托方或属于双方共

同拥有的不征收增值税。

5. 下列各项中，除另有规定外，可以享受增值税出口免税并退税优惠政策的有（ ）。

A. 来料加工复出品的货物

B. 小规模纳税人委托外贸企业出口的自产货物

C. 企业在国内采购并运往境外作为国外投资的货物

D. 对外承包工程公司运出境外用于对外承包项目的货物

答案：CD

解析：选项 AB，均为给予免税，但不予退税。

6. 下列各项中，应当征收消费税的有（ ）。

A. 化妆品厂作为样品赠送给客户的香水

B. 用于产品质量检验耗费的高尔夫球杆

C. 白酒生产企业向百货公司销售的试制药酒

D. 轮胎厂移送非独立核算门市部待销售的汽车轮胎

答案：AC

解析：用于产品质量检验耗费的高尔夫球杆属于必要的生产经营过程，不征消费税。轮胎厂移送非独立核算门市部待销售的汽车轮胎，不征消费税，如果门市部已经对外销售了，应当按销售额计征消费税。

7. 下列各项中，符合消费税纳税地点规定的有（ ）。

A. 进口应税消费品的，由进口人或其代理人向报关地海关申报纳税

B. 纳税人总机构与分支机构不在同一县的，分支机构应回总机构申报纳税

C. 委托加工应税消费品的，由委托方向受托方所在地主管税务机关申报纳税

D. 纳税人到外县销售自产应税消费品的，应回纳税人核算地或所在地申报纳税

答案：AD

解析：纳税人的总机构与分支机构不在同一县（市）的，应在生产应税消费品的分支机构所在地缴纳消费税。委托加工的应税消费品，除受托方为个体经营者外，由受托方向所在地主管税务机关代收代缴消费税税款。

8. 下列各项中，符合营业税法有关征收管理规定的有（ ）。

A. 保险业的营业税纳税期限为一个月

B. 典当业的营业税纳税期限为一个季度

C. 非金融企业从事金融业务的营业税纳税期限为一个月

D. 营业税纳税人不能按照固定期限纳税的可以按次纳税

答案：ACD

解析：金融业（不包括典当业）的纳税期限为一个季度，自纳税期满之日起 10 日内申报纳税。其他纳税人从事金融业务应按月申报纳税。所以，典当业的营业税纳税期限为一个月。

9. 位于市区的某自营业出口生产企业，2007 年 6 月增值税应纳税额为 -280 万元，出口货物的"免抵退"税额为 400 万元；企业将其自行研发的动力节约技术转让给一家科技开发公司，获得转让收入 80 万元。下列各项中，符合税法相关规定的有（ ）。

A. 该企业应缴纳的营业税 4 万元

B. 应退该企业增值税税额为 280 万元

C. 该企业应缴纳的教育费附加为 8.52 万元

D. 该企业应缴纳的城市维护建设税为 8.4 万元

答案：BD

解析：城建税 =（400 - 280）×7% = 8.4（万元）

10. 下列未包含在进口货物价格中的项目，应计入关税完税价格的有（　　）。

A. 由买方负担的购货佣金

B. 由买方负担的包装材料和包装劳务费

C. 由买方支付的进口货物在境内的复制权费

D. 由买方负担的与该货物视为一体的容器费用

答案：BD

解析：由买方负担的购货佣金，进口货物在境内的复制权费不得计入该货物的实付或应付价格之中。

11. 下列各项中，符合资源税纳税义务发生时间规定的有（　　）。

A. 采取分期收款结算方式的为实际收到款项的当天

B. 采取预收贷款结算方式的为发出应税产品的当天

C. 自产自用应税产品的为移送使用应税产品的当天

D. 采取其他结算方式的为收讫销售款或取得索取销售款凭据的当天

答案：BCD

解析：纳税人采取分期收款结算方式的，其纳税义务发生时间，为销售合同规定的收款日期的当天。

12. 下列各项中，房地产开发公司应进行土地增值税清算的有（　　）。

A. 直接转让土地使用权的

B. 房地产开发项目全部竣工完成销售的

C. 整体转让未竣工决算房地产开发项目的

D. 取得销售（预售）许可证满2年仍未销售完毕的

答案：ABC

解析：取得销售（预售）许可证满三年仍未销售完毕的，主管税务机关可要求纳税人进行土地增值税清算。

13. 下列各项中，属于法定免征城镇土地使用税的有（　　）。

A. 盐矿的矿井用地

B. 工业企业仓库用地

C. 危险品仓库用地

D. 机场场内道路用地

答案：AD

解析：工业企业仓库用地应当正常纳税。对于各类危险品仓库、厂房所需的防火、防爆、防毒等安全防范用地，可由各省、自治区、直辖市地方税务局确定，暂免征收城镇土地使用税。

14. 下列各项中，符合房产税纳税义务发生时间规定的有（　　）

A. 纳税人购置新建商品房，自房屋交付使用之次月起缴纳房产税

B. 纳税人委托施工企业建设的房屋，自建成之次月起缴纳房产税

C. 纳税人将原有房产用于生产经营，自生产经营之次月起缴纳房产税

D. 纳税人购置存量房，自房地产权属登记机关签发房屋权属证书之次月起缴纳房产税

答案：AD

解析：纳税人委托施工企业建设的房屋，从办理验收手续之次月起缴纳房产税。纳税人将原有房产用于生产经营，从生产经营之月起缴纳房产税。

15. 下列各项中，符合车船税征收管理规定的有（　　）

A. 车船税的申报纳税期限由省级人民政府确定

B. 车船税的纳税地点为车船所有人的住所所在地

C. 车船所有人没有缴纳车船税的，使用人应当代为缴纳车船税

D. 车船税纳税义务发生时间为车船管理部门核发的登记证书上记载日期的当月

答案：ACD

解析：纳税地点，由省、自治区、直辖市人民政府根据当地实际情况确定。

16. 甲公司于 2007 年 8 月与乙公司签订了数份以货易货合同，以共计 750 000 元的钢材换取 650 000 元的水泥，甲公司取得差价 100 000 元。下列各项中表述正确的有（　　）

A. 甲公司 8 月应缴纳的印花税为 225 元

B. 甲公司 8 月应缴纳的印花税为 420 元

C. 甲公司可对易货合同采用汇总方式缴纳印花税

D. 甲公司可对易货合同采用汇贴方式缴纳印花税

答案：BC

解析：商品购销活动中，采用以货换货方式进行商品交易签订的合同，是反映既购又销双重经济行为的合同。对此，应按合同所载的购、销合计金额计税贴花。

一份凭证应纳税额超过 500 元的，应向当地税务机关申请填写缴款书或者完税证，即“汇贴”办法。同一种类应纳税凭证，需频繁贴花的。纳税人可以根据实际情况自行决定是否采用按期汇总缴纳印花税的方式，汇总缴纳的期限为 1 个月。本题目中一份凭证应纳税额未超过 500 元，应当汇总缴纳。

甲公司 8 月应缴纳的印花税 =（750000 + 650000）×0.03% =420（元）

17. 下列各项中，免征或不征契税的有（　　）。

A. 国家出让国有土地使用权

B. 受赠人接受他人赠与的房屋

C. 法定继承人继承土地、房屋权属

D. 承受荒山土地使用权用于林业生产

答案：CD

解析：房屋的受赠人要按规定缴纳契税。

18. 依据企业所得税法的规定，判定居民企业的标准有（　　）

A. 登记注册地标准

B. 所得来源地标准

C. 经营行为实际发生地标准

D. 实际管理机构所在地标准

答案：AD

解析：居民企业是指依法在中国境内成立，或者依照外国（地区）法律成立但实际管理机构在中国境内的企业。

19. 在中国境内未设立机构、场所的非居民企业从中国境内取得的下列所得，应按收入全额计

算征收企业所得税的有（　　）

A. 股息

B. 转让财产所得

C. 租金

D. 特许权使用费

答案：ACD

解析：非居民企业从中国境内取得的股息、红利等权益性投资收益和利息、租金、特许权使用费所得，以收入全额为应纳税所得额

20. 下列各项中，计算个人所得税自行申报的年所得时允许扣除的项目有（　　）

A. 财产保险赔款

B. 国家发行的金融债券利息

C. 国际组织颁发的环境保护奖金

D. 商场购物取得的中奖所得

答案：ABC

解析：商场购物取得的中奖所得应当按偶然所得征税。

三、判断题（本题型共10题，每题1分，共10分。请判断每题的表述是否正确，你认为正确的，在答题卡相应位置上用2B铅笔填涂代码"√"；你认为错误的，填涂代码"×"。每题判断正确的得1分；每题判断错误的倒扣1分；不答题既不得分，也不扣分。扣分最多扣至本题型零分为止。答案写在试题卷上无效。）

1. 纳税担保是指经税务机关同意，为纳税人应当缴纳的税款及滞纳金提供担保的行为。纳税担保范围包括税款、滞纳金，但不包括实现税款、滞纳金的费用。（　　）

答案：×

2. 对销售除啤酒、黄酒外的其他酒类产品而收取的包装物押金，无论是否返还以及会计上如何核算，均应并入当期销售额计征增值税。（　　）

答案：√

3. 纳税人销售的应税消费品，如因质量等原因由购买者退回时，可以自行直接抵减当期应纳消费税款。（　　）

答案：×

解析：纳税人销售的应税消费品，如因质量等原因由购买者退回时，经所在地主管税务机关审核批准后，可退还已征收的消费税税款。但不能自行直接抵减应纳税款。

4. 为制造外销产品而进口的原材料，海关可以按实际加工出口的成品数量免征进口原材料的关税，也可以先对进口原材料征收关税，再按实际加工出口的成品数量予以退税。（　　）

答案：√

5. 对社会性投资建立的学生公寓，其为高校学生提供住宿服务所收取的租金收入，免征营业税。（　　）

答案：√

6. 开采资源税应税产品销售的，应向销售所在地的主管税务机关缴纳资源税。（　　）

答案：×

解析：凡是缴纳资源税的纳税人，都应当向应税产品的开采或者生产所在地主管税务机关缴纳

税款。

7. 凡以房屋为载体，不可随意移动的附属设备和配套设施，无论在会计核算中是否单独记账与核算，都应计入房产原值，计征房产税。(　　)

答案：√

8. 纳税人在购买机动车交通事故责任强制保险时缴纳车船税的，不需再向税务机关申报纳税。(　　)

答案：√

9. 出售国有、集体企业时，被出售企业原法人予以注销，并且买受人妥善安置原企业30%以上职工的，对其承受所购企业的土地、房屋权属，免征契税。(　　)

答案：×

解析：国有、集体企业出售，被出售企业法人予以注销，并且买受人妥善安置原企业30%以上职工的，对其承受所购企业的土地、房屋权属，减半征收契税；全部安置原企业职工的，免征契税。

10. 在计算企业的纳税所得额时，企业的不征税收入用于支出所形成的费用或者财产，不得扣除。(　　)

答案：√

四、计算题（本题型共4题，每题5分，共20分。要求列出计算步骤，每步骤计算得数精确小数占后两位，在答题卷上解答，答在试题卷上无效。）

1. 某首饰商城为增值税一般纳税人，2008年5月发生以下业务：①零售金银首饰与镀金首饰组成的套装礼盒，取得收入29.25万元，其中金银首饰收入20万元，镀金首饰收入9.25万元；②采取“以旧换新”方式向消费者销售金项链2 000条，新项链每条零售价0.25万元，旧项链每条作价0.22万元，每条项链取得差价款0.03万元；③为个人定制加工金银首饰，商城提供原料含税金额30.42万元，取得个人支付的含税加工费收入4.68万元（商城无同类首饰价格）；④用300条银基项链抵偿债务，该批项链账面成本为39万元，零售价70.2万元；⑤外购金银首饰一批，取得的普通发票上注明的价款400万元；外购镀金首饰一批，取得经税务机关认可的增值税专用发票，注明价款50万元、增值税8.5万元。(其他相关资料：金银首饰零售环节消费税税率5%)

要求：根据上述资料，按下列序号计算回答问题，每问需计算出合计数：(1) 销售成套礼盒应缴纳的消费税；(2)“以旧换新”销售金项链应缴纳的消费税；(3) 定制加工金银首饰应缴纳的消费税；(4) 用银基项链抵偿债务应缴纳的消费税；(5) 商城5月份应缴纳的增值税。

答案：(1) 销售成套礼盒应缴纳的消费税 $=29.25\div(1+17\%)\times5\%=1.25$（万元）

(2)“以旧换新”销售金项链应缴纳的消费税 $=2\,000\times0.03\div(1+17\%)\times5\%=2.56$（万元）

(3) 定制加工金银首饰应缴纳的消费税 $=(30.42+4.68)\div(1+17\%)\div(1-5\%)\times5\%$

$=31.58\times5\%$

$=1.58$（万元）

(4) 用银基项链抵偿债务应缴纳的消费税 $=70.2\div(1+17\%)\times5\%=3$（万元）

(5) 商城5月份应缴纳的增值税 $=[29.25\div(1+17\%)+2\,000\times0.03\div(1+17\%)+31.58$

$+70.2\div(1+17\%)]\times17\%-8.5$

$=20.04$（万元）

2. 位于县城的某建筑安装公司2007年8月发生以下业务：①与机械厂签订建筑工程合同一份，为其承建厂房一栋，签订合同时预收工程价款800万元，月初开始施工至月底已完成全部工程的

1/10；②与开发区签订安装工程合同一份，为其铺设通信线路，工程价款共计300万元，其中包含由开发区提供的光缆、电缆价值80万元，月末线路铺设完工，收回全部价款；③与地质勘探队签订合同一份，按照合同约定为其钻井作业提供泥浆工程劳务，取得劳务收入40万元；④以清包工形式为客户提供装修劳务，共收取人工费35万元、管理费5万元、辅助材料费10万元，客户自行采购的装修材料价款为80万元；⑤将自建的一栋宅楼销售给职工，取得销售收入1 000万元、煤气管道初装费5万元，代收住房专项维修基金50万元；该住宅楼的建筑成本780万元，当地省级税务机关确定的建筑业的成本利润率为15%.

要求：根据上述资料，按下列序号计算回答问题，每问需计算出合计数：（1）公司8月份承建厂房工程应缴纳的营业税；（2）公司8月份铺设通信线路工程应缴纳的营业税；（3）公司8月份提供泥浆工程作业应缴纳的营业税；（4）公司8月份为客户提供装修劳务应缴纳的营业税；（5）公司8月份将自建住宅楼销售给职工应缴纳的营业税；（6）公司8月份应缴纳的城市维护建设税和教育费附加。

答案：（1）承建厂房工程应缴纳的营业税 = 800 × 10% × 3% = 2.4（万元）

（2）铺设通信线路工程应缴纳的营业税 = (300 − 80) × 3% = 6.6（万元）

（3）提供泥浆工程作业应缴纳的营业税 = 40 × 3% = 1.2（万元）

（4）为客户提供装修劳务应缴纳的营业税 = （35 + 5 + 10） × 3% = 1.5（万元）

（5）自建住宅楼销售给职工应缴纳的营业税 = 780 × (1 + 15%) ÷ (1 − 3%) × 3% + (1 000 + 5) × 5%
= 77.99（万元）

（6）应缴纳的城市维护建设税和教育费附加 = (2.4 + 6.6 + 1.2 + 1.5 + 77.99) × (5% + 3%)
= 7.18（万元）

3. 位于市区的某国有工业企业利用厂区空地建造写字楼，2007年发生的相关业务如下：①按照国家有关规定补交土地出让金4 000万元，缴纳相关费160万元；②写字楼开发成本3 000万元，其中装修费用500万元；③写字楼开发费用中的利息支出为300万元（不能提供金融机构证明）；④写字楼竣工验收，将总建筑面积的1/2销售，签订销售合同，取得销售收入6 500万元；将另外1/2的建筑面积出租，当年取得租金收入15万元。（注：该企业所在省规定，按土地增值税暂行条例规定的高限计算扣除房地产开发费用）

要求：根据上述资料，按下列序号计算回答问题，每问需计算出合计数。（1）企业计算土地增值税时应扣除的取得土地使用权所支付的金额；（2）企业计算土地增值税时应扣除的开发成本的金额；（3）企业计算土地增值税时应扣除的开发费用的金额；（4）企业计算土地增值税时应扣除的有关税金；（5）企业应缴纳的土地增值税；（6）企业缴纳的营业税、城市维护建设税和教育费附加；（7）企业应缴纳的房产税。

答案：（1）取得土地使用权所支付的金额 = (4 000 + 160) × 50% = 2 080（万元）

（2）应扣除的开发成本的金额 = 3 000 × 50% = 1 500（万元）

（3）应扣除的开发费用的金额 = (2 080 + 1 500) × 10% = 358（万元）

（4）应扣除的有关税金 = 6 500 × 5% × (1 + 7% + 3%) + 6 500 × 0.05% = 360.75（万元）

（5）扣除项目合计 = 2 080 + 1 500 + 358 + 360.75 = 4 298.75（万元）
增值税率 = (6 500 − 4 298.75) ÷ 4 298.75 × 100% = 51.20%
应缴纳的土地增值税 = (6 500 − 4 298.75) × 40% − 4 298.75 × 5% = 665.56（万元）

（6）营业税、城市维护建设税和教育费附加 = (6 500 + 15) × 5% × (1 + 7% + 3%)
= 358.33(万元)

(7)应缴纳的房产税 = 15 × 12% = 1.8(万元)

4. 位于建制镇的某公司主要经营农产品采摘、销售、观光业务,公司占地3万平方米,其中采摘、观光的种植用地2.5万平方米,职工宿舍和办公用地0.5万平方米;房产原值300万元。公司2007年发生以下业务;①全年取得旅游观光业务收入150万元,农产品零售收入180万元;②6月30日签订房屋租赁合同一份,将价值50万元的办公室从7月1日起出租给他人使用,租期12个月,月租0.2万元,每月收租金1次;③8月与保险公司签订农业保险合同一份,支付保险费3万元;④9月与租赁公司签订融资租赁合同一份,租赁价值30万元的鲜果拣选机一台,租期5年,租金共计40万元,每年支付8万元。(注:适用城镇土地使用税税率每平方米5元;公司所在省规定计算房产余值的扣除比例为30%;金额以元为单位计算)

要求:根据上述资料,按照下列序号计算回答问题,每问需计算出合计数:(1)公司2007年应缴纳的城镇土地使用税;(2)公司2007年应缴纳的房产税;(3)公司2007年应缴纳的营业税;(4)公司2007年应缴纳的印花税;(5)公司2007年应缴纳的城市维护建设税和教育费附加。

答案:(1)应缴纳的城镇土地使用税 = (3 - 2.5) × 5 × 10 000 = 25 000 (元)

(2) 应缴纳的房产税 = 300 × (1 - 30%) × 1.2% × 50% × 10 000 + (300 - 50) × (1 - 30%) × 1.2% × 50% × 10 000 + 0.2 × 6 × 12% × 10 000 = 24 540 (元)

(3) 应缴纳的营业税 = 150 × 5% × 10 000 + 0.2 × 6 × 5% × 10 000 = 75 600 (元)

(4) 应缴纳的印花税 = 0.2 × 12 × 0.1% × 10 000 + 40 × 0.005% × 10 000 = 44 (元)

(5) 应缴纳的城市维护建设税和教育费附加 = 75 600 × (5% + 3%) = 6 048 (元)

五、综合题(本题型共3题,每题10分,共30分。要求列出计算步骤,每步骤运算得数精确到小数点后两位,在答题卷上解答,答在试题卷上无效。)

1. 某市卷烟生产企业为增值税一般纳税人,2008年6月有关经营业务如下:①2日向农业生产者收购烟叶一批,收购凭证上注明的价款500万元,并向烟叶生产者支付了国家规定的价外补贴;支付运输费用10万元,取得运输公司开具的运输发票,烟叶当期验收入库;②3日领用自产烟丝一批,生产A牌卷烟600标准箱;③5月从国外进口B牌卷烟400标准箱,支付境外成交价折合人民币260万元、到达我国海关前的运输费用10万元、保险费用5万元;④16日销售A牌卷烟300标准箱,每箱不含税售价1.35万元,款项收讫;将10标准箱A牌卷烟作为福利发给本企业职工;⑤25日销售进口B牌卷烟380标准箱,取得不含税销售收入720万元;⑥27日购进税控收款机一批,取得增值税专用发票注明价款10万元、增值税1.7万元;外购防伪税控通用设备,取得的增值税专用发票注明价款1万元、增值税0.17万元;⑦30日盘点,发现由于管理不善库存的外购已税烟丝15万元(含运输费用0.93万元)霉烂变质。(注:①烟丝消费税比例税率为30%;②卷烟消费税比例税率:每标准条调拨价格在50元以上的(含50元,不含增值税)为45%,每标准条对外调拨价格在50元以下的为30%;卷烟消费税定额税率:每标准箱(250标准条)150元;③卷烟的进口关税税率为20%;④相关票据已通过主管税务机关认证)

要求:根据上述资料,按下列序号计算回答问题,每问需计算出合计数:(1)外购烟叶可以抵扣的进项税额;(2)进口卷烟应缴纳的关税;(3)进口卷烟应缴纳的消费税;(4)进口卷烟应缴纳的增值税;(5)直接销售和视同销售卷烟的增值税销售项税额;(6)购进税控收款机和防伪税控通用设备可抵扣的进项税额;(7)损失烟丝应转出的进项税额;(8)企业6月份国内销售应缴纳的增值税;(9)企业6月份国内销售应缴纳的消费税。

答案：（1）外购烟叶可以抵扣的进项税额 = 500 × (1 + 10%) × (1 + 20%) × 13% + 10 × 7%
= 86.5（万元）

（2）进口卷烟应缴纳的关税 = (260 + 10 + 5) × 20% = 275 × 20% = 55（万元）

（3）每条价格 = (275 + 55 + 150 × 0.04) ÷ (1 − 30%) ÷ (250 × 400)
= 0.0048（万元）= 48（元）< 50（元/条），适用税率30%

进口卷烟应缴纳的消费税 = (275 + 55 + 150 × 0.04) ÷ (1 − 30%) × 30% + 150 × 0.04
= 150（万元）

（4）进口卷烟应缴纳的增值税 = (275 + 55 + 150 × 0.04) ÷ (1 − 30%) × 17% = 81.6（万元）

（5）直接销售和视同销售卷烟的增值税销售项税额 = (300 + 10) × 1.35 × 17% + 720 × 17%
= 193.55（万元）

（6）购进税控收款机和防伪税控通用设备可抵扣的进项税额 = 1.7 + 0.17 = 1.87（万元）

（7）损失烟丝应转出的进项税额 = (15 − 0.93) × 17% + 0.93 ÷ (1 − 7%) × 7% = 2.46（万元）

（8）企业6月份国内销售应缴纳的增值税 = 193.55 − (86.5 + 81.6 + 1.87 − 2.46)
= 26.04（万元）

（9）A卷烟单价 = 13500 ÷ 250 = 54（元），适用税率45%。

企业6月份国内销售应缴纳的消费税 = (300 + 10) × 1.35 × 45% + (300 + 10) × 0.015
= 192.98（万元）

2. 某市一家居民企业为增值税一般纳税人，主要生产销售彩色电视机，假定2008年度有关经营业务如下：①销售采取得不含税收入8 600万元，与彩电配比的销售成本5 660万元；②转让技术所有权取得收入700万元，直接与技术所有权转让有关的成本和费用100万元；③出租设备取得租金收入200万元，接受原材料捐赠取得增值税专用发票注明材料金额50万元、增值税进项税金8.5万元，取得国债利息收入30万元；④购进原材料共计3 000万元，取得增值税专用发票注明进项税额510万元；支付购料运输费用共计230万元，取得运输发票；⑤销售费用1 650万元，其中广告费1 400万元；⑥管理费用850万元，其中业务招待费90万元；⑦财务费用80万元，其中含向非金融企业借款500万元所支付的年利息40万元（当年金融企业贷款的年利率为5.8%）；⑧计入成本、费用中的实发工资540万元；发生的工会经费15万元、职工福利费82万元、职工教育经费18万元；⑨营业外支出300万元，其中包括通过公益性社会团体向贫困山区的捐款150万元。（注：①上述销售费用、管理费用和财务费用不涉及转让费用；②取得的相关票据均通过主管税务机关认证）

要求：根据上述资料，按下列计算回答总问题，每问需计算出合计数：（1）企业2008年应缴纳的增值税；（2）企业2008年应缴纳的营业税；（3）企业2008年应缴纳的城市维护建设税和教育费附加；（4）企业2008年实现的会计利润；（5）广告费用应调整的应纳税所得额；（6）业务招待费应调整的应纳税所得额；（7）财务费用应调整的应纳税所得额；（8）职工工会经费、职工福利费、职工教育经费应调整的应纳税所得额；（9）公益性捐赠应调整的应纳税所得额；（10）企业2008年度企业所得税的应纳税所得额；（11）企业2008年度应缴纳的企业所得税。

答案：（1）应缴纳的增值税 = 8 600 × 17% − 8.5 − 510 − 230 × 7% = 927.4（万元）

（2）应缴纳的营业税 = 200 × 5% = 10（万元）

（3）应缴纳的城市维护建设税和教育费附加 = (927.4 + 10) × (7% + 3%) = 93.74（万元）

（4）会计利润 = 8 600 − 5 660 + 700 − 100 + 200 + 50 + 8.5 + 30 − 1 650 − 850 − 80 − 300
− 10 − 93.74 = 844.76（万元）

（5）销售（营业）收入 =8 600 +200 =8 800（万元）
广告费用应调整的应纳税所得额 =1 400 -8 800 ×15% =80（万元）
（6）业务招待费 ×60% =90 ×60% =54（万元）
销售（营业）收入 ×0.5% =8 800 ×0.5% =44（万元）
业务招待费应调整的应纳税所得额 =90 -44 =46（万元）
（7）财务费用应调整的应纳税所得额 =40 -500 ×5.8% =11（万元）
（8）工会经费扣除限额 =540 ×2% =10.8（万元），调增 15 -10.8 =4.2（万元）
职工福利费扣除限额 =540 ×14% =75.6（万元），调增 82 -75.6 =6.4（万元）
职工教育经费 =540 ×2.5% =13.5（万元），调增 18 -13.5 =4.5（万元）
职工工会经费、职工福利费、职工教育经费应调整的应纳税所得额 =4.2 +6.4 +4.5 =15.1（万元）
（9）公益性捐赠应调整的应纳税所得额 =150 -844.76 ×12% =48.63（万元）
（10）企业所得税的应纳税所得额 =844.76 +80 +46 +11 +15.1 +48.63 -30 =1 015.49（万元）
（11）应缴纳的企业所得税 =（1 015.49 -600）×25% +100 ×25% ×50% =116.37（万元）

3. 居住在市区的中国居民李某，为一中外合资企业的职员，2007 年取得以下所得：①每月取得合资企业支付的工资薪金 9 800 元；②2 月份，为某企业提供技术服务，取得报酬 30 000 元，与其报酬相关的个人所得税由该企业承担；③3 月份，从 A 国取得特许权使用费折合人民币 15 000 元，已按 A 国税法规定缴纳个人所得税折合 1 500 人民币元并取得完税凭证；④4 月 1 日 ~6 月 30 日，前往 B 国参加培训，利用业余时间为当地三所中文学校授课，取得课酬折合人民币各 10 000 元，未扣缴税款；出国期间将其国内自己的小汽车出租给他人使用，每月取得租金 5 000 元；⑤7 月份，与同事杰克（外籍）合作出版了一本中外文化差异的书籍，共获得稿酬 56 000 元，李某与杰克事先约定按 6 ：4 比例分配稿酬。⑥10 月份，取得 3 年期国债利息收入 3 888 元；10 月 30 日取得于 7 月 30 日存入的三个月定期存款 90 000 元的利息（银行按年利率 1.71% 结息）；⑦11 月份，以每份 218 元的价格转让 2006 年的企业债券 500 份，发生相关税费 870 元债券申购价每份 200 元，申购时共支付相关税费 350 元；转让 A 股股票取得所得 24 000 元；⑧1 ~12 月份，与 4 个朋友合伙经营一个酒吧，年底酒吧将 30 万元生产经营所得在合伙人中进行平均分配；（注：银行定期存款自存款当日计息、到期日不计息，全年按 365 天计算）

要求：根据上述资料，按下列序号计算回答回题，每问需计算出合计数：（1）李某全年工资薪金应缴纳的个人所得税；（2）某企业为李某支付技术服务报酬应代付的个人所得税；（3）李某从 A 国取得特许权使用费所得应补缴的个人所得税；（4）李某从 B 国取得课酬所得应缴纳的个人所得税；（5）李某出租小汽车应缴纳的营业税、城市维护建设税和教育费附加（6）李某小汽车租金收入应缴纳的个人所得税；（7）李某稿酬所得应缴纳的个人所得税；（8）银行应扣缴李某利息所得的个人所得税；（9）李某转让有价证券所得应缴纳的个人所得税；（10）李某分得的生产经营所得应缴纳的个人所得税。

答案：（1）全年工资薪金应缴纳的个人所得税 =［（9 800 -1 600）×20% -375］×12 =15 180（元）
（2）应纳税所得额 =［（30 000 -2 000）×（1 -20%）］÷［1 -30% ×（1 -20%）］=29 473.68（元）
应代付的个人所得税 =29 473.68 ×30% -2 000 =6 842.10（元）
（3）应补缴的个人所得税 =15 000 ×（1 -20%）×20% -1 500 =900（元）
（4）应缴纳的个人所得税 =10 000 ×3 ×（1 -20%）×20% =4 800（元）
（5）出租小汽车应缴纳的营业税、城市维护建设税和教育费附加 =5 000 ×5% ×（1 +7% +

3%）×3=275×3=825（元）

（6）租金收入应缴纳的个人所得税=（5 000-275）×（1-20%）×20%×3=2 268（元）

（7）稿酬所得应缴纳的个人所得税=56 000×60%×（1-20%）×20%×（1-30%）=3 763.2（元）

（8）累计天数=2+31+30+29=92（天）

利息所得的个人所得税=90 000×1.71%×16÷365×20%+90 000×1.71%×76÷365×5%
=29.52（元）

（9）有价证券所得应缴纳的个人所得税=[（218-200）×500-870-350]×20%=1 556（元）

（10）李某分得：300 000÷5=60 000（元）

生产经营所得应缴纳的个人所得税=60 000×35%-6 750=14 250（元）

附录2：税法模拟考试题及参考答案

税法模拟考试题

一、单项选择题（下列每小题的备选答案中，只有一个符合题意的正确答案，多选、错选、不选均不得分。本题共10个小题，每小题1分，共10分）

1. 下列税收法律规范，属于税收程序法的是（　　）。

A. 个人所得税法　　B. 企业所得税法　　C. 增值税暂行条例　　D. 税收征收管理法

2. 下列业务，属于增值税征收范围的是（　　）。

A．饮食服务业务　　B. 货物运输业务　　C. 设备租赁业务　　D. 货物加工业务

3. 某商场（增值税一般纳税人）采取“以旧换新”方式销售电冰箱，取得现金收入（含税）46 800元；旧电冰箱收购金额为2 340元。该项业务实现的销项税额是（　　）。

A. 6 460元　　B. 6 800元　　C. 7 140元　　D. 8 353. 80元

4. 纳税人采取预收货款结算方式销售货物的，增值税纳税义务发生时间为（　　）。

A. 收到预收款的当天　　B. 收到全部货款的当天

C. 货物发出的当天　　D. 双方约定的结算日期

5. 列入消费税征收范围的高档手表，是指销售价格（不含增值税）每只在（　　）或以上的各类手表。

A. 5 000元　　B. 10 000元　　C. 15 000元　　D. 20 000元

6. 某生产企业将自产的适用不同税率的应税消费品组成成套消费品出售。下列说法，符合消费税法规规定的是（　　）。

A. 一律从高适用税率　　B. 一律从低适用税率

C. 分别核算的，分别计税　　D. 未分别核算的，从高适用税率

7. 纳税人将自产的应税消费品用于（　　）的，不征收消费税。

A. 连续生产应税消费品　　B. 连续生产非应税消费品

C. 职工个人消费　　D. 职工福利部门

8. 纳税人经营搬家业务取得的收入，应按照（　　）税目征收营业税。

A. 服务业　　B. 建筑业　　C. 交通运输业　　D. 文化体育业

9. 城市维护建设税的计税依据是（　　）。

A. 纳税人实际取得的收入额

B. 纳税人实际缴纳的增值税、消费税和营业税税额

C. 纳税人实际缴纳的增值税、消费税、营业税及其滞纳金

D. 纳税人实际缴纳的增值税、消费税、营业税及其滞纳金、罚款

10. 某建筑公司将自己新建的商品房销售给某单位，该项业务适用的税收政策是（　　）。

A. 免征营业税

B. 按建筑业征收营业税

C. 按销售不动产征收营业税

D. 自建行为按建筑业征收营业税，销售行为按销售不动产征收营业税

二、多项选择题（下列每小题的备选答案中，有两个或两个以上符合题意的正确答案，多选、少选、错选、不选均不得分。本题共 5 个小题，每小题 2 分，共 10 分）

11. 某生产企业（增值税一般纳税人）在应税产品生产经营中取得的下列凭证，经税务机关认证，可以作为增值税扣税凭证的有（　　）。

A. 进口生产用原材料从海关取得的进口增值税专用缴款书

B. 购进生产用辅助材料取得的普通发票

C. 购进应税货物从运输部门取得的运输发票

D. 销售应税货物从运输部门取得的运输发票

E. 收购免税农产品时填具的经税务机关批准使用的收购凭证

12. 按照现行消费税法规的规定，下列消费品属于应税消费品的有（　　）。

A. 高尔夫球及球具

B. 木制一次性筷子

C. 实木地板

D. 实木家具

E. 啤酒

13. 下列各项，按规定不征收个人所得税的有（　　）。

A. 独生子女补贴

B. 托儿补助费

C. 差旅费津贴

D. 误餐补助

E. 副食品补贴

14. 下列有关金融机构计税营业额的确定，符合营业税法规的有（　　）。

A. 一般贷款业务，以取得的利息收入额为营业额

B. 外汇转贷业务，以取得的贷款利息为营业额

C. 融资租赁业务，以其向承租者收取的全部价款和价外费用为营业额

D. 金融商品买卖业务，以其卖出价减去买入价后的余额为营业额

E. 金融机构的出纳长款收入，不征收营业税

15. 下列人员取得的工资、薪金所得，在计算个人所得税时，适用附加减除费用的有（　　）。

A. 在中国境内外资企业工作的外籍人员

B. 应聘在中国境内企事业工作的外籍专家

C. 在中国境内的外国企业办事机构工作的中国公民

D. 在中国境外任职或者受雇的中国公民

E. 应聘在中国境内高校的外籍教师

三、判断题（正确的填“√”；错误的填“×”。本题共 10 小题，每小题 1 分，共 10 分）

16. 一般纳税人购进货物或应税劳务取得的防伪税控系统开具的增值税专用发票，必须自该专用发票开具之日起 90 日内到税务机关认证，否则不予抵扣进项税额。（　　）

17. 2009 年 1 月 1 日 以后，对旧机动车经营单位销售的旧机动车、摩托车、游艇，免征增值税。(　　)

18. 对于个人取得的劳务报酬，若属于同一事项连续取得收入的，以一个月内取得的收入为一次。(　　)

19. 税收执法过程中，在税法适用性或法律效力的判断上，应遵循实体法从新，程序法从旧原则。(　　)

20. 营业税暂行条例规定，在核定计税营业额时采用的组成计税价格公式为：组成计税价格 = 营业成本或工程成本 ×（1 + 成本利润率）÷（1 – 营业税税率）(　　)

21. 资源税暂行条例规定，纳税人开采或者生产应税产品自用的，免征资源税。(　　)

22. 我国城市维护建设税条例规定，对出口产品退还增值税、消费税的，不退还已交纳的城市维护建设税。(　　)

23. 对旅游行业职工取得的工资、薪金所得，可以实行按年计算、分月预缴、年终汇算清缴办法计征个人所得税。(　　)

24. 某公司（集体企业）2007 年应纳税所得 200 000 元，以其弥补上年度亏损 190 000 元后，其余额为 10 000 元。则该企业本年度适用的企业所得税率为 18% 。(　　)

25. 纳税人采取赊销方式销售货物的，其增值税纳税义务发生时间为收到全部货款的当天。(　　)

四、名词解释（本题共 5 小题，每小题 4 分，共 20 分）

26. 生产型增值税

27. 小规模纳税人

28. 车辆购置税

29. 纳税期限

30. 耕地占用税

五、简答题（本题共 3 小题，每小题 5 分，共 15 分）

31. 营业税征收范围的基本规定。

32. 消费税的纳税环节和计税方法。

33. 个人所得税居民纳税人与非居民纳税人的确认标准及纳税义务。

六、计算题（要求计算项目列出计算过程；计算结果应列出计量单位；计算结果如出现小数的，均保留小数点后两位小数。本题共 3 小题，第 1 小题 5 分，第 2、3 小题每题 15 分，共 35 分）

34. 某建筑工程集团公司 2008 年度有关经营情况如下：①承包一项建筑工程，竣工后共取得工程款 4 200 万元，抢工费 10 万元。②承包某单位办公楼工程，总承包额 8 000 万元，其中将装饰工程分包给某装修公司，分包款为 900 万元。③自建一栋商品房，工程造价 1 940 万元；建成后，将其连同所占土地的使用权以 4 600 万元的价格销售给某单位。该公司所在地的省地方税务局确定的成本利润率为 10% 。④出租施工设备，取得租金收入 150 万元。⑤经营招待所，取得客房和餐厅收入 140 万元。

要求：根据上述资料，回答下列问题：(1) 该公司应缴纳的营业税额是多少？(2) 该公司应扣缴的营业税额是多少？

35. 南方某化妆品生产公司系增值税一般纳税人，2009 年 2 月份有关购销情况如下：①从农业生产者购入1批农产品作生产用材料，填开的收购凭证上列明的买价200 000元；发生运输费用2 000元，取得运输部门开具的运输发票；该批农产品已运抵企业。② 从某生产企业购进生产用材料并取得增值税专用发票，发票上注明的价款、税款分别为400 000元、68 000元；发生运输费用5 000元，取得运输公司开具的运输发票；该批材料已运抵企业。③将定做的生产经营用包装物运回企业并取得增值税专用发票，发票上注明的价款、税款分别为2 000元、340元。④支付生产设备修理费并取得增值税专用发票，发票上注明的修理费、增值税分别为800元、136元。⑤从自选超市购进办公用品，取得普通发票，支付金额500元。⑥支付水费，取得自来水公司开具的增值税专用发票，发票中注明的价款、税款分别为30 000元、1 800元；支付电费，取得供电部门开具的增值税专用发票，发票中注明的价款、税款分别为45 000元、7 650元；上述水电均为生产经营管理耗用。⑦向某大型商场销售化妆品，开具的增值税专用发票上注明的销售额为800 000元；结算时，给予对方5%的现金折扣，另开红字发票入账。⑧ 向某日用品零售商店销售化妆品，开具的普通发票上注明的金额为70 200元，货款已收讫。（注：该厂上月无留抵税额；本例涉及的增值税专用发票已纳入防伪税控系统，均通过主管税务机关认证；化妆品消费税税率为30%）

要求：根据上述资料，回答下列问题：（1）该厂本月实现的销项税额是多少？（2）该厂本月可申报抵扣的进项税额是多少？（3）该厂本月应纳的增值税额是多少？（4）该厂本月应纳的消费税额是多少？

36. 张先生系某市一公司职员（中国公民），2008年收入情况如下：①1～12月份，每月应税工资收入（不含按规定缴纳的基本养老保险费、基本医疗保险费、失业保险费和住房公积金）均为4 100元。②向A公司转让一项专利技术，成交价格80 000元；领取时，通过市教育局捐赠给某山村小学50 000元。③出版一部工具书，稿酬26 000元。④为B公司搞税收筹划，报酬10 000元。⑤取得省政府颁发的科技奖5 000元。⑥购买彩票中奖，金额20 000元。⑦因购房领取原提存的住房公积金50 000元。⑧将车库租给他人使用，每月租金600元。⑨购买的国债到期，取得利息收入3 000元。

附：工资、薪金所得适用的速算扣除数表

级数	全月应纳税所得额	税率（%）	速算扣除数
1	不超过500元的	5	0
2	超过500元～2 000元的部分	10	25
3	超过2 000元～5 000元的部分	15	125
4	超过5 000元～20 000元的部分	20	375
5	超过20 000元～40 000元的部分	25	1 375
6	超过40 000元～60 000元的部分	30	3 375
7	超过60 000元～80 000元的部分	35	6 375
8	超过80 000元～100 000的部分	40	10 375
9	超过100 000的部分	45	15 375

根据上述资料，回答下列问题：

（1）上述收入中，哪些需缴纳个人所得税？哪些不需缴纳个人所得税？

（2）各支付单位应扣缴或承担的个人所得税额是多少？

税法模拟试题答案

一、单项选择选题（每题1分，共10分）

1～5. DDBCB　　6～10. AACBD

二、多项选择选题（每题2分，共10分）

11. ACDE　12. ABCE　13. ABCDE　14. ABDE　15. ABDE

三、判断（每题1分，共10分）

16～20. √×√×√　　21～25. ×√×√×

四、名词解释（本题共5小题，每小题4分，共20分）

26. 生产型增值税：计算征收增值税时，凡生产应税产品耗用的外购物质消耗除固定资产外均可列入扣除项目范围。就整个社会而言，增值税征税对象大体上相当于国民生产总值，故称之为生产型增值税。

27. 小规模纳税人：指年销售额在规定标准以下，并且会计核算不健全，不能按规定报送有关税务资料的增值税纳税人。

28. 车辆购置税：以中华人民共和国境内的应税车辆为征税对象，对购置和自产自用应税车辆的单位和个人征收的一种税。

29. 纳税期限：税法规定纳税人交纳税款的限期。

30. 耕地占用税：国家对一切单位和个人建房或者从事非农业建设占用耕地而征收的一种税。

五、简答题（本题共4小题，每小题5分，共20分）

31. 营业税征收范围的基本规定。

答：（1）在境内提供应税劳务，包括交通运输业、建筑业、金融保险业、邮电通信业、文化体育业、娱乐业、服务业税目征收范围内的劳务。（2）在境内转让无形资产。（3）在境内销售不动产。

32. 消费税的纳税环节和计税方法。

答：（1）纳税环节：金银首饰、钻石及钻石饰品在零售环节；其他应税消费品在生产（包括自产自用）、委托加工、进口环节。（2）计税方法：从价定率、从量定额、复合计税。

33. 个人所得税居民纳税人与非居民纳税人的确认标准及纳税义务。

答：（1）居民纳税人是指在中国境内有住所，或者无住所而在中国境内居住满1年的个人。（2）居民纳税义务人负有无限纳税义务，应该就来源于中国境内、境外的全部所得在中国缴纳个人所得税。（3）非居民纳税人是指“在中国境内无住所又不居住，或无住所且居住不满一年的个人”。（4）非居民纳税人承担有限纳税义务，仅就其来源于中国境内的所得，向中国缴纳个人所得税。

六、计算题（要求计算项目列出计算过程；计算结果应列出计量单位；计算结果如出现小数的，均保留小数点后两位小数。本题共3小题，每小题10分，共30分）

34. 要求：根据上述资料，回答下列问题：

（1）该公司应缴纳的营业税额是多少？

答：该公司应缴纳的营业税额：(4 200 + 10) × 3% + (8 000 − 900) × 3% + 1 940 × (1 + 10%) ÷ (1 − 3% × 3% + 4 600 × 5% + 150 × 5% + 140 × 5% = 649.8（万元）

（2）该公司应扣缴的营业税额是多少？

答：应扣缴的营业税额 = 900 × 3% = 27（万元）

35. 要求：根据上述资料，回答下列问题：

(1) 该厂本月实现的销项税额是多少？

答：计算本月实现的销项税额：

销项税额 = 800 000 × 17% + 70 200 ÷ (1 + 17%) × 17% = 136 000 + 10 200 = 146 200（元）

(2) 该厂本月可申报抵扣的进项税额是多少？

答：计算本月可申报抵扣的进项税额：

进项税额 = 200 000 × 13% + 2 000 × 7% + 68 000 + 5 000 × 7% + 340 + 136 + 1 800 + 7 650
= 104 416（元）

(3) 该厂本月应纳的增值税额是多少？

答：计算该厂本月应纳的增值税额：应纳税额 = 146 200 − 104 416 = 41 784（元）

(4) 该厂本月应纳的消费税额是多少？

答：计算该厂本月应纳的消费税额：应纳税额 = 800 000 × 30% + 70 200 ÷ (1 + 17%) × 30%
= 258 000（元）

36. 根据上述资料，回答下列问题：

1）上述收入中，哪些需缴纳个人所得税？哪些不需缴纳个人所得税？

答：上述收入中，第（1）、（2）、（3）、（4）、（6）项需缴纳个人所得税，第（5）、（7）、（8）、（9）项不需缴纳个人所得税。

2）计算各支付单位代扣的个人所得税额：

（1）任职单位代扣税款：[(4 100 − 1 600) × 15% − 125] × 2 + [(4 100 − 2 000) × 15% − 125] × 10
= 250 × 2 + 190 × 10
= 2 150（元）

（2）A公司代扣税款：[80 000 × (1 − 20%) − 50 000] × 20% = 2 800（元）

（3）出版社代扣税款：26 000 × (1 − 20%) × 20% × (1 − 30%) = 2 912（元）

（4）B公司代扣税款：10 000 × (1 − 20%) × 20% = 1 600（元）

（5）彩票发行单位代扣税款：20 000 × 20% = 4 000（元）